# 爱在留守

## 家校共育指导方略

主编 解会娟 李凤珍 盛之霞

哈尔滨工程大学出版社
Harbin Engineering University Press

## 内 容 简 介

本书是连云港市家庭教育研究会继《梦想起航》之后,组织编写的又一本家庭教育文集。全书由引航篇、学前篇、小学篇、中学篇等部分组成,是家庭教育指导员们基于实践,对家庭教育指导工作内容、路径和方法的归纳、提炼和探索,既有源自实践,操作性较强的基本属性,又有经过归纳推演,升华理性认知的专业属性。

本书可为广大教师、家长和从事家庭教育指导工作的人士提供有价值的参考。

**图书在版编目(CIP)数据**

爱在留守:家校共育指导方略 / 解会娟,李凤珍,盛之霞主编. — 哈尔滨:哈尔滨工程大学出版社,2023.9
ISBN 978 - 7 - 5661 - 4092 - 0

Ⅰ. ①爱… Ⅱ. ①解… ②李… ③盛… Ⅲ. ①学校教育 - 合作 - 家庭教育 - 研究 Ⅳ. ①G459

中国国家版本馆 CIP 数据核字(2023)第 153811 号

爱在留守——家校共育指导方略
AI ZAI LIUSHOU—JIA XIAO GONGYU ZHIDAO FANGLÜE

选题策划　王丽华
责任编辑　王丽华
封面设计　百舸设计

出版发行　哈尔滨工程大学出版社
社　　址　哈尔滨市南岗区南通大街 145 号
邮政编码　150001
发行电话　0451 - 82519328
传　　真　0451 - 82519699
经　　销　新华书店
印　　刷　黑龙江天宇印务有限公司
开　　本　787 mm × 1 092 mm　1/16
印　　张　27.25
字　　数　575 千字
版　　次　2023 年 9 月第 1 版
印　　次　2023 年 9 月第 1 次印刷
定　　价　108.00 元
http://www.hrbeupress.com
E-mail:heupress@ hrbeu.edu.cn

# 《爱在留守——家校共育指导方略》编委会

顾　　　问　李　东　张廷亮　臧永明　刘　娟　杨林青

主　　　任　王庆先
副　主　任　周荣胜　李佃平
主　　　编　解会娟　李凤珍　盛之霞
副　主　编　陈　霞　苏　琰　赵　艳　周　俭　赵建江
　　　　　　匡银军　于永秀　房以冈　黄　科
编　　　委　王舒璇　吴　琼　徐发展　徐丙晗　朱同帅
　　　　　　许娟娟　赵　旭

执 行 主 编　李佃平
执行副主编　周守军　崔　欣　李相荣
统　　　稿　解会娟　董彩霞　陈　霞　苏　琰
　　　　　　夏正华　许　敏　霍　丽　赵　静
审　　　稿　胡　芸　解会娟　杨晓丽　颜玉婷　俞懿洋　张小勤
　　　　　　卞小利　于　燕　金　霞　于永秀　黄　科

## 引航篇、学前篇
主　　　编　盛之霞
副　主　编　苏　琰　房以冈　赵建江
编　　　委　赵　旭　吴　琼

## 小学篇
主　　　编　解会娟
副　主　编　陈　霞　匡银军　周　俭
编　　　委　许娟娟　徐发展　王舒璇

## 中学篇
主　　　编　李凤珍
副　主　编　赵　艳　黄　科　于永秀
编　　　委　徐丙晗　朱同帅

# 写 在 前 面

2017 年，连云港市家庭教育研究会编写的关于家庭教育的册子——《梦想起航》，汇集了连云港市家庭教育指导员们经过理论性培训而形成的感悟和畅想，是开展家庭教育指导工作的新起点。今天集辑出版的《爱在留守——家校共育指导方略》则是连云港市家庭教育研究会指导工作几年来勤勉探索的结晶，折射出广大家庭教育指导者"不忘初心""大爱有我"的高尚情怀！

"爱在留守"是连云港市家庭教育研究会几年来开展"最美家教·百家讲坛"大型公益巡讲，与家长面对面进行家庭教育指导的活动主题。一方面，强调要特别关注留守儿童的家庭教育，为留守儿童积极创设富有温度的关爱氛围；另一方面，"留守"即"常驻心间"，强调遵从儿童心理发展规律，理性施爱，倡导"静待花开"。

几年来，我们以"最美家教·百家讲坛"为平台，以覆盖全市的家庭教育指导员"千人团"为生力军，以家庭教育指导"万里行"活动为阶段性进程，实施家庭教育指导"百、千、万"工程，直面家教、直面家庭、直面家长，把连云港市家庭教育指导工作引向深入。通过每年几十场公益巡讲，持续端正家长的家庭教育观念，帮助他们走出家庭教育误区；对家庭教育个案进行把脉，给出解决方案，解开家庭教育中一个又一个"死结"；引导广大家庭教育指导员，围绕家校结合的内容、路径和方法开展实践性探索。这些源自基层的实践性家庭教育指导活动，一次又一次考问我们的责任，激发大家的热情，不仅使家庭教育指导队伍越发壮大，还不断丰富我们的阅历，促使我们再学习、再思考、再探索，收获了成长。因此，"爱在留守"也彰显了广大家庭教育指导者那份"一直在路上"的美丽心迹！

关于"方略"，取"方法、谋略"之意。《爱在留守——家校共育指导方略》之所以规整为家校共育指导方略，是因为本书中收录的内容，来自家庭教育指导员们基于实践，对家庭教育指导工作关于内容、路径和方法的归纳、提炼和探索，既有源自实践、操作性较强的草根属性，又有经过归纳推演，升华理性认知的专业属性。本书的 160 余篇文章，从家校共育的角度，围绕家庭教育的热点问题、共性问题以及典型个性问题，对留守儿童、问题儿童的家庭教育以及家庭教育过程中的价值观、品德素养、心理健康、行为习惯等多个方面进行了剖析。每一篇文章都回答了"什么问题？""怎么解决？"这样两个基本问题。个中的"归因分析"和破解问题的思路，为我们从事家庭教育指导工作提供了极有价值的参考。

"等闲识得东风面，万紫千红总是春。"2022 年 1 月 1 日，《中华人民共和国家庭教育促进法》（以下简称《促进法》）正式施行。自此，我国的家庭教育跃上了有法可依的发展层面，具有里程碑意义。《促进法》的颁布实施，以社会和谐、民族强盛为定位，助力青少年健康成长，助力家庭和睦，助力良好社会风尚的弘扬，是社会主义精神文明建设的重要组成部分。在这样一个重要节点上，我们编写了《爱在留守——家校共育指导方略》并献给大家，希望能为幼儿园、中小学、家庭教育指导机构和广大家庭教育指导者提供参考，共同迎接家庭教育指导工作的春天！

**连云港市家庭教育研究会**

# 为"教育自觉"喝彩！

毋庸讳言，在较长的时间里，人们对家庭教育、学校教育以及二者之间关系的认识，处于一种说不清、道不明的状态，导致家校融合度不高、不融合甚至"跑偏"的状况不一而足！《促进法》的正式施行，使家庭教育从传统意义上的"家事"上升为有法可依的"国事"，标志着父母"依法带娃"的"双减"时代正式开启。

在江苏省教育厅、江苏省妇女联合会联合召开的贯彻落实《促进法》《江苏省家庭教育促进条例》电视电话推进会上，连云港市教育部门就深度实施家庭教育做了发言。发言指出：深度实施家庭教育既是每个家庭的内需，也是教育的自觉。

近年来，尤其是《江苏省家庭教育促进条例》自 2019 年出台以来，连云港市教育部门从强化顶层设计入手，突出工作重点，抓好关键环节，推动完善家校社协同育人工作机制，协同推进覆盖城乡的家庭教育指导服务体系建设，全力实现学校家庭教育指导工作规范化、常态化和实效化，家庭教育指导工作服务水平显著提升。

首先，在顶层设计方面，做足了以下"功课"。

一是摸清实情。研制了《连云港市家庭教育现状调查问卷》，从"家庭基本情况，教育行为、教育能力与教育理念，家庭教育困惑与需求，家庭教育指导"等四个方面列出 65 个二级调查指标项，依托连云港市教育大数据平台"云海在线"，对全市城乡进行了大样本调研。在研析 8 万多份有效样本的基础上，确定了工作方向，为工作部署提供了客观性依据。

二是拿出举措。印发的《关于进一步加强与改进中小学幼儿园家庭教育指导工作的通知》，明确了家长学校在全市中小学幼儿园实现全覆盖的工作要求，将"至少配备一名家庭教育指导教师"纳入每所学校的工作目标，明确了各学段家庭教育指导的主要内容。

三是建立机制。确立了市、县（区）、校三级工作领导小组职责，形成了家庭教育指导工作"333"推进机制，即推进三级家长学校组织建构，打造三支家庭教育指导专业队伍，搭建三个家庭教育指导工作平台，促进家庭教育指导多维运行与水平提升。

其次，在工作推进方面，三招出手，招招有力。

第一招：教育引导"家家到"。市教育局联合市广电开设《教子有方》广播节目（2021 年开播 233 期），设置家长课堂等板块；会同市妇女联合会，配合做好 45 个家庭教育指导服务示范社区等相关工作，宣讲政策法规内容，传授家庭教育良方；邀请市检察院未成年检察处，为教师、家长开设"依法爱娃依法育娃"专题讲座；

择优推选家庭教育指导精品微课上线"云海在线";组建"最美家教·百家讲坛"巡讲报告团,累计举办家庭教育万里行活动60余场公益巡讲,直接受益家庭近4万个;赣榆区"怀仁家庭教育大讲堂"、东海县"家长课堂"、灌南县"海西大讲堂"、新海高级中学"心海虹桥"公众号、灌云县新区实验小学"家长课堂"等品牌项目平台,覆盖全市近百万学生及其家庭,社区全域、父母全程、家庭全类型的家庭教育指导工作和家校社协同育人氛围基本形成。

第二招:工作标准"校校清"。依据国家、省有关文件精神,结合连云港市实际,制定出台了《连云港市家庭教育指导示范校(园)参考指标》,通过三级指标体系,以评促建,引导学校调整家庭教育指导工作部署,提升工作水平。目前,全市中小学均已建立了家长学校,家长学校总校设在连云港师范高等专科学校。

第三招:专业研训"师师明"。成立连云港市教育学会家校共育研究专业委员会,推进家校共育理论研究。连续两届举办全市家庭教育指导员基本功大赛,大赛以"理论笔试+集中培训+论文评比"形式组织开展,从中累计遴选246名教师为市级家庭教育指导员,推进一批教师参加省家庭教育指导教师培训,逐级、逐步壮大全市家庭教育指导师资队伍。通过培训、沙龙、比赛等途径,引导学校明确家庭教育指导要求,帮助教师明晰教育指导职责,夯实连云港市家庭教育指导服务工作的人才基石。

再次,在扩大成效方面,典型引路,提升成效。

严格对标家庭教育工作要求,制定出台《连云港市家庭教育指导示范校(园)三级参考指标》,在全市评选出首批30个家庭教育指导示范校(园),选树典型标杆、分享典型经验。

广泛开展"情暖学生 爱在家访"活动。全市2万名教师走进4万余名学生家庭进行家访,给学困生家庭解疑惑,给生活困难家庭送温暖;围绕心理健康教育,分批认定星级学生成长(发展)指导中心;遴选市级心理教育导师,走进离异、单亲、残疾人等特殊家庭,帮助1.4万余名学生走出心理和情绪阴影,帮助家长解决家庭教育中的困惑。

组织开展全市"双减"工作校园开放日活动。全市有235所学校采取多种形式宣讲"双减"政策,展示学校课后服务样态和教育教学成果,累计30万余名学生、1.6万余名教师参与,近10万名家长代表走进校园亲身体验,进一步密切了家校联系,强化了家校教育合力,有力推动了"双减"工作落实落地。

关于下一步家庭教育指导工作的方向:

一是在培育和整合上下功夫。强化组织领导,培育师资、培塑典型、培育和整合资源,因需而供、精准服务。

二是在联合协同上增力度。教育部门将进一步加强与妇联等部门的联合联动,促进学校、家庭、社区的多方联动,挖掘家庭教育的家长资源、社区资源,增幅家庭教育合力。

三是不断推动"双减"工作前行。教育部门将进一步提升管理水平，继续优化课后服务，强化校外培训机构治理，建好家委会、办好家长学校，帮助家长掌握科学的家庭教育方法和技能。

"自觉"就是自己有所认识而主动去做。从这个意义上讲，连云港市教育部门在家庭教育指导工作方面不摆"花架子"，决策有准度，推进有力度，提效有创新，演绎了"自觉"的主动，书写了"双减"背景下家庭教育指导工作的新篇章。

当"自觉"遇上"信心"和"决心"，便会绽放智慧的光芒！

为"教育自觉"喝彩！

**孔建**（连云港市家庭教育研究会）

# 目  录

## 引 航 篇

## 学 前 篇

## 小 学 篇

## 中 学 篇

引航篇

# 搭建三大平台，构筑一支适应社会需要的现代家庭教育指导队伍
## ——连云港市家庭教育指导团队建设的实践探索

《中华人民共和国家庭教育促进法》（以下简称《促进法》）第二十七条规定，"县级以上地方人民政府及有关部门组织建立家庭教育指导服务专业队伍，加强对专业人员的培养，鼓励社会工作者、志愿者参与家庭教育指导服务工作"。按照习近平总书记关于家庭教育系列指示精神和《促进法》的要求，近年来，连云港市家庭教育研究会在市文明办、教育局、妇联等有关部门的领导下，创造性开展工作，探索新形势下家庭教育新途径、新方法，搭建三大平台，助力家庭教育指导队伍成长。

## 一、搭建比武提升平台

通过比武赛马的形式选拔、发现优秀家庭教育指导者，逐步形成了优秀家庭教育论文评比和家庭教育指导员基本功大赛两大比武平台。

### （一）优秀家庭教育论文评比

为了提高家庭教育科研和理论联系实际水平，2018年，连云港市家庭教育研究会启动了优秀家庭教育论文评选工作。经过全面发动，学校、县区层层推选，全市70多所中小学、幼儿园150多名教师积极参加。活动截止时，共收到家庭教育论文150多篇。经过专家评审等程序，评出优秀论文80余篇。特别优秀的15篇论文被推荐参加"长三角家校合作论坛"论文评选。在上海、杭州、南京、苏州、宁波等31个长三角城市2 000多名教师参加的情况下，有4名教师分别获得二、三等奖。以后每年举办一次论文评比已成惯例。2020年，1名教师获得一等奖，4名教师分别获得二、三等奖。获奖层次和数量均实现新的突破。优秀论文评比活动，已经成为许多家庭教育指导教师学习交流的重要平台。

### （二）家庭教育指导员基本功大赛

为不断提高家庭教育指导队伍综合素质，2018年、2021年，连云港市家庭教育研究会发起了两届家庭教育指导员基本功大赛。为充分体现大赛的权威性，大赛由市文明办、市教育局、市妇联三家单位，联合下发《关于举办全市家庭教育指导员基本功大赛的通知》，比赛采用笔试和面试相结合的方式。全市近200名教师及部分社区工作者积极报名。按照原有的构想，大赛每两年举办一届。2020年，由于新冠疫情的影响，大赛推迟到2021年举行。和首届大赛相比，第二届大赛在内容、方式等方面做了一些调整，将笔试形式由原来的上交论文改为闭卷考试，内容调整为家庭教育知识、理论与实践。主要考察参赛选手对家庭教育专业知识理论掌握的情况

及指导能力。为鼓励大家多读书，大赛规定了命题范围：《江苏省家庭教育促进条例》《家庭教育指导师培训教程》《家庭教育心理学》《教师家庭教育指导务实》等。和上届比赛内容相比，本届还增加了一场主题报告会，要求参赛者听报告，并上交听后感和体会文章，列入总分。大赛通知发出后，远远超出了组织者的预料，报名参赛者之踊跃，前所未有。全市各级各类学校及社区工作者积极报名，参赛总数达到了 836 人。受疫情防控影响，线下封闭笔试不能如期进行，而采取了线上考试形式，专门请网络科技公司提供技术支持，考生在电脑或手机客户端答题。为了保证线上考试工作顺利进行，大赛组织者考前专门制定了详尽的工作方案和应急预案。此次考试获得了市相关部门领导和参赛选手的高度评价。

## 二、搭建才能展示平台

一是参与"百家讲坛·大型公益巡讲"活动。2017 年以来，连云港市连续三年组织家庭教育"百家讲坛·大型公益巡讲"活动，每年确定一个主题。2017 年的主题是"爱在留守"，2018 年的主题是"共同成长"，2019 年的主题是"携手前行"，2020 年的主题是"心灵陪伴"，围绕这四个主题，每年大型巡讲活动 40 余场，覆盖面达两万多个家庭。"百家讲坛·大型公益巡讲"活动已经成为市家庭教育宣传品牌，且成为市家庭教育指导团队成员展示才华、引导家长关注家庭教育的最佳平台。二是参与家庭教育"万里行"活动。为充分发挥宣讲活动品牌效应，从 2020 年起，市家庭教育研究会开展家庭教育"万里行"活动。组织全市近千名家庭教育指导员深入学校、社区、企业，参与志愿服务，行万里路、访千家万户，开设讲座，接受学生家长的咨询，给予个案指导。深入学校、社区、企业的家庭教育"万里行"活动，已成为广大家庭教育指导队伍展示自己才华的平台，在奉献自己、回报社会的过程中不断提升自己。

## 三、搭建交流促进平台

为培养高素质的家庭教育指导团队，连云港市家庭教育研究会还注重交流平台建设。一是组织指导员沙龙。不定期、分区域组织家庭教育指导员沙龙，研究探讨家庭教育理论，交流工作体会。二是组建微信群、QQ 群、钉钉群、最美家教公众号。利用现代传媒手段加强合作交流，传递家庭教育知识方法技能。三是参与高端培训。组织指导教师参加在北京、天津、内蒙古、南京等地举办的全国、全省家庭教育工作培训，开阔视野。

辛勤的努力取得了明显的成效。据不完全统计，近年来，连云港市平均每年每个家庭教育指导师（员）开设专题讲座 2 场次以上，受众家长达 200 人次。每年在省市乃至国家级报刊上发表的关于家庭教育的论文 300 余篇。家庭教育指导师团队已成为家庭教育指导服务队伍的核心力量。2020 年、2021 年，连云港两任市委书记项雪龙和方伟同志先后来到了市家庭教育研究会，对全市家庭教育指导服务工作给予了充分肯定。

《促进法》的颁布，为我们开展家庭教育指导服务工作指明了方向，同时也为我们加强家庭教育指导队伍建设提供了法律保障。今后一个时期，连云港市家庭教育研究会将以此为契机，以家庭教育指导团队建设"百、千、万"工程为抓手，全力助推家庭教育指导团队建设，为建设人民期待的新港城做出应有的贡献。

连云港市家庭教育研究会

# 立德树人视域下的家校沟通

"立德"永远摆在人生价值追求的第一位，"立德树人"是教育者与家长始终要遵循的教育理念，将"立德"贯穿"树人"的始终，从而建构儿童根植于心的道德素养。家校沟通则成为助力儿童健康成长的一条优化路径，肩负着立德树人的使命。

## 一、家校沟通偏差的现状分析

随着时代节奏的加快，家庭结构的多元化和复杂性导致很多家庭教育观念缺失、家庭教养方式不科学、家庭教育缺乏指导等现状，使得家校沟通低效而不通达。

1. 沟通单向化

好的家庭教育是离不开家庭所有成员的合力参与的，但很多家庭对教育的主体责任定位不准，还有为数不少的家庭重智轻德，更多时候关心的只是孩子的学习成绩，而忽略了孩子的道德与人格的养成教育问题，认为文化知识的学习和思想品德的培养都是学校老师的职责，家长只需要保障孩子的身体健康、物质需求就可以了。家校沟通参与的单向化，严重影响了家校沟通的共育效力。

2. 沟通形式化

不一样的家庭生活、不一样的家庭生长样态，就有不一样的儿童存在。好的家庭教育方式对于孩子来说，起着举足轻重的作用。但是，仍有很多家庭缺乏育儿的知识和方法，出现了如"溺爱放纵""期望过高""甩手掌柜""粗暴简单"等诸多家庭教育现状，着实堪忧。家长又很少投入家庭教育知识的习得和自我教育方法的提升中，因此导致家校沟通很难深入开展，造成了家校沟通流于形式。

3. 沟通粗浅化

家庭教育需要优秀的家庭教育指导者来管理，但在现实中，由于家庭教育的指导者能力不足，就出现了无法正确有效地指导相关家庭教育的问题，很多时候只是查阅网上的教育信息，无法驾驭来自家庭教育的诸多问题，加上有些家长难以理解《江苏省家庭教育促进条例》等家庭教育的理论内涵，多数情况下就是"夫妻商量""与朋友交流探讨""自己摸索"，很难深入解决问题。

### 二、家校沟通育人的价值意蕴

教育要尊重儿童的个性特征，遵循儿童的生长节律，从而不断丰盈儿童的生命意义。因此，儿童的健康成长便成为"家校沟通"的出发点和核心要义，追求立德树人的教育理想则成了家校共育的价值旨归。

1. 遵循了美好的育人节律

教育家陶行知先生说："道德是做人的根本。"家校沟通，就是寻绎契合儿童成长的节拍，找到家校教育的切入点，促使儿童的道德教育贯穿教育工作的始终。家校沟通可以引领家长与学校共同考虑教育规律的问题，帮助家长总结反思家庭教育的成功与不足之处，协同构建家校教育的意义，并遵循育人节律，形成合力，真正落实立德树人的根本任务。

2. 构建了完整的育人体系

苏霍姆林斯基说过："最完备的教育是学校和家庭的结合。"家校沟通可以建构一个不断完善的教育制度体系，推进教育改革，形成新时代的育人合力；可以主动创设环境，建构良好的教育生态，引导和组织家长在实践中主动作为，实现沟通共育的目标；可以通过有效的管理，形成一个教育管理的场域，让指导成为常态化，引领家长和教师站在更高的位置上去看待教育问题。

3. 提升了融通的育人效果

家校共育的核心意义是建构平等和谐的育人共同体，通过有效的协作，达到"关系"的平衡，实现文化育人、活动育人，将不确定性、矛盾点转化为一致性、和谐性，实现家长和教师、家委会和学校之间的无缝对接。家庭教育可以弥补家庭教育的空白地带，发现学校教育的未及之处，解除家长和教师之间的交流误解。因此，家校沟通既尊重教育的规律，又引发了家长和教师对孩子成长问题的深度思考，进而向高质量的树人目标出发。

### 三、"立人"视域下家校沟通的实践思考

家庭教育研究会的引领，学校、家庭、社区三方的配合，始终不渝地践行立德树人的伟大任务，探寻儿童成长的路径，以专业审视的态度、积极自主的行动、坦诚交流的改变为儿童的成长助力。

#### （一）建设专业的家校沟通队伍

家庭教育研究会的专业指导对于家庭教育指导师的素质提高起着非常重要的导向作用。要想建设高素质的家校沟通队伍，家庭指导师必须掌握相关的家庭教育指导知识、专业指导能力，与家长商议，向家长反馈，直至后续的跟进，从而达成育人的目标。家庭指导师与家长在学习《江苏省家庭教育促进条例》的基础上，聆听家庭教育研究会讲师团的专家培训，听讲座、参加问题咨询等活动，从而找到科学的育儿方法，进而从容地面对家庭教育出现的问题。

（二）搭建高质量的家校互动平台

1. 创建六个平台

六个平台即电话随访、微信群、家访、家长会、随机面谈、家校联系簿。在家校沟通中，搭建高质量的互动平台，能够为开展教育活动提供更加畅通的渠道与便利的合作途径，从而产生更好的沟通时效，使家校共育走向更深处。要做到：（1）融入每一天；（2）链接每一次；（3）协调每一环。从关注工作的细微处入手，使家长消解对家庭教育的"茫"与"弱"，进而走向对家庭教育的自信与自如。

2. 关注五个技巧

五个技巧即热情激励、情真意切、精心指导、贴心服务、换位思考。在家校沟通中，关注高效的沟通技巧，会让家长与老师更加顺畅地进行交流互动，要以尊重、真诚、平等、信任为沟通准则，使家校沟通成为一种帮助支持、成长共进、汇集资源的教育模式。

3. 创立家校培育站

家校培育站的创立，为教师赋能，为家庭教育提供专业指导，从而提升家校共育的专业素养。由于家庭指导师的动态介入，可以随时探讨新问题、新情况，并及时辅导和给予建议，再结合家庭教育的培训，推荐育儿书籍，分享家校共育中成功的教育案例，进而大大提高家校共育的教育水平。

（三）开展丰富的家校沟通活动

1. 举行家庭公约展示大赛

在家校沟通中，展示各个家庭制定的家庭公约，评选出"最美家庭公约"，颁发"最美家庭公约奖"。其宗旨就是激励家长和孩子共同参与、共同反思、共同提高，并在活动中充分地交流与碰撞，形成一个优化与约束的亲子沟通模式。

2. 开展家校工作坊活动

家长群体，人才济济，聘请素质高、能力强的家长担当"家校工作室主持人"，开设公众号，通过微信搭建平台，引导家长在群里学习和交流亲子问题，探讨家庭教育中出现的教育难题，潜心钻研，不断地丰富各自的育儿经验。

3. 举办家长开放周活动

每学期特定一周时间，鼓励家长参加学校组织的活动，珍惜宝贵的互动时间，让家长、老师、孩子实现零距离接触，实现心与心的碰撞、情感的交融，进而化解亲子矛盾，也让家长更全面地了解孩子在校的表现，寻找到今后适切的育儿方法。

总之，家校沟通是以涵养德行为价值坚守，以促进儿童健康成长为教育愿景，真正达成立德树人视域下儿童成长的应然样态，进而让孩子成为一个优秀的自己。

作　者　宋洪卫　连云港市新县中心小学
　　　　　　　江苏省课改先进个人
　　　　　　　连云港市首届十佳教学改革创新校长

# 助长自信　助力成长

苏霍姆林斯基告诉我们：让学生相信自己的力量。一线老师积极为学生创造体验成功的机会，增强学生自信心，助长健全人格。只有这样，学生的自信心才能得到增强，才会走向成功。

## 一、言润如和风——吹醒自信

"人非圣贤，孰能无过。"更何况是小学生。教师要明过程，巧处理。特级教师钱梦龙在外地上公开课时，有一位同学迟到了，局促不安地站在门口。钱老师在此刻并没有认为这个学生打扰了课堂，而是和蔼地说："同学你虽然迟到了，但看得出你是喜爱学习的好学生，看，你跑得头上都冒汗了。大家看，冒汗说明这位同学心里急，想把迟到造成的损失降到最低。"站在门口，原来感觉很难堪的迟到同学，心里七上八下的，正等着挨批评，可是却意外地得到了表扬，不仅缓解了尴尬，而且很快就投入到听课中。这个迟到学生的事例，说明学生做了错事而又知道自己错了的时候，对其错忽略不计而对其表现出来的积极的一面加以肯定和赞扬，既满足了学生内心的自我肯定，又强化了其改过图进的欲望。

教师对学生的评价是否恰当是学生情绪的晴雨表。教师对学生的做法做出及时而中肯的评价，会使学生感到被欣赏，从而增强自信心。反之，就会情绪低落、被动。班级或多或少都有学习潜能生，思想和行为有待向正能量提高，这部分学生，受批评的"机会"更多，找机会对他们肯定和鼓励，是孩子成长的极好营养，如果教师善于运用鼓励的言语，一定能够带着学生走上自信的大道。

## 二、物润如温阳——助长自信

有位教育家说过："老师对学生如果抱有很大希望，就足以使学生的智商提高二十五分。"

适当的物质奖励，在孩子的成长过程中必不可少。在班主任工作中，有一个简便、极其有效的方法，就是适当地多奖励。在期中、期末考试后，发奖品，作为奖励，每学期发两次，效果极佳。

在期中考试之后，对考得优秀的学生进行表彰。有的学生会在下面嘟囔："那我们潜能生得什么呢?"对! 我们教育的任务，就是要激励全体学生奋发上进，让好生、差生都满怀信心地学习。教师要做出相应的奖励制度。教师可以设期末考试进步奖，谁的进步幅度大，考试的分数提高得多，就奖励谁。奖项设置要多样化，可以有关心集体奖、优秀班干部奖、劳动标兵、友爱之星……中奖的覆盖面要超全班人数的50%。

期中考试后，平均分过了 80 分的学生就获优秀奖（不要求门门超过 80 分）。所准备的奖品，要注意针对学生的适用性，既要精美，又要经济，例如，笔记本。学生拿到奖品后，可以用来记笔记，或者做练习，不能买只能锁进抽屉的奖品，要让学生天天看到它，给学生以学习的动力。本子上写：奖给×××，优秀奖。再注明日期，盖上班级特有章印，考试完毕及早颁发。

苏霍姆林斯基说："有的学生得 5 分是轻而易举的事，有的学生得 3 分就需要付出很大努力。"期末考试后，可以增设进步奖或进步之星。产生的方法要有说明：是期末的总分减去期中的总分，得出分差，学生的进步幅度大。在这里要注意的是，进步奖只看进步幅度，不看总成绩。这样，每个潜能生都可以轮流"坐庄"。每名学生都可以通过自己的努力获取奖项，以达到激励全体学生进步的目的。因为我们的教育任务是鼓励全体同学，当奖励只跟前几名优秀学生有缘而与大部分的学生无关时，奖励就成为大多数学生可望而不可即的事，大部分学生对奖品就会麻木不仁。对于进步不大的学生，如果不鼓励一下，会使他们感到在班上学习和生活没有什么意思。如此长时间的鼓励，得到鼓励的学生，有的会在大扫除中很卖力，有的对班上的事很关心，挑几个出来，设一个关心集体奖，继续奖励，这样如此反复的大规模鼓励、奖励，让全体学生都感觉到有奔头。班级的干部，辛苦了一学期，发个本子奖励一下，使他们觉得有激励。只要平时工作没差错，都要奖励。

这项工作特别要强调的是：一定要在扉页上写："奖给×××，进步奖""关心集体奖"，或者"优秀班干部"，注明日期，盖上章印，签上教师的名字，缺一不可，要让学生觉得这个奖品很有意义和价值。

当然，平时的小奖品也有"收买人心"之用，班主任细心些就会发现，不同时期，一些小玩意儿会在学生中风靡，要抓住机会，就用学生为之着迷的小物件作为奖品。例如，某阶段，学生对小贴纸很是着迷，教师可以花几元钱买几张贴纸（一大张贴纸有好多张小内容），在改作业时，在优秀的作业上贴一张。只是不到几分钱的小贴纸奖励，学生每次拿到作业本都会高兴地看着、说着、比着，就是这样的力量可让学生更有拼劲……

### 三、榜样如良料——坚固自信

让学生以名人为榜样，认识自我，培养自信心。大科学家爱因斯坦奠定了相对论的伟大基石，但他在上小学时那个"笨小孩"的故事是值得我们教师思考的。有一次，老师让每名学生做一个小板凳，课堂上的爱因斯坦不安地拿出自己的小板凳时，同学们哄堂大笑。但同学们不知道这是爱因斯坦做的第五个板凳，他告诉大家，前几个比这个还要差。笑声背后，我们细想：小爱因斯坦在努力中，始终怀有一种自信，他相信自己能做好小板凳。事实上爱因斯坦做的小板凳确实也是一次比一次好，正是有这样自信心，才使得他在科学的道路上不停地向上攀登，最终在科学上取得让世人瞩目的成果。

每年班主任在接手一个新班级时，第一节课就可以给学生讲爱因斯坦多次做小板凳的故事，让学生正确认识自己的潜力，要相信自己，通过不懈努力，一定会获得成功。

爱迪生曾说："自信乃是成功的第一秘诀。"发掘学生潜在优势，是牢固树立学生自信心的需要；鼓励学生展示自我，是增强学生自信心的有效途径。作为老师，我们要通过自己的言行滋润孩子心中自信的种子，"和风"吹拂，"甘霖"滋润，"温阳"抚育，精心描绘自信之彩助长自信，助力成长。

作　者　潘树东　连云港市灌南县镇中小学
　　　　　　　　连云港市优秀园丁

# 城乡初中家校共育的现状及策略

当前新课程改革背景下，为全面提升学生核心素养，落实立德树人的根本任务，推进城乡初中家校共育工作是必经之路。良好的学校教育是建立在良好的家庭教育的基础上的，家长只有树立科学的价值观，关注孩子的品德教育和良好行为习惯的养成，才能促进学生全面健康发展。孩子健康成长需要教师的引导，更离不开父母的亲情感染，只有形成教育合力，才能真正促进孩子健康成长。本文从家校共育制度不完善、沟通局限性等方面全面分析了目前城乡初中家校共育中存在的问题，并对其进行理性分析。通过家校共育策略的实施，搭建共育平台，将核心素养理念转化为实践路径，促进学生全面发展。

## 一、城乡初中家校共育的现状分析

家校共育，学校配合家长，家长配合学校对学生实施教育，实现了学校和家庭教育的有效结合，为培养学生良好的学习习惯和品德创设了条件。但在家校共育的工作实施过程中，依然存在以下局限性。

### （一）家长文化素质不高，留守儿童数量较多

现阶段家校共育在大城市中做得比较好，而且经济越发达，家庭文化水平越高，做得越好，而在这当中城乡接合部的家校共育做得不足，这主要与父母的文化水平和家庭经济条件有直接关系。大部分城乡接合部的父母文化水平不高，从事的多是一些体力劳动，他们几乎没有休息日，繁重的体力劳动让他们无暇顾及孩子，造成了家庭教育的缺失。

## （二）家校共育流于形式，缺乏政策制度约束

家校共育是学校和家庭都愿意做的事，但真正做到有效配合却很难，学校会将家庭教育安排给家庭，家庭却认为教育主要是学校的事，结果教育流于形式。因此，家庭与学校没有共同组建一个系统的结合教育体系，在具体的实施期间，由于家长文化和理念方面的差异，致使家校对于教育的认知不统一，很难实现家校教育的有效衔接，不利于孩子的全面发展。

## （三）家校共育理念不一，难以健全人格品质

在新课改的背景下，素质教育受到越来越多的关注，部分学校把理论知识的教学摆在重要位置，体现出重智育、轻德育的问题。家长认为升学教育主要是靠学校，家庭只要配合让学生好好学习就可以了。家长未能意识到家校结合教育的重要性。不仅如此，家庭和学校在教育理念、标准及评价的形式方面存在着一定的差异，致使家校的教育连续性不足，没有办法发挥二者的合力。

## 二、城乡初中家校共育的发展策略

在城乡初中家校共育工作开展过程中，需要全面了解家校教育的现状，认识到家校共育实施教育中存在的问题，并在此基础上探寻多元化的教育模式，全面提升教育教学的质量与效果。无论是家庭还是学校，都需要摒弃过去的那种分数至上的理念，为学生树立良好的榜样，使学生树立积极的理想信念，促进学生的身心健康成长。

### （一）社会层面

1. 制定法律法规，促进家校共育工作合法化

我国相关部门已经出台了一些文件，明确家长在家校共育过程中应当履行的责任和义务。学校应结合本校的学情，制定校本家校共育课程体系，明确教师的职责，一级带着一级干，让教师切实担负起服务职责。相关政府机构还应通过一系列的政策支持，建立协同配合机制，明确各部门的责任，压紧压实各级职责，共同做好城乡初中家校共育保障工作，推进城乡初中家校共育制度的实施，从而有力地促进城乡初中家校共育工作的顺利开展。

2. 协同社会合力，推进家校共育工作开展

教育部门要积极争取社会相关部门的支持，推进城乡家校共育。相关部门可以通过邀请社会各界人士到学校开展讲座等活动，增加与社会力量联动的数量，比如可以通过邀请医学专家给家长们讲解有关学生的卫生和心理情况，也可以邀请公安部门对校园欺凌等现象做安全方面的法治报告，还可以依托地方性的社区活动中心、少年宫、文化馆等服务性的场所，为家长们提供免费的家庭教育指导课。在开展活动的过程中，加大活动宣传力度，形成社会教育合力，更好地推进城乡初中家校共

育工作的落实。

### （二）家长层面

**1. 明确家庭教育地位，完善家长的教子理念**

家庭是孩子的第一所学校，孩子感知的都来源于父母，他的人生观、道德观、价值观也直接来自父母，童年的回忆会对孩子的一生产生极为深远的影响。家长要遵循儿童发展的心理规律，为孩子创设家庭文化氛围，增进亲子关系，促使孩子健康成长。

**2. 基于家长的学习特点，开展家长的教育活动**

依据家长学习受先前教育经历的影响的特点，学校可以开展家长教育活动。教师要对家长先前的教育经历有一定的了解，并提供满足家长实际需求的学习内容与形式。由于大多数家长忙于工作，教师在选择上要采取灵活的活动方式。同时，家长对学习有自主选择权，教师应当对家长的学习情况有宏观的把握，并要对教授的知识进行系统安排，保证家长教育的效果。

### （三）学校层面

**1. 健全家校共育制度，打造家校共育活动体系**

在初中生的素质教育中，家庭与学校不是对立的，双方应当维持统一的行动，对学生提出相同的标准和评价理念，把推动学生身心健康发展当作目标。对于学校来说，应当开设素质教育课程，制定切实可行的活动方案，组建一支综合素质过硬的教师队伍，明确沟通和交流中教师的角色定位，倡导平等、尊重、合作共赢，实施有效的家校沟通策略，形成科学的教育理念。

**2. 加强师资队伍建设，抓好家校共育的落脚点**

学校在开展家校共育的活动中，要加大对教师学习培训的力度，根据家长的学习特点，把相关的知识融入教师的学习培训中。通过线上、线下相结合的方式，邀请专家就相关内容对教师展开培训，注重培训过程中的互动性，设置情景类教育案例，及时检验教师培训的学习效果。

**3. 家校沟通方式多元化，促进家校形成教育合力**

在大数据时代背景下，微信和钉钉等网络平台已成为家校沟通的重要形式。我们可以借助网络平台来宣传学校教学管理理念，提升学校与家长教育孩子的切合度。班级群可以让家长了解学生一日的生活和学习的状况，学校要及时发布校园课程等相关活动和孩子健康养育提示，以便于家长阅读和学习，并给予即时评论与回复。家访活动也可以让教师更好地了解学生的生活习惯，有助于家长和学校达成一致的家校教育理念。教师要当好沟通者与倾听者，广泛地了解学生家庭情况，让家长真切体验到被尊重的感觉，这有利于今后家校的密切合作。

（四）学生层面

1. 培养公正意识，以公正环境浸润家校氛围

公正是社会主义核心价值观的追求要旨，对青少年的个体发展和社会化起着重要作用。学校应该按不同层次和深度组织各项活动，将自由、平等、公正、民主、法治等理念，在不同年龄学段的家校活动中统筹安排，层层递进。现在很多学生法治观念淡薄，导致不和谐现象出现，如校园欺凌现象。因此我们应该以校园安全报告会和班会课等形式，联合家长和社会工作人员，积极地为学生讲解相关法律知识，分析具体实际案例，警示他们做一个守法、合格的中学生。

2. 培养生命教育意识，规划入学常规课程建设

安全是学生一切常规工作的底线，培养学生自我安全意识是家校教育的重要目标。学校应设计生命教育和德育等相关课程，以专题实践活动为主导，通过规范有效的常规学习，使学生很快地适应学校学习和生活环境。教师要利用各种教育契机，对学生进行适时教育，各自发挥优势，形成立体交叉的管理体系。科学有序的管理体系能促使学生身心健康发展，养成一生的好习惯。

3. 培养学生劳动意识，丰富家校共育的途径

学校是劳动教育的主阵地，在劳动教育中发挥着主导性的作用。学校一方面要贯彻劳动教育的方针政策，另一方面要不断丰富劳动教育的形式与内容，保障劳动教育的效果，实现劳动教育和综合实践课的有效衔接，形成特色劳动教育课。例如，在学校期间，学生可以参与食堂志愿者体验服务活动。在分发食物的过程中，学生能够了解食物的生产过程，树立讲究卫生、勤俭节约、团结协作等理念，在活动中体会成就感，从而成为有责任心、有担当的人。在家里的时候，家长要积极引导学生做适当的家务劳动，在劳动的过程中，磨炼学生的意志，增强集体意识，提升实践能力，培养吃苦耐劳的精神。

4. 完善学生评价机制，注重评价的系统性和连续性

对于家庭来说，家长是孩子的第一任教师，在学生的未来成长中发挥着非常重要的作用，家庭教育的效果是后期社会教育无法比拟的。有研究人员发现，3~6岁的孩子很愿意协助家长做家务，在这个时期对学生进行鼓励与引导，能够提升他们的自信心与责任心。对于大于6岁的孩子，如果教师和家长的引导与评价不正确，学生容易生成厌恶的情绪，因此，必须保证教育的连续性。家庭和学校要确立相同的教育目标与评价标准，按照学生的管理与性格特点，为学生建立成长档案，保证教师和家长及时调整家校共育的方式，做到因材施教，落实孩子的家校共育工作。

现代家校共育工作必须掌握现代儿童观，遵循青少年的成长规律，了解家庭教育指导的工作规律，满足社会发展的要求，整体规划，全面实施家庭教育指导工作。学生的综合素质教育价值观的培养不是一蹴而就、立竿见影的，需要较长的时间且比较艰难，要把素质教育贯穿学生成长的各个阶段。我们要加强自身道德修养，传

承好家风，言传身教，创造健康文明的社会氛围，培养孩子的家国情怀，使其成为一名身心健康的青少年。

作　者　解会娟　连云港东海县白塔初级中学
江苏省"蓝天杯"优秀教学设计一等奖
江苏省"教海探航"征文竞赛一等奖
连云港市中小学高层次人才"新333工程"教研标兵培养对象

# 用爱与智慧化解"宅"出来的紧张

一提到青春期，"叛逆""有个性"似乎是青少年身上固有的标签，"头疼""无力"是家长们在与这一群体相处中内心最真实的体会。疫情防控状态下，随着亲子相处的时空交集不断增加，亲子关系更容易进入危机状态。笔者结合自身的工作实践，从三个层面对青春期亲子关系建设话题进行深入分析，重点阐述如何指导家长学会用爱与智慧化解"宅"出来的紧张。

## 一、结合背景观现象——发现问题

一场猝不及防的新冠疫情给人类敲响了警钟，在应对危机的特殊时期，亲子有时需要共同居家隔离，这让本就避之不及的青春期亲子关系建设成为大难题。长时间宅在家里，家长对于孩子的学习与生活习惯问题不知道管还是不管？到底要管到什么程度？应该怎样管比较合适？一系列的问题让家长陷入困惑甚至纠结的状态。

案例1：小A，女，高一。家长反映每逢寒暑假，孩子的作息时间都相对宽松，但疫情防控期间学校组织了线上学习，每天的任务并不少，时间安排得相对紧张。网课前两天孩子能够执行学校给出的作息时间，但慢慢坚持不住了，难以按时起床。为此，父母软硬兼施，孩子仍无法按时起床，再多喊两遍，孩子就异常烦躁。孩子跟父母对话的口头禅是："你烦不烦呀！""知道了！知道了！"但行动上却没有一点改变。母亲称自己快抑郁了，每天在家里看着孩子这样的学习状态，又无力改变，内心非常崩溃。

案例2：小B，男，初一。妈妈反映居家时间，孩子对自己的发型格外关注，每天把自己的头发弄得像个小刺猬似的。妈妈看在眼里，急在心里，假想孩子如果能把这份精力投入到学习中该有多好！亲子冲突的爆发点集中在手机使用上，寒假之初孩子偶尔使用手机，线上教学开始后每天不离手机，对于家长提出的放下手机建议，全然不理睬，父亲一气之下把手机没收。小B同学晚上10点钟离家出走，父母对于手机管理问题束手无策，与孩子也无法沟通。

案例3：小C，男，高三。家长反映，孩子对自己的要求较高，凡事都要做到最好，但居家学习期间自感学习效率低，为此烦躁不安。同时，因为高考遇上疫情感到沮丧和担心，对即将到来的高考充满了恐惧。母亲很想安慰孩子、鼓励孩子，但每一次与孩子对话，非但没有帮到孩子，反而让彼此的关系变得更加紧张，父母生怕自己的哪一句话给孩子增加了负担和压力。

虽然仅呈现了几个缩影，但疫情之下青春期亲子关系状态可见一斑。

## 二、透过现象看本质——分析问题

"宅"出来的紧张在一定程度上暴露了当下家庭教育中存在的主要问题，正是因为父母在实施家庭教育的过程中忽略了若干重要因素，亲子关系在危机状态下才更加紧张。

### （一）青春期成长阶段的特殊性

人格心理学家埃里克森特别指出，青春期的个体需要重点解决的问题是同一性混乱，这种情况下孩子常会出现无方向的迷茫感。笔者在开展个体咨询与辅导的过程中，也切身体会到了青春期个体的特殊性：他们意识到自己是一个独特的个体，但清晰地建立这种认同需要一个过程；他们要经历纵向的整合，即整合从童年到现在的自己，以及在此基础上如何去塑造未来的自己；他们要经历横向的整合，即自己是否被环境所接纳和认可，因此，他们对来自他人的评价特别敏感。

### （二）家庭教育目标的单一性

对于婴幼儿阶段的个体，父母从不否认健康至上、快乐至上，并且会花心思去帮助孩子培养兴趣。随着学龄阶段的到来，父母的控制欲逐渐显露，希望孩子按照自己预定的轨道去发展，当发现稍有偏差后就想立刻去纠正，并且为此想方设法。孩子到了青春期，家庭教育的目标基本只是围绕学习成绩，恨不得用与学业有关的一切活动填满孩子的24小时。当父母给孩子设置了固定标准和限定条件时，沟通便囿于固定话题，这就很容易导致亲子间的沟通进入僵持的状态。

### （三）以身作则能力的缺失

随着孩子的成长、成熟，父母对孩子的要求越来越高，但自我改变的动力却不足，要求孩子遇事不焦虑、放轻松，自己在听到孩子遇到问题后却寝食难安或暴跳如雷。所谓父母是孩子的第一任老师，并不是说父母能教给孩子多少知识和道理，更重要的是孩子在父母那里是否看到了身体力行的榜样示范，学到了思考问题和解决问题的态度与行动。

## 三、把握本质寻对策——解决问题

如何用爱与智慧化解"宅"出来的紧张？笔者基于所接触到的案例，总结出青春期家长在亲子关系建设中需要把握的几个要点。

**（一）家长要学会管理自己的情绪**

无论处于什么状态，家长都不要将自己的焦虑等负面情绪传染给孩子，只有懂得去觉察、解释和控制自己的情绪，良好的亲子关系建设才能有好的开端。

**（二）欣然接纳当下"宅"的状态**

当家长听到一些与疫情、与孩子有关的消息，比如延迟开学、延迟报名、延迟考试等消息时，要学会用一种积极的语言与孩子进行沟通。对于青春期的孩子，积极的表达和事前的提醒能够帮助他们以更加积极的态度去行动。

**（三）学会怎样有效陪伴青春期的孩子**

青春期的孩子虽然和成年人一样能够感知情绪、情感，但却没有成年人那种控制情绪和行为的能力，很难像成年人一样做出理性的决策。家长要努力去寻找与孩子的交集，尽量避免与孩子较劲。

**（四）用身体力行代替空洞说教式沟通**

镜像神经元是人类重要的神经细胞，它的主要功能是反映他人的行为，并通过持续的观察和模仿塑造自身的行为。所以当家长希望在孩子身上看到哪些积极的行为品质时，不妨先自己呈现出来。

**（五）努力创设并投身丰富的亲子活动**

适当地安排一些亲子活动不但可以增加亲子之间的共同语言、缓解孩子紧张的情绪，还可以培养孩子多方面的能力，而这些生活中所获得的技能在未来会迁移到孩子成长的很多方面。

**（六）帮助孩子建立社会支持系统**

作为家长，在家庭教育及亲子关系建设的过程中如果遇到了困难，要懂得去寻求帮助。无论多么糟糕的状态，我们都不是孤军奋战，我们可以寻找来自伴侣、亲人、朋友的支持，我们可以争取老师的帮助，我们可以求助专业的社会服务机构。总之，我们需要了解青春期孩子的身心特点和发展规律，运用科学有效的方式和方法与他们对话。

作　者　李凤珍　江苏省新海高级中学
　　　　　　　　连云港市关心下一代工作委员会工作先进个人
　　　　　　　　连云港市家庭教育指导员基本功大赛一等奖

# 谷爱凌成功背后的育孩之道

2022年2月18日，在北京冬奥会U形场地中的谷爱凌如飞燕游龙，脚踏印有"人中之龙"的滑雪板，挑战高难度，在大跳台奋力一跃，完成"惊天一跳"后，征服整个赛场，站上冠军之巅，获得金牌。

当听到夺冠的一瞬间，谷爱凌哭了："我知道为此付出和努力了多少，所以真的不可思议，那是梦想成真的一秒钟。"

谷爱凌说，滑雪运动员职业生涯最高兴的时刻有两个：一个是完成新的动作，另一个是站上最高领奖台。

谷爱凌的妈妈谷燕及家人对她的成长有以下几"道"。

## 一、第一道：筑牢学习基础

谷爱凌生活在美国，谷爱凌的妈妈谷燕特别注重孩子的学习。小学阶段，谷燕十分重视谷爱凌对中国文化知识的学习，每年假期谷燕都会安排她回北京学习十几天，谷燕说在中国学十几天，赶得上在国外学一年。

## 二、第二道：尊重孩子的选择

"我选择，我快乐；我选择，我负责！"从谷爱凌小时候的兴趣到15岁时候的国籍，从球类运动到滑雪运动，谷爱凌的每一次选择，都得到了父母及家人的尊重和支持，这或许是谷爱凌成功的一大动力。

## 三、第三道：教育思想和方式

有很多人问谷燕，是怎么培养出那么优秀的女儿？她的回答是："爱凌刚上学时，老师说不要纠正孩子的错别字，不打击孩子的创造力；少表扬他们的聪明，多表扬他们的努力。我就是照着这两条做的。"

"不要纠正孩子的错别字，不打击孩子的创造力"，这是特别重要的家庭教育思想，表面上看是"不纠正孩子的错别字，不打击孩子的创造力"，其背后是"优点不说不得了，缺点少说慢慢少！"，每个孩子的身上都有优点和缺点，很多家长很爱孩子，但出于本能，他们很想让孩子的缺点少一些，优点多一些，这样似乎才能让孩子更优秀。诚然，孩子的优点固然重要，殊不知，孩子都是在犯错中慢慢长大的。其实，缺点的对面一定有优点，家长要做欣赏缺点对面优点的美丽风景的人。找到缺点里的优点，放大优点，把优点培育成优势，让孩子一生都活在这个优势当中，这就叫"优势人生"！谷爱凌得益于此。

多欣赏孩子的优点，少批评孩子的缺点，孩子的每一个缺点里都有一个特别重要的东西，这个东西叫自尊，自尊给到正能量，会长成自信，自尊给到负能量，会变得自卑。教育不是为了让孩子考100分，而是让孩子有考100分的自信。让孩子成为自信的人是父母送给孩子最好的礼物！谷爱凌是幸运的，她得到了这个礼物！

"少点表扬他们的聪明，多点表扬他们的努力"，现实生活中，家长和老师很喜欢表扬孩子聪明，但她们需要表扬的是孩子的努力，告诉孩子："努力比聪明更重要！"很显然，谷爱凌从小知道这一点，她一直走在努力的路上。

## 四、第四道：注重素养

"天才"的标签掩盖了谷爱凌付出的努力和坚持。"生命里最高兴的东西，都是因为努力才能达到"，在北京冬奥会的赛场，在两金一银的背后，谷爱凌也屡次在逆境中"开出"坚韧的花。

"每次比赛都会感到压力，我自豪的是害怕做这件事，但还能坚持去做。"

成功的背后离不开勤奋、刻苦的训练。谷爱凌曾对媒体分享了她的一些日常："第一，每天要睡够10个小时；第二，吃好；第三，要有热爱；第四，做一件事情时百分之百投入，坚持做完以后再换到下一个，不要做一件事情的同时想其他的，可能一天只能做一件事情，但一定要把它做好。"在谷爱凌的身上，有努力、勤奋、刻苦、坚持四大素养。

## 五、第五道：家庭动能系统

谷爱凌的父母、外公、外婆对谷爱凌的陪伴与支持，做到了思想统一、目标统一、行为统一，形成了一个完善的家庭动能系统。在这个温馨的家庭里，谷爱凌收获着幸福！看得见的表象是谷爱凌一个人在努力，看不见的真相是一个家庭在努力！

赛场外，谷爱凌在获得两金一银之后说："我现在可以和家人一起吃烤全羊来庆祝一下了！"是不是一下子有了画面感，幸福且温馨。

谷爱凌的成功激励了很多国人，很多人为这个18岁的女孩感到骄傲！很多家长研究、模仿谷爱凌的成功之道，殊不知，每个人的成功都是很难模仿的，与其让孩子模仿谷爱凌，还不如花点时间去研究学习一下自己与谷爱凌父母之间的差距，或许有一天，父母改变了，孩子就成功了。

谷爱凌成功了，是盛开的花朵；我们的孩子在努力，是待放的花苞。

花朵花苞，哪一朵不好？生命如水，哪一段不美！

孩子是花苞时，请为他加油！孩子是花朵时，请为他喝彩！

作　者　黄　科　连云港市东辛农场中学
　　　　　　　　　连云港市家庭教育研究会讲师团导师

# 家校协同育人　提升团队沟通能力
## ——以黄海路小学家庭教育指导教师团队发展为例

《中华人民共和国国民经济和社会发展第十四个五年规划和 2035 年远景目标纲要》明确指出："健全学校家庭社会协同育人机制。"第十三届全国人大常委会第二十五次会议对《中华人民共和国家庭教育法（草案）》进行审议，强调"家庭教育、学校教育、社会教育紧密结合，协调一致"的原则。如何有效实施协同育人，家庭教育指导教师的沟通能力就成为决定其成效的关键因素。

**一、转变学习理念——打破家庭教育指导教师的沟通现状**

家校协同育人的过程中，部分教师认为家庭教育只是家长的事，和教师没有多大关系，大部分老师不善于和家长沟通。针对这一问题，首先要转变家庭教育指导教师的学习理念。

一是行政力量推进。家庭教育工作中，学校高度重视家庭教育指导教师队伍建设，通过教干会、教师会，专题布置此项工作；针对管理过程中出现的沟通问题，校长办公会专题研究、制定方案，层层把关，落实推进，将家校相关工作融入学校整体工作中。

二是校长示范引领。德国著名哲学家雅斯贝尔斯说过："教育的本质就是一棵树摇动另一棵树，一朵云推动另一朵云，一个灵魂召唤另一个灵魂。"每学期开学初，我校都坚持开展校长赠书活动。如开学初第一次教师培训，就是向教师传达张桂梅校长的感人事迹，以激发教师的教育教学工作激情。

三是凝聚团队精神。"没有完美的个人，只有最好的团队"。我校坚持把"我们的队伍向太阳"作为学校团建主题，定期开展"黄海听涛"读书分享；坚持教师节励志观影；坚持元旦举行团队展示，使教师的集体荣誉感、向心力不断提升，为家庭教育指导工作提供有力保障。

**二、开展系统培训——激发家庭教育指导教师的管理热情**

2019 年印发实施的《中共中央国务院关于深化教育教学改革全面提高义务教育质量的意见》，第一次将家庭教育指导能力作为教师的教育教学能力写进党中央的文件，这是教师教育和教师专业的风向标。我校根据现有的情况采取线上、线下齐头并进的培训形式，不断激发家庭教育指导教师的管理热情。

**（一）菜单式培训**

如何让教师快速掌握学习技能，如何指导家长进行有效学习，三宽家长学校给我们提供了广阔的学习平台。学校安排平台管理员制作教师学习教程，该学习教程被三宽家长学校推荐，赢得专家和同行的一致好评。我们做到了两提前，即提前发布培训通知、提前明确学习任务。

## （二）以会代训

线上培训拉近了教师和专家的距离，让教师迅速掌握最前沿的教育方向，从而在家庭教育指导工作中不会迷失方向。而线下的系列培训，更给家庭教育指导教师提供施展武艺的平台，让线下培训落地有声。

2020年11月1日，我校成功举办了连云港市黄海路小学家长代表大会暨"家校共育工作委员会"成立仪式；11月16日，全国"家校社共育与家长学校专业化建设"双实践区启动仪式在我校召开，和最先进的家庭教育模式接轨，让老师们豁然开朗。

## （三）专题培训

每一学期，我校都制定专题培训项目，并按计划阶段性组织教师培训，及时与"特殊学生"的家长沟通。在跟他们沟通时，有时可以先抑后扬，有时可以面谈等。然后利用节假日深入学生家庭，特别是对单亲家庭、寄养家庭、下岗家庭、后进或学习困难学生家庭，要给予有效的指导。

"互联网＋"背景下，"微信""QQ""钉钉"等新媒体已逐渐成为班级管理与建设的重要平台，其便捷性、开放性、互动性、群聚性和及时性等优点，打破了课内课外、校内校外的时空约束，拓宽了师生、家校之间沟通的渠道，成为家校沟通与互动的有效桥梁。

学校可为家庭教育指导教师开展系统培训，循序渐进地提高家庭教育指导教师的专业水平，帮助他们有效地和家长进行沟通。

## 三、多元化教育服务——助推家庭教育指导教师的能力提升

2012年教育部颁布的《小学教师专业标准（试行）》，这是国家对合格教师专业素质的基本要求，是教师实施教育教学行为的基本规范。面对每天都在变化的学生个体，学校有序开展一项项活动，给家庭教育指导教师提供更多锻炼的平台。

### （一）通过活动组织提高能力

1. 组织家校座谈

学校定期开展家校座谈，旨在加强沟通、提高家校共育工作的管理效果。一方面加强对学校教育教学管理等工作的监督、参谋、参与和指导；另一方面组织实施家长学校教育培训活动，更新家长观念，为学校建设和发展提供强有力的保障。

2. 参与活动实践

为了提升家长教育素养，强化家校沟通与交流，学校精心设计了由家长、学生、教师共同参与的系列活动。深入推进"阅读·写字·演讲"三项工程、共同设计家

风家训、传承红色基因诵读红色家书等，这些活动的设计与开展，让家长一次次走进孩子的心里、聆听孩子的心声、触摸孩子的心灵，同时也使孩子懂得感恩。

（二）通过问题处置提高能力

小学生是一个特殊群体，具有人员密集、管理困难的特点。这一群体由于年龄小、心智还未成熟，在面对突发事情时会很茫然，面对社会热点等问题时会动摇方向，这时就需要家庭教育指导教师出面相助，及时救场并与家长做好沟通，将事情妥善处理。

（三）通过考核评价提高能力

"日积跬步，能至千里！"针对教师家庭教育沟通过程中出现的问题，我校做好线上学习的数据分析，定期公布教师、各班级家长的学习情况，并通过年级组督促完成，互相赶、比、超。

我校家校育人工作在不断探索中取得了可喜的成绩，家庭教育指导教师沟通能力得到了提升，凝聚了家庭教育的合力。我校被评为全国三宽家长实践校、市优秀家长学校、区家校社共育示范校，家长合唱团演唱的《中国家长之歌》在中国家长大会上反复播放。我校组织家校共育实践课题申报，培养学校家庭教育指导"种子教师"10名，特聘班级讲师100名，引领家庭教育指导工作科学化、系统化。我们将努力创建更好的教育"场域"，进一步激发教师的工作潜能，挖掘教师的教育智慧，提升教师的沟通能力，使家校工作欣欣向荣！

作　者　盛之霞　连云港市赣榆区黄海路小学

# 探寻家校合作方式的活动策略

习近平总书记在全国教育大会上强调："家庭是人生的第一所学校，家长是孩子的第一任老师，要给孩子讲好'人生第一课'，帮助扣好人生第一粒扣子。"加强家庭教育指导，对于培养青少年学生的生活习惯、学习信心、自理能力、劳动技能有着极大的促进作用。作为新时代的教师，如何更扎实有效地将家庭教育活动与学生的校园生活融合到一起，是非常值得我们深思和实践的。

## 一、着眼——分析家校合作方式的意义

（一）有利于学生的健康成长

苏联教育家苏霍姆林斯基在《帕夫雷什中学》中提道："儿童只有在这样的条件下才能实现和谐的全面发展。就是两个教育者，即学校和家庭，它们不仅要行动

一致，还要志同道合。"家校合作就是给予学生更多的关心，让孩子充分享受到来自学校与家庭的关爱。

### （二）有利于提高家长的教育水平

家校合作可以促使家长到学校学习先进的教育方法，通过与其他家长的交流、沟通，借鉴好的教育经验，从而使家庭教育观念得到更新，提高家长教育水平，让家长参与到孩子的学习中，能够让他们更加了解学生，增进亲子关系。

### （三）有利于优化学校的教育环境

家校合作促使家长将社会上对学校教育的一些建议带到学校，并监督学校的不断完善。基于当今"双减"背景，家校合作更能够减轻学生的学业负担和课业负担，优化校园环境，让校园环境更好地为学生提供服务。

## 二、着法——探寻家校合作方式的活动策略

### （一）办好家长学校，提高合作意识

在深入调查和研究的基础上，针对性地举办各种类型的家长会，提高家校教育的实效性。

#### 1. 新生家长会

一年级新生入学后，举办新生家长会，向家长传授教育学、心理学的基本内容，了解进入小学后孩子学习的基本要求和家长的基本要求，明确家庭教育的重点内容及要求。

#### 2. 全校学生家长会

每学期期中，举办全校学生家长会，不仅向家长宣传家庭教育的重要性，传授教育的方法，还通报学校的工作，引导家长树立正确的育人观，要求家长配合学校工作，加强对子女的教育，帮助学生养成良好的行为习惯和学习习惯。

#### 3. 家长沙龙座谈会

为了做好困难学生的帮助转化工作，学校召开专题家长沙龙座谈会，与家长一起分析困难学生形成的原因、探讨教育和管理方法，交流家庭教育经验，调动家长配合学校做好工作的积极性。

### （二）组建家委会，形成家校共育合力

进一步加强现代学校制度建设，畅通家校沟通机制，落实家校共育一体化进程，优化整合教育资源。学校教育实现由注重学生教育向学生教育和家长教育并重转变，发挥家委会在家校共育中的纽带参谋作用，共同促进家长和家长、家长和老师的交流与了解，增进家长和孩子、孩子和孩子之间的感情与友谊。彰显家委会参与班级管理、学校管理工作的能力，调动家长参与家校共育的积极性，拓展家校共育指导的阵地，扩大教育信息的收集范围和信息量，提高家长素质和家庭教育指导能力，推动家校共育工作可持续性发展。

（三）落实家访任务，创新合作方式

"教师走进家庭"是我们开展的一种行之有效的家校合作方式。要求教师定期分批次走进学生家庭，与父母、祖辈进行家校共情分享交流。借助新媒体，创新合作方式，经常用微信、QQ、电话与家长交流。家访过后，我们还应该及时将家访记录、家访故事整理成册，形成校本教材。要有条不紊地开展各种形式的家访活动，努力开创家校共育合作工作新局面。

（四）开展多样活动，拓展育人空间

1. 定期举办讲座

每年邀请家庭教育专家开设专题讲座。内容涉及教育教学、孩子生理心理等各个方面，同时向家长传授如何做好家长的理论和实践经验。

2. 开展家长开放日活动

学校把家长请进学校，参与开放日活动，建立家校教育的有效联系。开放日活动督促教师钻研教材、设计教案、提高课堂教学水平；家长看到孩子积极主动地学习，和孩子一起参与阳光体育活动，感受孩童天真的同时，不断强化家长教育孩子的责任感，感受家庭教育的重要性；激发孩子学习的积极性，孩子学习主动了，思考积极了，回答问题的胆子就大了，课堂气氛便活跃了；进一步优化教师与家长、家长与学生之间的关系。

3. 开展家长咨询接待活动

定期开展家长咨询接待活动，任课老师分批与学生家长交流。老师向家长反映孩子在学习生活中的态度、习惯等各方面的情况，共同分析原因和发展前景，商定培养策略。这一活动大大提高了家庭教育的有效性，使家庭教育和学校教育紧密地结合起来。

4. 邀请家长参与学校主题活动

邀请家长参加学校的各项活动。"六一"文化艺术节、运动会、新生入学仪式、十岁成长礼等活动中都有家长们的身影。

5. 邀请家长参与网络平台沟通

我校通过"云海在线"的方式与家长交流，家长们可以根据自己孩子的情况，通过"云海在线"下载相关的书籍，通过亲子阅读的形式，帮助孩子学会调节情绪，正确地认识自己。

（五）汇编家校文件，提供活动保障制度

为了进一步拉近家校距离，在创新家校合作方式的同时，我校在原有的家长学校管理制度的基础上（如《家长学校常规管理制度》《家长委员会工作条例》《家长学校各岗位职责》《家访制度》等），进一步完善了《学员考勤制度》《资料档案管理制度》等。

### 三、着手——拓宽家校合作思路

活动可以展现孩子绚丽童年的生活，亲子活动是增进家庭情感的有效途径。为了丰富孩子的情感，我们要全面搭建亲子平台，积极拓宽家校合作思路，经常性地开展亲子活动。在活动中，家长和孩子一起迎接挑战、分享快乐。亲子活动既让孩子尽情展示自我，又增进了他们与父母的情感交流。

一是举行亲子故事征文比赛。家长在家经常性地和孩子进行亲子阅读，不断和孩子进行情感沟通，用平凡朴实的语言描绘一幅幅美丽的亲子画面。

二是开展"书香家庭"成果展示活动。为了发挥家长在家校合作中的重要作用，学校经常举行"书香家庭"评比活动，让更多的家庭感受到参与活动的乐趣。

三是举办亲子运动会。让家长和孩子在轻松愉快的氛围中一起奔跑、一起欢笑。那飘荡在整个校园里的欢声笑语、孩子摔倒时妈妈亲切的鼓励和亲子接力时孩子满脸的自豪，无不让人身心愉悦。

四是开展亲子美食分享会。美食永远是孩子的最爱，也是挡不住的诱惑。在美食分享会中，孩子不经意间的一句"我妈妈做的美食是世界上最好吃的"，也能让父母乐上一整天。

### 四、着意——申报家校合作课题

任何问题的研究都需要平台，除了以活动为根本的实践，我们还可以申报家校合作课题。以课题为载体，在倡导真课题、真研究的理念中，我们通过问卷调查，了解孩子和家长的合作意识，创新开展各种研究活动，让家校合作工作既有实践的检验，又有理念的依托，从而全面推动家校合作工作的开展。

家校合作工作是一项长期而富有创新色彩的工作。今后，我们将继续立足学校教育制高点、重视家庭教育交汇点、抓住社区教育拓展点，群策群力，提升家校共育质量，集聚家庭、社会之力量，共同营造儿童健康快乐成长的良好环境。

作　者　叶乾乾　连云港市新县中心小学
连云港市家庭教育指导员基本功大赛二等奖

## 优化家园沟通渠道　促进幼儿健康成长

随着幼儿园教育的不断发展，家园沟通也成为幼儿园教育工作中一项重要又不可忽视的部分。家园沟通渠道的改进和优化，会更有效地促进幼儿身心健康的全面发展。探寻家园沟通的有效途径，能够打破家园沟通的固化问题，促使幼儿园和家庭双方获得更好的教育优势互补，有效促进幼儿的成长与发展。

### 一、更新家园沟通的教育理念

（一）持续学习"蓄杯"，提升教师综合素养

随着现今生活水平的不断提高，家长们对孩子的期望越来越大，与之伴随而来的，则是对教师的要求也越来越高。教师必须不断地自我充电，及时"蓄杯"，提升专业水平，以饱满的热情和责任心去赢得家长的信赖与支持。当家庭教育需要帮助时，教师能够有理可据、有话可说，给予恰当的指导建议。

（二）加强宣传沟通，改进片面教育理念

在"课程游戏化"的引领下，幼儿园尝试通过游戏化的教育教学形式来促进幼儿的全面发展。但许多家庭纷纷质疑：孩子们在幼儿园怎么总是玩游戏？幼儿园学不学拼音？长此以往，质疑的问题多了，家园双方又缺少沟通交流，致使家园沟通的有效性逐渐降低。因此，家园双方需要树立和谐一致的教育理念。教师可以在日常的晨间或者放学时段，把一些教育理念传递给家长。在面对质疑时，教师应及时结合"课程游戏化"，告诉家长关于游戏对幼儿发展的促进作用，以及游戏的重要性和有效性。

（三）不定期反馈，及时肯定进步之处

在不断更新和改进家园双方一些片面的教育理念后，如果幼儿在园的表现已经能够反映家长的家庭教育理念有所改进时，教师要及时向家长反馈幼儿在园的变化，并针对幼儿进步之处加以肯定和鼓励。

（四）成立家长读书会，提升家园沟通质量

幼儿的成长与家庭教育有不可分割的联系，而教师的言语表达往往不如书籍有"说服力"。书籍能够传递思想，有效地指导家庭教育。成立家长读书会，以"思维、学习、教育"为主题，结合各个类型的精选好书，促成家园双方建立和谐一致的教育目标和理念。

### 二、优化家园沟通的教育路径

（一）教师对家长进行有针对性的家庭教育指导

以往的家园沟通内容是一些简单的告知，如"今天彬彬没有吃完饭啊""今天宝贝表现很棒啊！"等等，缺乏有效的指导或强化，没有真正地落实到家庭教育中。优化家园沟通内容后，教师会告诉家长："今天孩子表现很棒啊！能非常有序地把游戏材料收回原位。您回家要及时表扬孩子，让他更有信心去做得更好！"

当教师的表述内容更加有针对性时，家长获得的信息是更有效的、有助的，认为教师关注了自己的孩子，不仅会十分愉悦，还会尊重并信任教师对其家庭教育进行指导。在有效的交流中认识到彼此互动的重要性，只有家庭与幼儿园实现实质上

的双向互动，才能促进幼儿的成长与发展。

**（二）家长对教师的教育指导进行阶段性的反馈**

教师提出了有针对性的家庭教育指导策略后，家长会向教师做一些反馈或提出一些疑问。家园之间原来那种简单粗略的反馈效果不太好，阶段性和连续性的反馈才能够帮助幼儿获得有效地提高与发展。针对家长每一个阶段的反馈，教师再提出新一阶段的指导建议。

### 三、创新家园互动的实践策略

在幼儿园教育工作中，家园沟通的形式有很多，如家长会、家长开放日、家访、个别谈话等。但是，这些形式已经无法满足当下父母对孩子的殷切希望，许多家长建议在原有形式的基础上，创新和改良家园沟通形式，能在家园沟通的落实工作中，帮助家长和幼儿获得有效的经验和家庭教育指导方法。

**（一）角色互换，拉近心与心的距离**

时常与孩子进行角色交换，让家长和老师体验孩子们喜欢的"角色游戏"，在这个充满好奇及未知的游戏中去了解我们在孩子眼里是怎样的。这不仅有助于帮助家长和老师更深入地走进幼儿内心世界，了解他们的心理活动，还能够促进亲子之间、师幼之间的互动，拉近彼此的距离。而且这种体验的模式能够激发幼儿在园内的积极性、在家中的自主性。

**（二）家长座谈会，分享育儿经验**

每个家庭都有不同的家庭环境和教育观，每位家长也都有各自不同的价值观，在很多大型活动中，家长们会在班级群中发表各自不同的意见和想法，有时言语不当便会引起误会。但当家长们面对面坐在一个空间里聊一聊、谈一谈时，不仅融洽了他们之间的关系，而且能够使他们表达自己最真实而真挚的想法，分享自己的教育经验及妙招，这样的互动经验真实而有效。

**（三）网站平台，提升家园沟通质量**

随着网络时代的飞速发展，多媒体途径在幼儿园工作中已经很普及，网络更有利于各类信息的快速传递。幼儿园可建立班级网络交流平台，介绍关于本班的情况、教学动态、卫生保健等。通过运用新媒体平台，家园双方在合作上会更加及时有效，不仅拉近了教师与家长之间的沟通距离，还使家园沟通的工作从"事倍功半"转变为"事半功倍"。幼儿在这样融洽的家园环境下，在不同的领域有了显著提升，进而获得了身心健康的全面和谐发展。

家庭与幼儿园是幼儿教育的"双臂"，缺一不可，呈相辅相成的支持关系。在幼儿发展的过程中，两者都各自发挥着不可替代的影响作用，只有两者相互促进、取长补短，才能最大限度地发挥各自的教育优势。实践证明，在和谐一致的教育方向下，只有家园沟通保持不断改进和优化，家庭教育指导才能真正落实，才能有效促进幼儿身心健康的全面发展。

作　者　苏　琰　连云港市六一幼儿园
　　　　　　　　连云港市家庭教育指导员基本功大赛一等奖
　　　　　　　　江苏省教师教学基本功大赛二等奖
　　　　　　　　江苏省信息化教学能手大赛一等奖
　　　　　　　　江苏省"师陶杯"论文竞赛一等奖

学前篇

# 关注农村隔代抚养

随着经济的快速发展，越来越多的农村青壮年涌入城市，农村祖辈参与照顾孙子女已极为常见，抚养孩子的重任逐渐落在孩子的祖辈身上，越来越多的祖辈甚至成了儿童的代理父母。农村家庭亲子抚养模式发生了改变，隔代抚养正成为农村家庭教养的主要模式。

## 一、农村隔代抚养出现的原因

### （一）父母方面的原因

改革开放以来，更多的农村年轻人选择外出打拼，争取功成名就。由于在外住房难、上学难等问题，婚后，父母只能把孩子交给在老家的老人抚养，从而形成隔代抚养的社会现象。

### （二）祖辈方面的原因

中国自古就重视伦理传承，在中国人的观念里，老一辈帮忙抚养孙辈，做儿女的坚实后盾，一直被视为"天经地义"。另外，农村老人除了田地里的一些农活，也没有别的活动，更没有办法赚钱养家，因此有时间代养孙子孙女。

### （三）其他方面的原因

近几年，我国离婚率呈快速上升趋势。尤其是在农村，过早、过快地结婚，婚姻基础不牢固，再加上外出打工、两地分居的居多，离婚率越来越高。父母离婚后，多数孩子不得不跟随祖辈生活。

## 二、农村隔代抚养造成的现状

### （一）隔代抚养使父母与孩子之间产生隔阂

原生家庭是孩子一生成长的沃土。隔代抚养下的孩子与父母聚少离多，长期与父母缺乏交流，缺少父母的关怀和陪伴，致使父母与子女之间无法融洽相处。孩子就像生长在一块贫瘠的土地上，与父母感情冷淡，无法建立良好的亲子关系。

农村老人任劳任怨，注重孩子是否穿暖吃饱，是否睡得好、吃得香，对孩子的生活照料得"面面俱到"，造成孩子的独立性差、依赖性强，社会适应能力大打折扣。另外，老年人大都喜静不喜动，这样会限制儿童的很多行为。他们很少让儿童自由地探索，导致孩子视野狭窄，缺乏应有的活力，也影响了孩子的创新能力。

有研究表明，在我国 70%的隔代抚养都不成功。究其原因，老人对孩子过分关心、溺爱，包办孩子的一切事情，是隔代抚养不成功的关键点。老人对孩子毫无节制的满足、过分纵容，甚至替孩子掩饰，孩子在缺乏父母监管陪伴的成长过程中逐渐养成自私、任性、为所欲为、唯我独尊的性格，缺乏独立性，耐挫性不强，有的甚至敏感自卑、不合群。

## （二）隔代抚养累积了多重矛盾

### 1. 隔代抚养给祖辈们带来负担与压力

笔者曾针对幼儿园、小学和中学的农村祖辈做过调查，95%的祖辈认为：孩子小，需求尚可满足；孩子大了，力不从心。同时他们想把孙辈照顾好，还要负担孩子的部分或全部养育教育费用，不仅要出钱出力，还要担心监管不力，可谓"压力山大"。

### 2. 隔代抚养带来家庭教育的多重矛盾

隔代抚养中，孩子多数被祖辈迁就，难免会养成不良或者错误的行为习惯。当父母纠正孩子的错误的行为习惯时，孩子因为在祖辈面前被宠惯了，产生强烈抵触情绪，由此会让父母怪罪祖辈。另外，祖辈与父辈在教育孩子方面，观念、方法等都存在很大的偏差，时间一长，累积许多教管矛盾。

## 三、农村隔代抚养应有的建议

### （一）加强沟通，逐步统一教育思想

父辈与祖辈的真诚有效沟通是化解隔代抚养教育不足的关键。当父母发现孩子的问题时，不要直截了当向祖辈提出自己的不满，而应该先感谢、肯定祖辈照顾孩子的辛劳，婉转地提出自己的想法。对待孩子的教育问题，年轻父母要主动和祖辈沟通，心平气和地解决问题。在教育观点、教育内容、教育方法上，更要与老人多探讨、多交流，只有祖辈和父辈的教育认识达成一致，孩子的教育才会达到事半功倍的效果。

### （二）互相尊重，营造和谐的家庭环境

#### 1. 承担父母的必要责任

祖辈教育有时候虽然是无奈的选择，但是它只能是补充而非替代。父母的缺席会让一个孩子在成长过程中产生自卑的情绪，而且多疑、敏感。所以，父母要知道，孩子的教育、抚养永远都是父母必须承担的责任和义务。

#### 2. 尊重祖辈的心理需求

年轻父母与祖辈在养育孩子方面的观念是截然不同的。年轻父母重视孩子的品格培养、智力开发等理性方面；而祖辈更关注孩子的饮食、身体等方面的物质需求，更具有感性。父母与祖辈往往会产生一些矛盾，当祖辈执意坚持自己的观点、做法时，年轻父母不妨做些让步，学会和祖辈沟通，让祖辈心理能欣然理解与接受。祖辈帮我们带孩子，是对我们的一种莫大帮助与支持，我们应该尽量让他们感到宽心，得到肯定和安慰。

3. 营造家庭的和谐环境

在一个温馨的家庭里，孩子才会有安全感，态度才会乐观，信心才会更足，待人才会更和善，学习起来才更有动力。反之，如果家庭冲突不断，孩子就会压抑，缺乏安全感，久而久之容易形成人格障碍。因此，父辈与祖辈应该齐心协力，共同营造一个健康的、和谐的家庭环境：父母彼此相爱，父母爱孩子，孩子爱父母，大家互相尊重爱护、以礼相待；孩子成长在和谐温馨的家庭里，一定会成长为一个充满爱心、阳光向上的人。

（三）相辅相成，实现家校的共育宗旨

学校教育能更好地弥补隔代教育的不足，引导隔代教育走上更加合理、科学的育人之路。学校应努力构建家校共育桥梁，做好家校联系工作，鼓励祖辈积极参与各项家校活动，引导祖辈从中了解正确的教育理念，促进祖辈与父辈、与孩子之间的交流讨论。引导祖辈意识到自身的不足，多学习，及时地改正自己教育中不得当的地方，从而为孩子健康快乐成长创造有利的条件。

当下，随着时代的不断发展，隔代抚养已经是我们不容忽视的问题。如何发挥隔代抚养的优势，避免隔代抚养的弊端，最大限度地降低隔代抚养带来的负面效应，是我们学校、家庭共同面对的课题。关注留守儿童，家校积极协同配合，才能有效化解农村隔代教育的难题。笔者呼吁：作为祖辈家长，要学会控制情感，要正确理智地爱孩子；要摆正自己的位置，把对孩子教育的主动权交还给父母，积极创造机会让孩子和父母多接触，培养感情，营造和谐温馨的家庭氛围；祖辈们应该与学校积极配合，主动接受学校的教育引导，及时了解孩子各方面的情况。同时呼吁留守儿童的父母要常回家看看，体会老人的不易；多陪伴孩子，满足孩子渴望亲情的心理需求。只有多方合力，才能共同营造孩子健康成长的环境。

作　者　霍　丽　灌云县白蚬中心幼儿园

# 双重爱的"手账本"

孩子的成长在不经意间悄悄发生着，孩子的变化在日月累积中展现。幼儿成长是每个家庭关注的焦点。看着一个个幼小的生命在母体中孕育出世，在家庭里哺育生长，在幼儿园里变化发展，好似那么漫长，但又那么稍纵即逝。爱满家园收集、分析幼儿的作品，记录幼儿的成长过程；爱满家园是一本具有个性特点和收藏价值的纪念册。家长是我们幼儿园教育工作所不可忽视的教育资源，所以，家园共育在幼儿园教育中具有举足轻重的地位。我们鼓励父母积极参与，使他们由单纯的欣赏者逐渐变成制作爱满家园的主动参与者。

## 一、走进爱满家园

### （一）爱满家园应有的作用

成长是应该被记录的，成长也是可以记录的。成长是一个过程、一种状态，也是一种方式。也许是一份孩子的手工作品，也许是一张可爱笑脸的照片，也许是一首诗、一支歌或者一个故事，但就是这一个个印记，串起了孩子的成长轨迹，搭建了孩子的成长阶梯。教师记录孩子在幼儿园的学习和生活，而家长作为与孩子最亲密的人，在幼儿园以外的时间发挥着不可或缺的记录作用。

### （二）爱满家园面临的问题

爱满家园的完成大概分为三种情况：一是在主题版面上贴照片；二是让孩子在主题版面上画一幅简笔画，也可以让家长代替孩子画一幅色彩鲜艳的画；三是购买一些现成的装饰品，直接贴在主题版面上。在中小城市，家长在面对爱满家园时，往往不清楚爱满家园到底是什么，具体要做什么。家长拿到爱满家园时，经常向老师提出："老师，您来做！我不会画画。""老师，孩子画得太丑了，放在上面太难看了。""老师，爱满家园是什么意思呀？""老师，我们太忙了，孩子都是爷爷奶奶带的。"听到上述家长的话，笔者不禁想问：爱满家园，"家"的内容要如何收集？如何制作？如何让不同基础的家长积极参与？在最初阶段，很多家长因为新鲜，热情度较高，都能够配合。随着每个主题都有不同的内容，要完成不同的事，有的家长觉得爱满家园是烦琐的，有的家长认为自身不会写而拒绝，有的家长因为工作忙，让孩子的哥哥或者姐姐代替。这都是目前爱满家园家长参与度不高，制作质量低的问题所在，甚至还有家长把爱满家园当成一项作业，自身从主动变为被动。

### （三）爱满家园缺乏的融合

翻看爱满家园，也有部分家长在精神和实际上是认真对待的，但内容较杂，有图文不符合主题的，也有单张照片应用多个主题的。"家"是"家"，"园"是"园"。当然，由于我们中小城市的教师普遍存在年轻化的现象，在与家长沟通时，也存在不到位的现象。对于家长参与爱满家园制作的重要性强调不够高，宣传不到位，并没有让家长真正理解爱满家园的制作形式，也没有让家长理解档案的内容而产生积极参与的愿望。年轻教师因为经验少，在面对不同类型的家长时，无法做到分层对待，原始统一的方法并不能适用所有家长，促使结果并不如意。

## 二、幼儿园创设机遇带动家庭

在实际过程中，幼儿园通过开展各项活动，例如，家长开放日、各类节日庆祝等，在情感、交往、语言上等推动了幼儿的健康发展。爱满家园的制作是孩子在各类活动中的成长历程。老师和家长是活动的伴随者、参与者、记录者、被记录者。

## （一）让家园合"做"成为可能

首先，教师需要向父母说明爱满家园制作的意义是什么，如何在日常生活中采集孩子成长的各个精彩瞬间，包括相片、绘画作品、生活中的趣事等，并且将这些内容分时间与事件完整保存。另外，教师可以将以往制作较好的爱满家园拍成照片在学期前家长会时与之分享，并提前告知家长在每个主题活动中，家长需要完成的内容。

## （二）促进家园合"做"的提升

家长很多时候不知道在爱满家园中写些什么，不是他们不愿意写，而是他们不知道怎么写。针对这种情况，在学期结束家长会时，老师可以将本班具有代表性的爱满家园筛选出来，针对其他家长的问题，逐一解决。对于平时工作繁忙，来园次数较少，缺乏与老师直接沟通的家长，老师可以在适时提供个别化教育，用多种方式与家长进行沟通，促进家园合"做"的提升。

### 三、家庭主动参与配合幼儿园

家长本身具备收集材料的得天独厚的条件，能为爱满家园提供更加丰富多彩的个性化成长信息。

## （一）积累幼儿相关前期经验

家长在活动之前要了解幼儿相关的前期经验，在活动过程中需要的资料，这些内容往往是老师无法全面收集到的，所以家长提供的材料是对主题版面内容的另外一种丰富。

例如，每个主题家长会配合完成一些调查表："我喜欢的颜色""春天里的活动"等。还有的家长会配合收集一些与主题活动相关的图片材料。如在"春天里的活动"主题活动中，家长带幼儿去户外踏青时捕捉到的春天的气息；在《好吃的水果》主题活动中家长和孩子一起做水果沙拉等。

## （二）收集幼儿独特活动内容

家长可以选择孩子喜欢的和有意义的活动进行记录。例如，孩子和爸爸在家里的小院子或者花盆里种下小青菜、萝卜等，每天一起浇水、上肥并分阶段拍照。这对他们来说是非常有意义的事，因此就可以将这一活动放进爱满家园里。

## （三）记录幼儿"原生态"活动

家长参与评价，全方面展现幼儿发展历程。例如，孩子与父母、孩子与孩子等一起出去玩的见闻。此类见闻引导幼儿用自己的语言说，不加修饰记录。从小班到大班，当家长在浏览爱满家园记述的孩子说的话时，自然会看到孩子在语言方面的发展和进步。

总之，在面对各种不同素养的家长时，我们努力做到因人而异地开展工作。鼓励家长多来幼儿园参与活动，感受家园合作的氛围，在多种联系方式上给予具体的指导。对于有美术功底的家长，他们可以充分利用其资源，与老师一起共同帮助其他家长丰富爱满家园的版面。家长作为一个欣赏者，在看到每一本爱满家园都有各自的风格时，更加了解幼儿的成长历程，体验到教师工作的艰辛，都会由衷地感谢老师；家长作为参与者，通过爱满家园，从详细的资料中看到了幼儿的进步，也看到了家长积极参与的过程，能够培养家长对待教育的正确态度，以后会更加密切配合老师做好家园工作。

作　者　王嘉麟　连云港市六一幼儿园
　　　　　　　　江苏省"蓝天杯"教学活动设计一等奖
　　　　　　　　江苏省"师陶杯"论文竞赛二等奖
　　　　　　　　连云港市基础教育教师教学基本功大赛（学前教育）一等奖

# 让幼儿阅读早点动起来

　　阅读是各种学习的基石，而阅读能力的培养需要从小开始。科学的早期阅读能使幼儿更适应以后的学习与生活。家庭是孩子早期阅读的主要环境，家长则是孩子的第一任老师，作为家长应该抓住幼儿这个关键时期，在家庭教育中对幼儿开展早期阅读训练，这是儿童健康成长不可缺少的因素。

　　幼儿早期阅读以看、听、读、说有机结合为主要手段，从兴趣入手，激发幼儿热爱图书的情感，丰富幼儿阅读经验，提高幼儿阅读能力。父母可以通过对幼儿进行早期阅读的训练，使孩子尽早进入知识的海洋，开阔孩子的视野，启迪孩子的智慧，陶冶孩子的性情，拓展孩子的思维。同时，这一过程还可以使亲子关系更加亲密，更有利于孩子的情绪发展。

## 一、幼儿早期阅读存在的问题

　　广义上说，0～6岁的婴幼儿凭借色彩、图像和成人的语言及文字来理解以图画读物为主的婴幼儿读物的所有活动，都算作早期阅读。对幼儿而言，阅读不仅是视觉活动，也是听觉、口语的活动。阅读可以引导幼儿从口头语言向书面语言过渡。早期阅读教育并不在于单纯发展幼儿的阅读能力，还要让幼儿通过各种途径接受各种信息，形成看、听、读、写一整套的养成习惯性教育，为幼儿终身学习打下良好的基础。但当前幼儿的早期阅读存在着一定的问题：

### （一）早期阅读活动形式化过于严重

　　很多家庭在开展幼儿早期阅读的过程中，家长都带着幼儿进行基础的阅读，但是这样的活动形式已然没了活动的本质，其仅仅是一种阅读教学。而对幼儿而言，他们所渴望的教育方式应当统一地以活动的方式展开，如果单一地进行知识教育，会显得十分乏味无趣，严重不利于幼儿的健康成长。

### （二）早期阅读活动开展模式单一

在开展家庭早期阅读的过程中，很多家长都出现了相同的误区，主要体现在三个方面。

第一，阅读形式过于单一，没有其他方面的拓展，致使幼儿严重缺乏参与兴趣；

第二，阅读缺乏趣味性，现阶段的家庭阅读以读为主，没有涉及其他方面；

第三，阅读活动开展的形式不科学，没有考虑到幼儿爱玩的心理，使幼儿在实际的阅读过程中，无法察觉自己在阅读学习中存在的不足。

## 二、开展幼儿早期阅读的策略

由于学前儿童心理的发展水平受限，幼儿各方面发育还未成熟，幼儿的早期阅读要借助成人的帮助，需要成人的正确引导。

### （一）培养幼儿的早期阅读兴趣

美国教育家特利里思认为，培养幼儿的读书兴趣要从小开始，要依靠父母来"诱发"。孩子对阅读的兴趣便会在父母抑扬顿挫的朗读声中渐渐产生。父母选取的朗读内容应生动有趣，能吸引孩子。随着孩子年龄的增长，内容可逐渐加深，使用这种方法的关键是父母一定要有耐心。

### （二）选择适合孩子阅读的图书

#### 1. 针对孩子的年龄特点选择

一般来说，孩子3岁前，可多选择以常用名词、动词、形容词为主的图书，如看图识物类，最好是"小手撕不破"图书；可选择以简单短句为主、情节重复的图书，如婴儿画报类。孩子3岁后，可选择多类别的图书，如著名童话、科幻故事、寓言、诗歌及有关生活方面的图书，以满足孩子强烈的求知欲。

#### 2. 根据孩子的发展现状选择

孩子做事三心二意，家长可选择《小猫钓鱼》的故事；孩子任性、不懂礼貌，家长可有意识地选择有关文明礼貌方面的书，如《风娃娃做客》等；孩子爱撒谎，家长可有意识地选择有关诚实方面的书，如《木偶奇遇记》等。

#### 3. 根据孩子的兴趣爱好选择

家长在选择图书时，要顾及孩子的爱好。如有的孩子喜欢动物故事，有的孩子则喜欢童话故事，只有孩子自己感兴趣，才会主动去看、去学。因此，家长购书时应给孩子一定的自主权，让孩子自己挑选一些他们感兴趣的书。

### （三）营造良好的阅读环境

#### 1. 创设宽松自由的阅读环境

早期阅读重在为幼儿提供阅读体验，家长应利用一切机会多带孩子参加一些阅读活动。如：常带孩子去书店、图书馆浏览那些没有接触过的图书，孩子会不由自主地被浓浓的读书氛围吸引。长此以往，幼儿在阅读过程中能够享受书面语言的快乐，在潜移默化中学到相关知识，积累阅读经验。

2. 家长要做好阅读的榜样

有家长说："我每天都给孩子读书，怎么就培养不了孩子阅读的兴趣呢?"我认为原因是多方面的：孩子不识字，对图书的理解和喜爱程度深受为他读书的家长的情绪、情感所感染。因此，在亲子共读时，家长应倾注全部感情，切忌漫不经心、敷衍应付。

（四）掌握阅读方法，让幼儿阅读"悦"乐

1. 朗读感受

孩子的阅读应从零岁开始，但他们最初的阅读主要是依赖父母的朗读，他们是在用自己的耳朵"阅读"。听成人朗读、讲述是孩子主要的阅读方式。所以，家长要注意朗读的艺术。首先必须咬字清晰，语调抑扬顿挫，富有感染力，不能完全照搬书中的文字，可根据情节增添一些形容词或象声词。如"狐狸'扑通'一下摔了个四脚朝天"等，家长要使朗读更有感染力。其次要有悬念，如"孙悟空打得起劲，忽然'咔嚓'一声响，这是怎么回事呢?"这样才能使孩子爱听、听清、听懂。

2. 观察理解

家长在与孩子一起看书时，不仅应要求孩子认真听，还应要求孩子认真看画面，通过画面帮助孩子理解故事内容，培养孩子的观察能力。家长随着故事情节的发展可用手指在画面上移动，也可提出一些观察性的问题，如"大灰狼想吃小兔时是怎么样的?"

3. 假设想象

家长在引导孩子阅读的过程中，应启发孩子对情节空白展开合理想象，并提出相应的问题让孩子思考，这样才能使阅读成为一种积极的活动。如讲到小老鼠掉到哪里去了，先不告诉孩子结果，而让孩子先猜测想象："小老鼠有没有得救呢? 怎么得救的呢?"另外，还可以通过引导孩子编写故事、给故事起名字的方式来培养孩子的想象力和理解力。

4. 读后交流

与孩子交流读后感，可以培养孩子的概括能力和辨别、分析能力。家长在给孩子讲完一个故事后，应与孩子就这个故事的内容有目的地进行交谈，以此了解孩子的理解程度和思想动态。如讲完《龟兔赛跑》后，可问："兔子跑得那么快，乌龟爬得那么慢，为什么乌龟会得第一名?"在交流时，应以孩子说为主，家长倾听，及时引导孩子，使之紧紧围绕故事主题，又能联系到自身或周围的生活。要注意培养孩子语言的条理性、完整性、概括性，引导孩子对故事内容和人物进行评价，提高孩子的辨别、分析和概括能力。

幼儿的早期阅读是一门学问，家长只有掌握其中的技巧，才能将孩子引入知识的殿堂，让孩子享受阅读的快乐。

总之，幼儿早期阅读教育活动的开展对于幼儿的成长有着重要的意义，但是就目前的情况来看，幼儿早期阅读教育仍然存在很多问题。为了不断完善幼儿早期阅读教育活动，必须从多个方面入手，让幼儿阅读早点动起来。

作　者　董红敏　连云港市东海县幼儿园
　　　　　　　　江苏省教育学会论文一等奖
　　　　　　　　连云港市东海县优秀教育工作者
　　　　　　　　连云港市家校教育结合论文评比一等奖
　　　　　　　　连云港市东海县优秀教育教学论文评比一等奖

# 疫情期学前儿童家庭教育支持策略

在疫情背景下，幼儿家庭教育存在的众多问题更加突出，本文将通过对"早上九点钟"家庭教育志愿服务平台运行机制及支持体系的分析，以政府及其职能部门、幼儿园、家庭、社会力量等主体的教育支持状况为切入点，对幼儿家庭教育支持体系的完善提出对策建议。

## 一、调研特殊时期幼儿家庭教育情况

1. "疫情"需求不突出

家长的咨询是基于疫情所提出的占比很小，例如"如何与孩子沟通？""如何与老师保持良好的沟通？""孩子有逆反心理怎么办？"这类问题有具体的方向但没有聚焦点，也不仅仅是疫情期间产生的，在平时的生活中也存在此类问题。因为疫情背景下生活环境与条件发生了变化，这些问题就变得更加突出。

2. 家长教育理念的偏差

家长已有的教育理念较为极端，缺乏正确的指导。家长较注重孩子某一具体学科方面的技能提升，其实他们更应该注重锻炼孩子综合能力，给予正确引导，同时让孩子认识到人的生命是宝贵而又脆弱的。

3. 缺乏操作性意见的指导

生命教育与健康教育是十分重要的，孩子需要知道不是所有疾病都是可以医治的。家长面对空泛的教育理念指导往往无从下手，不能帮助孩子制定合适的作息时间表，使其严格执行，并且教育孩子每个时间段都做该做的事情，锻炼自我管理与规划能力。

## 二、建构幼儿家庭教育平台运行机制

3~6岁的孩子是不适合网络教学的，家庭教育成了孩子受教育的主要形式，家长更需要用正确的理念与科学的教养方式来实施家庭教育。

1. 创建线上家庭教育咨询服务模式

为解决家长教育咨询需求，家长与教育专家在手机上通过网络会议室一对一或一对多视频连线进行零距离交流，咨询时间灵活，不受地点空间限制。

2. 开放共享式家庭教育支持模式

通过对家长咨询需求的前期处理，对家长提出的问题进行分类汇总，匹配该领域专家，同时将专家的解读与策略推送给有相同需求的家长。

3. 组建专业幼儿家庭教育队伍

服务体系包括志愿服务团队（运营服务）、在线咨询服务团队（名师队伍、高校专家队伍）、网络平台团队（技术支持）。三者联合打造线上家庭教育咨询平台。

"早上九点钟"服务平台在疫情期间突破时空限制，使家长直接与学前教育专家一对一、面对面进行交流，快速解决家庭教育过程中的疑难杂症，帮助家长解决因缺乏教育专业知识与具体操作能力而产生的问题，有效缓解了疫情期间孩子焦虑、恐惧、烦躁等负面情绪。

## 三、完善幼儿家庭教育支持体系对策

从前述的分析发现，家庭、社区、高校、政府以及社会传媒等都是幼儿家庭教育支持体系建构的主体。各个主体根据其职责和功能共同努力，促进幼儿家庭教育支持体系的完善与优化。

### （一）政府层面政策引领，建构幼儿家庭教育支持的政策体系

1. 制定和出台家庭教育的政策法规

政府应鼓励和支持社会各机构团体参与家庭教育事业，加大对家庭教育支持服务系统的推动力度，明确规定家长的学习权益。另外，需特别明确父母是家庭教育的主要承担者。同时明确规定家庭教育培训活动的实施主体、责任主体、投入主体，并界定各自的权限，对家庭教育教师的资格、经费的筹集、工作的考核等进行具体的规定。

2. 构建家庭教育指导服务制度和规范体系

坚持政府主导，规范社会组织的权责关系及行为，健全政府购买家庭教育指导服务的流程。加大对社会组织的扶持力度，建立健全、科学的社会组织等级评估机制、分级管理机制、社会监督机制与绩效评价机制。

3. 建立和不断优化家庭教育支持方式与评估体系

制定幼儿家庭教育工作考核评定指标体系，健全政策制度，完善督导机制。法规和政策具有强有力的导向和规范作用，制定家庭教育法规和政策以规范实施机构

的行为，从而将家庭教育步入正轨。

（二）社区层面积极行动，形成共享开放的家庭教育服务体系

1. 协同幼儿园积极扩展幼儿家庭教育形式

幼儿园可运用课堂教学、专题讲座集中向家长普及儿童教育与发展方面的知识。探索家长沙龙、开放日活动、定期家教咨询活动、不定期家访等服务形式。

2. 积极吸引多元主体参与家庭教育服务支持体系

积极的幼儿家庭教育大环境创设需要政府、社区和幼儿园的积极合作。因此，除幼儿园外，各支持主体也应根据自身实际选择适宜的形式提供教育服务支持，并创建一些符合时代特色的支持形式。

（三）高校层面智力支持，供给家庭教育支持的专业力量

1. 积极引导高校专业的志愿者参与幼儿家庭教育支持体系

目前我国幼儿家庭教育的服务专业师资队伍严重不足，因此培养专业化的师资队伍成为发展家庭教育的重中之重。面对当前专业师资紧缺问题，教育局、妇联等部门应联合举办家庭教育师资培训，针对在职教师家庭教育的长远需求进行长期培训。

2. 根据当前幼儿家庭教育需求，培养专业的家庭教育指导人才

政府教育主管部门及高校应展开联动，从专业设置到生源录取，再到培养计划，最后到任职上岗，应有一套完整的指导方案；应配合编写合理的教材，使家庭教育支持系统中的指导人员的能力水平达到专业化。

作　者　贾奔奔　灌南县百禄镇中心幼儿园
　　　　　连云港市家庭教育指导员基本功大赛一等奖

# 幼儿早期阅读指导方法

"不能让孩子输在起跑线上"，让我们在学生时代总是不断地被比较，甚至成为很多家长"鸡娃"的原动力，我对此深恶痛绝。直至我的孩子乔治出生，我才体会到他们的焦虑。如果非要用这句话来形容我对乔治的期待，我希望孩子不要输在"悦读"的起跑线上。

此处的"悦读"，我将其解释为喜爱阅读。古有"腹有诗书气自华；读书万卷始通神"，今有"饭可以一日不吃，觉可以一日不睡，书不可以一日不读"，阅读的好处不言而喻。早期阅读是孩子成为成功阅读者的基础，也是孩子成为终身学习者的开端，而父母是引导孩子进入早期阅读的最佳老师。

## 一、营造阅读氛围 选择合适读物

### （一）阅读氛围的营造

我和乔治的阅读时间大多安排在餐后或睡前，找一个舒适安静、光线充足的地方一起看书。乔治6个月以前大多或躺或趴着看图卡、布书，6个月后我们的阅读形式变成了面对面或并排坐在一起。乔治2岁左右，他能够有自己独自阅读的时间，我会找一本自己喜爱的书坐在他身边陪他一起享受阅读时光。

### （二）阅读习惯的培养

在乔治的手部精细动作还没有训练好之前，我提供给他的大多是不易撕坏的布制或厚实材料的读物，等乔治稍大后，我提供给他的大多为纸质读物。一旦他不慎将读物弄破损，我和乔治会及时把读物修补好。从乔治能听懂话开始，我就和他约定不能故意损坏读物，看完的读物要及时放回书架，培养他养成良好的阅读习惯。

### （三）阅读书目的选择

合适的读物不但可以帮助孩子拓展基本词汇，还能为孩子提供在日常生活中很难接触到的情景。这些情景对孩子的语言能力、认知能力、社交能力的发展有很大的作用。在给乔治选择读物之前，我会根据乔治不同的月龄段提供合适且他喜爱的读物，我自己会先读几遍，以便能够随时和他进行有效互动。随着乔治不断长大，我们阅读的读物越来越丰富多样：黑白图卡、彩色图卡，色彩鲜艳且卡通的触摸书（如"会发声的触摸书"系列），可以用手指拨动的机关书（如"小熊很忙"系列、洞洞书），能够发出声音吸引孩子兴趣的发声书（如有声挂图），几乎没有文字或文字较少的绘本（如"大卫不可以"系列）……

## 二、关注阅读方式，提升阅读成效

### （一）阅读"电子化"

读音标准的点读笔和良好的点读配套材料，在我忙碌时大有作用，可以代替我陪着乔治一起高效阅读。乔治拥有两支点读笔，一支"点点"是作为巧虎早教的配套材料，可以点读巧虎配套的儿童用书，内容包括季节、交通、生活场景等。另一支"毛毛虫"可以点读英文读物，为乔治提供单词及英文儿歌启蒙。

### （二）阅读"生活化"

我清晰地记得，偶然一次我将家里的西红柿与图物进行对比时，乔治表现得很高兴。在这之后，乔治经常进行图物对比，逐渐把书中的画面和现实中真实的物品与事件联系起来。这让我更加深刻地理解了蒙台梭利说过的话："我听到了，我忘记了。我看到了，我记住了。我做过了，我理解了。"

我在业余时间也尽可能地带乔治看书中出现的事物、场景。我会带他去超市，通过看、摸、闻、品尝等多感官了解不同的蔬菜、水果；带他去动物园、海洋馆认识不同的动物，听它们的叫声，尽可能地用他听得懂且感兴趣的语言简明扼要地告诉他动物的习性；带他去感受不同季节的景色、温度、人们衣着的变化；带他去车站看行人匆匆，去图书馆看人们在阅读的海洋中徜徉……

### （三）阅读"游戏化"

因英文的使用频率低，其启蒙比中文更难。在教乔治认识物体的时候，我会先用中文后用英文的方法告诉他，如：这是小兔子，rabbit，双手放在耳边做兔子蹦跳状。我会给儿歌配上简单易学的动作，让乔治在游戏中接触英语、喜欢英语。如在唱 *London Bridge Is Falling Down* 这首童谣时，我会和乔治一起先用积木垒高作为桥，然后边唱边将桥推倒，总能惹得乔治哈哈大笑，然后反复游戏。在耳濡目染中，乔治学会了很多英文单词及儿歌。

## 三、着眼阅读目的，调整阅读方法

### （一）阅读加强目的性

随着乔治的阅读能力变强，我发现自己的阅读技能并不能完全满足他，《和书婆婆一起读绘本》这本书，解决了我的燃眉之急。相对于有时不自觉地想要通过绘本去"教"乔治知识，书婆婆对共读的定位让我豁然开朗：和孩子共读绘本的初衷应该是用自己的全部学识、良知、勇气去感染孩子，唤起他们对生活的热爱、对未来的憧憬，这个过程中没有"灌输"。

### （二）阅读方法多样性

第一，在阅读时，根据乔治当下的语言理解能力，适当地增减读物中语言文字的长度及难度，绘声绘色地用乔治听得懂的语言讲出来。

第二，尊重乔治想看的绘本页数及阅读次数。

第三，给乔治思考的时间，对于乔治感兴趣的内容及时回复。

第四，重复、重复、重复，不断重复书中的关键词、短语或句子。

## 四、拓展阅读视野，培养阅读能力

### （一）追求阅读质量

在陪伴乔治阅读的过程中，我也曾走过误区。在乔治1岁半的时候，我办了绘本馆会员卡，每周定期给乔治更换5本绘本来提高他的阅读量。一段时间之后发现，对于喜欢的绘本，乔治会让我不断地重复讲给他听，相对于他不喜欢的绘本，他会快速地翻阅。我明白自己走进了阅读误区，单方面提高阅读量，并没有考虑目前乔治的阅读能力尚且处在喜欢不断重复翻看的阶段。在反思之后，我不再追求阅读速度，而是陪他看喜欢的绘本，多提供相似类型的读物供他选择，让阅读变得有乐趣。

### （二）顺应自然发展

为乔治提供英文读物的初衷，是想给乔治简单的英文启蒙。在乔治能够说出简单英文及唱出英文儿歌之后，我买了96本阅读书，希望提升他的英文水平。但是在看到牛津树教材后，我摆正了心态。在尽我所能的情况下给乔治提供英文启蒙，在合适的年龄段为乔治提供合适的英文读物，不让心态变得功利，以免拔苗助长，得不偿失。

我和乔治的亲子阅读已经两年多了，乔治一直对阅读保持着良好的兴趣，并且能从阅读中获得乐趣。只要坚持不懈地继续下去，我相信乔治一定会赢在"悦读"的起跑线上。

作　者　陈明慧　连云港市六一幼儿园
　　　　　　　　连云港市中小学教师"领航杯"信息化教学能手大赛幼儿园组一等奖
　　　　　　　　连云港市基础教育教师教学基本功大赛（学前教育）一等奖
　　　　　　　　连云港市多媒体教育软件大赛一等奖

# 智借"美篇"媒介　慧促家园沟通

《幼儿园教育指导纲要（试行）》明确指出："幼儿园应与家庭密切合作，共同为幼儿的发展创造良好的条件。"沟通交流是家园密切合作、保持教育一致性最直接、有效的方式。当前家园双方需要走出传统线下沟通交流的形式，探索更为精准、高效的沟通交流机制，真正为幼儿健康成长提供良好的教育环境。美篇公众号是近年流行的图文创作分享信息的媒介应用，产品覆盖web（网络）及移动各端，家园利用美篇公众号，可以随时随地进行高效的沟通与交流。本文选取"美篇公众号"这一技术媒介来研究促进家园沟通的实践教学，以此探索适应时代发展要求的家园沟通新机制。

## 一、美篇"云游"，促进了解

相互了解是进行有效沟通交流的前提。家园的沟通交流需要关注幼儿成长变化，才能发掘幼儿的成长规律。开展家长开放日等活动是关注幼儿成长变化较为有效的方式，但并不符合疫情常态化精准防控的具体要求；电话、信息等单维度的沟通交流方式难以全面地展示信息。面对这样的困境，家园双方可以用美篇公众号"云游"进行沟通，及时了解信息，获取教育信任。

案例：开学前，幼师进行疫情防控演练并录制相关视频。"云拍"园所整体风貌，制作开学美篇上传到公众号。带领家长与幼儿"云游"园所，了解疫情防控背景下的开学要求。平时，幼师利用镜头记录幼儿的一日生活，家长可以随时了解幼儿动态。同时，鼓励家长记录幼儿的家庭生活，以便幼师通过"云游"家访能够了解幼儿在家的动态，更好地开展教育。

此次美篇"云游"活动跨越了时间、空间、人数等方面的限制，让家园双方更全面地了解幼儿的具体动态，更能提高共育效果。

## 二、美篇"调查"，传递信息

在疫情常态下开展教学活动，幼儿园需要时刻了解幼儿及其亲密接触者的动态，做好防控工作，这就需要家园双方及时沟通信息。根据疫情防控的需求，以往线下传递信息不符合具体要求，幼儿园可以利用美篇公众号设计"在线调查"活动，方便家长及时传递信息以配合幼儿园的疫情防控工作。

案例：在疫情常态下，幼儿园可以利用信息技术围绕"幼儿个人信息、个人及其亲属近期是否有过中高风险区的旅居史"等内容制作在线调查问卷，以美篇的形式上传到公众号的专栏上，通知各班班主任利用微信等方式提醒家长每天在规定的时间到公众号填写调查问卷。幼儿园根据数据反馈，通知各班班主任提醒本班个别家长尽快填写调查内容，以及全面结合数据反馈开展或调整园所疫情防控工作。

在上述案例中，美篇公众号的"云"调查符合疫情常态化背景下防控工作的具体要求，能跨越各种界限提高调查效率，这样的美篇公众号的"云"调查为家园双方及时、全面沟通相关信息提供了有效的途径，也为家园今后的信息调查提供了新路径。

## 三、美篇"精教"，强化教育

在疫情常态化背景下开展家园沟通交流，幼儿园需要拓宽沟通渠道，在传统沟通内容的基础上加入幼儿教育的实践内容，实现精准教育，让家长更全面地了解科学育儿的方法，以进一步强化家园共育的效果。针对幼儿成长规律、教学实践等具体情况，幼师利用媒介设计不同的信息专栏如教育写实、五大领域教育实践等，以此为立足点上传美篇，与家长携手开展精准教育。

案例：开展"小战士战役"主题活动，幼师结合本班幼儿身心特点等实际情况先后开展绘本主题教学、战疫歌舞表演等活动，并将具体的活动内容安排以美篇的形式上传到公众号的"园所课程"栏目进行预告，方便家长了解和配合幼儿园的教育活动。活动中，幼师积极收集相关信息与照片，制成专题活动美篇，方便家长了解幼儿在园学习动态。幼师及时反思总结，为家庭教育指明方向，进一步实施精准教育。

借助美篇公众号实施具体的教学活动，丰富家园沟通的内容，能够使家园教育配合得更为默契与精准，为幼儿营造出健康的成长环境。

## 四、美篇"互动"，增进情感

家园沟通交流不能停留字面上的信息传递，特别是在疫情常态化背景下，更应当关注情感的交流，使家园沟通更有温度，从而获得可持续发展。在疫情常态下开展以美篇公众号促家园沟通的实践研究，幼师需要关注美篇公众号下的在线互动，架设增进家园情感的桥梁。幼儿园可以开启公众号的留言功能，安排本园教职工管理各个栏目，定期更新公众号美篇、收集平台留言等，并将其反馈给一线幼师；同时幼儿园组织一线幼师定期登录信息交流平台，与家长进行线上育儿交流讨论，借助美篇的线上"互动"来增进家园情感交流。

案例：在幼儿疫情防控居家学习中，幼师在后台发现很多家长留言咨询幼儿园复学时间以及其他问题。对此，在幼儿园公告里统一回答常见问题，同时向各班幼师反馈本班家长留言情况，鼓励各班幼师积极开展线上家访活动。通过线上互动交流，可以缓解幼儿及家长居家防控的焦虑，建议家长积极配合幼儿园开展线上教育，引导幼儿"宅学"。

在上述案例中，幼儿园以情感关注为切入点，充分利用美篇公众号的留言互动来拓展家园沟通的情感交流，使家园共育更有温度。

在教育孩子这条路上，幼儿园和家长需要携手同行，加强沟通交流来实现家园联动共育，培育孩子成长。而在疫情常态化的背景下，面对各类突发挑战，家园双方更应当充分利用技术媒介来构建沟通交流的新机制，全面提高家园共育的整体效果。这也是疫情常态化下以美篇公众号促家园沟通的实践研究的本质体现。需要注意的是，借助美篇公众号开展家园沟通，并不是简单地传递信息，而是应当充分利用美篇的图、文、声相结合的形式和跨越时空交互性的优势，精准地开展专题教育以及进行情感互动交流，才能突破传统局限，走上家园沟通交流的新道路。

作　者　薛　瑞　连云港市六一幼儿园
连云港市家庭教育指导员基本功大赛三等奖

# 加强消费道德教育　培养良好消费习惯

社会的转型导致人们的观念有很大的改变。相应地，中小学生的道德教育将面临很多的挑战。进入 21 世纪，随着我国的政治经济全面转型，经济全球化快速发展，人们转变了消费观念，广大的中小学生逐渐有了消费能力。一方面，这为中小学生的全面发展创造了更加广阔的空间；另一方面，他们的身心发展还不成熟，所以他们的消费行为不可避免地出现各种问题。为了广大中小学生的身心健康发展，学校必须正视这些问题，将正确的消费道德观渗透到品德教育之中，承担对中小学生消费观念引导的重任。

## 一、消费道德教育的核心内涵

### (一) 消费的含义

《中国百科大辞典》中有关消费的定义是"最普遍的社会活动之一，它通常指人们为了满足生活的需要而对物质资料的使用和消耗"。简言之，消费是人们使用消费资料满足消费需要的社会行为，人们的消费习惯、消费行为是否具有合理性，受道德观念的影响，人们的消费行为体现了一种道德关系。

### (二) 消费道德与消费道德教育

所谓消费道德，是指在消费活动中人们处理各种关系时所应遵守的道德规范。中小学生涉及的道德范畴包括个体消费道德、自我消费道德和自然消费道德三方面。

如何对中小学生开展消费道德教育，重点是要引导中小学生形成良好的消费行为，培养理性的消费习惯，树立科学的消费道德观念，引导他们能够合理消费。

## 二、消费道德教育的重要意义

中小学生的思想道德观念没有定型，而且变化快，可塑性强。作为特殊社会消费群体，中小学生不仅自身可以直接参与社会消费活动，而且可以影响其所在家庭的消费观念、消费结构和消费行为等。所以加强中小学生的消费道德教育有着非常重大的意义。

### (一) 继承中国传统的消费美德

节俭是我们的传统美德，它不仅仅适用于过去，现在也应该被提倡。但我们强调的"节俭"不是"零消费"，而是个人合理的消费，即"量入为出"。因此，要引导中小学生从小崇尚节俭，树立节约型消费观。

### (二) 夯实学生全面发展的基础

随着生活条件越来越好，中小学生有了一定的消费能力，但他们的身心发展还不成熟，自控能力和道德感都较弱。当消费诱惑出现时，会产生一系列的道德问题。因此对中小学生加强消费教育，丰富其经济常识，为其普及简单的市场经济知识，从而为其今后的成长与发展打下基础。

### (三) 完善学生的消费道德品质

通过消费道德教育，引导中小学生形成正确的消费观，养成理性的消费习惯，提高其道德修养水平，使其具有道德感、责任感，从而有利于中小学生良好道德品质的形成。

## 三、消费道德教育的实施途径

### (一) 营造"崇俭"的氛围

我们一直倡导节俭，这是我们中华民族几千年的坚持。大众传媒和大众文化具有覆盖面广、影响力大的独特优势，对于成长中的中小学生道德教育影响非常大。在中小学生成长发展的关键期，各种媒体应加大宣传力度，用正确的、积极向上的舆论引导中小学生，提倡勤俭节约，反对铺张浪费，引导中小学生适度消费、理性消费。

（二）纳入学校的德育体系

学校德育应关注现实生活，不断更新、充实德育内容。在加强中小学生的消费道德教育方面，学校教育非常重要。学校的人文环境和同龄人对他们道德品质的形成有很大的影响。因此，学校教育应该把消费道德教育列为常规性的一项工作。结合学生在校学习的特点，引导学生理性消费、适度消费，杜绝攀比。

（三）建立家校联动的机制

家庭教育是中小学生接受教育的重要途径之一，它作为一种独立的教育形态，是学校和社会教育所不可代替的。家庭消费道德教育与学校消费道德教育要紧密结合，家长的言行教育要与学校的教育理念保持同一性，共同引导学生的消费方式归于理性。家长首先要做到不盲目消费，不攀比、不浪费，潜移默化地影响孩子。

虽然中小学生的身心发育还不成熟，但其基本的权利必须予以尊重。因此，在消费问题上，家长需要给予孩子一定的自主消费的权利和机会，在实践中努力培养中小学生正确的消费认知，提升其消费自制力。家长要引导孩子计划用钱、合理消费、绿色消费，培养孩子的独立意识。还可以让孩子参加一定的社会劳动，使其感受劳动的辛苦，知道挣钱的艰辛，形成高尚的消费道德观。

加强中小学生的消费道德教育，需要全社会的帮助。只有学校、家庭和社会共同发力，把中小学生消费道德教育作为一项全社会的工作，举全民之力，为中小学生良好的消费观念、消费心理、消费行为的培养和形成创造条件，才能使他们树立正确的消费道德和消费价值观，养成良好的生活习惯，从而促进他们身心健康成长。

作　者　贾艳红　连云港市六一幼儿园
　　　　　　　　江苏省优秀幼儿教育案例评比一等奖
　　　　　　　　江苏省"师陶杯"论文竞赛二等奖
　　　　　　　　连云港市家庭教育指导员基本功大赛二等奖

# 打造生态课程　全面提升教育成效

生态课程是当前幼儿教育的发展方向，此课程需要教师关注幼儿差异，从幼儿的动手、观察、语言表达、户外运动和生态想象等各方面能力入手，引领家长有效融入家园共育中，选择适宜的活动开展方式与内容。本文试着从家园共育需求、生态课程源头出发，提出"课程建构、环境创设、材料投放、活动开展"等多种实施策略，形成家园共育工作的创新教育体系。

## 一、生态课程——家园共育的新名片

生态课程源于生活，是家园共育工作的创新方向，它的萌生与发展，为家园共育工作开启了新的征程。

### （一）生态课程是新教育的需要

陶行知先生推崇的生活化教育注重在生活中挖掘教育"母题"，而幼教中的"亲生活、亲自然、亲社会"的渗透则是其重要体现。在实践中教师会结合生活进行家园共育课程主题设计，生态课程就此呼之欲出。如"自然万物的生成规律及现象，自然界中各种颜色"，都可以成为家园共育工作的主题。它们都是生态教育的重要资源与拓展点，可以把生活化教育中烦琐、零散的问题，变成简约、自然的教育体系，形成多元、融合的生态教育课程。

### （二）生态课程是多元的时代需要

自然生态需要平衡，而生态课程也要形成"教学生态平衡"，这就要从不同的视角来审视整个生态课程建设，最终达到生态课程的平衡式创建的目的。例如"亲子生态郊游之遇见树林"，我们可以在其基础上拓展"品赏画作"等多种生态课程实施方向，从"品尝、观看、模仿、创作"等不同视角，关注课程推进的不同方面，进而调整优化，以使"环境迎合幼儿需求、材料促进幼儿能力提升"，最终达到自然生态资源充分利用，幼儿、教师、家长三方关系全面提升的课程生态平衡。

## 二、生态课程——家园共育规划的新蓝图

要想使生态课程成为家园共育创新的焦点，就要打破原有的课程束缚，以更加贴近自然、迎合需求、促进发展的方式，把多种生态元素进行有机整合，进而规划家园共育的课程蓝图。

### （一）令人耳目一新的"亲子自然日"

1."丰富灵活"的亲子自然日

依据生态资源开展亲子自然日活动，可以借多个主题使生态教育更具实效。在以往的亲子自然日活动中，我们受到的启发：一是从亲子自然日即时可见的自然环境、生态材料入手，灵活设计即时性生态教育活动；二是融入生态资源的人文元素，借随机出现的自然人文创设良好的生态氛围；三是从生态教育的多个环节入手，灵活设计多种随机游戏，以此提高幼儿的生态享受。

2."生态更新"的课程设计图

生态更新是指在生态课程设计的过程中，结合季节变化、生态变化进行课程的及时更新，以改变原本固定的课程预设，以迎合时间、节气之类的变化。例如在

"欣赏生态园"主题活动中，我们引导家长带孩子去观察叶子、花以及一些小昆虫，进而发现不同事物的特点，体验生态环境并积累相关知识。

### （二）适合幼儿兴趣的"多生态材料"

#### 1. 趣味横生的生态材料

生态材料是指自然界原有的、未经加工或不需加工就可直接使用的材料。要使其被有效应用，就要努力挖掘其趣味元素。从石材、土壤、植物、动物、海洋等多渠道、多形式的来源来看，它们的趣味点有所不同，在家园共育教育实践中则要结合实际充分挖掘，进而开展生态主题教育活动。

#### 2. 合理配置的生态材料

生态材料的合理配置，是教师在生态课程的创设与实施过程中，基于幼儿兴趣或课程主题需求，设计生态材料的融合与配置方式。其具体有"植物材料、动物材料、乡土材料、混合搭配"等不同的配置方式。

## 三、生态课程——家园共育展现的新视角

### （一）呈现生态主题，建构课程核心

以生态为核心，寻找可供利用的自然资源、生态资源，建构亲子生态教育核心。具体可以从本地域特色出发，把特色的"生态环境、生态材料、生态文化"融入其中，以达到人与自然之间的和谐。

### （二）营造生态环境，提供课程支架

生态课程的实施，要重视具有隐性教育价值的环境创设，可以借课程支架实现环境、材料的生态互动。这种互动是建立在多向协调发展基础上的多资源合理配置。把不同的课程主题依据生态文化链有序衔接，再将此作为环境创设、材料拓展的重要依据。

### （三）丰富生态流程，开展课程行动

课程核心与框架的支持，可以保障生态课程的顺利实施，但还要在生态评价方面做好优化。不论是教师还是家长，都要以幼儿个性成长的视角，对幼儿进行生态化分组，并尝试生态评价。

## 四、生态课程——家园共育的新风貌

### （一）生态视角促自主活动

生态视角是迎合幼儿个性化兴趣需求，激发幼儿开展自主活动。如逛生态景区时，借亲子采生态花、摘生态果，锻炼幼儿动手能力和观察能力；衍生出生态之艺激发亲子创作，以提升活动乐趣促进幼儿的艺术表达。而据此拓展到妙手生花亲子活动中，以形成提升亲子生态的阶梯。

## （二）生态理念的经验积累

生态课程是现象到本质、参与到体验的过程，可激发教师的课程设计能力，家长的生态参与力，提高幼儿的生态感悟力，进而在和谐共生的理念下，丰富多种课程活动，达到幼儿核心经验积累的目的。

生态课程以完善教育理念、资源体系，贴近自然、生活的方式，重视亲子发现自然的过程，改变当前零散式教育的乱象，弥补生活融入教育体系的不足，可为社会培养更具生态发展观、更有生活气息、更具综合技能的幼儿。只要我们在从焦点到框架，直至实施的多个流程中，把握好生态教育的多元素整合与拓展，定能实现教育成效的全面提升。

作　者　李　蕾　连云港市新浦实验幼儿园
　　　　　　　　连云港市家庭教育指导员基本功大赛一等奖

# 身教重于言教

随着教育理念的不断更新，家庭教育越来越受到社会各界的重视。然而由于家长的观念不一，对家庭教育的重视程度不一，会让两个相似性格的幼儿有不同的家庭表现。通过对以下案例的进一步分析，可以呈现家庭教育参差不齐的状态。由此我设计本课程，目的是探索家庭教育中出现的问题和改进的方法，以及家长实施家庭教育的有效措施。

## 一、案例分享——关注家庭教育的重要意义

案例呈现：

丁丁和小明是同一所幼儿园的同班同学，年龄相同，平时在幼儿园他们的各方面表现都不分伯仲，可是他们在家中的表现却大不相同。丁丁说话有礼貌，会自己阅读绘本，自己玩玩具之后会主动收拾东西，并且能自己吃饭，做简单的力所能及的事情。而小明，说话大喊大叫，他将家里弄得像灾难现场，而且衣来伸手、饭来张口。

教师引导：

孩子是家庭的未来，每一个父母都对自己的孩子寄予了厚望，"望子成龙，望女成凤"是父母最质朴也是最迫切的希望。我们总希望自己的小孩能优秀一点，再优秀一点，不能输在起跑线上，然而似乎好像什么都为孩子做了，而孩子的情况却不容乐观。到底是哪里出错了呢？

两个孩子年龄相同，接受同样的幼儿园教育，而且在幼儿园表现差异并不大，

为什么在家中的表现却如此不一呢?原因出在哪里?

家长是幼儿的第一任教师,家长对幼儿的影响远远要比教师对幼儿的影响大得多。对这一点,可能有的家长会产生质疑,家庭教育真的有那么重要吗?

现场讨论:教师引导家长就这一话题展开讨论,关注家族教育的重要性。

## 二、沟通交流——理解家庭教育的深刻内涵

案例呈现:

在丁丁的家里,丁丁的父母从来不会冲丁丁喊:你要做什么,你快去怎么样。取而代之的是他们在要求丁丁做一件事之前都会自己先去尝试着做。比如,如果他们希望丁丁阅读绘本,他们会自己先拿出书绘声绘色地读起来,这样丁丁自然就对绘本产生了兴趣,慢慢地就养成了自己阅读的好习惯。而在小明的家里,小明的父母喜欢对小明采取命令式的话语,小明的妈妈经常会对小明说:"妈妈又给你买了好多书,今天你不读完一本,就不许玩玩具。"然而即使在玩具的诱惑下,小明对书本也没有太多的兴趣,他不是随意将书丢弃,就是将书撕烂。

现场讨论:家长就此案例发表意见,相互交流。

教师总结:刚刚的案例讲的都是父母对子女的教育,为什么会产生截然不同的效果呢?其中父母的哪些行为是值得我们借鉴的呢?

观点一:如果父母对子女的教育采取简单粗暴的方式,并且不注意教育方法,搞家长专政,其结果只能使子女感到父母无情,导致孩子对父母产生逆反心理。

观点二:父母要经常反思自己的行为。言传身教是父母教育子女的重要方式,但是教子要先律己,身教重于言传。

## 三、互动探讨——寻求家庭教育的最佳方法

事件一:某某小朋友跟我说,他的妈妈最喜欢看电视,每天晚上都要看很久的电视,而当她自己在看电视时却要求小朋友去房间安静地看书、玩游戏。

事件二:某某小朋友说,爸爸总是教育他自己的事情要自己做,要学会自己吃饭,自己收拾玩具,可是在家里,爸爸连自己的碗筷都没有收拾过。

家长可以结合事例谈谈自己的看法。

教师总结:

讲到这里,也许有的家长心里有疑问了:我平时明明也很注重对孩子的家庭教育,该做的我都做了,为什么孩子还是不领情呢?是孩子真的不领情,还是你的方法有问题呢?

孩子的眼睛是照相机,孩子的行为是父母行为的缩影。做一个称职的父母,不是简单地对孩子进行言语上的教育,更重要的是,自己做孩子的榜样,远离不良嗜好,自己养成良好的生活习惯和学习习惯。今天我们讲述的主要内容是家长在开展家庭教育中教子要先律己,身教重于言传。在生活中,你们还遇到相关方面的问题吗?现在说出来,我们一起来分析一下你的行为对不对,在今后要怎么改进或者

加强。

　　孩子的成长只有一次，家庭教育对孩子的一生将产生深远的影响。好的家庭教育胜过千千万万个好老师。因此在家庭教育中，家长首先要以身作则，严于律己，言传身教，为孩子创造一个健康成长的良好环境，那样孩子才会像春天里的小树苗越长越壮，总有一天会长成参天大树。

　　作　者　陈　露　连云港市新浦实验幼儿园
　　　　　　　　　　连云港市家庭教育指导员基本功大赛三等奖

# 用"心"教育　用"爱"养育

　　每个孩子都希望拥有一个快乐的童年，家长也希望孩子的童年充满欢笑、充满乐趣。每个孩子的生长环境不同，家长的教育方式也千差万别，这造成了孩子的性格也各有各的特点。为了促进幼儿亲社会行为的发展，就需要创建一个充满关爱和温暖的亲社会环境氛围。我们应该怎样去创建这样的环境呢？这是值得我们思考的问题。

## 一、优化家园的生态环境

　　对于3~6岁学龄前的幼儿来说，各类环境都有其不一样的作用，其中家庭和幼儿园的环境尤为重要，因为幼儿大部分的时间都是在这两个地方度过的。这里所说的环境既包含了物质方面的环境，也渗透了精神层面的环境；既包含了外在环境，也融入了内在环境；不仅指硬环境，也涵盖了软环境。外部环境优美，会让人的心情更加明朗。当一个人处在轻松愉快的环境时，他对事物的判断能力会更加准确，也更容易做出利他的行为。而幼儿在情绪愉悦时更会做出较多的、表达友好的举动。除了要美化外在的环境外，幼儿园和家庭的内在环境也需要得到净化。内在环境是一种隐藏性环境，它的作用是潜移默化的，对幼儿的影响会更加深刻和持久。作为家长和老师要有正确的价值观和人生观，通过不断的学习努力提高自己的各项素质，面对幼儿时要有良好的家长形象和教师形象，不把负面情绪带给幼儿，努力营造乐观、开朗、自信、向上的家庭和学校氛围。

　　家长和老师在平时可以有意识、有目的地创设一些游戏活动，可以从多个角度出发，让幼儿边玩边学，在真实的生活环境、游戏交往中体验帮助他人和被他人帮助、学会爱人和被爱、尝试合作与分享的快乐。比如在家园共育栏和幼儿园活动场所、操场等地方，创设亲子游乐园、帮助小驿站等，让幼儿在观察及参与的过程中提高他们的社会责任感，这样做往往会起到非常好的效果。

## 二、营造和谐的家园氛围

幼儿的世界很简单，他们的人际关系也同样，主要包括亲子关系、师幼关系以及同伴关系，这三种关系是影响幼儿健康成长的最为重要的人际关系。如何为幼儿建立良好的人际关系及营造良好的氛围，需要从以下几个方面着手。

### （一）培养良好的亲子关系

从父母层面讲，第一要关爱幼儿，能通过语言表达对幼儿的关怀，用肢体动作给予幼儿必要的帮助。父母在关爱幼儿时，经常用温暖、爱护和支持的方式，会更容易让幼儿形成和发展良好的性格；第二要加强沟通，良好的沟通是建立友谊的桥梁，有助于我们及时了解幼儿的思想动态，包括他们对事物的感受、对问题的看法，从而满足幼儿的需要，尊重他们的人格，及时改进我们的教育方式。从父母的角度而言，鼓励幼儿亲社会行为最有效、最直接的方式是用鼓励赞美的语言、拥抱对方的行为、面露微笑的表情去感染他们。经常用引导的方式告诉幼儿他们的行为给旁人带来的后果，不仅告诉幼儿应该做什么、不应该做什么，还要告诉他们原因，让幼儿明白帮助别人是值得的，而帮助别人并不是为了得到奖赏，而是因为自己是善良的人。

### （二）培养良好的同伴关系

地球对人类而言是一个大家庭，那么幼儿园对幼儿来说同样如此，幼儿在与同伴相互交往过程中，各类的反应对幼儿亲社会行为的学习和发展也起到举足轻重的作用。第一，良好的同伴关系会不断强化幼儿与他人交往的意识，也会传授幼儿一些必要的社会交往技能，同时鼓励幼儿主动与他人交往，提升幼儿的胆量。第二，良好的同伴关系会反映和体现一种亲社会倾向，比如当幼儿遇到需要同伴帮助的情境时就会有良好的行为反应。第三，为幼儿提供和创造与人相处的机会，不仅可以培养本班幼儿之间良好的同伴关系，还可以在园内的各种活动中，比如亲子运动会、六一儿童节、郊游等活动中，与其他班级的幼儿建立良好的同伴关系。

### （三）培养良好的师幼关系

幼儿园中最基本、最重要的关系是老师和幼儿的关系，他们之间的关系在很大程度上影响着幼儿的亲社会行为。当老师和幼儿之间相处愉快稳定时，幼儿会很开心地接受老师带来的影响；相反，当老师和幼儿之间相处有矛盾、不愉快时，幼儿就不愿意接受老师带来的影响，就算老师说的是对的，幼儿也会质疑，不愿意遵从。所以，良好的师幼关系，对于老师能取得满意的教育和教学效果十分重要。

## 三、建设良好的家园天地

因为幼儿年龄比较小，各方面的能力都比较薄弱，很容易受到一些不良的诱惑，这就需要整个社会共同为幼儿创建一个团结互助、自由和谐的良好精神家园。

幼儿在生活和学习过程中会遇到许多问题，因为受到知识水平和经验的限制，很可能没有办法正确去处理，所以会出现一些不适当的行为。我们不仅要培养幼儿亲社会行为，也要尝试帮助幼儿改正不良的社会行为。在与幼儿相处和教育的众多过程中，笔者总结了以下几种方法。

第一，创设"社会角"，里面放一些可供幼儿发泄不良情绪的玩偶、帮助幼儿调整心情的绘本、与其他小朋友偷偷聊天的小天地等，幼儿在这里可以自由玩耍。

第二，如果幼儿的情绪还没有办法得到缓解，他们可以尝试敲打、拍击玩偶、靠垫等。

第三，幼儿还可以参与其他的区角活动，以此分散他们的注意力。

第四，通过一些体育活动如跑步、拍球、户外体能大循环等来消耗负能量。

第五，通过听音乐、讲故事等方法来宣泄自己的情绪。

很多专家在研究促进幼儿亲社会行为发展中有了一定的理论依据，也发现了一些现象和规律。可是家长与老师真的了解幼儿眼中的世界吗？幼儿看到的世界到底是怎样的呢？成人很难用自己的思维角度去理解，希望每一位教育工作者都能用发展的眼光来研究幼儿成长中的问题，让每一位幼儿都能更快乐、更健康的成长！

作　者　刘莎莎　连云港市新浦实验幼儿园
　　　　　　连云港市家庭教育指导员基本功大赛三等奖

# 改善隔代教育的指导策略

近年来，随着我国人口和家庭结构的变化，家庭内部关系也随之发生变化。几十年前常见的传统大家族祖孙几代人共同生活的家庭，正被一个个核心家庭逐步取代，但是祖孙之间的隔代关系似乎并没有因为这种家庭结构的变化而被淡化和疏远，反而迎来了一个隔代教育"空前繁盛"的时期。当前，隔代教育是很多家庭所选择的教育模式，父母因为各种各样的原因而将自己的孩子交由外公、外婆、爷爷和奶奶抚养。隔代教育的存在对众多幼儿的成长、发育以及今后的人生发展都具有重要影响，随之而来的问题也开始出现，到了我们应该重视的程度。笔者试着通过对当前隔代教育的现状进行问题分析，提出对隔代教育存在问题的指导策略。

## 一、隔代教育问题的成因分析

著名家庭教育学家乐善耀曾说："隔代教育做好不容易，父母的亲子教育就好比母乳喂养，祖辈教育则是辅助的人工喂养。"这主要是因为祖辈们的价值观念、生活方式、知识结构、教育方式与现代社会或多或少会有差别。因此，隔代教育对幼儿的个性发展难免会有一些负面的影响，诱发儿童的一些心理和行为问题。一般来说，隔代教育的负面效果及其对儿童心理行为的不良影响主要表现在如下几个方面。

**（一）溺爱过度，形成不良个性**

刚刚进入幼儿园的豆豆已经 4 岁了，相比同班的幼儿年龄较大。因为父母经常外出公干，无暇照顾豆豆，他出生没多久就一直由爷爷、奶奶抚养。入园第一天，爷爷、奶奶在幼儿园门外待了一上午，这是典型的情感"分离焦虑"。为了让幼儿更好地适应幼儿园的新环境，老师尽力"劝走"了豆豆的爷爷和奶奶。下午接孩子的时候，豆豆看到爷爷、奶奶时就放声大哭，祖孙三人都在抹眼泪……经过一个星期的相处，老师发现豆豆性格比较脆弱，有时候小朋友轻轻地碰了他一下，他就大哭不止，入园时经常有哭闹现象。

如果用一个词来形容隔代教育，很多人的第一反应就是过度溺爱。20 世纪 80、90 年代的孩子大多是独生子女，一个孩子面对四个祖辈，祖辈们更是对于父母的抚养诸多不放心。孩子有任何需求，不管是合理还是不合理的都由着孩子，也就容易使孩子产生过分的"自我中心"意识，以致形成孩子自私、任性等不良个性。

**（二）保护过度，遏制能力发展**

早晨入园的时候，总会看到爷爷或奶奶抱着孩子踏进幼儿园的大门，或者紧紧地拉着孩子的手，他们有百万个不放心的理由，要把孩子送进班级或亲手交给老师，并且对老师千叮咛万嘱咐；还会看到孩子户外游戏时，园所的护栏外围满了不知疲惫的祖辈们，他们神情焦虑地关注着自己的孩子：担心从滑梯上摔下来，担心被其他小朋友欺负……祖辈父母因为担心孙辈安全上出现问题，有些还会限制孩子和别的小朋友接触。这样的过度保护容易出现两种极端：一种极端是孩子出现畏畏缩缩，不敢与人交流，总是躲在祖辈们的身后，不愿意与同伴们玩耍；另一种极端是因为家长无条件的放纵，孩子习惯用哭闹的方式解决问题，他们一有不顺心的地方就"撒泼打滚"，一直到自己的目的达到为止。

**（三）疏于陪伴，造成感情隔阂**

隔代教育容易导致亲子隔阂，因为有了祖父母的照顾，幼儿的父母便很少关心和陪伴幼儿，这样不利于父母与孩子感情的培养。敏敏的父母常年在外工作，她和自己的外公、外婆生活在一起。因为父母工作繁忙，时常加班，下班以后敏敏往往已经睡着，所以敏敏经常一个多月才和自己的父母联系一次。每次敏敏看到其他孩子和自己的父母一起玩，总是呆呆地看着，眼睛里充满了羡慕。她也会问外婆爸爸妈妈什么时候回来陪她玩。幼儿从小就被父母甩给爷爷、奶奶、外公、外婆，在幼儿的心里或多或少会留下"被抛弃"的阴影，仿佛不管是做什么事情，父母都不会给予关注。

## 二、隔代教育问题的指导策略

当前隔代教育的确存在问题，但隔代教养适合我国的国情，能为年轻的父母解决现实的问题。那么如何改善隔代教育中存在的问题呢？

### （一）父母陪伴，奠定情感基石

父母忙于工作和学习，将教养责任交给自己的父母，也就是孩子的祖辈。但父母的陪伴十分重要，即使他们不在孩子身边，也可以运用多种形式关心孩子、陪伴孩子的成长。例如每天通过视频和孩子交流今天的所见所闻，了解孩子的想法。

### （二）祖辈抚养，学习科学带娃

祖辈们不仅要照顾幼儿的饮食起居，还要关心幼儿的心理发展。有些老人不喜欢带幼儿外出活动，一是自己的身体情况不好；二是喜静而不喜动；三是担心幼儿外出活动会受伤，无法向子女们交代。户外活动不仅能使幼儿骨骼强健，肌肉发达，促进身体健康发育，还能使幼儿交到朋友，这对于幼儿的社会性发展和生活规则的建立都有很大的帮助。

### （三）幼儿园引领，改变错误教养观

幼儿园应该充分发挥作用，尽其所能地消除隔代教育的负面影响。

第一，幼儿园中的家长会、家长学校可以为祖辈们开展一些有关隔代教育的专题讲座，让祖辈家长学习新的教育思想和教育方法，从而更好地对幼儿进行教育。

第二，幼儿园可以与祖辈进行交流沟通，改变他们不正确的教养方式。在沟通过程中，幼儿教师要注意运用良好的沟通策略，了解祖辈家长的想法，再针对他们的顾虑动之以情、晓之以理。

第三，祖辈家长都有着丰富的生活阅历，有些会有一技之长，幼儿教师可以在组织活动过程中运用祖辈家长的资源，让他们参与相关的活动，这样有利于祖辈家长更好地了解幼儿园的生活，减少他们的担忧。

作　者　张玉颖　连云港市新浦实验幼儿园

# 提升年轻教师家园沟通能力

伴随着幼儿园集团化发展的快速扩张，幼儿园师资队伍出现严重缺口，大量的年轻教师开始进入幼儿园的一线工作。笔者通过对连云港市一批幼儿园年轻教师的教学现状进行调查发现，家校沟通的困惑占据了第一位，本文旨在剖析其产生的原因，寻求解决的策略。

### 一、发现：家校沟通"无方"有困惑

伴随集团化办学趋势不断增强，家校沟通在打造精品幼儿教育品牌等方面发挥着重要作用，为更多百姓享受优质学前教育做出了重要贡献。

但随之而来的是幼儿园师资队伍出现严重缺口，大量年轻教师涌上工作岗位。在对年轻教师问卷调查其培训需求中，了解到家校沟通的困惑占据第一位。家校沟通是幼儿园教育活动的一个重要组成部分，近年来大量的研究表明，家校沟通是影响教师职业感受的一个重要影响因素。家长的理解往往与教师职业幸福感相关，而来自家长的压力却往往加剧教师的职业倦怠感。

然而，就目前而言，家校沟通是年轻教师的"未开发地"，年轻教师对参与家校沟通存在困惑。如何开垦这一领域，不仅需要年轻教师的努力，也需要幼儿教育工作者的关注与指导。

### 二、分析：家校沟通"犯怵"有原因

#### （一）家校沟通"犯怵"的状态（表1）

随着人们思想观念及教育观念的不断提高，开展家校沟通已经成为幼儿园及家庭共同教育幼儿的重要途径。

表1　家校沟通"犯怵"的状态

| 状态 | 自如 | 紧张 | 不自信 | 力不从心 | 逃避 |
|------|------|------|--------|----------|------|
| 占比 | 0 | 60% | 90% | 80% | 30% |

由表1可见，年轻教师在家校沟通上存在压力，感到紧张、不自信、力不从心等。

试析原因，笔者觉得主要原因有：（1）教师与家长的信任关系尚未建立；（2）年轻教师缺乏经验和专业知识；（3）家长难于应对；（4）为了维护幼儿园在家长心中的专业形象，部分幼儿园禁止年轻教师参与家校沟通。

#### （二）家校沟通的内容（表2）

表2　家校沟通的内容　（多选）

| 内容 | 反馈幼儿园教育教学及管理活动的开展情况 | 反馈孩子在幼儿园的情况 | 了解幼儿在家的情况 | 指导家长科学育儿 | 阐明其他教育理论（如幼儿教育学、幼儿心理学等） |
|------|------|------|------|------|------|
| 占比 | 100% | 100% | 100% | 30% | 20% |

由表2可见，年轻教师往往把家校沟通的内容缩小化了。年轻教师对家校沟通理解的片面化易导致家校沟通方式单一化，而单一化的家校沟通方式是很难达到家校沟通的预期目标的，不仅不利于年轻教师积累更丰富的家校沟通经验，而且也不利于其日后对新工作的适应。

年轻教师把家校沟通的内容缩小化，原因是年轻教师缺乏指导家校沟通的能力。

大部分年轻教师认为"反馈幼儿园教育教学及管理活动的开展情况""反馈孩子在幼儿园的情况"和"了解幼儿在家的情况"属于陈述情况类，比较容易与家长交流，而对"指导家长科学育儿"和"阐明其他教育理论（如幼儿教育学、幼儿心理学等）"并不擅长，害怕家长向自己提有关家庭教育的问题。正是由于这方面能力的缺失，使众多年轻教师回避家校沟通。

### （三）家校沟通的方法欠缺

年轻教师参与家校沟通的方法直接关系到家校沟通的成效。大部分年轻教师与家长沟通时，会使用"告状式"向家长反映幼儿情况，只有少部分年轻教师与家长沟通时，能根据不同类型的家长采取不同的方法。造成以上问题的原因是什么呢？通过调研，笔者发现有以下原因。

#### 1. 对自身角色认识的偏差

调查发现，大部分年轻教师参与家校沟通缺乏主动性主要是缘于对自身角色定位的偏差，对家校沟通持回避的态度。当追问原因时，大部分人认为"自己仅仅是年轻教师，怕家长会不尊重自己"，正是这样的心理顾虑，很多年轻教师在家长送孩子入园及接孩子离园时都尽量回避家长。可以说，由于年轻教师把自身定位为"弱势"者，人为地造成了自己与家长交往中的不平等化，不利于激发他们参与家校沟通的主动性。

#### 2. 职业经验不足

年轻教师在学校学习期间，一般只注重教学理论的学习，缺乏教师的职业经验，造成在与家长沟通过程中缺乏语言技巧。

## 三、寻求：家校沟通交流有策略

为了年轻教师更好地认识和参与家校沟通，笔者认为可以从以下几个方面入手。

### （一）正确认识家校沟通的重要性

年轻教师应该在注重提升教学技能等方面时，认识到家校沟通的必要性，端正对家校沟通的态度。家校沟通开展得好，不仅能使幼儿园各项工作取得事半功倍的效果，而且能使自己学到更全面的知识，能更好、更快地适应并投入以后的教师生涯中，非常有利于教师自身的成长。

### （二）提升自己家校沟通的能力

教师是做好家校沟通的关键，作为年轻教师要全面了解家校沟通的方法，要明白做好家校沟通的方法不是单一的。年轻教师应全面认识家校沟通的内容，提高自己参与家校沟通的能力，向有经验的老师请教，观摩家校沟通的现场，丰富自己的经验。同时，年轻教师要积极参与家校沟通的工作，提升开展家校沟通的能力。

### （三）积极与幼儿家长互动交流

年轻教师在接触幼儿家长时，不论家长年龄大小、社会地位和文化水平高低，双方都应平等沟通。年轻教师在向家长反映幼儿情况时，应针对不同家长采用不同的方法。例如，对孩子要求过高、急于求成的家长，年轻教师要多向他们解释幼儿的年龄特点及发展水平，让他们明白什么是最合适的教育；同时要积极寻求家长的配合，共同教育好孩子。

作　者　季　丽　连云港市新浦实验幼儿园
连云港市家庭教育指导员基本功大赛二等奖

# 家园合作　培养幼儿分享行为

随着社会的发展，中国需要培养德智体美劳全面发展的人才。分享是亲社会行为的一个重要因素。儿童分享行为的培养在儿童心理发展中起着重要的作用，有助于儿童与同龄人建立良好的同伴关系，帮助他们形成良好的人格，是影响儿童性格形成的重要因素。因此，幼儿教师非常重视对幼儿分享行为的培养。

分享是指个人和他人共同享受、使用、行使某种资源。目前，行业对幼儿教育领域分享行为的含义没有统一的界定。而笔者认为儿童分享行为是指儿童与他人分享一定资源的行为。研究表明，在我国不同时期，儿童的分享行为会呈现出不同的特点和发展趋势。特别是幼儿园的孩子处于自我中心阶段，这个阶段的孩子自我意识十分强烈，他们独自享有一切，不能够考虑他人的感受，也不会去关心他人的感受。

因此，笔者根据当代儿童的特点和时代特点，针对我国幼儿分享行为的现状及影响幼儿分享行为的因素，提出了家园合作培养幼儿分享行为的策略，为培养幼儿的分享意识、行为和习惯提供了有意义的启示。

## 一、影响幼儿分享行为的因素

### （一）内部因素

幼儿的认知发展水平影响其分享行为。然而，由于年龄的限制，幼儿的认知水平和道德情感发展都不完善，而且水平较低，他们只考虑自己的一切。小班幼儿有最强烈的自我中心意识，随着年龄的增长，他们的自我中心意识逐渐消失，分享能力将在教师和家长的指导下形成。

### （二）外部因素

3~4岁的孩子的想法很简单。分享是幼儿逐渐获得的经验和品质。影响分享行为形成的两个因素：一个是家庭，另一个是幼儿园。因此，要培养孩子的分享行为，应从家庭和幼儿园两个方面入手。

1. 家庭

幼儿的分享行为受家庭结构和父母教育的影响。由于我国计划生育政策的改革，家庭结构也发生相应变化——向小型化和核心化发展。这种家庭结构使孩子在一个充满爱的环境中成长，但没有与兄弟姐妹生活的经验，这种环境不利于孩子分享意识和行为的形成。

2. 幼儿园

科学研究表明，教师的态度、言行，同伴的熟悉度是影响儿童分享行为的重要因素。笔者做过这样的调查：当问及孩子"有没有其他同伴抢过你的玩具？"这个问题时，有23.5%的人回答"有"。这说明，有近四分之一的幼儿是被迫分享玩具的，这是一种对资源的剥夺。这是不利于幼儿形成良好的分享行为的原因之一。

## 二、家园合作，培养幼儿分享行为

### （一）家长参与，培养幼儿形成初步的分享意识

由于年龄和认知水平的限制，儿童很少主动分享。然而，研究表明，在父母或其他人的鼓励下，孩子们更愿意与他人分享。

第一，家长要善于沟通与合作，转变育儿观念。家长应树立正确的分享观念，明确分享行为对孩子成长的重要性，学习培养孩子分享行为的方法和措施。

第二，父母要以身作则，用自己的言行教育孩子，让孩子在幼儿园和家里都能感受到分享的快乐。

### （二）抓住教育契机，鼓励幼儿尝试分享

幼儿的品格培养贯穿于他们在幼儿园的一日生活之中，分享性格的培养也是如此。教师应善于抓住教育机会，培养孩子的分享行为，在日常活动中做好指导工作。

### （三）营造温馨的环境，让幼儿感受分享的快乐

教师可以利用事件，表扬能够帮助和照顾其他同龄人的孩子，帮助他们形成正确的道德情感。这种方式可以帮助他们树立正确的道德价值观，使其有意识地关心身边的每一个同伴，从而形成一种关怀、和谐、友好的同伴关系。为孩子们创造一个相互分享、相互关爱的环境，让他们感受到人与人之间的温暖，享受分享的快乐。

### （四）树立榜样，激励幼儿学习分享行为

幼儿时期的孩子观察和模仿能力很强，对榜样的学习是他们学习分享行为的一种方式。在幼儿园，教师是孩子们模仿的、最主要的对象之一。因此，教师只有做好行为示范工作，才有助于孩子们模仿教师的分享行为，培养其分享意识。

### （五）根据情感分享特点，强化分享行为

鼓励孩子与孩子之间、孩子和家庭成员之间分享自己的东西。随着社会的发展，

分享不仅存在于物质方面，也存在于情感方面。总之，分享行为是孩子在情感和物质上与他人分享某些资源的行为，也是亲社会行为的表现形式之一。要帮助儿童更好地与他人沟通，建立良好的与他人交往的社会关系，以满足社会生活的需要。教师和家长要共同努力，鼓励并引导孩子学会分享，培养孩子良好的行为习惯和健康的人格。儿童分享意识的形成、强化和塑造需要家庭和幼儿园的共同努力。

家长是孩子学习的榜样，是孩子分享行为的指导者和监督者。家长要时刻注意自己的言行，做好孩子的榜样。此外，家长还应鼓励孩子主动与同龄人、长者适时分享，并实施正确的指导，与幼儿园合作，以达到统一的标准和要求。

作　者　张　雯　连云港市蓓蕾幼儿园

# 有效沟通　实现家园和谐共育

《幼儿园教育指导纲要（试行）》指出："家庭是幼儿园重要的合作伙伴，应本着尊重、平等、合作的原则，争取家长的理解、支持和主动参与，并积极支持、帮助家长提高教育能力。"幼儿时期，身心发育和健康成长均离不开的两个重要场所，一个是家庭，另一个就是幼儿园。为此，家园双方协作共育就显得非常重要。孩子是每个家庭的核心，处于幼儿园时期的孩子的个体成长差异性比较大，身心发展不够成熟，对于家人的依赖性很强。幼儿园教师要在教育孩子的过程中善于与家长进行有效的沟通，处理好与家长的关系，促使教师和家长更好地开展家园合作，通过教师与家长的共同努力来促进幼儿健康成长。

## 一、当前幼儿教师与家长沟通过程中存在的问题

### 1. 家长对幼儿教育认识存在误区

当下，幼儿教育受到社会各个家庭的重点关注，无论是国家层面还是家庭层面，都非常关心幼儿综合素质的养成。但是有的家长的教育观念还没改变过来，在衡量幼儿教育是好是坏方面，依然将文化成绩放在首位，填鸭式地将不必要的知识强加给幼儿，让幼儿从小就负荷过重，在一定程度上阻碍了教师与家长的沟通。

### 2. 幼儿教师缺乏有效沟通渠道

幼儿教师的精力有限，在园教育之外与家长的沟通往往会占用工作之外的时间，针对此情况，需要教师改善沟通技巧，提升沟通的效率。另外，当下大多幼儿由隔代长辈接送，幼儿教师很难直接与幼儿父母沟通，甚至有些家长并不重视与幼儿教师的沟通，造成家园沟通渠道建设不畅。

## 二、幼儿教师与家长有效沟通的重要性

幼儿的智力和情感启蒙最关键的时期是幼儿园阶段，该阶段的幼儿对于自己的真实想法和内心感受往往缺乏表达的技巧，对于老师及家长的信息很难准确地传递，要通过幼儿来实现家园沟通存在一定困难。因此教师应充分重视家校互动，全面挖掘、整合利用家长资源，引导广大家长积极主动地参与到幼儿教育探究中，并积极探索更新颖多样化的沟通策略。

随着时代的发展，幼儿教育大环境变得更加复杂和多变，有很多问题出现在幼儿教育过程中，教育工作单靠教师一方的力量很难尽如人意，而幼儿的教育和成长与家庭环境有着巨大关联。幼儿教师与家长的沟通交流必不可少，为了掌握幼儿在家情况，对自己教育工作的不足有所了解和认识，幼儿教师应及时和家长交流教育经验，促进双方对教育方式的调整，必要时可以与家长协商，提出建设性意见，并共同制定调整措施和应对策略。

## 三、幼儿教师与家长有效沟通的策略

1. 充分理解家长需求，引导家长形成正确教育观

送孩子到幼儿园的家长通常有两个愿望：一是希望教师能多关注和呵护自己的孩子；二是希望幼儿园开展的教育是最适合自己孩子的，是最好的教育。由于家长所受教育各异，他们在学识、教育观念和方法上也存在巨大差异。因此对于幼儿教育问题的处理各式各样、千奇百怪，甚至有的选择逃避或极端处理。

在幼儿新生入园前，很多幼儿园会举行一次或多次家园合作的入园培训，其目的是让每个家长知晓幼儿园的办园理念和幼儿培养目标，同时以幼儿园的角度向家长解答家庭教育中的常见问题，以促进家庭教育能力的提升，使每个幼儿无论在家还是在园都能愉快健康地成长。对于家长爱子心切以及对孩子的高期望，幼儿教师应给予充分理解，在与家长沟通的时候应以孩子健康、快乐成长为基础，杜绝拔苗助长，将不适合孩子的教育强加给孩子的现象发生。

2. 关注幼儿成长，开展家园共育

家庭和幼儿园共同携手助力幼儿教育是家园共育的实质。但是在实际教育过程中，对于幼儿存在的问题，很多家长总是后知后觉，而教师没有及时向家长反馈这些问题，这对幼儿的教育是不利的。配合默契的幼儿教师和家长在幼儿教育上能发出合力，为幼儿带来的裨益不可限量。因此，家长和教师应互相理解，双方应给予及时的支持和帮助。

3. 学会换位思考，提升沟通技巧

幼儿教育工作的对象是身心发展还处于起步的幼儿，因此幼儿教师的工作充满复杂性和系统性。而大多数幼儿教师都是未婚状态，还没有当过父母，对父母于子女那种爱的体会难以深入，同时对家长紧张焦虑、对孩子过于敏感的心理也很难理解到位。这对幼儿教师来说是个很大的挑战。所以在家园沟通方面，换位思考应贯

穿幼儿教师家园沟通的整个过程，同时幼儿教师还应对家长的需求做深入了解和思考，并对家长、幼儿给予诚挚的帮助和关爱。因此，于幼儿教师而言，沟通技巧就显得非常重要，应不断加以提升，实现沟通效果最大化，让家长对教师的观点与想法认同和支持。

4. 注重多角度的相互沟通

孩子的成长受到家庭的巨大影响，因此，孩子的父母总是竭尽全力地创设良好的家庭环境，以助力孩子的教育和发展，这是每个孩子最大的个体资源。不同的家长都在尽可能地发挥自己的长处来帮助孩子，如打造宽松愉悦的家庭生活场景，润物无声的教育意识输出，良好的问题解决策略等。如果将每个家庭的优秀教育经验分享给其他家庭，这将是一笔宝贵的资源财富，是对资源的最大化利用。

沟通是人与人思想交流和情感表达的重要方式，家长与老师作为幼儿成长阶段的领路人和参与者，在教育幼儿方面肩负着重大责任和使命。有效的沟通和交流是非常重要且必要的，家园双方应关注教育规律，把握好尺度和时机，促进幼儿阳光、健康、顺利地成长。

作　者　王祥如　连云港市蓓蕾幼儿园
　　　　　　　　连云港市家庭教育指导员基本功大赛一等奖

# 家园携手　共护幼儿心理健康

幼儿的心理是否健康，直接影响他们的成长。在幼儿期间，孩子们的可塑性很强，这个时期对幼儿们进行正确的引导，对于他们未来的身心健康都是非常有利的。家庭是幼儿们的主要生活场所，家庭教育对幼儿的心理有着极大的影响，尤其是没有步入幼儿园或学校的儿童，他们受到的影响和教育几乎全部来自家庭。事实证明，在孩子们成长和成才的过程中，家庭教育起着基础性、广泛性和不可替代的作用。因此，家庭教育不仅要关注对学生知识方面的教育，更要关注学生健康心理的形成问题。

所谓家庭教育指的是对儿童的指导和约束，从而在孩子身上形成较完整的人格，并为教育发展奠定良好基础。它是基于对人格教育的根本，提倡关心教育，注重培养健全的人格。父母是家庭教育的第一实施者，是孩子的第一任老师。当前家长都希望自己的孩子能够成才，进而导致望子成龙型的家长越来越多，而陪伴型的家长则越来越少。家长的期望无可厚非，但过度和过激的言行却不利于幼儿们的成长，甚至对他们的心理健康也是极为不利的。特别是一些家长过激的言语和一些强制性的比较，可能会对幼儿们的心灵造成伤害。笔者针对当前家庭教育中普遍存在的问题进行分析，并提出相应的解决对策，目的在于能够更好地帮助家长们找到合适的教育方法，帮助幼儿形成健康的心理状态，从而让孩子们更好地成长和发展。

## 一、家庭教育的特点

孩子是父母的镜子，孩子是父母的"作品"。父母对孩子性格的形成起决定性作用。家庭是孩子的港湾，家长是孩子走向成功的导师和助手，既要负责孩子的身体发育，又要负责孩子的心理发育。家庭教育有以下三个特点。

（1）家庭教育的早期性。人出生后接受教育的第一场所就是家庭，父母是孩子的第一任老师，也是孩子的启蒙老师。

（2）家庭教育的连续性。儿童有 2/3 的时间生活在家庭中，孩子是从父母那里开始知道这个世界的，父母无时无刻不对孩子产生深远影响。家长的行为、政治观点、思想觉悟和道德情操，都像一面镜子，可以从孩子身上反映出来。

（3）家庭教育的感染性。在家庭生活中，父母的情感会感染孩子，家长如果是一个乐观自信、爱憎分明、坚定立场、勇敢拼搏、积极生活的人，孩子也会慢慢成长为一个这样的人。

## 二、家庭教育及幼儿心理发展的问题

### （一）家庭教育中普遍存在的问题

**1. 家长过于注重智力的开发，忽视情商的培养**

受我国应试教育的大环境影响，社会各界都普遍认为试卷上的成绩直接决定一个人的能力。所以，在幼儿较小的年纪时家长就已经用应试的形式来对他们进行培养，多数的家长普遍注重对于幼儿智力的开发以及记忆能力的培养，这是极为不恰当的。这种只注意对幼儿脑力进行开发，而忽略对于幼儿心理和情感上的培养，对于幼儿未来的发展有着极大的阻碍作用。

**2. 家长在教育中情绪过于激进且形式功利化**

著名的文学家胡适先生曾多次表明，自己从母亲身上学到了最重要的一个优点就是拥有好脾气。一个人能否正确地把握自己的情绪对于他日后的发展有着非常重要的影响。但是在当前的幼儿园中不难发现，好脾气的孩子越来越少，而且令我们惊讶的是，小孩子们的斗争也越来越趋于"成熟"。

### （二）幼儿心理发展问题

**1. 多疑、恐惧**

出现这类心理问题的幼儿主要表现为对他人过度不信任、多疑，总有一种类似于被害妄想症的表现。对于一些陌生人，幼儿的防备意识过度强烈，看谁都像坏人，从而导致胆小害怕的心理，面对外界的风吹草动时，怕对自己有伤害。

**2. 自私、孤僻**

这类幼儿的主要表现是在集体的生活中过度以自我为中心，不为他人着想，在与他人的相处中容易出现矛盾，并且自己没有化解矛盾的能力，进而形成孤僻的性格。

3. 逆反、对抗

这类幼儿的心理问题比较棘手且严重，主要表现为幼儿面对家长或者教师的劝导时，故意与他们对着干，即使他们心里对于老师或者家长的看法是肯定、认同的，但是由于受到逆反心理的影响，他们也故意用一些错误的行为来彰显自己的个性。

### 三、家园携手共护幼儿心理健康

#### （一）家长要学会管理好自己的情绪

家长要合理控制自己的情绪，避免将一些负面的情绪和消极的心理带给幼儿，而要将一些积极的事情多传播给孩子，使用文明的语言和行为，以身作则。同时，家长要多关注孩子的行为和语言，及时纠正他们的一些不恰当的言行。特别要注意，不要将社会上的一些阴暗面过早地展现在孩子面前，将自己的抱怨收起，不要过早地将"走后门""富二代"这些充满负能量的词语带给孩子。

#### （二）加强对幼儿的爱心和交往能力的培养

现阶段的幼儿大部分是独生子女，并不懂得分享和关爱别人，所以，家长或老师在家里或是幼儿园里可以设计出一个"自然角"，养一些小动物或是植物，培养孩子的责任心与爱心，同时老师们教育引导幼儿如何照顾小动物、如何关心他人、如何做一个有同情心的人等，对于幼儿情商的提高起着积极促进的作用。家长们对于孩子的安全教育一定要适度，在保证孩子存在安全意识的前提下，多让孩子感受社会光明的一面，感受人心向善的一面，让孩子愿意打开心扉去与人交流、与人相处、与人为善。

作　者　吴沂泓　连云港市海州区锦屏中心幼儿园

# 基于家园共育的沟通模式

幼儿教育是一个基础的过程。幼儿在成长过程中虽然受到幼儿园、家庭、社会等环境的影响，但是对于幼儿影响最大的还是家庭教育。一个家庭的氛围会影响孩子的成长，家长的观念、言行都会影响孩子的发展。给孩子营造一个良好的生活、学习氛围，才能有助于孩子的健康成长。因此家园有效沟通、合力共育就显得尤为重要，无论是常规家园沟通模式还是基于网络的家园沟通新模式，都为家园共育提供了较好的路径和平台。

### 一、常规家园沟通模式

#### （一）召开家长会

多年家长会是学校与家长沟通的一种重要模式。每到学期末或学期初，各个学校（幼儿园）都会召开家长会。班主任老师会把一学期以来孩子在幼儿园的一些表现与家长进行交流，将幼儿园的活动、特色、课程等与家长分享，需要家长进行配合的具体要求等都会利用家长会——与家长沟通，让家长更直观地了解幼儿园的情况，以及明确自己需要配合的地方，以期形成家园共育合力。

尤其在乡镇幼儿园，有许多留守儿童，父母很少在家，因此一到家长会，老师会专门留出时间与家长进行——交流，解答家长们提出的各种问题。有时老师会事先在群里介绍本次家长会的目的，或需要家长支持的工作等，让家长提前考虑，这样家长就能有针对性地对班主任老师提问，这样既节省了时间，又达到了有效沟通的目的，有时老师还能和家长商量制订一些班级计划，形成家园有效沟通的良好态势。

#### （二）利用晨间接待、离园的时间与家长沟通

幼儿园家园沟通还有一个重要的时间段就是幼儿入园及离园时间。每天早上家长送幼儿入园，以及幼儿离园时，班级老师都会与家长有短暂的接触，当家长有什么事情要交代，或者老师有什么事情要交流，如孩子当天有什么问题需要及时和家长反馈，都可以利用这个时间。老师会提前把一些问题列出来，等到哪位家长来园时就会及时与家长沟通。当然这种短时间的沟通，老师在语言上要有一定的谈话技巧，要长话短说，善于总结，要多鼓励、表扬幼儿，少批评、抱怨，等等。这样在细致入微的工作中，慢慢地就会取得家长的信任和支持。

#### （三）定期举行家长"开放日"

家长"开放日"也是家园沟通的方式之一。笔者所在的幼儿园以前每学期都会举行一次家长"开放日"活动，一般都是以"半日开放"的形式，邀请家长来园观摩幼儿半日活动。家长先从幼儿入园开始观看半日活动的整个流程，以了解自己孩子在幼儿园的学习、生活等等，这个活动受到了家长们的一致好评。还有一类就是"亲子半日"活动，一般在一些特殊的节日邀请家长来园，和幼儿一起开展游戏活动，让家长与孩子互动，一起做游戏、做手工，参与班级的比赛，等等。家长在参与活动的过程中，看到自己孩子的优点，增进了亲子关系，同时也了解了教师工作的艰辛，这些要比教师的言语描述更加有说服力。家长在观摩后，幼儿园还会发放家长意见表，让家长把自己的意见和建议写下来，效果非常不错。

### 二、基于网络的家园沟通新模式

随着时代的发展和一些网络科技的运用，常规家园沟通模式已经远远不能满足当前的需要，于是一些新兴的家园沟通模式悄然诞生，弥补甚至替代了传统家园沟

通模式，在家园沟通中被广泛运用。

### （一）网络交流

随着网络时代的到来，网络交流已成普遍现象。在完全不用面对面的情况下，老师可以使用微信平台、互联网、QQ等各种新形式与家长进行交流，这些形式不仅方便快捷，还可以随时随地与家长沟通。网络沟通俨然成为家园沟通的一个重要途径，许多幼儿园都建立了自己的公众号。公众号内容包括幼儿园的风貌、教师简介、幼儿天地、家长工作、温馨提示等多个版块，为家长更好地了解幼儿园搭建了一个更具体、更直观的平台。

### （二）家园互动主页

以前家长们送孩子入园后会久久不愿离去，有的躲在窗户下，有的躲在门后，就想多陪孩子一会儿，怕孩子不能与同伴好好交流，怕孩子不会如厕、不会吃饭、不多喝水……特别是刚入园的孩子，他们在屋里哭，家长偷偷在外面抹眼泪，那种场景真的再熟悉不过。随着互联网时代的到来，家长能够通过网络及时了解孩子的在园生活，甚至直接参与到孩子的教育中，家园及时配合，让家长们放心之余更加肯定和信任幼儿园的工作。现在幼儿园的家委会都会定期地参与幼儿园的管理，有的甚至帮助幼儿园更科学合理地制订学期工作计划，促进家园合作，等等。

### （三）微信交流

微信平台似乎是人们最常用的一种通信形式，很多教师和家长的沟通几乎首选微信这一联系方式。如果老师有什么问题，都会直接用微信和家长联系，把一些问题，或孩子生活、游戏的照片、视频通过微信发送给家长，或者需要和家长通话时，就直接语音；有的孩子在晚上回到家以后，还想和老师交流，家长们还会直接和老师视频聊天；有的孩子愿意听老师的话，在家里遇到不开心的事情时，就会和老师视频。有时候老师的一句话或一个动作都会让家长省去不少烦恼，也会让孩子变得乖巧可爱。微信平台让家长和老师有了双向沟通的桥梁，这种沟通方式不仅速度快，而且效率高，是家园沟通当之无愧的首选途径之一。

孩子的成长需要学校和家庭的密切配合，良好的沟通是家园合作的桥梁。无论用什么样的方式沟通，我们的目的只有一个：为了孩子能够更好地成长。因此开展家园沟通是非常有必要的，它促进了教师与家长的沟通，加深了幼儿园与家庭的交流，让家园共育配合得更紧密，促进了幼儿的全面发展。

作　者　曾　玲　连云港市海州区锦屏中心幼儿园
　　　　　　　　江苏省"幼芽杯"课例比赛二等奖
　　　　　　　　连云港市中小学高层次人才"新333工程"教研能手培养对象
　　　　　　　　连云港市优质课评比一等奖

# 家园共育中的相向而行

随着学前教育改革的不断深入与素质教育的开展，家园共育被更多人重视。如何实现家园共育，是家长和教师面临的重要的问题。幼儿园的教学工作需要父母的帮助、理解、配合，同时对孩子的教育工作也急需教师的理解、帮助。家庭针对的主要是孩子个人，随意性比较强，而幼儿园的教学则是比较专业的，也是更有计划的，所以二者的协调对孩子的发展而言很关键。例如大部分孩子在幼儿园里养成了良好的生活自理能力，但是一回到家，家长又包办了一切，这样就严重影响了孩子生活自理能力的提高，导致老师做出的努力起不到任何作用，这是家园教育不一致的结果。如果教师与家长多交流经验，那么共同教育好幼儿就不会出现"5＋2≤0"的尴尬局面了。因此，教师能得到家长的协助会更好地促进家园共育，促进幼儿身心各方面的健康发展。

## 一、家长怎样实现家园共育

### （一）在培养目标上与教师取得共识

幼儿园的教育目标和任务是有目的、有计划的，而家庭教育的目的不具有系统性，其随意性较大，对幼儿的期望与要求有时过高，有时过低。家园双方要想在教育的总目标上达成共识，需要教师与家长在体、智、德、美诸方面对孩子进行全面教育。幼儿园的教育目标主要是对幼儿进行习惯养成，各种品质、情感的培养等，让幼儿为其终身发展奠定基础。为了幼儿的身心能健康发展，家长们要时刻注意自己的一言一行。另外父母要通过阅读相关书籍、参加幼儿园的相关专题讲座，与身边人交流育儿心得等，不断掌握育儿常识，了解科学合理的育儿方式和一些最新的幼教理念，从而提高自身的育儿水平。

### （二）密切配合幼儿园工作

幼儿园一般都会通过家园联系栏、掌通家园、微信等，让家长了解其本周教育的具体目标。同时，有部分教育目标是需要家园配合才能完成的。比如幼儿园很重视孩子的礼仪教育，对于幼儿平时的礼貌行为，家长就应及时向老师反馈以便家园配合，促进孩子文明礼仪习惯的养成。陈鹤琴先生说过："幼儿教育是一种很复杂的事情，不是家庭一方面可以单独胜任的，也不是幼儿园一方面能单独胜任的，必定要两方面共同合作方能得到充分的功效。"所以家长要积极参加幼儿园组织的各种活动，例如亲子运动会、亲子游园会、家长开放日活动等。家长能亲自参与到幼儿活动中，不仅可以全面、深入地了解孩子在园的学习、生活、游戏及交往情况，也可以从中发现孩子有待提高的地方，从而有目的、有针对性地与老师配合。

### （三）家园经常沟通

教师应主动提供自己的联系方式，方便家长联系，以达到家园双方共同教育的目的。双方要围绕孩子的发展情况，经常保持沟通，让家长了解幼儿园的详细教育目标及幼儿各方面的发展情况，从而更有效地促进孩子的发展。例如家长可以充分利用接送孩子的时间和老师多交流孩子在家的表现，还可以向老师咨询教育方面的知识，这样更有利于家园共育。比如班上有位小朋友的妈妈特别重视幼儿教育，经常和老师交流一些教育方面的问题，对于教育幼儿有自己独到的见解，在家长和教师的共同努力下孩子进步了许多。

## 二、教师怎样实现家园共育

### （一）以幼儿发展为主线

与家长经常交流幼儿情况是家庭教育与幼儿园的核心内容，教师和家长应该经常开展双方的交流。作为老师要随时向家长反映孩子在园的生活、学习、游戏等状况；父母也要向老师反馈子女在家的状况，双方共同交流、互动，达成一致，才能做到家园共育。幼儿园教师除了就幼儿的问题与家庭做出回应之外，还必须对家长在教学中出现的问题加以矫正。当下许多家长的教学观念及家庭教育方式都存在很大问题，严重影响着孩子身心的健康发展，这就要求幼儿教师帮助家长掌握科学的育儿观，这样才能更好地教育幼儿。

### （二）组织家长参与幼儿园活动

让父母参与幼儿园教育，是家庭共育的一个重要方法。父母参与的方法有很多，比如请特殊工作岗位的父母到园里来当"志愿者老师"；请医务人员为孩子讲述怎样爱护牙齿；请警察叔叔讲解怎样保卫自己；还可邀请父母到班上和小朋友一起做美食、手工等亲子活动。另外，老师在指导家长参加活动的过程中要细心找到与家庭配合的切入点，并让父母积极地提供各种资料，以提高发挥家庭教育资源的教育效果。父母在参加教学活动的过程中还学到了怎样指导孩子自主学习，增强孩子学习和探究的积极性，丰富了孩子在幼儿园的教育活动。

### （三）提高家长科学育儿水平

《幼儿园工作规程》规定，幼儿园要"向家长宣传科学保育、教育幼儿的知识""指导家长正确了解幼儿园保育和教育的内容、方法"。教师要善于在组织家庭教育"参与"的过程中，帮助父母形成科学的家庭教育观，以提升其科学育儿水平。教师利用家长会、家长开放日、家庭专题讲座等，对父母开展必要的家教专业知识的培训，引导家长掌握科学教育的知识与方法。为全面推进儿童教育和孩子身心发展，幼儿园教师必须要把实现家园共育能力作为教学研究的主要任务，发挥教师的教育功能，以便更好地提升教师家园共育能力与水平。此外，教师们要通过多阅读学术刊物来提升自己的素养，并通过摘取文章精粹、撰写阅读心得、交换工作心得和园本培训等教学活动，持续地补足精神养料，并吸收世界最先进的幼儿教育理念，使其在家园工作中有效地起到推动作用。

《幼儿园教育指导纲要（试行）》中指出，家庭是幼儿园重要的合作伙伴，教师应本着尊重、平等、合作的原则，积极探索新时期家园工作的方法与途径，使家长以持久的热情关注幼儿园工作，以合作伙伴的身份参与到幼儿园的各项工作中，尊重、支持和帮助幼儿的发展，才能形成和谐的家园关系，保证教育理念的一致性，共同促进幼儿身心健康发展。这对于每一个人来说既是一件简单的事，又是一件复杂的事，教师只要用爱心关爱每一个孩子，家长一定会全力配合教师的工作，家园共育的良好局面也一定会长久持续下去！

作　者　潘丹丹　连云港市灌南县未来星幼儿园

# 让幼儿入园不再焦虑

学龄前儿童阶段是儿童生长发育的特殊阶段。著名的幼儿教育思想家、幼儿心理学家蒙台梭利教育法的创始人玛利娅·蒙台梭利在《童年的秘密》一书中曾指出："成年人任何的心理疾病，其成因都可以追溯到童年时期。"幼儿入园焦虑问题是幼儿园和家庭共同面临的普遍性问题，在孩子入园、产生分离焦虑的敏感期，若处理不当，将会影响孩子的身心发展。在教育幼儿的过程中并不仅仅是家庭或幼儿园单方面的付出，而是需要双方共同的努力。从家园共育的视角出发，基于幼儿身心发展规律和特点，分析幼儿入园产生分离焦虑的原因，指导家长科学有效地开展幼儿入园前的准备工作，逐步激发家长作为教育主体的主观意识，进而改变家长教育理念，提高教养水平，帮助家长正确了解缓解幼儿入园焦虑的意义与价值，共同携手为幼儿健康成长保驾护航。

## 一、幼儿产生入园焦虑的原因

### （一）对家长情感上的过度依恋

由于幼儿园环境与家庭环境之间有较大的差异，因此幼儿在入园期间会发生抵触幼儿园、情绪变化大、哭闹不止的情况。如果对幼儿入园的焦虑情绪处理不当，幼儿就会产生抵触心理，如拒绝入园、不肯出门、分别时哭闹、撕扯家长和教师等行为，在一日活动中，常常不能融入幼儿群体。这些行为实质上是幼儿对家长的过度依恋造成的，如果教师和家长忽视幼儿的情绪表现，将会使其对幼儿园生活缺乏安全感。

## （二）幼儿生理现象的过度紊乱

幼儿生理现象的过度紊乱，主要表现在比平时更加紧张、容易着急、常伴有多汗、无意识尿湿裤子、不能独立进餐、不能独自如厕、吮手指、难以入眠等，这些外在表现，其实是幼儿与家长分离后产生的入园焦虑表现。

## 二、缓解幼儿入园焦虑的有效策略

教育要想真正地在幼儿身上达到预期的效果，就必须遵循幼儿身心发展规律和特点，获得儿童内心的认同。通过家园共育的方式，探寻减少幼儿入园焦虑的方式方法，可以缩短幼儿入园焦虑期的过渡时间，帮助幼儿顺利度过入园焦虑期，尽快适应幼儿园的生活，健康快乐地成长。

### （一）家长方面：唤醒家长的教育意识

幼儿入园不仅是对幼儿自身成长的考验，更是对家长在教育幼儿的成长过程中的一大挑战。首先，父母要学会管理好自己的情绪，面对幼儿入园焦虑的表现，要沉着、冷静、果断、避免大惊小怪，要给予幼儿最大的心理依靠。

### （二）教师方面：追随儿童内心的感受和体验

幼儿园教育有其自身规律，教师在实施保教结合的实践活动中，要契合幼儿成长需求和家长意愿，符合科学保育、健康教育诉求，确保幼儿能够健康快乐地成长。

作为幼儿教师，要根据幼儿心理状况给予适当的引导，提供支持幼儿快乐生活和学习的外部环境，时刻关注幼儿的心理动态，使幼儿能够保持健康心态。比如：安排亲子互动活动；在保证幼儿安全的情况下，创设适宜的游戏区域，让幼儿在这里尽情玩耍，感受游戏的快乐，从而缓解入园焦虑；提倡梯度入园方式，分层对待幼儿入园情况，根据幼儿的焦虑情况，让幼儿每周入园的时间逐步增加。梯度入园比全天入园更能够有效缓解一些幼儿的焦虑情绪。这是因为梯度入园短时间的分离后重聚能够有效缓解幼儿的分离焦虑情绪，幼儿一旦明白了分离之后还会重聚，分离的紧张感就会相应下降，从而促进幼儿适应幼儿园的生活。教师要为幼儿营造温暖的集体环境，不仅要用耐心来帮助幼儿的吃、喝、拉、撒、睡，还要用爱心和耐心帮助入园时哭闹、焦虑严重的幼儿，使他们尽快适应幼儿园的生活。

### （三）家园共育方面：共同携手为幼儿健康成长保驾护航

随着社会的不断进步与发展，越来越多的家长开始重视对孩子的教育问题。池田大作先生在《和平之桥——畅谈"人间教育"》一书中，提出"人格脊骨的形成源于家庭教育"，结合他提出的早期教育中的问题，发现幼儿入园焦虑正是家庭教育和学校教育接轨时发生的，同时能够从幼儿身上折射出家庭教育中的种种问题。

小班入园新生家长在面对幼儿焦虑情绪时不知道应该怎样做，因此，迫切需要幼儿园对他们进行相应指导，避免用大众化的方式去管理和教育孩子。在此期间，家长遇到问题要与教师及时沟通，方便教师及时掌握幼儿在进餐、睡眠、大小便、情绪等方面的具体情况；另外，家长要与教师配合默契，入园时把孩子交给教师后迅速离去，千万不要让自己担心、焦虑的情绪传递给幼儿，帮助幼儿尽快适应幼儿园、接受教师，顺利地度过适应期。

为有效缓解幼儿入园焦虑情绪，家长还应更加清晰地认识幼儿成长发展过程的变化。幼儿园给予家长指导，使家长树立正确的育儿观念，共同帮助孩子克服焦虑情绪。家园共育和谐发展，共同携手为幼儿健康成长保驾护航。

作　者　李　昕　连云港市殷庄中心幼儿园
　　　　　　　　　连云港市家庭教育指导员基本功大赛二等奖
　　　　　　　　　连云港市赣榆区"411"名师培养工程骨干教师
　　　　　　　　　连云港市赣榆区优秀教育工作者

# 家园共育中的新媒体运用

新媒体在家园共育中的普及与运用，弥补了传统家园共育形式单一的不足，丰富了家园共育的渠道，一定程度上提升了幼儿园科学化管理水平，密切了家园沟通，促进了家园共育。但在具体的实践中，人们发现新媒体在家园共育中的运用也暴露出被过度利用、流于形式等诸多亟待解决的问题。本文结合新媒体在家园共育中的运用现状及存在的问题，试图从建立新媒体使用机制等方面提出有针对性的建议，以期实现更好的家园共育效果。

## 一、家园共育的现状调查

### （一）家园共育的形式

连云港市和安幼儿园的家园共育形式多样，譬如家园互访、幼儿成长档案、家长会、家长开放日、"三宽"家长学校活动等。由于孩子们的家庭居住地各异、家园互访费时费力，可实施性较差，家长会、家长开放日活动虽得到按时开展，但不够深入，效果不够显著。而结合新媒体实施的"三宽"家长学校活动，却收到了不错的效果。

### （二）新媒体下的家园共育形式

1. 使用"钉钉"等软件打卡，强化家园共育组织

通过"钉钉"客户端，将家长、教师组成班级主体，利用体温申报等健康管理版块，将家长、幼儿健康纳入管理中。钉钉提供的视频会议，让教师与家长、幼儿之间零距离交流，缩短了家园距离。而"三宽"家长培训课程，实现了模拟教室模

73

式，使家长可以边听讲边讨论。

2. 善用新媒体即时通信，促进家园双向互动

教师通过 QQ 班级群、微信家长群，发布群公告，实时图文反馈幼儿状态，及时解决家长疑惑，这种沟通方式具有较强的时效性和便捷性。

3. 巧用新媒体平台，搭建平台化管理

利用微信公众号，提供丰富的版块设计、海量资源共享。家长可以通过平台，及时了解宝宝餐饮食谱、成长趣事等。同时，平台还可以提供丰富的育儿案例等知识。

## 二、幼儿园利用新媒体开展家园共育存在的问题

笔者通过调研发现，幼儿园在利用新媒体开展家园共育中存在以下问题。

### （一）新媒体利用不当，加重了教师负担

新媒体突破了时间、地点的局限，使得家园沟通更为方便。但家长上班期间，大都无暇交流，更多选择在晚上进行沟通，占用教师部分甚至全部休息时间，严重影响教师的生活，加重了教师的负担。

### （二）新媒体被过度利用，滋生不良小团体

在新媒体实际运用过程中，个别家长因缺乏科学育儿观念，组建"家长小团体"，利用新媒体的舆论势力，开展"集体上诉"等非理性活动，影响幼儿园正常教学秩序，给幼儿教师造成不良影响，使家园共育效果大打折扣。

### （三）文字表达不到位，引发家园双方矛盾

调研中，有老师反馈信息化的难处："拍照时，因不能顾及每一个孩子，镜头过少的可能会让家长产生'对某个孩子有成见'的误解；拍照次数过多，可能会引起部分家长的反感等，众口难调，给工作带来困扰"。同时，新媒体多为图文表达，因书写习惯、理解方式不同，很容易造成家长对教师的曲解，给保育工作带来障碍。

### （四）家园配合不当，降低沟通效率

"每次布置任务时，总有家长不参与、不表态，无法判断是否通知到位。再用传统媒体进行一一通知，浪费大量精力和时间。"调研中，梁老师这样抱怨道。

家长因地域、教育水平、个人素质、教育理念等差异，对幼儿教育的参与热情不一，难以形成统一意见，降低了家园共育的沟通效率。

## 三、开展家园共育的建议与对策

### （一）完善制度，建立沟通机制

1. 合理限定即时媒体沟通时间段

教师不可能随时随地关注班级微信群、QQ 群等即时消息，家园双方应制定出每天发布即时消息、在线答疑、解决问题的固定时间段。这样，教师能够全力回复

家长提出的疑问，提高问答质量，从而将新媒体给家园双方带来的不利影响降至最低。

2. 发挥家长委员会监管作用，助力家长群良性发展

利用新媒体组建的"班级群"人员众多、观念各一，以老师一己之力常常难以形成有效管理，是滋生不良小团体的重要原因。家长委员会的介入，能够收集意见、建议，搭建家园沟通的桥梁，同时发挥监督作用，规范家长言行，形成有效管理，促进群内和谐发展。

（二）强化综合运用，提高家园共育中家长参与积极性

1. 个别问题，即时沟通，私密性好，可接受性强

当涉及个别幼儿问题时，通过微信、QQ 等即时媒体工具，私下与幼儿家长沟通交流，具有私密性强、可接受性强、沟通效率高的特点，避免问题向坏的方向发展。

2. 普遍性问题，通过群消息、群公告沟通，传达效率高

当涉及家长共性问题时，如制定班级学习计划、公布通知公告、预留幼儿作业、分享育儿经验等，利用微信群消息、群公告等新媒体平台，具有自动接收反馈功能，传播效率高、家长积极性高的优点，从而达到提升沟通效果的目的。

3. 传统沟通，灵活引入新媒体，提升传统沟通效果

在组织家园沟通会时，教师可以将反映幼儿在园情况的图片、视频等分门别类地整理成视频素材，让幼儿家长会前观看，酝酿看法，形成互动，避免了传统沟通中老师"演讲"，家长"观看"的单方面沟通尴尬，提升了沟通效果，增进了家园之间的理解，提升了双方配合的默契度。

（三）优化版块设置，提高家园共育中双方互动效能

1. 聚焦改善布局，提升家长新媒体易用性

连云港市和安幼儿园微信公众号，包括新闻速递、班级分享、师说新语、每日食谱、科学育儿及优教课堂等版块，图片、文字穿插布置，兼具科普性和趣味性，深受幼儿园管理者的青睐。然而在实际调研中发现，大部分家长对"每日食谱""班级分享"的内容较为熟悉，对公众号的其他内容不够清晰，未能发挥公众号的诸多作用。管理者需从丰富内容形式、动态归类、优化排版、形成内容导航等方面下功夫，提升其可用性、易用性。

2. 增设互动模块，促进家园沟通交流

通过调研发现，幼儿园公众号的内容，多为校方发布消息，而无家长的声音。增设"建议意见"等互动版块，让家长提出自己的意见和见解，进而促进幼儿园不断改进工作方向，不断满足幼儿家长的需求，可进一步加强家园双方沟通交流。

作　者　梁艳梅　连云港市和安幼儿园

# 家园共育变"危"为"机"

幼儿园与家庭因为性质、环境、角色定位等不同，很容易产生问题，造成矛盾。家长的期望与现实情况的落差，一旦处理不当，很容易将矛盾激化，加深家园之间的误解。事实上，导致矛盾激化的主要因素有家园情感联结不充分、沟通意识缺乏、行动力不足、情绪管理不当、教师应对策略不当等。笔者以已经毕业的大班孩子小东的事例展开分析，结合工作实践中的冲突事件回顾，辨析在实践中以教师为主体应对行动之成效，提出类似情景下的有效应对策略。

## 一、事件概述分析

### （一）潜伏期

孩子的爸爸妈妈很少到幼儿园接送孩子，小班时期老师几乎没有见过家长，日常接送小东的是其舅舅。直到中班时期，在难得见到孩子妈妈来接孩子时，教师说笑道："真的是好久不见呀。"小东妈妈笑中带着苦涩说："是啊是啊，我和他爸爸平时都在国外工作，实在顾不上照顾孩子。麻烦老师了。"家园之间严重缺乏交流沟通，留守儿童的家庭状况直到中班时期才有所了解。

### （二）苗头期

大班刚开学，有一次孩子妈妈主动和老师搭话："老师，打扰你一下，我们家这个小宝宝，个子很小，其他孩子都比他高一截，我们担心他在学校受别人欺负。"老师微笑着说："不会的，你放心，平时观察到孩子在学校与其他孩子相处得很好，几乎没见过他和别的孩子有争执。"小东妈妈："这孩子吧，有什么事也不知道说。"一次家长发起的沟通，因为接送时段的匆忙和教师觉察重要信息意识的不足而草草结束。

### （三）导火索

大班上学期末，久久未能来接孩子的小东妈妈这一天兴高采烈地来到了班门口，孩子看到妈妈也是面带笑容，一路小跑地奔向了妈妈，两人笑着转身离开。大概过了五分钟，孩子的妈妈气冲冲地拉着孩子回到班级找到老师问："老师你看怎么回事，为什么孩子的裤子外面有屎？"老师一听心中有些慌乱，因为确实没有留意到。老师说："真的非常对不起，我没有留意到这种情况，我先带孩子清理一下好吗？"

保育老师闻讯赶来，也是一头雾水，连忙道歉："孩子也没跟我们讲，我这就带孩子去洗一洗好吗？"孩子的妈妈没有撒手："是不是你们班其他小朋友欺负他，往他裤子上抹屎？"听到这样的发问教师十分错愕。家园的矛盾借由"拉裤子"事件彻底显现。首先，在小东妈妈怒气冲冲"找上门"的时候，教师没能够沉着应对而表现慌乱，这更加剧了家长对老师不负责任的印象。其次，保育老师的一句"孩子也没跟我们讲"更是激怒了家长，可能给家长一种此时此刻老师还在推卸责任的判断。

### （四）爆发期

第二天，大班老师从他人那得到一张微信聊天的截图，内容显示，小东妈妈在家长私下的群内宣扬"孩子被抹屎欺凌""老师不负责任视而不见"等。甚至有几名家长也跟风议论，提出自家孩子的事件如"鞋子穿反了""裤子提歪了"。三位老师看到这样的内容，一方面是心中惭愧，以往工作确实有许多不足的地方，但另一方面也为小东妈妈在公共场合"胡说"的行为感到气愤。

老师们认为此刻作为老师回复家长们的议论并非是找家长吵架，而是坦诚工作不当之处，并澄清"拉裤子事件"的真实情况，及时制止不实信息的传播甚至是进一步恶化和发酵。但此时矛盾彻底爆发，甚至出现向公共平台发展的趋势。因此，大家冷静地厘清思路，找出当下急需解决的问题，立即向家长表明真诚的态度，以及澄清不实的言论防止事件扩大化。

### （五）修复期

直到大半个学期后，因防疫工作的需要，才有了冲突事件后的第一次交流。教师首先就以往矛盾表达善意，围绕孩子尝试重新建立家园的信任。在随后的时间里，双方沟通情绪明显缓和，从表面上看，家园关系已经重回和谐与稳定，深层次的修护则需要在长期的家园互动中坚持渗透。

## 二、核心问题分述

### （一）教师重任在肩

首先，教师是幼儿园履行教育任务和职责的专业人员，代表了园所的形象和立场。其次，教师也是家长的合作伙伴，有引导家庭教育、促成家园教育合力的职责。最后，教师还存在着个人的情绪立场，这往往对教师的具体行为的抉择产生直接的影响。

### （二）缺乏应对冲突的技巧

没有相关经验的新教师，遇到此类事件往往表现慌乱。在紧张的情绪氛围下，在行为、表情、语言等多方面容易失去方寸。

### （三）教师情绪劳动失调

情绪劳动是为满足工作需求，主动调节情绪状态的内在行为。而面对家园矛盾的激化，教师的调节压力会急剧增大，调节的难度也随之节节攀升。

### （四）教师觉察意识不足

在案例中，教师有数次可以在矛盾激化之前解决问题的机会，但是因为自身觉察意识的不足而错过，最终放任问题不断扩大和发酵。

## 三、实效策略应用

### （一）找准定位，善用语言

冲突情景下，家园沟通首先应从"情"和"理"两方面着手，采取有效的策略和方法。

### （二）善用网络，优化策略

网络的发展与应用是一把"双刃剑"。无节制的新媒体环境很容易发展成为负面情绪与谣言传递的高速通道。但与此同时，也是预见矛盾萌芽的高清大屏。

### （三）三步准备，正面沟通

教师可尝试按照三步走策略尝试解决：首先，解读语言了解家长诉求；其次，编写与家长沟通的内容语言，在真诚的基础上艺术化、委婉化；最后，妥善表达，善用微笑、眼神、声音，立足孩子的成长与家园共育，营造真诚的沟通氛围，准确传达意图。

### （四）丰富认知，调控情绪

情绪在很大程度上受到认知的支配。比如教师脑海中如果始终充斥着"家长无理取闹，胡说八道"这样的认知，那就很难真正摆脱负面情绪对解决矛盾的不利影响。

### （五）加强意识，防患未然

解决家园冲突问题，教师的危机意识很重要。冲突的激化往往不是突然发生的，大都经过了长时间的酝酿，如果小问题长期没有得到关注和解决，经过发酵家园之间就会产生更大的隔阂。

作　者　董浩然　连云港市赣榆实验幼儿园
　　　　　　　　海州区级幼儿园课程游戏化项目建设先进个人
　　　　　　　　海州区级优秀教育工作者
　　　　　　　　海州区级德育工作先进个人

# 家庭媒介环境与幼儿健康成长的关联

家庭是学前儿童使用媒介产品频率最高的场所，学前儿童对媒介的接触大部分是在家庭。这里的家庭媒介环境是指由书籍、电视、智能手机、学习机等媒介产品构成的综合环境。儿童对媒介产品的接触并不是局限在某一种而是处于多种媒介融合的环境下。为了比较准确地了解当前学前儿童家庭媒介环境的现状，通过发放问卷，针对家庭的基本情况，家庭媒介拥有情况、使用情况以及成人对儿童使用媒介的认识和要求等方面进行调查，全面了解家庭内部媒介环境的现状以及家庭媒介环境存在的问题并进行原因分析，以此促进幼儿的健康成长。

## 一、调查结果呈现

### （一）家庭基本情况

家中幼儿陪伴情况方面：根据调查发现，在家中陪伴幼儿时间比较多的成人主要是爸爸、妈妈、爷爷、奶奶，陪伴情况在总人数中所占的比例各不相同。从调查数据中发现，当前幼儿家庭以妈妈陪伴幼儿为主。

父母受教育程度方面：被调查父母的教育程度本科占多数，说明家长接受教育的水平比较高。父母接受教育的水平可以反映其教育观念和方式，接受教育水平越高的父母，对家中媒介产品的购买以及使用的要求也会更高，从而更加关注家庭营造的媒介环境。

家庭中观看的主要电视节目类型方面：从调查中可以看出，家庭中观看得最多的电视节目是少儿类，所占比例达到46%。总体来看，少儿类节目是家庭中经常观看的电视节目。

### （二）家庭媒介拥有情况

家庭中书籍类媒介的拥有情况方面：家庭图书总册数主要集中在200册左右，从计算的占比得出，家庭中幼儿图书总数大约占家庭总图书的30%，在一定程度上反映出家庭内部对幼儿阅读纸质书籍的关注。但不同家庭为幼儿购买图书数量存在差异，说明家长在书籍类媒介产品对幼儿产生影响的认识方面存在不同看法。

家中电子媒介产品的拥有情况方面：本研究针对家庭常见的五种类型的电子媒介，包括电视、智能手机、电脑（台式/手提/平板）、学习机的数量进行了调查，家庭中占比最多的电子媒介产品是智能手机，3台及以上的智能手机比例占58%。说明当下儿童正处于随时随地可以接触到电子媒介产品的家庭环境。

### （三）家庭媒介使用情况

经过家庭媒介产品使用的时间情况汇总可以看出，家庭中常用的媒介产品是书籍、平板电脑，其中使用时长超过2个小时的媒介产品中书籍所占的比例最高；幼儿在家几乎不使用的媒介产品是电脑（手提或台式），其次是学习机。从中可以看出在家庭中书籍的使用时间比较高，像电脑、学习机这类电子媒介产品，幼儿并不经常使用。

### （四）家长对幼儿使用媒介的认识

家长让幼儿接触不同媒介产品的目的是不同的。从调查中可以看出，家长让幼儿接触电视、书籍、学习机，主要是觉得这些媒介产品存在有益于幼儿学习的教育内容，是利于幼儿健康成长的。总体来看，家长在让幼儿接触各类媒介产品主要的目的是考虑该媒介有教育性内容，有利于幼儿成长。

家长在幼儿使用媒介时有不同的要求。在使用电子类媒介产品时，家长的管理比较严格，既限制内容也限制时间。相比之下，家长在幼儿使用书籍类媒介产品时的管理比较宽松。

## 二、调查结果分析

### （一）家庭媒介环境存在的问题

家庭媒介存在种类多、数量多的现象。根据调查数据显示，家庭中数量最多的电子媒介产品是智能手机，在收集的数据中发现大部分家庭中有 3 台及以上智能手机，说明当下儿童所处家庭环境被电子媒介产品所包围。

家庭媒介的娱乐价值比较突出，教育价值仍需加强。从调查数据中可以看出，电视是幼儿使用时间最多、使用最频繁的媒介，家庭中观看最多的电视节目类型是少儿类。儿童是电子媒介发展的受益者，媒介产品不仅具有娱乐功能，还有很强大的教育功能。如果更好地利用电子媒介，将教育和娱乐进行融合，对幼儿的教育会产生积极影响。

家长在幼儿使用媒介时的陪伴和管理情况不容忽视。研究表明，自我控制对于儿童身心健康是非常有益的。在体会到观看电视带来的乐趣后，孩子会主动行使对电视的使用权，比如，自己开关电视，自己寻找想看的电视节目，而取代家长调好节目让幼儿被动观看。通过自己动手寻找节目，幼儿可以从中获得自我控制的满足感。但是幼儿的控制能力、判断能力都处于正在发展的时期，很容易受到低俗、缺乏筛选的有害信息的影响，这就需要家长在幼儿使用媒介时的积极引导。

### （二）问题产生的原因

幼儿自控能力较弱。6 岁前的幼儿对颜色的敏感度高于成人，注意力容易被动画片五颜六色的影像吸引，进而影响幼儿的感官。但幼儿正处于发展初期，在观看和使用媒介的过程中很难控制自己使用的时间，把握好观看书籍、电视等内容的距离，有趣的内容更会让他们深陷其中。家长应该意识到幼儿对自身行为的控力能力弱，很容易被媒介的趣味性、愉悦性吸引，所以家长不能忽视幼儿在接触媒介时的陪伴。

成人缺乏正确认识。成人是幼儿学习的榜样，成人对媒介中各种信息的选择会对幼儿产生潜移默化的影响。可是很多家长自己也很难控制住对手机、电脑等的使用，在家里一有时间使用手机，在这样的环境下，幼儿会无意识地模仿父母。这就要求成人应该以身作则，严格规范自身使用媒介的行为，并对幼儿使用媒介产品进行理性的指导。

家庭亲子缺乏互动。有研究表明，幼儿长期与父母缺乏互动会产生"爸爸妈妈是不是不喜欢我"的想法，或是通过大吵大闹来吸引父母的关注等不利于幼儿健康发展的行为，进而渐渐产生自卑感、缺乏安全感，与父母的关系也会有疏离感，对父母比较冷漠。父母的疏离对幼儿会产生无形的伤害，父母和孩子间缺乏互动是不利于孩子的心理发展的。媒介是没有情感的，父母与孩子面对面的沟通交流才是增进双方感情的有效途径。

总之，幼儿的健康成长与家庭媒介环境有所关联，要适度把控，让家庭媒介成为幼儿健康成长的助推器。

作　者　张傲群　连云港市六一幼儿园
　　　　　第十四届全国高校学前（幼儿）教育专业毕业论文评选活动
　　　　　三等奖
　　　　　2021 年江苏省优秀幼儿教育论文二等奖

# 幼儿心理呵护需要"家"的参与

家庭教育是在家庭生活中，父母以及其他家长对子女进行的教育。家庭教育对幼儿的身心发育、行为习惯有着十分重要的影响，是儿童成长过程中不能忽视的。在幼儿健康教育中，父母大多偏重幼儿身体保健教育，缺少幼儿心理卫生教育方面的内容。因此，如何克服传统健康观的片面性，树立正确的健康观是当前我们需要着重解决的一个问题。

## 一、幼儿家庭教育的显著特点

家庭教育是教育的一种形式，指家长通过自身行为习惯及语言，以言传身教的方式在日常的生活中对子女产生潜移默化的教育影响，并且成员之间相互影响的一种社会活动。为人父母需要承担的责任以及在家庭教育中扮演的角色尤为重要，所承担的是让幼儿全面发展的重任。学前儿童家庭教育相比于其他年龄段的教育有以下几个明显特点。

### （一）没有固定的教育模式

幼儿家庭教育没有学校教育的计划性、目的性、组织性，没有统一的教学教材，无须制定教育教学大纲和正式的教育组织形式，更没有评估考核，所有教育都是在生活中进行的。

### （二）教育因素复杂多变

家庭教育中，要考虑环境条件的约束，顺应幼儿的天性等，这些因素相互交叉，使家庭教育这项任务艰巨而复杂，对学前儿童产生很大影响。

## 二、幼儿心理健康教育的重要性

心理健康是指人类拥有稳定的情绪与正常的精神意识，能够保持积极的态度与情感，智力与认知正常。能够有适应性以及自控力是心理健康的理想状态。在社交与生活中通常能够体现一个人的心理状态是否健康。一个心理健康的幼儿，所表现出来的良好心理状态有：乐意与人交往沟通、行为习惯良好、好奇好学好问、敢于挑战尝试、对自己感到满意、情绪活泼愉快、环境变化时能够较快适应等。

随着生活条件的改善与知识面的拓展，目前人们认为健康分为三类：生理——身体上的健全、心理——精神正常情绪稳定、道德——有健康积极的信仰。健康的定义是全面而完整的，对于幼儿而言，身心健康的共同发展是学前教育的根本目的，任何只注重单方面教育的观念都是片面不可取的。一个健康的人，除了生理健全，最重要的是积极、乐观、自信、快乐，而影响这些心理状态的因素主要来源于遗传与生活环境。个人认为，决定一个人心理发展状态是否健康的关键在于幼年时期原生家庭的教育方式。

## 三、幼儿心理健康存在的问题

家庭是学前儿童发展的主要场所，家庭氛围、父母教育方式和家人之间的感情对幼儿心理健康发展影响深远。目前在这个竞争激烈的社会环境中，诸多父母因"望子成龙""望女成凤"的思想而感到焦虑，期望孩子抢先同龄人一步赢在起跑线上，有的家长重心偏向于自身工作事业，忽视孩子的教育发展，这使很多父母在教育孩子上有以下几种态度。

### （一）家长对子女要求过高

在教育方法上严苛，过早让幼儿学习不符合其年龄阶段的知识内容，制止幼儿玩乐，不分场合地打骂、训斥，要求幼儿言听计从。这种教育方式严重伤害到幼儿的自尊心，容易造成幼儿孤僻、忧郁、逆反。部分家长平日只要求孩子学习好，其他方面无限制地放任幼儿。这些孩子的心理缺乏关注，一直被家长要求，但他们内心未得到真正的满足。只关注孩子学习成绩及表面行为规范的家长，往往忽视孩子的内心成长与心理健康。家长的偏爱与攀比也会造成幼儿年幼的心灵缺乏浓厚的感情。

### （二）家长教育观出现极端

有一部分家长过度放纵幼儿，对孩子有求必应。笔者曾经接触过一个受到父母过于溺爱的中班男孩，其在幼儿园生活期间有挑食的情况，老师引导他改掉挑食的习惯，但家长和老师沟通时说："我家孩子说不吃就不要让他吃。"午餐时菜里有一点儿他不爱吃的就会号啕大哭。他的自理能力相对较弱，有时因为柜子关不上或者不想搬凳子都能掉眼泪。过度的溺爱容易造成幼儿的依赖心理，还会令其产生蛮横、懒惰、自私自利、任性等不良心理。隔代抚养的幼儿也会产生类似情况，祖辈的抚养带来很多不利于幼儿健康发展的隐患。很多祖辈过度溺爱孩子，忽视孩子的缺点，当孩子犯错时不舍得管教甚至包庇，使孩子变本加厉；而祖辈过于慈爱，父母偏于严厉，还会产生亲子之间的隔阂。以上两种截然不同的教育方式，对幼儿的心理发展会造成严重的误导、疏忽。此外，家庭关系的不和睦、感情破裂等都会给孩子造成巨大的心理创伤。

### 四、幼儿心理健康问题的解决

让幼儿在一个积极的家庭环境下成长，拥有健康的身心，需要做到以下几个方面。

#### （一）家长改变教育观念

树立正确的家庭教育理念，采取科学的家庭教育方法。一是家长应摒弃以书面知识灌输为主的教育观念，关注孩子的身心共同发展；二是家长需加强心理健康的知识学习，充分了解、重视心理健康，做到了解孩子的心理特点。当孩子出现心理问题时，家长能及时发现，可以采取恰当的方式引导幼儿，培养其积极的心理状态。

#### （二）家长努力言传身教

对于幼儿而言，养成良好的生活习惯和优秀的道德品质是家庭教育最主要的内容。父母的行为影响着孩子的思想道德水平。家长希望幼儿有什么样的道德品质，成为什么样的人，自己应以身作则，不仅言语上要教育，行为上需有意识地为幼儿做示范。父母应在生活中教给幼儿正确的"三观"。在幼儿力所能及范围内的事情，家长尽量减少干涉或不干涉，让幼儿自己处理，使幼儿从小养成自立自强、勇于面对困难的优良品德。培养幼儿不怕困难、勇于克服困难的品质。对幼儿的教育应从幼儿的个性与特点出发，将教育融入生活与娱乐中。在生活与游戏中，培养幼儿良好的品德思想与习惯，在潜移默化中影响幼儿，而不是一味地说教、发号施令。

综上所述，学前儿童家庭教育中，家长需要的是"适度"，重视幼儿的心理教育。培养一个健康的心理状态，幼儿就拥有无限潜力，家长要做的应是解放幼儿的天性，使幼儿在良好、积极的环境下健康成长，学会独立思考、大胆想象、自主选择。只有家长更新教育理念，才能把握好家庭教育的方向，避免走入教育的误区。相互尊重，平等对待孩子，与幼儿一同成长，才能给幼儿一个快乐美好的童年与健康的身心，为幼儿未来的发展打下良好的基础。

作　者　张艺馨　连云港市六一幼儿园
海州区中小学、幼儿园教师器乐大赛一等奖
海州区幼儿教师教学基本功比赛一等奖
海州区教育系统学习宣传《民法典》书画评选二等奖

# 好家教成就好习惯

家庭是人们在这个世界上生存的基本存在方式，是人类的"根"。我们在这个精彩的世界诞生，渐渐地接触这个多元化的世界，在这里我们建立人生的世界观和价值观。孩子是父母爱情的结晶，是家庭的期望。因而，家庭教育对一个儿童的直接影响是十分关键的。进入 21 世纪，大家的生活水平慢慢提升，大部分父母的家庭教育方式也慢慢改变，他们期待自己的孩子赢在起跑线，可是没有好的方式去触碰恰当的家庭教育，只能塑造一个会一步一步学习培训的"智能机器人"。

## 一、家庭教育的第一步

父母是幼儿的第一任老师。幼儿如同一颗种子，无论接纳怎样的浇灌，他们都会发芽，但随着时间的推移，最终的结果会大相径庭。孩子生活在心情愉快的家庭氛围中，有益于他们身心健康，养成积极主动、开朗的性情。家庭教育是父母在发展道路上给予孩子的教育和影响，是孩子接触到的第一种文化教育。

### （一）孩子与家庭环境

家庭环境是一个人出生以后接触到的第一个生活环境，家庭环境对于幼儿认知世界、习惯养成等具有深远的影响。家庭氛围很重要，对孩子的习惯和性情都有非常大的影响，因此有一个好的家庭氛围很重要。

### （二）父母与孩子交往

除了轻松的家庭氛围，家庭教育还包含了在日常生活里父母与孩子的沟通方式。父母是对孩子最重要的两个人，也是孩子成长过程中的引导者和支持者。但如果父母没有把握好与孩子相处的方式，就容易导致孩子有逆反心理，对孩子的生活习惯，包括将来的个人行为都会造成比较严重的影响。部分父母每天不会留意自己的个人行为或语言表达给孩子留下刻骨铭心的印象，孩子甚至会仿效。优良的交往方式有利于孩子能够更好地开阔视野，促进与父母的沟通交流，为孩子培养优良的习惯奠定基础。

## 二、家庭教育的特殊性

幼儿阶段是一个人一生各领域发展的关键期。这一阶段孩子接纳的教育也很重要，许多习惯也是在这一阶段养成的。因此"第一"父母的教育对孩子就变得至关重要，孩子会效仿父母的个人行为，因此父母要提升自己的素养、人物角色和个人行为，做到言传身教。

## （一）家庭教育的连续性

孩子由小到大，都在接受着家长的教育。不论是有目的或是潜意识的教育，或是有计划的教育，家长在日常生活中的一些表现都是其自身言行的体现，都在耳濡目染地影响着孩子。

## （二）家庭教育的权威性

家庭教育的权威性是指父母在孩子身上所反映出的权力和威力。所谓家庭，是父母与孩子的组成，孩子在多个方面对父母有较大的需要和依靠，由此孩子很容易接受父母的教育，幼儿更是如此，因而家庭教育具有一定的权威性。

## （三）家庭教育的感染性

孩子和父母的相互关系是亲密无间的，对于孩子的一言一行父母往往都能看破，而父母的言行举止孩子往往也能心领神会，时间长了，在某一件事情上，孩子自然会与父母的处理态度保持一致。

## 三、家庭教育的影响力

### （一）道德习惯的影响

孩子的道德行为养成应该始终摆在首位，假如在孩子的成长阶段，家庭教育的道德引领长期缺乏，必定会影响孩子的健康成长和发展，也不容易培养孩子良好的思想道德。

### （二）卫生习惯的影响

优良的日常生活环境会为孩子带来一定的有利作用。少年儿童在成长过程中对效仿的喜爱是其这一时期的特性。因而，其他家庭主要成员的环境卫生习惯潜移默化地影响着孩子的卫生习惯。因此在日常家庭教育中要高度重视卫生习惯，父母要给孩子做好榜样。

### （三）行为习惯的影响

在塑造孩子个人行为习惯的过程中，有些家长会认为这是学校的责任。实际上孩子在幼儿时期的教育除了需要学校的系统教育外，家庭教育也是很重要的，在日常的家庭生活中，父母也需要帮助孩子培养优良的个人行为习惯。

### （四）学习习惯的影响

现在是科技的时代，大家几乎都是手机、电脑不离手，就连一两岁的孩子都会拿着 iPad 看视频，而父母也是在一旁看手机，渐渐地我们没有了阅读的时间和想法。家长应该多抽出时间陪孩子阅读、玩游戏，培养孩子的注意力。孩子的学习不光是孩子在学，更需要家长陪孩子一起度过。

### （五）劳动习惯的影响

现在有不少孩子花钱大手大脚，不爱护东西，浪费现象相当严重。他们不爱惜劳动成果，不知道这些劳动成果凝聚着劳动人民的血汗。没有经历过劳动磨炼的孩子，往往不懂得劳动成果来之不易，他们不知道自己的幸福生活是由劳动者辛勤工作造就的。家庭劳动教育是针对家务，创建孩子恰当的劳动意识，产生劳动想法，养成劳动习惯，把孩子培养成为具有独立生存能力的、有责任感的社会人的过程。家庭劳动教育有助于孩子形成高尚的思想道德品质和良好的意志品质，对培养健全的人格，促进人的全面发展，发展其聪明才智及动手能力都有重要作用。

总之，教育孩子是父母的责任和义务，父母的教育意识和方法直接影响孩子的发展和习惯。大多数父母的教育观念来自自己，自己小时候受到什么样的教育，现在还是用那样的教育来教自己的孩子，那种教育不是不好，只是时代在进步，科技在进步，人们的思想也在进步，父母的教育意识也需要提升，要紧跟新时代的发展，掌握家庭教育的具体方法，找到适合自己孩子的教育方法就是最好的。

作　者　刘文杰　连云港市六一幼儿园
海州区幼儿园课改"教育教学案例"评比二等奖

# 化解家校沟通矛盾　增强家校共育质量

随着我国教育水平的不断提高，家校沟通工作得到家长和学校的高度重视。但从实际情况了解到：如何圆满完成对学生的教育工作，如何提高家长与教师沟通的效率和效果，成为当前亟须解决的问题。因此需要结合现实情况有效提升沟通策略，以此提升家校共育的教育效果。

## 一、家校有效沟通的重要性

家校沟通，就是家庭教育和学校教育及时互通信息。在家庭教育中，施教者是孩子的父母。孩子的说话方式、行为举止及个人价值观，都与父母的教育息息相关。如果父母的育儿观存在一些不科学、不理性的地方，孩子很可能出现一些不理智的行为，这时就需要学校教育的介入。

学校教育主要是通过教师对孩子进行科学教育，帮助学生纠正不良习惯，养成良好的行为习惯。在学校的教育活动中，教师对孩子的一些行为习惯和举止进行规范与约束，帮助其提高交际能力，开阔眼界，正确认识自己。

家庭教育和学校教育两者之间相辅相成，每一个幼儿的成长都离不开家庭和学校的共同努力。其意义在于促进两种不同的教育环境之间平稳衔接、优势互补，促进孩子健康快乐成长。

## 二、家校沟通的主要任务

家校沟通的主要任务，对于幼儿园来说既能够帮助父母及时了解幼儿在园的学习情况，又能够与家庭中的父母进行沟通，鼓励他们使用科学的育儿方式，实现幼儿在家庭当中能够延续学校教育的阶段性成果，指导父母以科学的方式，对幼儿的学习习惯和学习行为进行培养。

作为家庭教育指导员，应该把更多的精力放在帮助孩子的父母理解家校联合沟通教育的重要性上，引导父母对孩子的学习习惯的培养。化解家园沟通中一些问题，帮助父母理解幼儿园教学常规，鼓励父母积极配合幼儿园的各项工作。

## 三、家校沟通的现状分析

在新时代下，家校沟通与以往相比已经发生了翻天覆地的变化。早期家校沟通的主要方式有两种：一种是老师对幼儿家庭进行走访，了解幼儿的生活成长环境；另一种是通过家长会的形式，老师定期汇报幼儿在园学习活动情况。

新媒体时代的到来，家校沟通更多的是通过手机微信群、电话、短信等形式进行。借助移动互联网可以实现信息的快速传递，家访和家长会逐渐成为"形式大于意义"的方式。通过互联网，家长能够轻松地通过手机了解到孩子在班级的学习情况。老师也可以通过群发的方式缩短与家长沟通的时空距离。

但在实际的沟通当中也存在着许多问题。有些家长受经济条件限制，不能满足幼儿相应的硬件学习条件，不能及时了解、完成幼儿在园的学习活动以及回家所要配合完成的任务，形成家园沟通的错位、落差。受疫情影响，很多课程转为线上教学，由教师进行网络授课，或是教师对家长进行指导，让家长在家中对幼儿进行教育。但家长因为个人条件的限制，导致一些幼儿没有完成活动课程，还有一些幼儿喜欢学校的教育方式，无法接受自己在家学习的方式，对于上网课有抵触心理。

部分家长对家校沟通也有一些抵触心理，认为监督孩子学习是幼儿园的事，家庭只负责其生活管理，不愿意参与到线上家园教育协作当中，使得教师布置的一些家庭任务，孩子无法顺利完成。

## 四、家校有效沟通的策略

### （一）教师提高自身的专业素质

教师首先要专注于专业能力及修养素质的提升，通过教学成果来赢得家长的信任。其次，对于自己班级的孩子要多花心思，了解每个孩子的特征以引导他们成长进步。再次，尽可能多学习先进的教学方法和教育理念，勇于在教学工作中进行实践。最后，虚心向同事和优秀教师学习。定期参与到其他教师的课堂当中，在聆听中总结自己身上的不足，勇于跳出舒适区，以更高的标准要求自己。

### （二）家长树立对孩子的正确期望

每个家长对孩子都抱着"望子成龙，望女成凤"的心态，在工作中要学会帮助家长全面客观地看待孩子身上的优缺点，对于孩子的优点积极表扬，对于孩子的缺点多包容，尽量避免使用过于激烈的言辞批评孩子。教师在与家长进行沟通时注意引导谈话的方向，尤其是在对小孩的缺点进行批评教育时，要鼓励家长与孩子建立平等的沟通与交流，而不是武断的训斥。尽可能站在中立的角度，对孩子的发展情况和未来的发展目标进行理性的有条理的沟通，帮助家长了解孩子的学习近况，引导家长对孩子树立正确的期望。

（三）成人避免说教式的沟通

每个孩子的家庭状况和家长的教育水平均有一定差距，教师要学会根据家长的理解水平，用大白话的形式将教育理念告诉家长，尽量避免说教式的沟通，学会深入浅出地阐述自己的理由，平等地与家长、孩子沟通问题。有一些老师与幼儿进行沟通时，常常带着一种说教的语气，在与家长进行沟通的时候，这是大忌，要学会以平和的沟通状态与家长进行协商。

（四）教师掌握沟通的交流技巧

与成年人沟通和与幼儿沟通存在着巨大的差异，成年人具有自己固定的价值观和思维方式。教师在与家长进行沟通的过程当中，要注意沟通的方式和技巧，尽可能多地对家长进行了解，尤其是他们的文化背景和家庭情况。一些家长受限于自己的文化水平，对于孩子的教育管理等方面并不太清楚，这个时候教师应该帮助家长了解和学习如何在日常的生活当中更好地教育小孩，让他们明白通过科学的方式对小孩进行教育，并在日常的生活当中配合园区的教育工作。

在家校共育的大环境下，教师应该及时采取有效的沟通策略，与家长保持密切联系，调动家长积极参与教育活动，合力营造良好的学习、成长环境，共同助力孩子的健康成长，成就更好的人生。

作　者　徐誉瑄　连云港市六一幼儿园
　　　　　　连云港市家庭教育指导员基本功大赛三等奖

# 重视家庭教育　营建和谐亲子关系

亲子关系是人一生中最重要的关系，幼儿时期亲子关系，更会直接影响孩子心理发展、态度行为和价值观念。作为一名教师，要引导家长从思想上重视，从行为上改变，因为一个和谐的家庭、一个良好的家族氛围，对孩子成长、学习有着至关重要的作用。

### 一、观察——现实中的亲子关系堪忧

暑假到了，很多家长开始为此苦恼和担忧。了解到很多家长都感觉如履薄冰，不知道怎么处理和孩子的关系。孩子在家时间太多，很容易引发各种矛盾，于是家长就把他们送去各种补习班，或者放任不管，避免和孩子发生冲突，求得一个"大家相安无事"。

为了更好地指导家长做好家庭教育，笔者准备从两个角度去交流，下面是了解到的一些现象。

#### （一）和孩子谈话实录

我："雯雯，暑假里最开心做什么事啊？"

雯雯："玩抖音啊，还有迷你世界（一款网络游戏）。"

我："雯雯觉得这些事情让你很开心，那除了手机，还有其他喜欢做的事情吗？"

雯雯："我还很喜欢去水上世界游泳，或者去超市里的欢乐城堡。其实我也很喜欢画画，可是妈妈每天就是上班、玩手机，很少带我出去玩的。"

我："那雯雯有和妈妈说过这些吗？"

雯雯："和妈妈说也没用，妈妈说了，她上班很累，然后出去玩又非常热，在家里开空调是最凉快的，想画画就自己画，或者让我在客厅里玩玩具。"

我："妈妈有没有星期天呢？"

雯雯："有的。一到星期天妈妈就带我去外婆家和舅舅、外公打麻将，然后我们小孩一人一个手机打游戏，只要不闯祸就行。"

我："那雯雯喜欢妈妈打麻将吗？"

雯雯："妈妈一打麻将我们就自由了，和哥哥姐姐玩手机也很开心啊。"

我："家长不带你们玩，那爸爸和爷爷奶奶呢？"

雯雯："爷爷奶奶在乡下，不在家。爸爸一开始会带我们出去玩，后来他不是玩手机，就是出去吃饭，有时候也和妈妈他们一起打麻将，他也没用时间。"

#### （二）和家长谈话实录

我："作为一名幼儿园小朋友的家长，假期里会怎么安排小朋友的生活呢？"

家长："暑假两个月，我们都要上班的，没有时间天天盯着他们，所以就安排他们自由活动，只要他们吃饱不打扰我们就行。"

我："那你们几点下班呢？有周末吗？"

家长："上一天班到家就累了，洗洗上床就不想动啦，他们在客厅里玩要不出问题就好，我们也想图一个清静。"

我："上班时间很累，周末一般会带孩子出去玩一玩吗？他们其实也想放下手机，希望你们带他们去游泳什么的。"

家长："周末我们也想玩一玩，带他们到外婆、爷爷奶奶家，他们可以和哥哥、姐姐一起玩耍。"

我："有没有想过什么时间让他们玩网游，什么时间休息，什么时间到户外运动一下，什么时间带他们做一些小朋友喜欢做的事情呢？"

家长："说实话，一天这样还行，如果说一个假期都这样，我们要花很多时间陪他们，而且孩子会觉得这样没有一点假期的感觉，然后就会矛盾重重。"

我："其实小朋友的习惯很容易养成的，我们家长可以花一些时间帮助孩子养成自己合理安排一天生活的习惯。"

家长："我们也不太会安排这些，说实话，我们一下班也想放松一下，做自己喜欢的事情，他们能吃饱，不出安全问题就行，习惯啥的等开学再说吧。"

## 二、关注——家庭亲子关系的和谐策略

### （一）认识家庭教育的重要性

**1. 家长是孩子的第一任老师**

孩子们在父母的养育下长大，从小的习惯，自然与父母的习惯息息相关，父母的一言一行都对孩子产生很大的影响，所以在家庭教育中，父母要时刻注意自己的言行举止。

**2. 父母的生活方式、行为习惯都会影响孩子**

父母不恰当的言辞会影响孩子的日常生活，父母的工作方式、逻辑，甚至是坏脾气也会影响孩子。学好知识固然重要，但孩子学习做人更重要，这主要来自家庭教育。

**3. 亲子教育不能代替学校教育**

我们都知道，学校教育主要是对孩子进行知识传授教育，而孩子的思想品行教育是通过家庭教育来完成的。孩子离父母最近，而家庭教育是最适合的。学校教育替代不了家庭教育，父母是孩子最主要的精神支柱。

### （二）掌握关系和谐的密码

**1. 环境熏陶**

家长要有意识地创造良好的生活环境，包括物质文化环境、井然有序的生活秩序，以此来熏陶孩子。

**2. 以身作则**

家长是孩子的模仿对象，要树立好榜样，在日常生活中必须时时刻刻注意自己的言行举止。

**3. 习惯养成**

幼儿阶段是培养孩子习惯的关键时期，家长要在这个关键时期帮助幼儿养成一个良好的生活、学习习惯，这对孩子将来的学习有着非常重要的作用。

4. 实际锻炼

这个内容涉及的比较多，比如适应周围的环境、锻炼身体、自理能力、独立学习、与人交往等。在平时的生活中可以有意识地培养孩子的一些良好的习惯，锻炼提高幼儿的适应能力。

在平时的生活中，如果家长遇到问题时要及时和教师沟通。教师会从不同的角度给予家长相应的指导，家长必须重视家庭教育的重要性，从而使幼儿获得全面发展。

作 者 钱 静 连云港市灌云县白蚬中心幼儿园

# 家庭教育对幼儿成长和发展的影响

家庭教育是幼儿接触最早的教育，它先于幼儿园教育，幼儿从出生开始就融入家庭教育中。家庭教育对幼儿的影响最早，持续的时间最长，作用最为持久。家长作为家庭教育的主体，对幼儿起着主导作用。正如俗话所说的那样，每个孩子的身上都有父母教育的影子。父母可以控制客观存在的家庭环境，比如家长的教育观念、家庭成员之间的关系、家庭结构、家庭居住环境、家庭经济情况等。本文将从家庭环境中的各个因素对幼儿的成长和发展加以分析。

## 一、对幼儿成长和发展的影响之一——家庭环境

很多家长认为，良好的家庭物质环境能够为幼儿创造更好的学习机会和条件。这个观点并不是绝对的。社会中大量的实例证明，家庭经济条件富有的子女，如果缺乏良好的家庭教育往往也会成为平庸之辈。但很多家庭贫困的孩子，通过刻苦努力成才的事例也在不断涌现。

每个家长对孩子都有很高的期望。家长希望为子女提供富足的经济条件，子女可以接受良好的教育。送孩子上兴趣辅导班，为其提供有利于全面发展的居住环境，这些都是经济条件较好的家庭能够满足幼儿的，促进幼儿成长和发展的物质基础。但并非所有家长都能如愿，随着社会的发展，大量的电子产品涌入孩子们的生活，很多幼儿在借助这些东西娱乐身心、开阔视野的同时，往往会造成幼儿语言能力差、社会交往能力薄弱，或以自我为中心、无心学习等不良现象。因此，并不是无节制地给幼儿提供好的物质条件就是对幼儿成长发展有益。

《孟母三迁》的故事告诉我们环境因素的好与坏直接影响幼儿的成长教育。家长可以为幼儿提供适合其成长的居住环境。例如你居住的社区有一些大型的锻炼器材、社区书屋等。幼儿在这种良好环境氛围的影响下，有利于促进其身心健康发展。

家庭物质环境的创设还包括为家长树立正确的消费观和民主管理的意识，提供整洁优美的居住环境。创设一个良好自由的空间，可以培养幼儿的自理能力，让幼儿感觉自己是个小大人，可以布置自己的生活环境等，这样有利于幼儿养成良好的行为习惯。

## 二、对幼儿成长和发展的影响之二——家庭结构

孩子的各方面发展受到家庭教育的影响，因此家庭成员关系结构对幼儿的成长和发展也有重要影响。例如父母的婚姻关系，孩子在家中的排行、是否是独生子女，家庭成员结构关系变化等对幼儿的心理成长都会产生影响。因此稳定的家庭结构，有利于幼儿思想观念、行为情感性格等方面的健康发展。

独生子女家庭的幼儿一般会得到家长更多的溺爱。他们大多能感受到自己被他人喜欢，有强烈的归属感和安全感，性格活泼开朗，有朝气，容易形成积极健康的心理，乐于主动探索世界。但他们大多以自我为中心，性格方面比较自私，不爱分享，依赖性强，自私、胆小、不合群，主要是与家长的教养方式息息相关。在日常生活中要多支持和鼓励幼儿做力所能及的事，坚持自己的事情自己做，培养幼儿的独立性。同时让幼儿学会共情，理解他人的情感，培养孩子的同情心和社会交往技能。

目前，留守儿童已经成为一种社会现象。特别是在农村，年轻的父母为了改善家里的经济状况，为幼儿提供更好的条件，选择到经济较为发达的地方工作，孩子则由年迈的爷爷奶奶照顾。这样很容易造成幼儿情感上的缺失，使其自卑、性格孤僻、内向、胆小。幼儿潜意识认为自己是被家长遗弃的，没有父母在自己身边，感受不到家庭的温暖。

父母离异的家庭中，父母的紧张关系导致幼儿情感上很容易出现偏失。幼儿很难建立良好的亲子关系，不利于幼儿健全心理的培养，幼儿会在心理上受到伤害。

## 三、对幼儿成长发展的影响之三——教养方式

父母的教养方式对幼儿产生深刻的影响，决定了其长远发展的方向。教养方式主要分为溺爱型、民主权威型、权威型。民主权威型的家长对幼儿想法和意见给予接纳的态度，尊重爱护孩子，让幼儿养成独立的性格，认识到自己是独立的个体，这种家庭类型是最有利于幼儿成长和发展的教养方式。溺爱型在独生子女家庭中很常见。这种类型的教养方式往往是家长帮助较多，对幼儿的要求较低。所以当孩子对父母比较依赖时，往往在语言、动手操作、智力等方面的发展较为薄弱，幼儿缺少自我锻炼和表现的机会。在权威型的教养方式中，父母总是过度地支配幼儿，控制幼儿的行为习惯，在这种环境下幼儿容易形成依赖、服从的人格特征。

家长要为幼儿做好榜样，务必身体力行，尊重幼儿，尊重他们的独立人格，倾听幼儿的意见。家长在日常生活中除了满足幼儿生理方面的需求，也要注重幼儿精神方面的需求。让幼儿多多参与游戏，满足幼儿求知的需要和交往的要求。更多的

是需要家长们的耐心等待。尊重幼儿自然生长的规律，循序渐进地引导他们。切莫为了家长自己的私欲面子而拔苗助长，那一定会适得其反。在日常家庭生活中，要为幼儿制定相应的活动规则，让其懂得遵守社会生活秩序。父母自身的教育态度和言行举止应该步调一致，互相配合支持，幼儿在这样的家庭环境下才能健康、快乐、苗壮地成长。

作　者　王　敬　连云港市灌云县白蚬中心小学

# 家园良好合作　提升教育效果

现代社会经济高度发达，交通极为便利，地球已变成"地球村"，有很多家长为了给自己的孩子一个更好的学习环境，不远万里，带他们来到长三角、珠三角地区的大城市上幼儿园。苏州是个经济发达的城市，苏州本地人，尤其是老一辈人有很强的地方观念，所谓"外地人""江北人"似乎带有一种轻视的意思。外来人员在苏州听到这些词时多能体会出其中的意思，心中难免不是滋味。在幼儿中也有不少外地小朋友，教师与小朋友或其家长沟通交流时也会遇到很多麻烦。良好的家园合作是一种双向的互动活动，幼儿园应该主动与幼儿家庭配合，本着尊重、平等、合作的原则，采取多种形式与家长沟通交流，家长也应理解、支持并主动参与。我在实习期间也碰到了不少这样的事情，我将通过两个典型案例来做具体分析。

## 一、典型案例呈现

案例一：幼儿不是本地人，担心被冷落

凯凯是刚从外地转校到本幼儿园的大班幼儿，不太愿意参加集体活动。由于父母是再婚生子，什么都依着他，使他遇事时便很任性。刚开始几天，本班教师向凯凯妈妈反映他在学校的情况，凯凯的妈妈也积极与老师进行交流。但是过段时间后，凯凯的妈妈便有点不耐烦了，放学后接到凯凯就走，不愿同老师有过多的交流。

有一天，凯凯的妈妈说晚点来接，但其他的老师都去开会，便由我陪凯凯。凯凯的妈妈来接孩子时，看班主任老师不在便与我交谈起来。她询问班里还有其他外地小孩吗，凯凯在班级里会不会因为是外地生受冷落。我跟她说，班级里是有外地生的，只不过他们不是插班生，大家之间都是熟悉的，而且在幼儿园都说普通话，根本听不出是不是外地人。凯凯的妈妈听说后似乎放心了些，但仍是担心凯凯。后来有一次去秋游，凯凯的妈妈在校门口叫住我，让我多看着点凯凯，多照顾一下他。我知道这是她相信我，所以才让我多照顾凯凯。但作为家长，把自己的孩子送到幼儿园，就应该要相信老师对每个幼儿都是平等对待的，不能特别偏袒某个幼儿，这样对他以后的学习生活也是不利的。

案例二：家园沟通有障碍，互看不顺眼

康康是个调皮的小班小朋友，前段时间妈妈带他回老家玩了一阵子。回到幼儿园后更加活泼好动了，一会儿推这个小朋友下，一会儿把那个小朋友的玩具抢走了。对此，老师和阿姨都很头疼。下午康康的妈妈来接他的时候，老师向她反映情况，阿姨在一边附和说康康出去玩了之后像个"野孩子"了。听到这话后康康的妈妈立马板了脸，问老师阿姨这话是什么意思。老师立马向康康的妈妈解释这是句本地俗语，是小孩子太调皮的意思。之后，老师和阿姨都对康康的妈妈很有意见，不愿与康康的妈妈沟通。康康的妈妈也对阿姨的"野孩子"心存芥蒂，每次接了康康就走。康康刚进幼儿园，很多事情怎么做是对的，怎么做是错的还分不清楚，在家又被父母宠着，在幼儿园受到约束自然比较反感。而家长和幼儿园老师之间互不交流，使得康康无法改正自己的坏习惯，如此形成一个恶性循环。

虽然康康的妈妈在事件中过于偏激，看待事情过于片面，但是老师与阿姨的态度也不利于双方之间的沟通交流。

## 二、良好家园关系建立的途径

通过以上两个案例的阐述，我觉得建立良好的家园关系应从家庭和幼儿园两方面入手。

### （一）家庭方面

夸美纽斯认为"每个家庭都可以成为一所学校，孩子的母亲便是主要教师"。父母是孩子的第一任老师，爸爸妈妈的言行举止时时刻刻影响着幼儿。因此，作为父母要给幼儿树立一个良好的榜样。孩子对事或物的第一印象都是通过爸爸妈妈对其的态度决定的，因此父母的一言一行时时刻刻影响着孩子对世界的看法。

1. 正确看待孩子出现的问题

正确看待孩子出现的问题，但是这不意味着溺爱孩子，包庇孩子的不良行为。合格的父母应当正视孩子的优缺点，面对孩子的优点，应当给予肯定、鼓励，面对孩子的缺点，应当指出，并帮助他们改正；要正确了解孩子的情况，耐心交流；根据孩子的实际情况看待问题，不一意孤行。

2. 相信并理解幼儿园教师

当教师提出一些意见或问题时，不要认为是教师对自己的孩子有偏见。换个角度思考，教师的建议也表明教师时刻关心着自己的孩子，发现了孩子身上的不足之处，并希望与家长一起解决而不是坐视不管。

### （二）教师方面

1. 公平对待每个幼儿

要树立正确的儿童观，不论孩子父母的身份如何、孩子各方面能力发展如何，都要认识到每个孩子都是善良、纯洁的，都需要被理解和尊重。在日常生活中，教师在面对每件事时都要保持公平、公正的态度。

2. 为人师表做表率

教师要注意自己的言行举止，为幼儿做良好的示范。教师应当热爱学生，善待学生、以身作则、为人师表。到了幼儿园，教师就是孩子的父母，教师的言行举止都是孩子学习的榜样。对孩子来说，教师的每句话都是"圣旨"，不管对错，在他们看来都是正确的。因此，教师必须规范自己的言行。

3. 关心、热爱学生

教师还要做到关心、热爱每个幼儿。当发现幼儿在日常生活中出现问题时，不能坐视不理，而应当用积极鼓励的态度引导幼儿改正。

4. 提高自身的教学能力

提高自身的教学能力，一方面能使幼儿对教师有一种"崇拜"感，愿意跟教师"学本领"，配合教师的教学活动，使幼儿的身心都得到发展。另一方面，看到孩子的不断发展，家长也会更加信任、信赖教师的能力，相信把孩子交给这样的老师是值得放心的。

5. 积极进行交流

教师可以通过多种形式和家长进行沟通交流，如开家长会，组织半日开放活动等。确保家长能有更多机会与教师进行沟通交流，了解孩子在幼儿园的情况，使孩子能够得到更好的发展。

幼儿的发展不仅仅依靠教育，良好的家园合作也起到至关重要的作用。只有家长和教师相互配合、相互合作，教育才能取得最好的效果。

作　者　查德昀　连云港市灌云县白蚬中心幼儿园


# 密切家园合作　实现家园共育


家园共育，是指父母和老师共同完成对子女的教育。知名的幼儿教育专家陈鹤琴曾讲："幼教工作是一个非常复杂的事情，既是非家庭任何一方可以独立胜任的，也是非幼儿园工作任何一方可以独立胜任的；一定要两方面一起协作，才能取得充分的教育效果。"一席话语，告诉了人们只有幼儿园与家庭二者同向、共同形成教学合力，才能有效地推动孩子的发展。家庭的沟通交流、支持协作、共享成果能够实现"家园共育"的目的，带动孩子、父母、老师三个群体共同发展，为孩子们的身体健康、幸福发展营建美好的家庭生存环境。家长要对幼儿园的教育工作给予支持，才能实现家园共育，才能使我们的教育工作更具成效的发挥。

家教是一项工程，由幼儿园、家里和社会教育三个方面共同构成，三者互相渗透、互相联系、互相制约。父母尽管并非专业的教育者，但对子女身体力行的教导与耳濡目染的影响程度却远胜于老师。家教制度尽管不是幼儿园家教的主要标准，但却掌握着家教对象的基本起点，并确定着儿童真、善、美等价值理念的最初指向。而作为幼儿园教育的一部分，幼儿园家教制度的主要特点是较正规化、系统化、规范化、科学化。

可以看到，由于家庭教育与幼儿园教学经验各有优点与局限，只有将二者紧密联系，才能够让来自各方的教学经验产生一致性、连续性及优势互补。一方面，孩子在幼儿园获得的经验可以在家庭教育中得以积累和发挥；一方面，孩子在家庭教育中获得的经验可以在幼儿园教学过程中得以运用、拓展和提高，以便最大限度地组成家庭教育工作合力，推动孩子发展和成长。那么怎样进行家园共育工作，让孩子们在家庭教育工作与幼儿园教师合力的影响下得到更为理想的发展呢？

## 一、合作：实现家园共育统一，增进家园有效沟通

### 1. 改变旧观点，配合教师的教育工作

教育是一个很全面、很复杂的系统工程，它的胜利就意味着这个孩子有一个美好的未来。有教育家研究表明，儿童从 0～6 岁学习到的东西将有机会影响儿童的终生。由此可见，幼儿教育是何等重要，所以不论是教师或者父母，都必须注重幼儿教育。有些父母把小孩带到中学就认为他已经清闲了，出了一点事便是老师的责任，和自己没什么关联了。这时候父母就需要反省一下了，怎么有人说五加二等于零呢？这难道不是父母的责任吗？在这种时候父母就要更加主动地和学校教师配合，熟悉孩子在学校里的状况，并在家引导孩子发挥其优势，与教师共同研究怎样克服孩子的劣势，使孩子在教师和父母的正确引导下，一步步健康地成长。

### 2. 创建公开说话、沟通的网络平台，推动家校高效沟通

要推动家校更为高效地沟通，第一步是要给父母们创造说话、沟通的网络平台。完善家长会的表现形式，将以前的多为"一言堂"的家校教育大会模式，改为家校教育座谈会、茶话会、家校教育沙龙、经验分享会等多种形式。

## 二、交流：促进家园友好互动，有效促进家园共育

萨提亚模式认为："人们在第一次接触的时候，彼此之间就可以建立某种联系。"在教师和父母进行沟通的时候，就开始形成家园共育关系，而只有形成了良好的家园合作关系，教师才能使今后的教学工作更好地推进。良好的家园关系，可以让我们的教育与教学工作得以进一步的发展。

首先，在与家长进行交流时，教师必须具有相应的专业性，不仅掌握教育教学工作的基础知识，还必须掌握一定的家教专业知识，并不断加强自己的学识。这样在与家长沟通时，就可以彰显教师的专业性，并有的放矢地为父母在教养子女的过

程中所存在的问题提供参考意见，协助父母解决问题。其次，要重视与每一个家长平等的沟通，而身为教师，我们也必须主动承担建立彼此信任的责任。在平时的管理工作中，也可以利用老师接待幼儿的时机主动地向家长说明孩子在园的情况，以及孩子各方面的表现。通过每个月的《家园联系手册》，准确地给家长写出幼儿近期的生活状况，以便于家长了解孩子在园的情况。而经过家长的反映，我们也就明白了家长内心的需求。对于一些家长不方便对老师说出来的事情都可以写出来，这样也就可以更好地根据不同家长的需求，选择不同的沟通方式。一些家长的建议不好直接说出来，要积极理解家长，揣摩家长的心思，把握需要沟通的问题，选择恰当的时间和合适的方法，诚恳地和家长进行沟通，以实际行动获得家长的信赖，如此可以达到良好的家园共育效果。幼儿园举办的家长会、亲子沙龙、一日生活观摩等活动，就是为了缩短家长和老师的距离，能够使大家在平等的沟通、交谈中产生共鸣，减少隔阂。

儿童是祖国的希望与未来，作为教师，我们要不断学习，完善各个方面的才能。特别是随着家园共育日益受到社会关注，在新课程的教学理念下，我们更要继续努力，让家园共育工作的水平有更大的提升。

作　者　梁　欢　连云港市灌南县苏州路幼儿园
连云港市家庭教育指导员基本功大赛三等奖

# 家庭教育是幼儿成长的奠基石

随着社会的快速发展，越来越多的家长过早地将孩子送入幼儿园，将孩子的教育完全寄托在幼儿园教育上，进而忽视了家庭教育在幼儿发展过程中的重要性。家庭教育实际上就是学前儿童所能够接受到的初始教育，这对于孩子的发展来说起到了奠定性的作用。孩子在出生之后，所面对的第一个"世界"就是家庭，也是家庭为儿童这张白纸添上了第一道色彩。家庭教育影响儿童全方位的发展，其带来的基础性作用是至关重要的。

## 一、家庭教育在幼儿成长中的重要意义

家庭教育是通过父母的言传身教和家庭生活实践，对子女实施一定教育影响的社会活动。家庭教育具有随机性、灵活性和针对性等特点，也是对幼儿园教育的延伸、拓宽、补充和完善，更具有个性化、感染力。孩子最早接触的就是家庭，而父母是孩子的第一任教师，每个人都受到家庭熏陶与启迪，形成自己的品质、性格、礼仪、理想、兴趣等。不论这种教育是有意识的、自觉的，还是无意识的、不自觉

的，都发生在家庭生活之中，父母应以亲子关系为中心，从德、智、体、美各方面积极地影响儿童，把儿童培养成为社会所需要的人。

家庭教育的内容往往因人而异，可以包括德、智、体、美四个方面。德，从根本上说就是"教子做人"，做人是立身之本，从小培养孩子的优良品质，为将来长大成人打下基础，让孩子学会礼貌待人，有责任心和爱心，学会关爱别人、帮助别人；智，是在幼儿园阶段，重点培养孩子的兴趣，家长不要过分在乎结果，否则会打击孩子的自信心；体，包括健康的身体和良好的心理；美就是培养幼儿的审美观，去发现美、创造美，提高他们欣赏美、挖掘美的能力。

## 二、家庭教育在幼儿发展过程中的重要作用

### （一）早期性

孩子在第一声啼哭后，来到这个世界，首先接触到的就是家庭，因此家庭成为儿童生命的摇篮。孩子从牙牙学语到蹒跚学步，逐步开启了人生之路。家庭也是人出生后接受教育的第一个场所，父母是孩子的第一任教师，所以家庭教育具有早期性的特点。

### （二）全面性

家庭教育要重视孩子的全面发展，只有全面发展的人，才是社会所需要的人。在家庭教育中，作为家长，要通过交流达成共识，再共同对孩子进行教育，这是对孩子负责，也是对自己负责。同时，家长要以身作则，在要求孩子做到的同时，自己也要自我审视；在孩子做错事时，不要盲目训斥，要尊重孩子，听一听孩子的心声；以平等、宽容、和蔼的态度使孩子认识到自己的错误，愿意自我检讨并逐步改正。在生活中，对孩子不能太过娇惯，孩子提出的要求也要有所选择，不能一味地溺爱、顺从。对孩子的不良行为和习惯，我们要注意方法，帮助孩子改变。家庭是社会的基本组成部分，孩子是家庭的基本成员，一个人在家庭中的时间是最多的，也是最长的。父母对孩子有抚养义务，家庭是培养孩子品格的重要场所。家庭教育中，家长要以平等的地位与孩子友好相处，敞开心扉，关注孩子的心理发展，关爱孩子的身体健康，关心孩子的情绪管理。

### （三）特殊性

家庭教育的特殊性是由家庭的本质决定的。家庭是社会的细胞，是以婚姻为基础、以血缘关系为纽带的一种特殊的社会组织形式。任何人只要一生下来，就必然成为父母的学生。夫妻可以决定自己是否生育，但一经生育，就成了孩子的教师。孩子健康与否，父母是无法选择和决定的。现在经常可见的是，在很多家庭会有特殊群体的孩子，比如身体有一些疾病等。孩子对于这样的情况本身是无法选择的，作为父母更是无奈、懊恼。家长要充分认识这个问题，不放弃不抛弃，承担家庭教育的义务，以最大努力去照顾孩子、帮助孩子，这对于孩子及家长是至关重要的。

### 三、家庭教育的重要路径及方法

#### （一）以身作则

以身作则，实现榜样的力量：孩子的模仿性很强，特别是 3~6 岁的孩子，父母的言行举止很容易成为他们模仿的内容，父母的一举一动，一言一行，孩子们都会模仿学习。因此，如果想让自己的孩子能够有好的家庭环境，父母就应做好榜样的作用。不管是与人交流、与人合作，还是日常做事等，都要注意做好孩子的模范，做好自己，给孩子的成长带来正面的影响。

#### （二）创设家庭氛围

营造温馨的家庭环境，能够让孩子的内心变得更加温暖，不当霸道的父母，当孩子的朋友。教导孩子独立解决问题。当孩子遇到问题时，父母需要帮助孩子找到问题所在，鼓励孩子敢于面对问题，尝试解决；在必要时为孩子提供适宜的帮助，这样可以培养孩子自主解决问题的能力。以后当孩子遇到问题时，就能够自己尝试解决问题，而不是依赖父母，这样有利于培养孩子独立自主的能力。

#### （三）用心聆听

用心聆听，真正感受孩子的内心世界。父母能够当一个很好的倾听者，不仅要用耳朵听，还要用心听。在孩子与父母诉说时，父母能够停下繁忙的工作，给孩子重视和尊重，相信孩子以后也会愿意和自己分享、诉说。所以父母要学会经常倾听孩子的心声，走进孩子的内心世界，让孩子真切地感受到父母的关爱、关怀。

父母是孩子最好的老师，孩子也是父母在这个世界上最好的礼物。家庭教育的好坏没有衡量标准，鼓励父母都要参与到家庭教育当中，家长的言传身教更能促进孩子身心全面健康发展。幼儿期的发展是人的一生中的关键时期，家庭对于幼儿生活习惯的培养、情感的熏陶、知识的引导以及社会规范的指导，为幼儿的终身发展奠定了重要的基础。

作　者　翁晓丹　连云港市灌南县苏州路幼儿园
　　　　　　　　连云港市灌南县教学工作综合评估先进个人
　　　　　　　　连云港市灌南县关爱学生好班主任
　　　　　　　　连云港市灌南县师德先进个人

# 在平等协商中呵护幼儿健康成长

家庭和学校是孩子成长过程中最重要的"摇篮"。家庭教育应是教育的基本细胞。苏联著名教育家苏霍姆林斯基在《给老师的建议》中说："一所学校的成长，离不开家庭和学校的合作。"由此可知，家校合作至关重要。

自新型冠状病毒暴发以来，家校沟通的状况发生了一些变化：放假期间老师除了对幼儿及家长宣传新型冠状病毒的知识外，还要求家长每天上报幼儿及共同居住人的健康状况及行程。开学后幼儿园要求家长不得进入园所，接送幼儿只能在幼儿园门口，每天放学，老师把幼儿带到园所门口，家长排队接幼儿回家。为了减少聚集，家长都是接完孩子后就直接回家，几乎没有时间与老师沟通。以前每学期举行的新生体验、半日开放日等活动也只有幼儿参加，而家长根本无法进园观看。这就导致家长对幼儿园不了解、对老师不了解，出现了一些家校沟通方面的困难。

1. 部分家长对老师的要求不配合

由于疫情期间幼儿园经常会让老师统计和上报各种数据，有些数据要求上报的截止时间比较急，少数家长对于老师在群里的询问不理睬，不接电话，部分家长认为每天都上报的信息报不报都无所谓。

2. "频繁炮轰性"家长激增

由于疫情期间家长不能进入园所，导致幼儿在园的活动家长没法了解，尤其是刚入园的新生班级，很多家长一天会给老师发好多条信息：老师，我家孩子哭不哭啦？流没流汗？喝水了吗？午睡了吗？……有些家长虽然没有给老师发消息，但是在下午接孩子放学时也会问老师。

3. 家长的负面情绪增多

在课程游戏化的今天，幼儿园的活动内容比之前更加丰富。有些手工制作需要家长和幼儿共同完成。疫情之前家长可以进入幼儿园，看到自己和孩子做的手工进行展览会有成就感。但现在因为疫情原因家长无法进入幼儿园，也不了解做这些手工是为了什么，而且不擅长手工的家长和上班族家长觉得它是额外的负担，并不想参与。

有些幼儿在幼儿园跟小朋友发生不愉快的事情时，回家会跟家长反映，有些家长会及时向老师了解情况，但有些家长怕老师觉得自己麻烦而选择隐忍。长期下去家长就会对老师有意见，觉得老师没有照顾到自己家的小朋友。

总之，疫情期间，家校沟通面临着许多问题，这些问题需要老师与家长共同努力克服。现结合自己的工作经验提出在疫情背景下家校沟通问题的一些解决策略。

## 一、采用有效的沟通技巧

1. 教师与家长沟通的过程中，态度要真诚，让家长感受到教师对幼儿的关心，而不只是为了完成工作。

2. 对于年龄较长的家长，教师要耐心对待，认真回答家长的问题。

3. 教师与家长之间要以一种平等的方式进行沟通、交流；对于有利于幼儿发展的合理建议要及时采纳，共同呵护孩子健康成长。

沟通时，教师可以这样对家长说："我给您发了信息，但一直没有收到回复。我心里真的很着急，也特别担心孩子的情况。希望您以后及时向我反馈。如果有什么特殊情况，请告诉我；有什么困难，我也愿意为您提供帮助。"

教师也可以这样对家长说："您在工作十分繁忙的情况下还要提交这些信息，我知道您会觉得有些着急、焦虑，我遇到这样的情况也会感到着急的，有什么问题我们一起来解决……"

## 二、利用现代化手段与家长及时沟通

1. 对于经常发消息给老师的家长，他们担心自己的孩子适应不了集体生活，担心孩子在幼儿园受到伤害。对此，教师可以在开学前夕以视频会议的形式召开家长会，让家长了解本学期的教学内容，并告诉新生家长如何消除分离焦虑，家长需要配合班级做哪些工作，等等。

2. 在日常教学生活中，教师会在照顾好孩子的前提下，拍一些孩子在园的一日生活照片和视频并发到家长群，让家长能够及时了解孩子在园的状态。

3. 进行幼儿在园直播活动，家长能够更加直观地看到孩子在园参加活动、与同伴交流、吃饭、午睡等情况，并能及时收到家长的反馈意见，让家园沟通无死角。

## 三、有效缓解家长的负面情绪

幼儿园老师不仅要带好孩子，还要做好家长工作，有了家长的积极支持，教育保教工作才能更好地开展下去，才能有效缓解家长因缺乏沟通而产生的负面情绪。做好家长工作的前提是照顾好每一个孩子，让家长感受到教师对每一个孩子的爱。

1. 见面交流

入园、接园时热情地跟每个孩子打招呼、说再见，尽可能把孩子在园的一日生活表现跟家长沟通。比如说孩子吃了多少饭、哪些方面进步了，将孩子的身体或者情绪情况及时跟家长沟通，让家长觉得教师关注到了孩子，增加对教师的信任。

2. 微信沟通

如果没有时间当面沟通，教师可以利用午休时间把孩子的情况通过微信、电话跟家长及时沟通。

3. 及时沟通

如果幼儿在园期间与其他小朋友发生冲突、磕碰、摔倒之类的情况，教师也应该及时跟家长解释清楚事情的经过，做到不隐瞒。

4. 相互尊重

如果家长有不满意的地方，教师要适时跟家长沟通。如果是教师有不足的地方，那就应该及时反思并跟家长道歉；如果不是，也要态度诚恳，学会倾听，做好解释，才能及时化解矛盾。

家长与教师是共同教育幼儿的合作伙伴，我们要重视家校共育工作，家校平等对话，积极协商，解决教育教学问题，实现学校教育、家庭教育的共同发展，为幼儿营造更好的教育氛围，共同呵护幼儿健康成长。

作　者　程志方　连云港市蓓蕾幼儿园
连云港市家庭教育指导员基本功大赛二等奖

# 与旧物的奇妙之旅
## ——打开线上、线下家园共育新天地

当前，幼儿园中大部分孩子家长因固定的工作时间及疫情实际，导致幼儿园家园共育呈现家长通过看班级群消息获取孩子学习情况的情形，与班级老师则只有在请假时才会选择电话沟通。探索有效的"线上＋线下"家园共育新模式已成为当前乡镇幼儿园亟须解决的问题。有效的家园合作会不断促进教师对幼儿课程的创新探索。因此，笔者积极探索适合幼儿成长、实现家园共育的实践课程。在开展"与旧物的奇妙之旅"这一实践课程中发现：课前群交流进一步丰富课程可利用资源；课中家长参与教学使课程教学变成家园合作的润滑剂；课后美篇故事使课程总结变得情感化、动态化。这样的一些实践课程可进一步丰富家园合作方式，探索线上与线下教育方式的有机结合，实践出创新环保的教育新课程。

## 一、"与旧物的奇妙之旅"实践课程的由来

柴玉萍老师的《教学改革视角下幼儿教育中家园共育方式探析》一文提道："在家园共育方法下，教师要同每一位家长进行沟通交流，了解孩子接受的家庭教育是什么，并在此基础上优化幼儿园的教学内容。"

在查阅众多文献、对照班级学情后，我发现我的班级存在的问题有：教师与家长相互了解少、家访沟通少、班级共育课程少……为有效提升我班家园共育效果，我决定借助"与旧物的奇妙之旅"课程探索家园"线上＋线下"共育的新方法、新途径。

## 二、"与旧物的奇妙之旅"实践课程的实施

"与旧物的奇妙之旅"课程，就是把家里的旧东西变成美丽有趣的新道具，美化班级环境，提升教师与家长间的沟通黏性与教育合力。

第一步：教师寻共育，倾听首为先

家中寻"宝藏"——从孩子的生活经验出发，了解他们对废旧物品的认知，有计划地组织收集活动！

教师：孩子们，你们知道什么是废旧物品吗？小宝藏都藏在哪里呀？

轩轩：我奶奶家里有一口旧铁锅，一直放在仓库，都没有用……

孩子们在激烈的讨论后，决定在家中寻找"宝藏"并放入班级的旧物箱。

第二步：家长言需求，物资大聚集

凝聚"同行"者——在班级群中，围绕"宝贝们家里有哪些旧物""爸爸妈妈们对宝贝们的环保课程有哪些想法"等问题，创设沟通主题，了解家长意愿，尝试创造更多家园沟通的时机，丰富课程需要的家庭资源，提升家园沟通的交流效率。

教师：各位家长，大家好！近期，宝贝们将用废旧物品进行创造再利用，请问大家都有什么样的废旧物品可以提供？

李妈妈：上次攒的牙膏盒、鞋盒和礼品盒都囤在家里呢，这次正好都带来。

宋妈妈：我们家也有旧衣服，还有一些礼品盒，也可以带来。

刘爸爸：我家田里有一些旧了的塑料桶和不用的木棍。

……

教师：非常感谢。那么对于幼儿园活动，因隔离需要，家长不能入园，大家有什么建议？

宋妈妈：每次都是往幼儿园捎东西，这次能带点东西回家？

孙妈妈：拿东西给孩子用是应该的，主要是孩子能学到东西。

……

在沟通中，家长对要提供旧物给出了积极回复，并对环保活动给予充分肯定，也提出了自己的家园合作新想法。三天后，班级的两个旧物箱已经装得满满的，多得都摆满了表演区的地垫。

第三步：旧物寻新知，幼儿趣游戏

旧物记录单与趣味分类游戏——针对收集的废旧物品进行分类

教师组织幼儿制作了一张大记录单，开展集体游戏活动。

探索：旧物怎么分类？在游戏中发现可以按材质软硬度（软的、硬的）、透明度（透明、不透明）、数量（多的、少的）这三种方式进行分类。

讨论：幼儿园哪些地方需要哪种东西？

第四步：动手巧制作，旧物新用途

奇妙的新玩具制作——邀请木工张爷爷、装潢工刘爸爸、售货员黄妈妈、清洁工吴奶奶来园帮助孩子一起制作新玩具。

张爷爷带着孩子们学习用小锤把木板弄平整，并用钉子和尼龙绳捆绑木板；刘爸爸指导孩子们戴橡胶手套、穿工作服，使用油漆对木板进行喷涂，使用香蕉水做油漆防晒；黄妈妈带着孩子们用小尖头锥子在塑料瓶和牛奶瓶上戳洞，制作简易浇水瓶；吴奶奶带着孩子们用剪刀把旧衣服剪成一根根长布条，然后用绳子把木棍和布条捆绑成拖把。最后师生共同把制作好的浇水壶（饮料瓶）、平衡板（木板）、拖把（布条）投入班级使用。

牛牛：我想把自己的名字做成小标记，放在拖把的杆子上。

祖祖：那我也想在木板上印上我的小树叶（之前的拓印作品）。

……

孩子们拿起勾线笔，绘画"小印记"后贴在物品上。生活老师给孩子们与来园的家长录了小视频，分享在班级微信群中。

### 三、"与旧物的奇妙之旅"实践课程的反思

在本次活动中，班级的三位教师齐心协力，与家长和孩子们共同完成了"与旧物的奇妙之旅"，把家里的饮料瓶、木板、布条变成了浇水壶、平衡板、拖把，在实践中收获家园合作的经验，在反思中进一步提升课程活动的实效性。

（一）预设课程规划

教师在确定本班课程目标后，一定要预先设计活动内容：准备材料→示范指导内容→游戏学习内容→收获反馈方式。首先，教师要从幼儿处联结家长，引发家长的参与欲；其次，要深入了解家长对活动内容的认知，发现他们的现实需求，合理地修改课程实践内容；再次，要做好疫情防控与教学沟通工作，指导家长用操作性示范与简洁的语言进行讲解，配合家长完成孩子们的游戏教学；最后，教师要及时记录家长参与的精彩瞬间与未解难题，做好课程活动的记录。

（二）引导游戏实践

在课程实践动手操作内容中，家长与幼儿制作了浇水壶、平衡木、拖把，这三项玩具的制作都符合大班 5~6 岁幼儿的动手操作能力水平，邀请家长也都具备相应的制作经验与指导能力。制作活动具有较强的操作性，孩子们在钉钉子、用尖锥子戳洞、用绳子捆绑等技能的练习中得到手部的锻炼。

（三）提升记录质量

在本次活动中，也存在遗憾：只有 8 张家长指导照片，只有 1/3 的孩子有实践照片。在以后的课程实践中，将加强生活老师对拍摄技巧的学习与运用，选择每阶段固定拍摄（集体、个人、小组拍摄），做好整体拍摄计划，以便为美篇制作提供更丰富的音视频资源。

作　者　陈　强　连云港市海州区锦屏中心幼儿园

连云港市"领航杯"信息化教学能手大赛特等奖

连云港市家庭教育指导员基本功大赛二等奖

陈子怡　连云港市海州区锦屏中心小学

连云港市海州区中小学素质教育实践活动先进个人

# 家园合作聚焦幼儿心理健康

随着社会的不断发展与进步，国家对人才的核心素养提出了更高的要求。3～6岁幼儿正处于天真无邪的年纪，这一时期也是开展心理健康教育的最佳时机与关键时期。但由于幼儿年龄较小，对于父母还存较强的依赖感，因此要想取得理想的教育效果，家长与幼儿教师、家庭与幼儿园之间需要建立合作机制，为幼儿提供一个良好的成长与教育的环境，使幼儿身心得到全面发展。笔者通过阐述家园合作方式在幼儿园心理健康教育中的意义，针对其现状进行了系统化的分析，提出相关的措施建议，希望为幼儿教育工作提供一定的参考。

## 一、家园合作在幼儿心理健康教育中的意义

家园合作方式是指通过幼儿家庭与幼儿园之间的相互配合，实现资源的高度整合与合理再分配，从而更加科学合理地开展教学设计、组织与实施，使家庭教育和幼儿园教育在教育理念、教学内容、教育途径等方面达到和谐统一，为幼儿提供一个更加完善的成长教育环境。只有这样，才能充分把握幼儿心灵成长的关键时期，使家长和教师能够随时掌握幼儿的心理变化，第一时间为幼儿提供及时、科学、有效的心理疏导，力争使幼儿长大之后成为一名身心健康、内心充盈的人。

## 二、家园合作模式下幼儿园心理健康教育现状

### （一）幼儿园对心理健康教育缺乏重视

近几年来，幼儿心理健康教育虽然受到越来越高的关注，但对于幼儿园和全体幼儿教师来说，目前仍处于探索阶段。要想卓有成效地开展幼儿心理健康教育，必须在多方面加大投入力度。然而资金上的投入或者政策上的倾斜，都需要基于幼儿园对幼儿心理健康教育的高度重视。如果幼儿园本身不够重视，家园合作教学方式则难以在教师群体中形成影响力，导致这项工作难以有效推进；还有一些幼儿园并没有意识到开展幼儿心理健康教育的重要性，更没有意识到家园合作的必要性，最终错失幼儿心灵成长的教育良机。

### （二）幼儿园与家庭之间存在交流障碍

现阶段，推进家园合作教学遇到较大阻碍，具体表现在以下几个方面。

首先，关注点不同。教师能够同时关注幼儿的心智成长、身体发育以及学习感受，但家长似乎不太在意。

其次，教育信息不对等。大多数家长在幼儿心理健康教育方面的理论知识较匮乏。

家长与幼儿园双方有着不同的观点与立场，导致在开展家园合作时无法达成一致，非常不利于幼儿心理教育成果的提升。

（三）尚未建立起长效家园合作机制

目前，家园合作状态大多只停留在表面形式上。很多幼儿园虽然定期组织召开家长会或者每个月设置一天家长开放日，但仍然无法将幼儿在幼儿园、班级当中的真实状态呈现在家长面前，大部分家长没有将幼儿的家庭表现及时与教师交流。在这种情况下，导致幼儿心理健康教育工作开展不及时、不到位、不具针对性与有效性，最终的教育成果必然大打折扣。

### 三、幼儿园心理健康教育的家园合作策略

（一）幼儿园全面落实幼儿心理健康教育

在家园合作中，幼儿园及幼儿教师发挥着非常重要的引导性作用，在很大程度上决定着教育方向与教学侧重点。在此基础上，加大教育资金投入力度，加快教师专业队伍的建设速度，面向教师推出长效激励政策等都是有效措施。另外幼儿园可以聘请在幼儿教育领域内的专家学者作为幼儿园名誉顾问，定期组织老师进行学习，还可以定期面向全体教师开展业务能力考核，促使教师队伍水平的整体提升，这对于提升幼儿心理健康教育效果、促进家园合作机制的有效运行具有非常重要的现实意义。

（二）尽快消除家园之间的沟通障碍

要想让幼儿成为一名合格的社会主义接班人，就必须在幼儿教育中融入心理健康教育，成为一个胜不骄、败不馁、不畏艰难险阻、拥有独立人格和强大自信心的有用之人。对此，需要发挥幼儿园的引导作用，采用各种有效措施让家长真正意识到要把握幼儿3~6岁这一心理健康教育的敏感期。在具体工作中，首先，要提高家长对于心理健康教育的重视度，实现在日常生活中的全面渗透。比如教师可以建立家长微信群或让家长关注幼儿园微信公众号，时常围绕心理健康教育进行教学成果或成功案例展示，加强家长对于幼儿心灵成长的重视。其次，要时常向家长推荐一些幼儿心理健康教育方面的书籍，还可以定期组织召开家园交流会，聘请幼儿教育领域内的专家一同出席，共同进行研究讨论。只有家长在思想观念上有所转变，才能带动其言谈举止转变，为家园合作方式在幼儿园心理健康教育中的有效应用创造必要条件。

（三）建立完善的家园合作长效机制

在家园合作下开展幼儿心理健康教育，家长与幼儿园之间要达到一种默契的状态，才能培育幼儿的心灵成长。对此，需要由幼儿园牵头，积极探索相关渠道，与家长之间搭建一个有效的沟通桥梁。幼儿园要率先打破家长会、家长开放日这种传统方式，就需要在教师与家长之间建立起个性化沟通机制。在这种机制下，教师

要细心观察每一名幼儿在班组集体中的表现，发现问题及时与幼儿家长沟通，家长在与幼儿沟通后及时与老师交流，促进幼儿的身心健康发展。

现如今，要想做好幼儿心理健康的教学工作，要通过教师与家长之间的密切配合，为幼儿创造一个适宜的成长环境。幼儿园要充分发挥自身的职能作用，帮助家长更新观念，提高对幼儿心理健康教育的重视程度；与家长之间建立起长效沟通机制，加大教师队伍建设力度，力争最大限度地发挥家园合作的教育价值。

作　者　钱秀芳　连云港市东海县双店镇斗沟小学

# 家校联手改善留守幼儿家庭教育环境

在我国农村地区，存在大量的留守儿童，他们的家庭教育相对缺乏，家长对教育工作的认识也存在一定的不足。为了使这一情况得到有效改善，本文从教育理念、家庭教育、学校教育和社会帮扶四个方面进行具体分析，力求家校联手，改善留守幼儿的家庭教育环境。

## 一、留守幼儿家庭教育缺失表现

通过相关研究调查发现，在我国农村地区，部分家庭为了保证家庭开支，夫妻双方选择外出务工，由祖父母或外祖父母代为抚养孩子。该种抚养方式存在一定的问题。其一，隔代亲属通常年龄较大，其精神和体力方面都受到较大的限制，在照顾和教育孩子方面的局限性也相对明显；其二，祖孙辈双方具有较大的年龄差距，情感和思想方面存在很大的鸿沟，监护人无法明确幼儿内心感受，与幼儿思想无法产生共鸣。在这种状况下，学生心理安全感较为缺乏，归属感也存在很大的不足，会出现一定的不适情绪。

## 二、留守幼儿家庭教育环境改善策略

### （一）更新教育理念

首先，在开展幼儿教育活动时，家长和教师需要关注学生个体。但是在我国现阶段，农村地区的父母缺乏对幼儿进行有效沟通和交流的意识，对幼儿的品德养成等方面重视不足，无法实现自身教育意识的有效激发。家长需要明确家庭教育在幼儿成长过程中的重要作用与意义。其次，需要完善基础准备工作，要求家长对家庭教育缺失进行反思，调整弥补措施。最后，需要进行终身教育理念的科学构建，确保幼儿可以对新的教育内容进行深入学习，进而保障农村家长能够强化个人教育信心，对自身教育方式进行科学改善。

## （二）改进家庭教育

在孩子成长中，家长作为第一监护人，对幼儿具有教育的职责和义务。因此，如果想要确保对留守儿童进行更为有效的家庭教育，首先，幼儿的父母必须主动承担教育职责，父母需要不断提升个人素质，针对幼儿需求探寻合适的教育方式，明确不同阶段幼儿的发展规律和性格特点，主动承担教育责任。其次，家长还需要对其教育理念进行合理优化，科学应用民主教育方式，充分尊重幼儿个体的思想行为，确保能够对幼儿进行更为有效的思政教育，保障幼儿全面发展。再次，还需要确保教育方式的合理性，不能简单使用暴力教育，对传统教育思想践行科学改变，同时还需要确保不能溺爱学生。需要从不同角度分析问题，与幼儿进行平等有效的交流，明确幼儿内心想法，使幼儿能够进一步感受来自家庭的温暖和关爱，对其进行有效的感化教育，进而保障幼儿健康成长。最后，家长如果外出务工，需要选择与家距离较近的地方，同时还需要与幼儿保持经常联系，随时掌握幼儿的成长情况，确保能够针对留守儿童采取正确的教育方式，进而保障家庭教育的有效性和完整性。

## （三）优化学校教育

在农村地区，儿童在学校的时间相对较长，当发现留守儿童存在家庭教育缺失的问题时，学校需要对儿童进行有效的教育，主动承担教育责任。

首先，学校必须明确儿童在成长过程中心理方面可能出现的各种问题，然后针对留守儿童在具体生活学习中存在的心理问题进行疏导，通过科学实施心理健康教育，对儿童心理进行更为有效的调节和安抚。

其次，教师需要对其教育观念进行科学转变，打破传统的升学论和成绩论等错误观念，关心和照顾学生的心理和生活，高度尊重学生个体。同时，留守儿童普遍存在一定的自卑心理，针对这种情况，学校和教师可组织学生开展对自我进行充分展示的活动，并对留守儿童进行科学引导，使其能够积极参与各项活动。科学应用激励手段，能够确保儿童克服恐惧心理，增强其在学习和生活中的自信。

## （四）强化社会帮扶

政府部门还需要采取有效措施，充分发展农村经济，为农村家庭教育提供更大的支持。在幼儿成长过程中，家长具有不可替代的作用。因此，需要尽量确保幼儿能够在父母身边生活。但是在我国现阶段，进城务工农民的工资水平相对较低，同时，还有部分城市学校以户籍为由向民工子女收取赞助费和借读费，导致农村儿童很难跟随父母进城学习，无法实现家庭教育。政府部门需要对相关政策进行合理优化，为幼儿接受教育创造良好的条件。

首先，政府部门需要发动媒体力量，与幼儿家庭进行有效的沟通，使农民传统观念得到科学改变。开展农业教育和宣传，可使农民群众获取新的就业途径和信息，创造更多的致富机会，尽可能在当地发家致富。与此同时，如果有些家庭必须外出打工，则夫妻双方需要基于个人能力特点，选择一方外出，另一方留在家中，同时兼顾孩子的教育与家庭生存。改善农村留守儿童家庭教育环境，政府部门还需要进行和谐社会的大力宣传，出台相关政策规定，组建下乡宣传小组，在当地进行相关法律法规的宣传。

总之，更新教育理念、改进家庭教育、优化学校教育、强化社会帮扶等，能够较好地改善留守儿童的家庭教育环境与质量，保障留守儿童整体素质的提升。

作　者　孙　境　连云港市连云区幼教中心

# 隔代家园沟通要多想一点

《幼儿园教育指导纲要（试行）》中明确指出："对于幼儿的健康成长，仅靠幼儿园或家长都是不够的；家园共育中教师与家长进行有效沟通，共同解决幼儿教育过程中的问题，有助于幼儿健康发展。"由此可见，家园共育离不开有效的家园沟通。关于家园沟通的研究有很多，但有关隔代家园沟通的研究却很少，本文旨在从隔代家园沟通的困境出发，探讨隔代家园沟通的有效策略。

## 一、隔代家园沟通存在的矛盾与困难

隔代教育是指一些年轻父母由于自己工作忙碌或者其他原因而把孩子的教育、生活等交给了祖辈，这种由祖辈对孙辈的抚养和教育称为隔代教育。祖辈育儿经验多、时间充裕、有足够的耐心，但思想观念陈旧、固执己见、包办溺爱。由于隔代教育的特点，教师与祖辈进行家园沟通时往往存在以下问题。

问题一，沟通对象复杂。隔代沟通看似是教师与祖辈的双向互动，实际上还隐藏了老人与父母、教师与父母的沟通，构成了复杂的三角关系，其中任意一对沟通不畅，都会导致整体沟通失效。当双方祖辈都参与协助育儿时，情况更为复杂，对此，教师需要理清关系、抓住重点、逐一击破。

问题二，沟通观念接受度低。与年轻父母相比，老人对新观念、新知识的接受度较低，比较固执己见。特殊情况下，由于教育观念的冲突和专业知识的匮乏，老人无法理解教师专业的处理方法，而只是追求教师满足其要求的狭隘处理方式。

问题三，沟通方式有限。与经常同网络信息打交道的父母不同，老人普遍缺乏信息化技能，沟通交流局限于入园和离园两个时段，以及线上的班级 QQ 群。教师想要通过更多的信息化手段进行沟通较困难。

## 二、隔代家园沟通存在困境的原因

### （一）不能正确处理幼儿同伴冲突

面对幼儿的在园同伴冲突，不能很好地理解冲突对孩子的意义，总觉得孩子在幼儿园与别的小朋友发生冲突了，就是在欺负自己家的孩子。特别是小班的孩子，当发生冲突后，老人总是会抓住冲突不放。

### （二）对幼儿在园的适应过程不理解

特别是刚入园的孩子，面对孩子的哭闹，老人不能很好地理解孩子的分离焦虑，总会对幼儿园的生活产生怀疑，总认为孩子在幼儿园遭到欺负或者受到不好的待遇。面对怀疑，教师应当及时与家长沟通，安抚其情绪。让其理解刚上幼儿园的孩子都会有不同程度的分离焦虑，并且各人出现的时间段不同。如有的孩子最初的过渡期是开心的，后来反而出现焦虑，这是由于刚开始他们对幼儿园的生活充满好奇，后来新鲜感过去了，慢慢想到亲人不在身边，用哭表达伤心难过。同时让老人理解这个阶段孩子用哭表达内心的焦虑、释放情绪，对孩子是有益的，教师会与孩子逐步建立依恋关系，增强孩子的安全感。

### （三）产生过度的焦虑

当孩子出现不适应幼儿园生活的行为时，老人表现出过度的焦虑，不能理解幼儿的表现，也不能理解老师的处理方法。例如花花因生病在家休养了一段时间，再次返园时哭闹不止，爷爷见状很心疼，总觉得孩子还没有好不能上幼儿园。当教师抱过花花后，爷爷甚至有些生气，依然跟在孩子后面。这让花花哭得更厉害了。教师挡回爷爷说："花花身体没事的，教师抱一抱就好了，爷爷放心回去吧！"最后，爷爷还是绷着脸摇着头唉声叹气地走了。当即，教师在班里开展一系列"我爱幼儿园"的活动，通过有趣的活动让花花在与同伴、教师的互动中体验上幼儿园的乐趣。隔代教育的老人由于受托于孩子父母，面临家庭权威挑战，往往承受着较大的压力。在与老人沟通时，教师应充分肯定并尊重老人的付出，建立信任，向老人普及儿童身心发展特点等知识，从而获得最大限度的认同。

## 三、提高隔代家园沟通效果的策略

### （一）顺序策略

第一，先安抚老人的情绪，认可其付出。肯定老人的辛劳付出，认同、理解他们。第二，实事求是，不回避、不隐瞒。保持客观中立的立场。第三，运用专业知识提出解决措施，从幼儿身心发展特点等出发，结合幼儿实际情况提出建议。

### （二）细节策略

第一，捕捉幼儿一日生活细节，夸优点，达成一致立场。主动与老人交流幼儿在园表现，通过细节交流幼儿的优点与进步，通过细节体现教师的专业水平与关爱。

特别要注意对幼儿的态度、表情、眼神、语气等。第二，向老人介绍育儿新知识与新理念，实现观念与行动的统一。

（三）多渠道沟通策略

第一，QQ群日常沟通。利用QQ群开展日常沟通，教师推送幼儿一日生活照片、视频、通知、各类活动资料等内容，老人可以获取信息、发表看法、告知特殊要求等。第二，重点线下面谈沟通。对情况复杂的重要事件通过面谈解决。第三，通过多种家园活动增进交流。通过亲子开放日、各类节日活动等，让家长走进幼儿园，了解幼儿园教育，主动配合幼儿园的教育。

（四）多方式沟通策略

第一，定期约谈。提早主动联系家长约谈，了解清楚情况，为后续沟通做好准备。通过交谈了解需求，同时表达对每位孩子的公平公正原则，鼓励、引导孩子积极适应集体生活。第二，先夸赞再指出不足。先表扬孩子的点滴进步，再委婉地道出不足，让老人更好地接受。第三，多方位间接沟通。与老人沟通不畅时，采用迂回战术，从其家人入手，除了父母，还有就是孩子。教师可与孩子沟通好，抓住孩子这个"说客"，提高沟通的可能性，达到事半功倍的效果。

总之，面对老人，教师不能无视或者敷衍了事，要耐心对待，以积极的态度和有效的策略帮助老人转变观念。家园沟通是一门艺术，只有建立在理解与爱的基础上的家园沟通才能深入人心，只有家园间互相理解、真诚沟通，才能共同促进孩子的健康成长。

作　者　韦彩云　连云港市连云区幼教中心
连云港市家庭教育指导员基本功大赛二等奖

# 让幼小衔接不再迷茫

《幼儿园教育指导纲要（试行）》指出："家庭是幼儿园重要的合作伙伴，应本着尊重、平等、合作的原则，争取家长的理解支持和主动参与，并积极支持、帮助家长提高教育能力。"随着人们生活水平的提高，人们越来越深刻地认识到家庭教育的质量关乎儿童的成长，也影响学校教育的科学展开。可以说家庭教育越来越受到社会各界的关注，其中，幼小衔接问题已成为当前家长与幼儿园较为关注的热点问题之一。

幼小衔接指帮助幼儿从幼儿园顺利过渡到小学的准备阶段。作为幼儿人生中的第一个转折点，幼儿要经历教育形式、教育方法、教育内容、教育环境等方面的变化，对于幼儿来讲是非常重要的考验，它需要家庭与小学、幼儿园、社会形成合力，才能帮助幼儿顺利平稳过渡。但是，受不良社会风气的影响、幼儿园教育理念普及推广不深入以及幼小衔接缺乏评价机制等问题的出现，导致家庭教育在幼小衔接问题上出现偏航，使幼小衔接的现状不令人满意。

## 一、家庭教育对于幼小衔接的重要意义

家庭教育是学校教育的补充，是整个教育工作中不可缺少的部分。家庭教育与幼儿园教育密切配合才能形成合力，促进幼儿身心健康发展，收获人生最美底色。《教育部关于大力推进幼儿园与小学科学衔接的指导意见》中指出："幼儿园和小学要把家长作为重要的合作伙伴建立有效的家园校协同沟通机制，引导家长与幼儿园和小学积极配合，共同做好衔接工作。"家庭与幼儿园之间形成合力，达到教育的一致性，对于幼儿身心健康发展和对以后的学校教育影响深远。

家长作为孩子出生后的第一任老师，最了解孩子的发展情况。在家庭中对幼儿实施教育时应遵循幼儿身心发展的阶段性和差异性，切不可揠苗助长或以"一刀切"的方式对待幼儿。教育应遵循幼儿身心发展的特点，了解幼儿身心发展水平，因材施教。建立健全的幼小衔接评价机制对于幼小衔接的开展具有重要意义。家庭教育作为非正式的教育单位，对于系统的学校教育以及幼儿教育的具体内容知之甚少，出台健全的幼小衔接评价机制给予家长具体的参照以及成果的展现，不仅有助于家庭教育的开展，也对幼小衔接工作的推进具有不可估量的作用。

## 二、让家庭教育为幼小衔接保驾护航

家庭教育作为学校教育的重要补充，在整个教育体系中起到奠基性作用。家庭教育应遵循以儿童为本的原则，与幼儿园教育保持理念的一致性。

### （一）幼儿园推进家庭教育指导工作，普及幼小衔接教育理念

1. 提高教师家庭教育指导工作能力，保持家园理念的一致性

幼儿园里承接家庭教育指导工作的多为班主任。青年班主任大多为独生子女，可能缺乏与人交流和换位思考的能力，加之家长的综合素质逐渐提高，班主任在进行家园沟通时应做好全面的准备，提高职业自信心，通过多种渠道掌握家庭教育指导的关键能力，向有经验的骨干教师学习更多的沟通技巧，提高处理突发事件的能力。

2. 加强与家庭间的联系，帮助家长理解并认可幼儿园的衔接理念

有效的沟通对话有助于拉近彼此间的距离。幼儿园教师应不断提高自我的专业素养，学习更多的沟通技巧，变被动为主动，赢得家长的信任与支持。通过入园接待、家园联系栏、微信、QQ等多种途径向家长分享科学衔接的理念、内容、相关的政策支持等，与家长进行信息对接，扭转家长对幼小衔接的偏见。

3. 为家长提供家庭教育方面的教育咨询服务

通过学校信箱、问卷调查等多种途径了解每个家庭的具体问题，通过家委会等组织，梳理共性问题和个性问题，真切地成为家庭教育工作的指导者。

如共性问题：对入学前是否要进行拼音、珠心算等内容的学习。我们通过家长学校、公众号、家长会等途径向家庭普及其中的利与弊。

如个性问题：针对具体家庭和不同孩子的能力发展问题，通过电话沟通、家访、微信、QQ 等方式与家长进行单独交流。

（二）整顿社会教育机构，遣散社会内卷乱象

随着对幼小衔接工作关注度的不断提高，教育培训机构也一度处于风口浪尖，起起伏伏却热度不减，仍受家长追捧。作为一线教育工作者，我们应冷静看待这一现象，不能人云亦云，有自我原则和坚守，努力呼吁家长理性对待，拥护国家的政策方针，用科学的教育方式、长远的眼光对待入学准备事宜。拒绝提前教授幼儿知识性课程，坚持科学衔接，提升家庭教育质量，还幼儿一个快乐完整的童年。

（三）推进幼小衔接评价机制建立，真正惠及家庭与幼儿

1. 加强幼儿园与小学教研活动

《教育部关于大力推进幼儿园与小学科学衔接的指导意见》中首次明确幼儿园与小学应坚持双向衔接的原则，明确小学应主动与幼儿园教育进行衔接。加强幼儿园与小学的教研活动有利于幼儿园和小学间建立更加密切的联系，能够更为深入地了解彼此的课程结构和恰如其分的衔接工作。

幼儿园教师了解小学的课程目标、内容、上课方式、所需行为习惯和必备能力等方面，与家长及时进行交流，舒缓家长因不了解而引起的焦虑，有助于家庭教育更为松弛客观地对待幼小衔接。

2. 梳理幼小衔接工作细则，重视评价机制

评价是学前教育的有机组成部分，它贯穿于整个教育之中。评价机制的建立有利于时刻检视教育行为是否恰当，能够准确地把握教育的内容、具体策略对幼儿的发展是否具有促进作用，能够帮助家长正视教育的科学性和独特性，从根源上提高家庭教育质量，提高对幼小衔接工作的认识。

总之，加强与幼儿家庭的密切联系，普及幼小衔接的真正内涵，争取得到家庭的认可和支持；加强对家庭教育工作的指导，提高家庭教育质量；摈弃社会的不良影响，建立幼小衔接评价机制，让幼小衔接不再迷茫。

作　者　孙艳青　连云港市连云区云山中心幼儿园
　　　　　连云港市家庭教育指导员基本功大赛二等奖

# 幼师视野下家庭教育的"思"与"行"

家庭教育对孩子发展有着至关重要的影响，但目前不少家长对家庭教育的基本认识、方式和技巧没有充分的认知，致使其在家庭教育中感觉束手无策、有心无力。指导家长做好家庭教育就成为幼儿园的一项重点工作。但是许多幼儿园老师在进行家庭教育辅导方面也存在着较多问题，主要表现为引导能力不强，引导教学内容及引导方法单一，严重影响了家庭教育的指导成效。

## 一、幼儿园对家庭教育指导的意义

### （一）发挥自身优势

幼儿园作为专门的学前教育机构，有一定的教育优势。孩子越小，家庭教育对其影响越大。幼儿园应选择有针对性的指导内容，运用多途径开展家庭教育指导工作，帮助幼儿父母建立正确的家庭教育观念，掌握科学有效的家庭教育方式，与幼儿园一起形成教育合力。

### （二）提高教育能力

在家庭教育过程中，因为父母家庭教育意识的淡薄，往往会产生家庭教育观点与教养方式的偏离，出现背离家庭教育规则的现象，直接或间接地危害着幼儿的健康发展。《幼儿园教育指导纲要（试行）》指出："家庭是幼儿园重要的合作伙伴，应本着尊重、平等、合作的原则，争取家长的理解、支持和主动参与，并积极支持、帮助家长提高教育能力。"

### （三）促进幼儿发展

家庭教育指导的根本目标是促进幼儿发展。将家庭教育融入幼儿教育范畴，是为了促进幼儿园办园水平提高：增强家长对幼儿的信任感，提高家长对幼儿关心的程度，强化家长的教育动机，提高家教素质和家教质量。

## 二、幼儿园对家庭教育指导存在的问题

### （一）指导人员不专业

相关研究表明，幼儿父母对家庭教育指导者的选择首先是幼教专家学者，其次是引导孩子的教师，再次是"能充分运用现代家庭教育引导的基础理论和技能，对到访者家中的亲子交流、家庭教育问题进行专门引导协助"的专业家教指导老师，最后是有育儿成功经验的父母代表。不少老师因为对各方面因素都缺少理论知识学习，面临儿童所存在的某些现实问题，甚至对幼儿父母的咨询无法开展指导，结果

往往变得"无话可说"或者"手忙脚乱"，进而无法应对。

（二）指导内容不全面

各个年龄的孩子心理发展存在个体差异，幼儿园对家庭教育的指导内容应有针对性。但在当前，几乎没有幼儿园老师能够针对每个孩子的实际情况做出全面的教育引导。比如如何指导家长培养孩子的逻辑思维、沟通能力、规则意识、动作发展、阅读能力等，没有具体的指导性。老师大多也只能对孩子在幼儿园发生的问题，或是对父母所咨询的问题做出教育指导。

（三）指导安排不合理

幼儿园对父母的个别指导时期，一般是在幼儿父母接送幼儿入园、离园，或开家长会的时候，由于时长较短，老师很难根据幼儿在家庭中的现实问题，对父母做出系统、全方位的指导，导致指导不深入。同时，如果专门安排时间，让教师进行家庭教育指导，又会导致教师的工作量加倍，这也给幼儿园的工作安排带来不便。

（四）家庭教育亟须指导

家庭教育中的一些问题迫切需要指导，例如，父母不能很好地和孩子进行互动、交流，也没有办法与孩子成为好友；父母不知道怎样和叛逆期的儿童进行交流等，这些问题都迫切需要幼儿园对其进行家庭教育的辅导。

### 三、幼儿园对家庭教育指导的方法

（一）帮助父母建立科学的家庭教育观

改正错误的家教言行，了解、掌握科学的育人知识和方法，帮助家长积极开展家庭教育。每个孩子都是不同的，都有不完美的地方，让家庭与幼儿园的教学资源优势最大化地发挥出来，共同推动孩子的全面发展。

（二）协助父母更新教育理念

有些家长教育理念陈旧，功利化趋势偏离了家庭教育宗旨。社会的不断进步，要求家长对儿童的家庭教育理念与时俱进。制定家庭教育原则，改变不适合现代孩子心理发展的家庭教育方式，建立现代家庭教育的新思路。

（三）拉近家园距离，建立良好关系

孩子是父母的"心头肉""宝贝疙瘩"，父母舍不得子女受什么委屈。子女在进入幼儿园后父母会情绪紧张，容易产生入园焦虑。幼儿园在对家长实施家庭教育辅导的时候要特别注重对这一现象的引导，用爱与真诚拉近家园之间的距离。亲其师，信其道，让家长放心幼儿在幼儿园的生活与学习。

### 四、幼儿园对家庭教育指导的策略

（一）指导人员专业化

努力提高教师的指导水平。确保教师和父母都能够开展专业的家庭指导（辅导）。教师应加强教育等方面的理论知识学习，不断提升自身的理论水平及实践经验。同时相关部门和幼儿园也需要培训专业的家庭指导教师，为家庭教育提供更好的指导，促进孩子全方面和谐发展。

### （二）指导内容全面化

在儿童发展过程中，幼儿园应对每个孩子发展教育的各个阶段做出合理的规划。这个过程在幼儿园无法完全独立进行，需要家庭的帮助。在这个过程中，父母也无法对幼儿做出全方位、系统、专业的干预。因此，幼儿园有必要对幼儿各个阶段的发展教育进行科学合理的指导规划，要在提高孩子体质、养成良好习惯、提高生存能力、培养良好品德等方面予以积极的引导。

### （三）指导形式多样化

采取多样化指导形式，引导父母积极地参与到家庭教育指导中，为孩子的身心健康发展创造更优越的教育条件。目前，进行家庭教育指导的形式和平台有很多种，比如演讲、家庭教育会、家庭联系手册、亲子教育活动、电话、短信、QQ 等。幼儿园应该为孩子的家庭教育指导提供最适宜的辅导形式，解决孩子家庭教育的实际需要。

作　者　孙秋晨　连云港经济技术开发区猴嘴中心幼儿园
连云港市家庭教育指导员基本功大赛三等奖

# 亲子阅读有你有我

开展亲子阅读活动对幼儿的成长具有重要的影响，不仅可以有效地促进幼儿认知能力和思维能力的提高，还可以帮助幼儿塑造良好的品格，增进家长和幼儿之间的感情，建立更加信任的关系。同时，开展亲子阅读活动离不开家园的合作和共育，很多家长对幼儿教育理念和教育方法认识不足，对幼儿的认知水平和心理成长也缺乏足够的了解。因此，亲子阅读需要幼儿园与家长的共同参与和紧密协作，才能有效地提高幼儿的阅读效果。

## 一、家长访谈的阅读困境分析

幼儿园教室的一角会设置书架，定期组织幼儿开展读书活动。教师也会建议家长和幼儿一起读书，但很多幼儿的读书效果并不理想，也没有养成良好的读书习惯。笔者对部分家长进行了走访，发现大多数家长的困惑和误区主要集中于：幼儿读书是否应该由家长带领着读？或者幼儿自己读？该读哪些书？每次需要读多长时间？

每周需要读几次？怎么陪幼儿读书？

为了具体说明上述问题，下面从阅读意识、图书选择和指导方法三个方面来阐述。

### （一）家长在亲子阅读意识上存在理解误区

根据访谈情况，大多数幼儿很少或几乎没有亲子阅读活动。不少家长认为读书是教师的工作，幼儿应在幼儿园里由教师开展阅读活动。也有部分家长意识到幼儿读书很有必要，也会花费时间和金钱为幼儿读书创造必备的条件。但是他们觉得读书是幼儿自己的事情，家长只要创造环境和条件就可以了。这两种观点均不正确，幼儿园组织的读书活动和幼儿的自主阅读行为都只是幼儿读书的一部分，教师组织的读书活动无法满足幼儿广泛获取知识的需要，幼儿自己读书也难以解决阅读过程中的疑问和困惑，无法长时间坚持。因此，这两种活动均不能取代家长和幼儿共同开展的亲子阅读活动。亲子阅读给幼儿带来的影响是广泛和深远的，家长的参与是必不可少的。

### （二）家长在图书选择时伴有焦虑与迷茫

一本优秀的图书不仅可以让幼儿走入多姿多彩的世界，而且可以极大地提高幼儿的阅读兴趣，让读书成为幼儿的一种娱乐方式。当下幼儿图书种类繁多，故事、科普、漫画、美术、运算、图形等，实体店、电商平台购买渠道也非常便捷。但从访谈结果看，图书选择不当是亲子阅读效果不佳的重要因素。家长和幼儿选择图书的参考因素主要有教师要求、亲戚朋友推荐、广告宣传（如某某专家推荐）、价格便宜、知识超前（如幼小衔接、某某竞赛用书、双语图书等）、与思维能力训练相关、书店随机选购、套装系列、外包装华丽等。

可以看出，很多图书的选择并非基于内容的理性选择，而是受到外界因素的影响。家长更倾向于知识和思维能力培养类图书，部分家长甚至在幼儿中班时就购买了小升初的图书。这类图书虽能短期内获取知识，但因超出幼儿认知接受能力，持续一段时间后幼儿就会丧失阅读兴趣。阅读给幼儿带来的并不是美好的童年，而是家长不希望幼儿输在起跑线上的心理焦虑。这类图书过分挖掘幼儿的学习潜力，破坏幼儿的学习兴趣和专注力。出现这种现象既有家长培养幼儿时急于求成的迫切心理，更有家长在图书选择时的迷茫与无奈。

### （三）家长在读书指导方面缺乏方法

亲子阅读是幼儿和家长共同进行的活动。但在读书过程中，往往家长的一些不经意的举动就会影响幼儿的阅读，主要表现有：把书扔给幼儿自己读；家长玩手机、看平板、看电视；缺少互动与交流，亲子阅读变成家长逐字逐句读书；家长打电话、发信息、忙家务等，频繁打断阅读过程；读书速度太快，幼儿跟不上节奏；家长无意识地转移话题，干扰幼儿关注力；周边环境嘈杂或存在对幼儿有诱惑力的东西，分散幼儿注意力；过分强调知识学习和思维训练，忽视兴趣，导致幼儿逐渐排斥亲子阅读；对于幼儿阅读中出现的障碍和问题，没有引导和启发，而是指责，打击幼儿自信心；对幼儿的提问和要求缺少耐心，照搬成人的思路来思考；滥用点读笔、电子平板等代替亲子阅读。

很多家长具备较高的知识水平，但在幼儿心理、幼儿认知水平等方面只是初级的入门者，不了解正确的引导和沟通策略。有时在阅读过程中，家长还忙于处理工作、家务、人际关系等，所以很少能够理性、耐心地参与亲子阅读。

## 二、阅读建议

### （一）明确家园分工，树立科学合理的亲子阅读理念

要解决亲子阅读中的难题，既要考虑教师在幼儿园组织阅读活动的有限性，也要考虑家长日常繁重的工作和生活压力、日常可支配时间等。亲子阅读要想取得理想的效果，家长和幼儿园必须明确各自责任，合理分工，并共同努力完成。首先，幼儿园是亲子阅读的引导者，应当主动帮助家长树立亲子阅读的教育理念，明确读书的目的和任务，了解读书的要求和内容，并指导家长掌握一定的阅读技巧和互动策略；其次，家长是亲子阅读的执行者，家长应当在幼儿园的引导下，提高阅读意识和陪伴阅读的能力，主动按期完成一定数量的阅读任务，并定期反馈幼儿的读书成效，确保阅读活动顺利完成。

### （二）收集优秀书籍，建立幼儿分级阅读体系

当前欧美很多国家都有 K12 分级阅读书目，如美国的蓝思分级阅读、A－Z 分级阅读和 DRA（Development Reading Assesment）分级阅读等。幼儿园和相关教育机构应对市面上的幼儿图书进行整理和分类，并根据要求、幼儿的年龄特点和认知水平进行分级，循序渐进、层层深入。在内容上，应兼容并包、博采众长。如国内的传统文化、神话故事，国外翻译过来的绘本和童话故事；古代的国学经典、神话故事，现代的百科全书、科学知识等，但不应选择双语或小升初等超出幼儿认知水平的学习内容。在难度上，应先选择趣味性强、贴近现实的，引起幼儿的兴趣和关注，再逐步深化。阅读书目也可以结合课程进行拓展，如课堂学习了非洲舞蹈，就可以提供一些跟非洲文化有关的书目。幼儿园也可以创造平台，鼓励有条件的家长推荐优秀图书、撰写书评，方便幼儿园和其他家长了解更多优秀图书。

### （三）建立长效机制，搭建家园一体阅读体系

幼儿园可以定期开设亲子阅读启蒙课，介绍基本的阅读知识、幼儿的认知水平、阅读的主要目标以及阅读指导策略；可以制定家长阅读指导手册，对家长开展的亲子阅读活动要从零起步进行详细指导，包括阅读的时间、地点、环境、阅读量、阅读书目、阅读方法、阅读问题、指导策略等；制定亲子阅读评价表，对家长的指导行为、幼儿的阅读意愿和互动情况、阅读持续时间等进行统计、分析、评测和指导；

幼儿园需要定期规定一定数量的阅读任务，设置必要的阅读问题，并对家长的阅读活动进行了解；幼儿园可以对家长亲子阅读的过程进行整理，建立亲子阅读案例资源库，为以后通过案例指导家长亲子阅读提供素材。

作　者　杨丰屹　连云港市六一幼儿园
　　　　　　　　连云港市中小学高层次人才"新333工程"管理能手培养对象
　　　　　　　　连云港市基础教育教师教学基本功大赛（学前教育）一等奖

小学篇

# 高质量陪伴　成就孩子幸福人生

　　家庭是社会的重要组成部分，家庭教育对社会的文明、经济、政治发展都起着很重要的作用。一个人是否能够成人、成才源于家庭教育的成功与否。错误的家庭教育理念在一定程度上会对孩子产生很大影响，而科学的家庭教育理念则能够让孩子受益良多。

　　随着中国经济的发展、信息技术的发达、交通的便利，越来越多的家长获取资讯、信息的方式越来越方便、越来越容易，家长们开始学习各种各样的家庭教育理念。网络上家庭教育理念、家庭教育内容特别多，很多家长没有辨别能力，导致许多家庭的家庭教育走入误区，误导了孩子。很多家长知道了亲子陪伴很重要，但是在陪伴的过程中出现了很多问题和误区。

## 一、亲子陪伴的几个误区

### （一）替代行为式亲子陪伴

　　随着交通的便利、经济全球化的发展，越来越多的年轻家长看到了事业发展的机遇，为了让孩子少奋斗，他们宁愿多奋斗。孩子才出生不久，他们就外出务工，为孩子积累更多的财富。他们把孩子交给没有多少文化的父母，他们不定时地给孩子寄送玩具，用高科技电子产品来填补对孩子的亏欠。当孩子大哭小闹地拉着父母的衣服跪在地上祈求父母留下来的时候，很多父母用物质承诺让孩子放弃对父母的依赖。很多留守儿童把情感寄托在父母给他们的玩具身上，他们内心孤独，有的甚至自卑、抑郁，还有的则表现为再见到父母后的排斥行为。

### （二）放弃自我式亲子陪伴

　　很多家长说："为了孩子，我可以放弃一切。"于是他们放弃工作，专心致志、全心全意地照顾孩子。这个类型的家庭，每天的话题都是孩子，如：孩子今天吃饭不认真，只吃了一个丸子；今天出去玩的时候和小朋友发生了小摩擦，他被别的孩子推了一下后坐在地上哭了；等等。一个家庭中所有谈话都是讨论孩子，他很骄傲地说："我全部的时间和精力全部给了孩子，他要是发展不好就是对不起我的付出！"孩子则沉默不语，将笔记本上了密码，不再和父母讨论任何有趣的话题。

### （三）质量低效式亲子陪伴

　　很多家长明白亲子陪伴的重要性，他们花时间和精力陪伴孩子，但也知道要有自己的工作，不能把所有时间都用在孩子身上。他们明白要陪伴孩子阅读、游戏、旅游，参与孩子的每一次成长。但是孩子还是表现出不开心、不乐意。

我遇到过发育迟缓的孩子，父母为了孩子的康复，辞去公司高管的工作，说要好好陪伴孩子，就算赚再多的钱，如果孩子康复效果不好，那也是没有任何意义的。后来邀请我去为他们指导家庭教育，我发现父母一整天就是带着孩子去逛公园，说着简单的词汇："到这里来，快点，过来！这是树，跟我说'树'！"如果孩子不说，父母就强制或者用吃的引导他们必须说出来。其实这样的陪伴方式让孩子比较压抑，达不到亲子陪伴的效果。

## 二、亲子陪伴的有效策略

我们如何高质量地陪伴孩子，使其度过快乐而有意义的童年呢？下面，我来说一说自己的一些看法。

### （一）放下手机，立即陪伴

有一个孩子写了一篇作文题目是"爸爸，我想对你说"。其中的内容是这样的："爸爸，我一直想对您说：和我玩一会儿。每当星期六和星期天的时候，你就会玩手机，玩完手机就看电视，都不陪我玩一会儿。每当我看见别人的爸爸带着他们去玩的时候，我是多么羡慕，我就只会看见你玩手机、玩手机、玩手机，你就只会玩手机。你就不想想你的儿子吗？你的儿子都快烦死了。记得有一次，别人的爸爸带他们的孩子去玩，你就叫我看书，我都快成书呆子了，我真的非常生气，你快是手机的爸爸了。爸爸，我这时候想说：爸爸，放下手机，立正稍息。"

有一句话叫作陪伴是最长情的告白。如果你爱一个人，喜欢他，就会花时间陪伴他，即使什么都不做，就依偎在一起看着晚霞或者天空的白云，我相信比你说一句"我爱你"，然后低头玩手机来得更实际一些。爱孩子不是嘴上说："我爱你"，然后就扔到一边不理睬了。我相信每一个家长都是爱孩子的，但是真正陪伴孩子的又有几个？我们可以为了孩子失去生命，却不愿意花时间陪伴他们。

### （二）制订计划，高效陪伴

我给大家讲一讲我的故事。我的第一个孩子是一个先天性听力损失的孩子，也就是大家说的聋人。他在一岁半做了人工耳蜗后，我花了一年的时间陪伴他，除了上班不在他身边，只要一下班就陪他说话，一个字、一个词，反复不停地说，说得我都头晕眼花、筋疲力尽。我很无奈，只能玩手机来度过这痛苦的日子。我觉得我陪伴了孩子那么多时间怎么没有效果，付出和回报不成正比啊！后来我接触了一群人，他们是网络学校的老师，他们和我开直播，给我讲怎么样去高质量地陪伴孩子，从那一刻开始，我找到了陪伴孩子的方法。原来我的陪伴只是陪伴，却没有质量，只有数量。

我每天都要上班，繁忙的工作让我每天晚上都得加班写材料，经常是夜里12点、凌晨1点才休息。可是我每天都花30分钟全身心陪伴孩子，丢下手机、丢下任何工作。一年半后，一个聋人逐渐达到正常孩子的听力水平。爸爸放下手机投入到陪孩子游戏的过程中，孩子的智力得到了很大的开发，孩子的语言能力得到了很大的锻炼，孩子的思维得到了很大的启发。

这样高质量的陪伴给我的孩子带来的财富是巨大的，首先他变成了一个正常孩子，能融入主流社会，不再像其他孩子一样在聋哑学校学习手语，或者被老师"扒"开嘴巴日复一日、年复一年地练习枯燥的发音。我家的孩子现在四周岁，思维能力得到了很大的开发，背古诗、说童谣、做数学排序等和正常孩子是一样的，有些方面甚至超越了其他孩子。现在的他自信、阳光、坚强、有爱心、富有想象力和创造力。我相信这些品质在未来对他的发展有着重要的作用。

在这里我也希望家长能够好好思考和反思一下，孩子的成长只有一次，我们在未来的日子里，怎么去见证孩子的成长，怎么用我们有限的生命去陪伴孩子，给孩子留下美好的回忆。给孩子们创造财富不单单是物质层面的，精神层面的富有才是真的富有！我们高质量的陪伴才是孩子一生最重要的财富！

作　者　赵　静　连云港市赣榆城西镇中心小学
　　　　　　　　连云港市家庭教育指导员基本功大赛一等奖

# "关系圈"——学生成长的密码

学生既是家庭培养的主要对象，也是学校教育的主体，因为学生的存在产生了各种错综复杂的关系：在家庭就会产生亲子关系，在学校就会形成师生、生生关系，在社会就会形成朋友之间的关系等。以学生为中心构建的各种关系圈，需要和谐与稳固，才能促进他们的发展。另外，各种关系之间相互影响，彼此依存，对学生的发展同样起着重要的作用。重视关系圈的存在，积极构建和谐的关系圈，是教师与家长应该高度关注的方面。

## 一、亲子关系：学生发展的基础

亲子关系在各种关系中处于首要地位，是孩子发展的基础。如果亲子关系出现问题，将会影响孩子其他方面的发展。所以，无论是幼儿时期还是成人时期，都要积极构建亲子关系。幼儿时期要有足够时间的陪伴，建立感情，彼此沟通、交流，与孩子一起做游戏，让孩子喜欢你，在生活中身体力行，给孩子做示范。随着孩子慢慢长大，自我意识的发展，父母要学会非暴力沟通，尊重孩子的人格与想法，平等相处，让孩子能够理解与接纳，形成良好的亲子关系。

良好亲子关系的建立，需要强大的夫妻关系做后盾。如果夫妻关系不好，那么亲子关系也很难建立，家庭氛围以及父辈关系都会在一定程度上影响亲子关系的建立。所以，家庭里面各种关系顺畅时，良好的亲子关系才能得到健康发展。

## 二、师生关系：学生发展的可能

学校是学生成长的主阵地，是学生学业有成的重要平台，是学生离开家庭，接受教育的最佳之地。其中，在影响学生发展的各种因素中，师生关系是关键因素。"亲其师、信其道"，也就是说，大部分学生是因为喜欢上了该老师，进而喜欢上该学科，从而喜欢上了学习。反过来讲，如果师生关系不和谐，即使学生成绩较好，其发展也会存在一定的波折。所以，构建良好的师生关系，对于学生发展而言是至关重要的。

这里除了教师主动作为以外，学生、家长都应该担起相应的责任。新的《促进法》已经实施，对于家长在学校中承担的责任界定非常清晰，而不是个别家长认为的孩子交到学校，所有的事情都由学校承担责任，这就违背了家校合作的初衷，也会影响师生关系的建立。家长应该充分地信任学校，把教育权交给教师，让他们放开手脚，大胆施教，才能做到放心育人；老师也不能充当"告状者"的角色，学生一犯错就告诉家长，这样学生也会埋怨老师，影响师生关系的和谐。所以，教师、家长、学生三者之间的关系是相互影响的，牵一发而动全身。因此，对待学生发展中存在的问题，教师与家长都要谨慎有度，做到态度谦卑、方法科学，从尊重、理解、发展的视角，给予学生关爱，只有彼此之间相互理解、关系和谐，学生成长才有保障。

良好师生关系的建立，必须有良好的家校关系做保障。现实中，家校沟通存在一些不和谐的现象，给良好师生关系的建立带来挑战。因此，家校关系也需要重新审视与梳理。

## 三、家校关系：学生发展的纽带

家校关系，对于家长与学校而言都是非常重要的，对各自的发展都会起到至关重要的作用。如何在"双减"背景下构建良好的家校合作关系，我们有了更多的思考。

（一）转变观念，重构家校合作意识，进行思想引领

新时期，家长亟待解决"甩手掌柜"或包办的角色，合作意识需要重新梳理与建构。家长应积极主动配合学校，完成合作育人的使命。学校也应该增强合作育人的意识，形成强大的教育合力，发挥家校共育的最大价值，不能单兵作战。

（二）构建家长学校，引领家长成长，实现协同发展

家长好好学习，孩子天天向上。建立学习型家庭非常重要。学校教育不仅要帮助学生成长，还要肩负起家长成长的责任。在家校双方的分工上，学校具有主导责任。所以，构建家长学校，实施家长素养提升工程，让家长建立科学的育人知识与技能，可促进家长与学校、学生的协同发展。

### （三） 明晰家校双方的权责与边界，构建和谐关系

在现实中，笔者发现家校合作存在很多边界不明的问题，导致双方矛盾时有发生，譬如学生的各种打卡、作业需要家长签字、帮助孩子完成手工等任务，这些其实都是可以在学校完成的事情，还要麻烦家长协助完成，家长就积累了很多怨气。不管是家庭教育还是学校教育，都需要遵循客观规律，以最适合学生发展的方式厘清二者的教育边界，理性地维护二者之间的关系，做到既不越界，也不让界，实现二者的关系和谐。

### （四） 丰富家校共育的内容与形式，巩固家校关系

社会资本论认为，媒体、网络平台、社区等社会资本的充分利用，可以促进家校合作的共育政策更好地实施。各种网上平台可以成为家校沟通的主渠道。近年来，受到疫情的影响，腾讯会议、钉钉家长会等成为家校沟通的路径。借助社区，形成家校社一体化共育、全覆盖的领域，由社区牵头，对学生业余活动及家长进行指导。

苏霍姆林斯基说过："教育的效果取决于学校、家庭的一致性，如果没有这种一致性，学校的教学、教育就会像纸做的房子一样倒塌下来。"所以，"双减"背景下的家校共育更为迫切，家校双方必须以学生发展为中心，展开深度合作。

总而言之，学生作为一个未成年人、一个处在发展中的人，家校关系、亲子关系、师生关系都是他们成长重要的基石。只有构建好、使用好这些关系，才能促进他们健康成长。

作　者　胡聪玲　连云港市苍梧小学云山校区
　　　　　　　连云港市家庭教育指导员基本功大赛二等奖
　　　　　　魏玉柱　连云港市海滨中学
　　　　　　　连云港市港城名师
　　　　　　　连云港市家庭教育指导员基本功大赛一等奖

# 站在家长的窗口看风景

教育的成功往往取决于多个因素，而其中一个重要的因素在于家校沟通的有效性。有效的家校沟通能够让家长准确接收教师所表达的信息，而非强制性灌输。家校沟通时家校共情很重要，抱着同理心，让家长愿意说，愿意解开心结，达成有效的家校沟通；为家长的家庭教育和指导扫除心理上的荆棘，营造良好家校氛围；培养塑造孩子健全的人格，让学生呈现立体式的成长。

## 一、何为家校共情

提到家校共情，我们不得不想到罗杰斯，他提出共情是指体验别人内心世界的能力。在沟通中运用共情，教师能设身处地地理解家长，从而更准确地把握聊天内容和技巧。家长会感到自己被理解、被接纳，从而内心感到愉快、满足。这样的家校沟通加深了彼此之间的交流，促进了家校合力的形成。

## 二、现阶段家校沟通存在的问题

学生入学后，家校关系就已然建立，在不断的磨合中给家校工作带来了很多不确定性和不可控性。苏霍姆林斯基说过："教育的效果取决于学校、家庭的一致性，如果没有这种一致性，学校的教学、教育就会像纸做的房子一样倒塌下来。"反思我们的家校沟通，就存在种种问题。

### （一）存在的问题

#### 1. 关系不平等

很多老师在与家长沟通时非常强势，一味地阐述自己的认知，忽略了倾听家长的想法，这让家长处于相对弱势的地位，体现的几乎是老师占主导地位，家长完全服从老师，这样的关系是不平等的。

#### 2. 缺乏艺术性

如果老师与家长之间的沟通采用简单的方式平铺直叙，要求家长配合做这做那，这种直接式的沟通使家长处于被动地位，有想法也没有机会表达。久而久之，压抑的情绪会使家长对学校或老师产生误会，甚至反感。这样在家校沟通时不利于问题的解决，更不利于学生的健康成长。

#### 3. 随意性强

一个班级中家校沟通频率比较高的就是那些平时博人眼球的孩子。中等生在班级中并不那么显眼，因此家校沟通几乎很少。这也体现了老师和家长沟通的随意性大。

#### 4. 指向性单一

不管采用哪种交流方式，实质上老师往往从班级、学生的角度出发，忽略家长所处的境遇。沟通时基本上是老师在说，家长在听，老师和家长之间缺乏交流的双向性。

### （二）成因分析

现阶段家校沟通中，很多时候双方不愉快甚至出现情绪冲突，或许跟一方对另一方的境况了解不够所致，尤其对对方所处的压力与困难了解不够。而这样沟通的结果往往就会出现老师误以为家长不配合孩子的教育工作，或者家长误以为老师的工作很轻松的情况。归根结底就是家长不了解老师所担任的角色、工作内容、学生复杂性等问题，而老师没有深入了解家长在教育孩子中的时间、知识、方法、能力等具体困难。

### 三、铺平鸿沟，实现有效的家校沟通

结合当前家校沟通存在的问题，我认为提升家校沟通中教师的共情能力是一种有效策略。

#### （一）保持对家长接纳的态度

每个家庭、每位家长对孩子成长的期望都是不同的，有些要求、期望与学生的实际和我们的教育思想是不一致的。老师和家长沟通时切记用老师的身份向家长施压，首先要耐心倾听，从谈话中找到切入点和突破口，就事论事，讲道理、摆事实，以理服人。

小浩每次考试都能名列前茅，以前每次期末考试都能拿到三好学生奖状。但是，今年尽管他的分数特别高，却没有拿到奖状。妈妈气愤地拨通了老师的电话，开口就质问："老师，为什么孩子成绩好却没有获得三好学生，你给谁走了后门吗？"

家长的出发点是孩子成绩好，教师就应该给孩子发奖状，现在并没有发，是不是针对自己的孩子。面对愤怒质问的家长，如果我们老师也是相向而行，那么只会激化矛盾，让问题扩大。我的做法是：首先，我表扬了小浩一直以来学习上的勤奋踏实，成绩优秀。从一开始就获得家长的情感认同。其次，我又把学校评选三好学生的参考标准向她做了解释说明。孩子成绩优秀只能代表一部分，在其他方面还有很多不足之处。在肯定的基础上提出需要解决的问题，家长在心理上会认同老师的决策，更容易接受老师的建议。最后，小浩妈妈的语气终于缓和了，对于之前她认为只要学习成绩好，其他的都不重要的想法进行了否定。

#### （二）以家长的视角思考问题

"己所不欲，勿施于人。"这句话告诫我们遇事要懂得换位思考。教师表达共情要善于转换视角。在小浩的案例中，对于家长来说，就非常不理解老师的决定。分数高却得不到奖状，那期末考试的意义在哪里？某教育专家曾向社会各界教育工作者说要牢记两句话：假如我是孩子；假如是我的孩子。小浩妈妈虽然一开始出言不逊，但是站在"假如是我的孩子"的立场，换位思考后，教师应该用家长的眼光来看待她的情绪。

老师在理解家长的困惑和难处的基础上，和家长一起找出问题症结所在，提出可接受的、有建设性的建议，这样家长也会换位思考老师的出发点和工作难处，明白老师的用心。

#### （三）表达对家长的理解与支持

要实现真正有效的沟通，需要教师富有同情心，即要有"教育孩子大家都不容易"的理解。一般情况下，共情的最佳时机是家长情绪激动时，教师应在此时耐心倾听、理智判断、细微洞察家长内心的感受和想法，适时、适度使用肢体语言等表

达共情，走进家长的情感世界，让家长感受到教师的言行和自己同步，在教育孩子的理念上、实际操作方面与家长达成共识，从而形成教育合力。

（四）辅助家长进行正确的家庭教育

良好的家庭支持是学生健康成长的保障。回归小浩的案例中，如果因为没拿奖状回家，家长对小浩的教育陷入不理性的行为，会使孩子的自信心受到极大打击。交流的最后我请小浩妈妈要做好与孩子的沟通，明确告知学校的评价标准，及时疏导孩子的情绪。对于短板，督促孩子在下学期注意提高其他方面的能力，甚至可以考虑从家长方面对孩子的进步给予一定的奖励或者鼓励。

共情需要教师站在家长的窗口处理沟通中的障碍，敞开心扉去接纳家长、理解家长，在此基础上互相帮助，共同谋划，使家校双方达成共识、理解、信赖的良好合作关系，家校共育实现学生发展才能真正落到实处。

作　者　尹　婷　连云港市宋跳小学

连云港市家庭教育指导员基本功大赛一等奖

# 传统文化进家庭　成才路上德先行

在新时代的教育背景下，我国愈来愈强调家庭教育的作用和意义，家庭教育能够影响学生的性格养成，家长应该高度重视。在传统的教育观念中，教育是学校和老师的任务，很多家长忽略了家庭教育的作用。随着我国教育的不断优化改革，家庭教育作用愈加突出，特别是《促进法》颁布以来，越来越多的家长意识到自己在家庭教育中的责任和义务。不过，即便很多家长意识到了家庭教育的重要性，可在开展家庭教育时仍感到无从下手。在实际工作中我们不难发现，中华优秀传统文化中蕴含了许多教育资源，将中华优秀传统文化应用到小学生家庭教育中，这样可以有利于家长更好地开展家庭教育，帮助孩子养成良好的学习、生活习惯，促进儿童健康成长。

## 一、家校合作共同创建"书香家庭"

教师在教育领域更具有专业性，要引导家长重视家庭教育。家长在开展家庭教育的过程中，意识到传统文化是家庭教育的重要教育资源。教师要引导家长重视读书，可以通过开展家校读书活动，让家长意识到读书的意义和好处。学校可以为家庭进行示范，打造具有"书香之气"的学校，让学生能够在校园中养成爱读书的好习惯，能够让孩子将读书的习惯带回家庭，从而引起一部分家长的注意，让家长找到家庭教育的方向和目标。教师要与家长积极沟通联系，让家长了解读课外书不但能够丰富孩子的知识，还有助于孩子良好品德的养成，促进孩子智力和理解能力的提高，从而让家长意识到好的课外书（特别是优秀传统文化类）与课本教材都是能够促进孩子发展的"好书"。

学校还可以定期举行"书香校园"活动开放日，让家长和孩子可以自由地在校园中进行阅读活动。学校要引导家长意识到校园就是一个大的家庭，"书香校园"的开设可以让这样一个大家庭弥漫"书香之气"，让孩子从自由阅读中感受书本的力量，获得心灵感悟。倡导家长开展"书香家庭"创建活动。比如，学校举办"阅读经典"读书开放活动时，可以组织老师在校园中搭建阅读小亭并设置了"卡片阅读"游戏。学生和家长通过阅读卡片，回答老师的问题。如卡片上写着"三人行，必有我师焉"，要求学生先回答卡片的出处和意思，并讲述卡片内容带给你的感受，如学生讲述有困难，家长可以帮助完成。在学生和家长回答后，教师可以发放一张活动兑换券，学校可以在校园内设置奖励兑换点，在活动结束后学生凭借兑换券兑换相应的奖励，比如文具、书籍等，从而提高孩子和家长的参与热情。家长能够从活动中获得灵感，有助于家长在"书香家庭"中举办类似的小型阅读活动。

## 二、充分发挥家长学校引领作用

当下，很多学校已经成立家长学校。学校和家长可以充分利用家长学校，加强学校和家长之间的沟通互动，提供多形式的家庭教育方法，提高家长对家庭教育的重视和对传统文化的认识。家庭教育和学校教育的互相融合，能够促进双方的理解和配合，促进学生的全面发展。

家长和学校要针对家庭教育中存在的问题进行分析，针对优秀传统文化与家庭教育的结合展开讨论，共同探讨如何在家庭教育中培养孩子人格修养、传承中华家国情怀、传承良好家风家训、形成健康的家庭伦理道德观、培养孩子良好生活习惯的教育措施和方法。比如，家长学校可以就"树立诚信观念"这一主题展开讨论，制定教育方案，实现家校教育互动。学校可以在班会课上，给学生讲述有关诚信的传统文化故事。例如晏殊在考试时发现题目是自己才练习过的，为了公平向宋真宗报告更换题目，孟信家里很穷但不愿意把病牛卖给他人，最终得到皇帝赏识的故事，让学生从故事中树立诚信观念。回到家长，家长可以给孩子讲解有关诚信的成语，比如一诺千金、一言为定、言而有信等。通过家校联合，孩子能够更加深刻地感受到诚信的重要性，加深对诚信的理解，从而立志做诚实守信的人。

## 三、言传身教传承良好家风家训

在家庭教育中，家长必须修正己身，为子女做道德的楷模，用良好的家风熏陶子女的言行，这样才有助于家庭建立良好家风，培养孩子良好的生活习惯以及价值观、道德观。学校可以开展"家风、家训"宣传会，家长可以通过宣传会了解如何更好地建立和传承家风、家训，并在家庭中开展家风活动，从而提高孩子对家风、家训的认识和理解，更好地传承和发扬家风、家训。比如，家长在组织"好家风助我成长"家庭活动时，可以先让孩子"听家风"。家长可以给孩子讲述一些历史名人的家风故事。比如"侃母教子""岳母刺字"，让孩子认识到良好的家风对一个人品性和成长的重要作用；接着给孩子"说家风"，让孩子知道自己家的家风、家训。有的孩子在活动中了解到，自己的名字里含有传统文化中"仁义礼智信"的内容，到自己这一辈，已经是"思"字辈。家长可以告诉孩子，"思"字的内容是家里希望孩子在未来能够成为勤思敏学的人，从而让孩子感受到家庭对自己的美好祝福和期盼，并将这份祝福与期盼践行下去。

## 四、结合经典故事开展品德教育

传统文化能够涵养儿童品德。在家庭教育中结合传统文化，将品德教育融入家庭教育，有助于孩子良好品德的培养。我国自古把孝善文化视为人的道德基础，它也是我国的传统美德，孩子只有学会孝善，才能够真正常怀感恩之心，心存善念。因此，在开展家庭教育时，家长可以利用传统文化的经典故事、名著对孩子开展品德教育，让孩子能够受到孝善文化的影响。比如，家长可以和孩子一起阅读并给孩子讲解《三字经》，在读到"融四岁，能让梨"时，家长可以告诉孩子孔融让梨的故事，引导孩子在日常生活中要尊老爱幼。让孩子学习《论语》，使其明白"勿以恶小而为之，勿以善小而不为"的道理，让孩子知道要心怀善念，自己小小的举动可能会伤害他人，从而培养孩子孝善的美德。

此外，家长还可以通过传统文化中的经典道德故事，比如"程门立雪""千里送鹅毛""车胤囊萤""曾子避席"等，探索传统文化故事与现代家庭教育的切入口，将传统文化故事中有意义、能够与当下接轨的内容融入家庭教育中，从而培养孩子勤学、诚实、友善等多种品德。家长通过这种方式将传统文化故事融入家庭教育，能够促进孩子综合素质的提升，让孩子在传统道德故事中接受良好的品德教育，让孩子能够行孝善、懂感恩、诚守信、知礼节、晓谦让，培养孩子成为向善、向美之人。

家庭教育的开展，离不开家长和教师的共同努力，中华优秀传统文化中蕴含了丰富的教育资源。家长开展家庭教育的过程中利用传统文化的教育资源，能够帮助孩子养成良好的品德，锻炼孩子坚强的意志，以历史名人为榜样，从而成为更优秀的人。在此过程中，教师要做好辅助工作，帮助家长顺利开展家庭教育；家长要率先提高自身文化修养，为孩子树立文化榜样，从而帮助孩子更好地成长。

作　者　魏善春　连云港市苏光中心小学
　　　　　　　　　连云港市首届教育家型教师培养对象
　　　　史正宇　连云港市苏光中心小学

# 微信平台助力家校合作

苏霍姆林斯基说："没有家庭教育的学校教育和没有学校教育的家庭教育，都不可能完成培养人这一个极其细微的任务。"由此可见，学校在教育教学过程中，需要社会的支持与合作，特别需要家庭教育的支持与合作，家庭教育是学校教育不可分割的组成部分。传统的家校合作方式受我国升学制度的影响难以取得效果，通信技术的飞速发展为网络平台家校沟通提供了可能。微信作为应用较为广泛的社交工具，为家校沟通提供了更为广阔的渠道，如何有效利用微信平台进行家校沟通值得我们去实践与探究。

## 一、家校合作中存在的问题

### （一）沟通时间受限，缺乏长效机制

由家校合作日常工作情况可以看出，当前教师和家长的合作交流通常是为了更好地了解孩子的学习情况与纪律表现。只有在孩子的思想表现或学习出现问题时，教师才会主动和家长进行沟通交流，双方的沟通交流只是为了解决某个问题。同样，教师与家长的沟通交流也受到工作时间的限制，只能针对问题进行短时沟通交流，并没有形成长效的沟通交流机制。孩子的教育问题是一个长期的工程，需要家校双方长期合作才能取得较为理想的效果。

### （二）沟通内容偏窄，交流深度不够

当前家校合作交流只是涉及学生出现异常情况，如学习成绩下滑、违反校纪校规等，家校沟通内容偏窄，没有考虑非智力因素和学生能力的培养。家校合作沟通交流所涉及的是全方位的，既可以是思想品德和身心健康，也可以是行为习惯、兴趣爱好，还可以是人际交往等。家校合作沟通交流过程中还存在只是简单了解现状，而不挖掘现状背后的实质，这与教师缺乏必要的家校沟通专业知识或认识不到位有一定的联系，造成沟通交流不够深入。教师、家长的沟通交流深度不够，只是停留在表层，家校合作交流内容缺乏针对性和系统性，内容偏窄，缺乏深度。

### （三）沟通形式单一，交流缺乏热情

家校合作最常规的是家长会、接送孩子时的交谈和家访等形式。这些家校合作形式较为省事、便捷，但在交流时往往是老师滔滔不绝地讲，家长大多是"听众"，且这样的交流间隔时间较长，沟通交流形式过于单一。家校合作是双方针对一个问题表达各自的观点，这是行之有效的沟通与交流。但大多情况下，教育孩子的主动权掌握在学校和教师的手中，家长无法自由表达和参与到学校教育中，只是被动地

接受"合作"，久而久之造成家长对合作沟通没有兴趣，使得家校合作的互动热情骤减，沟通交流缺乏热情。

### （四）沟通地位不平等，合作意识不足

众所周知，平等合作才能发挥最大效益，而在当前的家校合作交流中，家长和教师的合作地位是不平等的，双方缺乏相互的理解与体谅，没有进行换位思考。在实际工作中教师自认为是教育孩子的主导，家长应无条件支持学校工作。而家长则认为把孩子交给学校，在校出现问题应该由学校负责，一切问题都应由老师承担。沟通地位的不平等导致双方没有达成合作共识，使得沟通交流达不到预期的效果。只有双方平等交流才能实现教育合力，提高合作效果，助力孩子健康成长。

## 二、微信平台助力家校合作的策略

### （一）合理设计平台，调动参与积极性

班级微信平台的用户对象是家长、学生和教师，在设计班级微信平台时，应形式多样、内容丰富、色彩鲜艳而不过于花哨。在设计班级微信平台板块界面时，根据人体学原理，对字号、颜色以及板块内容进行合理设计，力求符合人们的视觉习惯。在平台设计时可以设置家长用于增长家庭教育知识的板块，学生用于展示个性化发展、兴趣发展和课业辅导等内容板块，教师用于班级事务、学生管理等事项的板块。这样精心设计的微信平台，无论是学生、家长还是教师都能在上面展示自己的风采，特别是家长通过微信平台能够把自己的育人理念和经验与教师及其他家长进行分享，这样他们就能参与到家校合作共育中，参与积极性可以充分得到调动。

### （二）平台资源共享，丰富家校合作内容

随着社会的进步与发展，无论是家庭还是学校对教育的重视程度越来越高，特别是在教育主管部门对学生综合素养发展的要求下，学生的全面发展越来越受到各方面的重视。当下独生子女居多的家庭中，孩子的个性和自我娇惯也是见怪不怪，我们可以利用微信平台来克服传统沟通交流存在的弊端。

首先，微信平台可以分享家长、教师教育孩子的育人之道，不受时间和空间限制，这就克服了传统沟通交流的时空界限问题，也解决了家长与教师平等交流的问题。

其次，微信平台沟通交流不是面对面的交流，家长可以消除面谈的尴尬，把自己在家庭教育中的困惑通过平台讲出来并寻求解决办法，更新教育理念，丰富沟通内容。

最后，微信平台的展示功能可以将优秀作业进行展示，激发家长、学生参与积极性。而每日作业推送可以让家长督促孩子完成，也较好解决了低年级作业布置问题。同时家长与孩子共同学习还能促进亲子关系，拉近彼此的距离；而家校合作交流内容充实而有效，育人效果显而易见。

（三）有效利用平台，提升家校合作效果

网络平台信息容量大、管理难度大的特点也让微信平台的管理与使用产生一定的困难。在有效利用班级微信平台时，我们要做到科学、合理地使用平台，提升平台使用效率，促进家校合作。

第一，科学制定规则，有效使用平台。微信平台不受时间、空间限制，这就可能出现家长、教师随时发布信息，而过多的信息会使重要信息遗漏的现象。所以要规定平台信息只局限于家庭教育交流，而无关信息不能随意发布，同时控制人员和信息量的发布，防止信息量过大。

第二，重要信息定时发布，提高平台效率。为了提高平台使用效率，对于常规的信息发布要定时。如作业的推送、重要活动的通知等要规定发布时间，作业推送在每天放学后30分钟内完成，重要通知于每天21点前发布，这样便于家长及时掌握督促学生完成情况和重要通知的内容要求，提前做好准备，从而使平台使用效率得到提升。

微信平台作为一种全新的家校合作交流平台，有优势也有不足。这就要求教师要提升平台沟通交流的优点，降低平台交流的不足，充分利用好微信平台这一全新的沟通交流形式，转变教师、家长的育人理念，换位思考，共同提升家庭教育知识和技能，促进学校、家庭共同育人效果，促进孩子健康、快乐成长。

作　者　莫延翠　连云港市久和实验学校
　　　　　　连云港市家庭教育指导员基本功大赛二等奖

# 撷取书的芬芳　酝酿读的香甜

乡镇学校的孩子不少是留守儿童，阅读习惯和阅读体验是怎样的呢？我们从"小中高年级学生对课外阅读的兴趣""课程标准推荐书目阅读情况""教师对学生课外阅读指导情况""家长学历层次高低对学生课外阅读指导情况"4个方面对某乡镇的8所小学（其中有2所中心校，4所完全小学，2个教学点）展开调查。通过调查发现：目标乡镇的两所中心校都开展了课外阅读活动，设立了读书节，向学生公示了新课标课外阅读推荐书目。但只有约三十分之一的学生基本购齐了这些书目并正在阅读。有2所完全小学没有向学生宣传新课标课外阅读推荐书目，学生大都处于盲目购书和读书状态。2个教学点的大多数老师都不了解新课标推荐的书目，更不要说向学生宣传了。

家长对学生的阅读指导与家长的学历层次成正比。文化层次越高的家长，对孩子的课外阅读指导越明显，而家长不识字或识字不多的，对孩子的课外阅读的关注程度越低。

## 一、乡镇小学语文课外阅读的现状分析

乡镇学校的课外阅读，由于客观条件、主观认识等方面的原因，存在着如下一些问题。

### （一）课外阅读资源相对不足

几乎所有被调查的乡镇学校的班上都没有真正意义上的图书角，学生个人藏书严重不足。在内容选择上，学生课外阅读的书籍主要是学习辅导类、童话故事类和漫画卡通类等。

### （二）家长不重视，学生家庭中很难形成良好的文化氛围

相当一部分家长急功近利，希望课外阅读能立竿见影，可以迅速提高孩子的学习成绩或作文水平。而不少学生受家长的影响，对课外阅读同样带有很大的功利性，他们就是冲着能提高学习成绩、作文水平而读的。由于自身素质的局限，家长普遍缺乏阅读习惯，亲子阅读经历极少，不能给学生树立身边的读书榜样。

### （三）学生的课外阅读无指向性

学生课外阅读的兴趣不浓厚，主动性不强。越到高年级，喜欢课外阅读的学生越少。遇到困难，有相当一部分学生采取的是放弃与逃避，而不敢正视。导致这种情况的出现，原因主要有三：一是因为越到高年级，学生的学习压力越大；二是家长与教师对课外阅读的片面认识与要求导致学生丧失阅读兴趣；三是受到充满神奇、幻想的影视，特别是动画片的巨大影响。

### （四）学生课外阅读畏难情绪较大，能力较低，方法不多

调查发现，不少学生能够用一些常见的读书方法，但是，他们的思考程度不高，能够综合运用的也很少。即使是高年级的学生，相当一些人也不愿采用写读书笔记、写读后感等语言内化与思考程度要求较高的读书方法。

## 二、乡镇小学语文课外阅读的方法指导

### （一）多加宣传：阅读的作用是无穷的

我们应该利用多种渠道向学生和家长进行广泛宣传，让大家明白阅读的作用是无穷的。对于家长，我们可以通过家长学校授课、家校通平台、当面交流等形式，让家长懂得孩子的精神成长与阅读息息相关。通过阅读，可以让孩子变得更加智慧；通过阅读，可以让孩子改变品位和气质。

### （二）转变认识：再小的孩子也可以阅读

那些有意识对孩子进行早期阅读的父母，可能会面临另一个问题：合适儿童的读物有限。在发达国家的儿童阅读中，孩子们常常是通过社区图书馆而不是家庭来

获得课外读物的，这对优质儿童图书购买的投入也是最经济、最有效的。各种和学习有关的书籍是课外阅读的主角，而那些优秀的儿童文学作品，应该成为少年儿童阅读的主流。

(三) 帮助选择：从关键因素入手指导课外阅读

1. 读本是进行阅读活动的媒介

合适的读本能够有效地促进儿童进行课外阅读，合适的读物应当略高于儿童现在的水平，这样才能推动儿童阅读能力向前发展。为小学生选择的读本仍需配插图，并要注意趣味性。随着年级的增高，小学生课外读本的图文比例应逐渐缩小，读本类型也应逐渐多样化，除了图画书、故事书外，还可以选择漫画、寓言、诗歌、童话、散文、小说等。

2. 帮助教师或父母更快捷地找到合适的课外读物

教师、父母、学生之间要分享与交流。教师可以邀请一些选书经验丰富的父母和高年级学生协助自己选择读本。当然，教师也可组织全班学生进行讨论，选出一些合适的书籍。

3. 阅读环境的创建是有效阅读的条件

在家庭中，指父母能够提供给儿童自己的书房或者某一块专门用来阅读的区域；在班级中，在条件允许的情况下，在教室里建立班级阅读区；而在学校里，图书馆的环境布置、书籍陈列的方式都要利于学生有效阅读，等等。

(四) 开展活动：激发学生的阅读兴趣

要想使学生树立良好的阅读意识，就需要开展丰富多彩的读书活动，引领学生走进文学天地，领略文学的魅力，丰富自己的人文素养，提升自己的审美和创造能力。

1. 开展争当"阅读之星"活动

组织学生参加争当"阅读之星"活动，引导中低年级学生培养爱读书的兴趣，建立良好的阅读习惯；引导高年级学生培养对阅读的热爱和追求，学会读书。

2. 设置"书香校园班级读书展台"

构建班级间读书交流的平台。展台每月由各班向本班学生组自己读书的故事、读书心得、读书推介等方面的稿件，然后由班级编委会组织编辑手抄报并在展台中展出。

3. 举办读书节

学校针对各班实际，制定各年级的"必读书目"和"推荐书目"，强调以古诗词、经典美文、童话、寓言、科普读物、历史等书籍为主，并要求各班制订相应的读书计划，保证读书的时间和质量，共同做好读书活动。

4. 成立文学社和广播站

创办文学社，开辟广播站，给热爱文学的学生一个交流的场所。开设阅读鉴赏方面的讲座，给学生讲解一些有关阅读、鉴赏、感悟、评论的方法，帮助他们学会"真正意义上的阅读"。

不管是教师，还是家长，都应尽我们的努力为孩子的课外阅读保驾护航。让我们乡镇的孩子也能向大城市的孩子一样徜徉在书海中，积累知识，亲近母语，陶冶情操。他们会在阅读中找到向上的人生路。

作　者　许　敏　连云港市久和实验学校
　　　　　　　　　江苏省"师陶杯"论文竞赛二等奖
　　　　　　　　　连云港市中小学高层次人才"新333工程"骨干教师培养对象
　　　　　　　　　连云港市新课改领航教师

# "微"聊沟通　激活家校共育磁场

随着家校沟通环境的改变，以微信平台为主的家校沟通为新时代儿童教育带来了新的契机。通过对当前家校微信沟通中存在的现状问题进行分析研究，对教师在家校微信沟通的技能方面进行多维度研究与探索，以实现家校微信沟通的高效性。

在这个信息时代，微信不只是普通的社交软件，还逐步成为家校沟通的媒介，如何用微信保持家校沟通的顺畅研究迫在眉睫。

## 一、关注家校微信沟通现状，明晰沟通误区

### （一）沟通动机的单一性

家校沟通的动机一般产生在孩子出现问题时，家长很少主动与教师进行沟通。教师会与家长主动沟通，一般是因为学生在校表现欠佳，出现违反学校制度或是课堂纪律，即学生在校园生活的某个方面存在问题时，才会主动与家长进行沟通。

### （二）沟通内容的片面性

在家校沟通中，部分家长、教师存在重智育轻德育、重分数轻能力的现象，沟通的内容多偏向于分数。这种现象与我国的教育方针提出的培养有理想、有道德、有文化、有纪律的"四有"新人相违背。

### （三）沟通提问的随意性

伴随着微信沟通带来便捷的同时，沟通中的"随意性"现象也随之显现。有些家长在沟通时不考虑时间的适合性，缺乏逻辑性和计划性。面对家长的随时发问，教师会因为进行课堂教学而无法及时回复。家长面对教师的沉默，认为教师不负责任，对家长的问题不够重视，在一定程度上造成家校间的矛盾。

（四）沟通情感的排斥性

对于学生而言，他们认为家校间的沟通往往是相互"告状"，互相反映孩子缺点的行为。特别对正处于青春期阶段的孩子来说，一些指责容易致使他们产生逆反心理，这与融洽青少年的心理健康原则相违背。部分孩子对家校沟通较为反感，对其具有排斥性。

## 二、多管齐下，实现家校微信沟通的高效性

（一）树立家校协同育人的观念

苏霍姆林斯基认为最完备的教育是家校的结合。家校共育的目标是为了孩子全面发展。家校沟通中，教师与家长应相互合作、相互配合、共同努力。

1. 去除权威性，实现家校共情

在家校微信沟通中，不少家长认为教师处于"领袖"地位，教师是话题的引导者。家长在面对教师存在命令式、指示性的语气表达时，感受到教师身上的"唯我独尊"，自然对沟通产生反感与抵触，不利于沟通的进行。因此，教师在进行家校沟通时要多倾听家长诉求，在家长提出困惑后，教师再进行针对性交流，让家长感受到被尊重，实现家校沟通中双方的共情。

2. 去除偏见性，实现沟通平等

在家校微信沟通合作中，发现教师与家长间仍存在两极分化的现象。部分家长能时刻关注教师发布的信息，积极配合，及时沟通；部分家长认为教育学生是教师的工作，坐等教师单独联系；还有部分家长认为教师普遍偏爱成绩优秀的学生。长此以往，互相猜忌不利于双方的有效沟通。针对这一现象，学校德育处可以对家长开展多种线上教育课程培训，使家长与学校的教育理念及沟通方向趋向一致，实现双方沟通地位的平等。

由此可见，家校微信沟通双方需要树立共同的育人观，相互尊重，推心置腹地交流与解决问题，以实现沟通地位的平等。

（二）提升教师家校沟通的技能

随着时代的发展，家校微信沟通的作用也越来越显著。面对文化程度参差不齐的家长和结构复杂的家庭，教师只有提高沟通技能，才能在家校间架起一座沟通的"心桥"，让家长成为学校教育的拥护者和支持者。

1. 用欣赏的语言感化家长

"良言一句三冬暖，恶语伤人六月寒。"在家校微信沟通时，教师要学会挖掘孩子的闪光点并予以肯定，让家长感受到教师的善意。家长愉悦轻松的心情更助于接受孩子身上的缺点与不足，利于交流的延伸，促进家校沟通的成效。

2. 用平和的情绪感染家长

在家校微信沟通时，家长从教师的文字和语气中感受到的情绪直接影响了家校

沟通的效果，这就需要教师学会控制自己的情绪，让家长放下心中的防备。教师要注意使用礼貌用语，语气要温和，遇到不配合的家长也要耐心引导，让家长在教师平和的情绪中感受教师的用心良苦，进而积极配合教师工作。

3. 用精准的语言感动家长

在家校微信沟通中，教师要做到因人而异。面对文化程度高的家长，教师可以进行先进教育理念的交流。面对留守儿童的祖辈家长，教师要用简短、通俗易懂的语言进行交流，便于家长的理解与接受。教师要根据交流对象及时调整语言，做到精准交流，达成有效沟通。

（三）尊重孩子的地位

孩子是家校微信沟通的主体，是教育的对象，也是家校微信沟通的最终指向。然而不少孩子认为家校沟通是对其行为的监视与批判，体现不出其沟通主体地位。

1. 加强亲子沟通，尊重儿童意愿

亲子沟通是实现借助家校微信沟通解决问题的必要前提。家长要尊重孩子意愿，给予阐述事实的机会。在被尊重中，孩子才会表达自己的真实想法，利于问题的解决，进而有助于家校微信沟通的有效性进展。

2. 拉近师生关系，凸显学生地位

面对教师，学生无形中就会产生敬畏心理。面对学生产生的问题，有些教师过于武断，不给学生解释的机会，直接下结论，即伤害了学生的心灵，又影响了师生的和谐关系，更不利于家校沟通。

3. 实施多元评价，加强主体地位

家校微信沟通评价具有局限性，导致学生在家校微信沟通中缺失主体地位。教师在关注学生的成绩的同时，还应关注他们的课堂表现、个性发展、道德品质等方面的评价，实现评价方式的多样化。

家校微信沟通搭建起连接家庭和学校之间和谐交流的桥梁，使家庭教育和学校教育形成教育合力，为学校教育工作的顺利进行保驾护航。教师和家长要不断加强理解自己的义务与使命，不断提升自己的教育理念，不断更新沟通内容，使家校教育为培养学生全面发展的目标共同努力，实现家校沟通的价值，让这座"微"聊沟通桥梁更加坚不可摧。

作　者　张　琦　连云港市塔山中心小学
　　　　　　　　　连云港市家庭教育指导员基本功大赛一等奖
　　　　　王　平　连云港市宋庄中心小学
　　　　　　　　　连云港市家庭教育指导员基本功大赛一等奖

# 特殊事件的有效干预

幸福的家庭都一样，不幸的家庭各有各的不幸。现在的中国，经济发展已经走在世界前列，人民的各方面水平均有所提高。天有不测风云，突如其来的不幸可能会降临到正常的家庭。因为正常家庭，会被突然来临的灾难或者突发事件弄得措手不及，如果应对不及时，人们的心理、身体、经济等各方面都很难接受。尤其是心理，有可能会崩溃，这严重影响家庭关系和社会关系，甚至影响下一代的健康发展。所以，如果遇有特殊事件，我们应从以下方面对其进行干预。

## 一、特殊家庭的干预策略

### （一）危机干预

临时性援助一般针对的对象是遭遇突发事件，比如火灾、车祸等重大事故；或者是家人突发严重疾病，严重影响其基本生活，家庭难以为继；又或者生活必需开支骤然增加，如生育、求学等情况，导致家庭经济不堪重负。

临时性救助的申请一般具有突发性、急难性、临时性等特点，必须及时对其进行主动的人为干预措施，不然可能造成无法挽回的经济财产损失或对家庭造成无法弥补的严重后果。因此，社会工作者在面对申请临时性援助的情况时，应当主动采取危机干预措施，落实责任意识、担当服务意识，以保障服务对象的生命安全。

### （二）外展服务

社会工作组织机构或社会工作者，根据了解到的情况积极开展外展服务。作为需要受援的家庭，应及时与社会组织机构及社会工作者联系，提供相关材料，以便得到应有及时的援助。

### （三）机构求助

如果是未成年人、老年人或者残障人以及行动不便的人士等来求助时，社会工作者还要加以引导并且协助将其护送到当地的援助机构；对于有突发疾病的人士，要首先确保其生命安全，然后立即通知急救机构。机构援助包括基本生活安置以及行为思想引导与矫正。流浪、乞讨人员缺乏基本的生活条件以及生活技能，因缺少谋生手段无法保障自己的基本生活。救援机构首先要做的就是给予他们生活上一定的帮助。除了物质上的援助外，还要对其进行劳动教育、心理引导，减少其懒惰的心态和依赖社会的念头，以矫正其不当言行，帮助其分析自身的优势和缺陷，引导他们独立自强，靠自己的双手走出困境，用努力和奋斗迎接新生活。

### （四）教育援助

一是提供教育机会。国家对还处于义务教育阶段求学的最低生活保障的家庭成员、特困供养人员等给予特殊的教育帮扶；同时为在中学（含中等职业教育）、普通高等教育阶段就学的人员，以及不能入学的残疾儿童提供相应的教育援助。社会工作者需要对援助对象的家庭情况进行深入且广泛的了解，准确洞悉援助对象对教育援助是否有新的需求，要实时缓解困境，帮助申请政府提供的教育援助计划，使处于贫困状态的孩子能够获得平等接受教育的机会。对于孩子们来说，接受教育是一个改变个人和家庭命运的机会，对于社会来说，这也是促进社会健康发展的重要渠道。

二是提供教育补助。针对困难家庭学生教育救助在内的教育资助体系共分五个层次，即"奖、贷、助、补、减"。所有这些资助，困难家庭的学生都可以享受。所谓奖，即国家以及学校设立奖学金，支持学习成绩优秀但家庭较为困难的学生，通过贫困认定，对其进行学期或学年性的奖励。所谓贷，即金融机构针对高校困难学生开展的各种助学贷款以缓解他们求学期间的经济压力。所谓助，即政府通过学校发放助学金，同时学校设立勤工俭学岗位，学生可以通过工作获得一些收入。所谓补，即政府每年拨出一定的专款用于困难学生的生活补助，高校也会从所收学费中提取一定比例的资金，进行贫困学生的帮扶工作。所谓减，即针对经济困难程度不同的学生进行减少或者免收学费的措施。教育救助根据不同教育阶段需求，采取减免相关费用、提供助学金或是生活补助、为同学提供勤工俭学的途径等方式，保障受助对象基本学习和生活状态。在为贫困大学生提供生活救助的同时，社会工作者也可以鼓励他们多通过学校、政府提供的平台进行勤工俭学，在改善生活的同时增强能力，培养必要的生活技能。

三是关注心理能力建设。在儿童和青少年接受教育帮扶时，社会工作者要注重孩子们的心理建设，给予积极的鼓励以及正向的支持，使其认识自我、了解自我、接纳自我。了解情绪，学习如何控制、管理情绪，保持积极乐观的心态。引导在学习、人际交往、社会适应的过程中，更好地调适自己，解决困惑。为自己设定目标，鼓励青少年积极参加社团活动，多与同学交往；引导青少年多用积极的态度看待自己的生活境遇，快乐地学习和生活并获得自我成长。

## 二、特殊家庭的干预成效

在政府、社区、学校、家庭的共同努力下，对多数特殊家庭基本完成了服务目标，实现了助人目的。

### （一）服务对象重拾信心

在干预辅导过程中，社会工作者让服务对象设想以后生活可能遇到的各种困难和挫折，使服务对象明白事件的不确定性。通过合理的指导，服务对象会变得乐于沟通以及主动，遇到解决不了的问题或是疑惑时会主动找到社会工作者寻求帮助。很多有效资源被合理利用以促进服务对象个人的身心发展，使家庭和谐度得以提升。

### （二）服务对象重见天日

在近十年的时间里，社会工作者跟踪了近 10 个特殊家庭的干预情况，见证着服务对象的变化。尤其是一个在 4 岁患上神经性脊髓炎的孩子家庭，因为孩子突发疾病，母亲一度崩溃，整日以泪洗面，在一系列的积极干预下，母亲从开始的低头逃避，到如今见人笑眯眯主动问好；从开始的不想说话，到现在能对着镜头讲述自己的努力和女儿的成长。母亲前年还被评为"中国好人"，现在上高二的女儿的表现也从侧面展示出服务对象家庭的变化。女儿银铃般的笑声，阳光般的笑脸，真的就像卫宣利笔下的"番茄太阳"。女儿曾被评为市"好少年"。

### 三、特殊家庭干预的思考

在对特殊家庭干预后，帮扶对象和其家人都给予了社会工作服务者很高的评价，对社会工作者服务的专业度以及提供的帮助很满意。

社会工作者在干预指导过程中始终坚信帮扶对象的优势以及被影响和被改变的可能性，从正向视角出发，不停地给予激励以及引导。在服务过程中，良好关系建立的前提也是解决问题的关键，干预过程中协助和激发服务对象思考，时刻尊重帮扶对象，尽可能地接纳和关注帮扶对象。积极有效地利用和整合各方资源，让特殊家庭快速适应，过上正常的生活，让社会更和谐。

作　者　黄　艳　连云港市罗阳中心小学

# 走近弱势群体的心理
## ——基于小学英语学困生的教育对策

农村小学生英语学习弱势群体心理需求的共同特点：一是渴望得到尊重和帮助；二是渴望得到进步和赏识；三是渴望得到体验和成功。本文将从分析农村小学生英语学习弱势群体的个体共同心理需求特点入手，探讨并提出相应的教育对策。

### 一、弱势群体心理需求分析

#### （一）弱势群体类型

根据"弱势群体"的科学界定，本校弱势群体可以分为两类。第一类是后进学生。后进生的学习态度不端正，自控能力薄弱，学习行为习惯差，但不能严格要求自己，会不时地体验到学习的失败，缺乏积极的成功体验，更缺乏信任及关爱，使他们在生活学习中时刻充满着强烈的自卑感，这些自卑感在行为和语言上都有很明显的体现。第二类是留守学生。这类学生的爸爸妈妈在外打工，且打工地离家非常远，他们常年寄宿在爷爷奶奶家或外公外婆家，其祖辈人的文化水平不是很高，大部分连初中都没有毕业，加之家庭琐事非常繁多等诸多原因，导致与孩子不能进行有效的思想交流。当家长、班主任、任课教师，还有学校的心理老师发现问题的时候，却始终无法有效及时地解决，导致孩子出现各种各样的心理等方面的问题。

（二）弱势群体现状

农村小学生英语学习弱势群体的形成受到心理因素、环境因素等影响，其英语学习现状表现为：一是求知欲低下，无学习英语的持续动力，作业拖交；二是英语学习中遇到困难时容易产生自卑感；三是思维迟钝，观察力弱，知识往往缺乏系统性和条理性。主要有以下几种表现：

自卑。有些学生在班里情绪低落，不敢举手发言，在老师与同学面前不敢大声说话，考试后经常沉浸在无限的自责当中。这类学生往往大多数成绩比较落后，精神状态萎靡。

自傲。有些学生自以为是，不把老师和同学放在眼里，更有甚者，上课时不听讲、捣乱，直接抄袭其他同学的作业，还有的直接让其他同学代写。这类学生常常是基础比较好，头脑十分灵活，但是聪明反被聪明误，结果是自己害了自己。

## 二、弱势群体心理需求应对

（一）尊重和帮助个体

要尊重学生个体心理差异需求，适当把握教学的基本要求。从历史角度来看，很多杰出的、著名的人物可能在学校中备受煎熬。爱迪生在遭受了很多冷眼后被迫退学。爱因斯坦在十岁前还没有学会认字。还有著名作曲家帕格尼尼在考试中成绩极差，不及格是常有的事情。还有成千上万的学生在学校里总是以失败告终，什么事情都做不好。人的潜能是非常巨大的，用有效的方法就会得到比金子还贵重的财富。人际关系也具有教育功能，这是值得重视的问题。良好的师生关系，和谐的生生关系可以激励学生主动地学习各类文化知识。知识何其多，需要刻苦努力地去学习。例如，教师把四年级上册 Unit 1 *story time* 部分布置成学生们常见的真实的场景：把课文中静态展会变为动态的，由静变动，有语言表情，使视听更形象清晰。通过多次反复的视听练习，理解了语言要表达的丰富情感，这样学生才会争先恐后地抢着要进行表演模仿和背诵。

（二）赏识和激励进步

表扬犹如美丽的阳光雨露，使学生因为得到教师的表扬产生喜悦，有时还会产生出人意料的期望效应。例如，在教学部分单词时，利用多媒体白板设计单词的情景，学生们会集中注意力，争先恐后地举手。值得注意的是，在实践操作过程中，光有表扬是远远不够的，相应的惩罚也是应该有的。恰当的惩罚措施能让学生认识到自己的错误。对后进差生给予适当的惩罚，利于锻炼他们的意志力。有表扬就应有相应的惩罚，没有恰当的惩罚教育是不负责任的、不完整的教育。教师作为学生学习的引领者，积极的评价在学生心目中占据非常重要的位置。所以，在教学中老师应注意控制自己的语言和行动，以鼓励、支持和帮助的态度对待学校中的"弱势群体"。

（三）唤起和体验成功

小学生英语学习弱势群体中的个体非常渴望成功与平等，非常渴望得到老师的帮助和关心。弱势群体与优势群体之间还有一定的距离，但是仍然有很大的发展潜力。增强学生的学习信心，形成良性循环。例如，在四年级英语下册 Unit 5 B 部分中，用多媒体白板把文中人物制成生动的动画，教师把学生们带来的物品在屏幕上展示，并由他们向同学们做介绍。这种利用多媒体白板创设"唱一唱，说一说"的教学方式使学生们更轻松了，每个孩子都能参与，他们能说、会说、喜欢说，特别是弱势群体小学生也能尝到成功的快乐，较轻松地把内容记住。下一步才是如何引导他们把这种快乐的体验转移到学习上，进一步激发他们的学习兴趣，这才是转化"弱势群体"的关键之处。

### 三、弱势群体心理需求反思

（一）心理需求教育成果

曾记得有位学生的英语成绩很不好，考试成绩每次都不超过 45 分，是我班英语学习弱势群体中比较典型的一例，他有学习自卑、畏惧、失望等不良心理倾向。小学生英语学习弱势群体中的个体各有优点：有直率的、有热情的、有艺术天赋的。经分析发现，这个学生喜欢体育运动，老师推荐他做班级体育课代表。在他的带领下，班级在每次体育活动中都取得很好的成绩，老师每次都充分地肯定他，这些成功点燃了他的自信心和进取心。这个学生克服了 26 个字母写不全、"四会"单词句型"拦路虎"，通过自己的努力，学习成绩上升至班级中上游，微笑逐渐浮现在他的脸上，他高兴地说："敬爱的老师，我今年要上初中了，谢谢您！"

（二）心理需求教育尊重

在新的形势下，面对新课程，教师要培养英语学习"弱势群体"中的学生的自信，使他们充满希望，而不是厌倦、自卑、畏惧、失望。小学生英语教育要让学生真正获得成功，笔者在分析农村小学生英语学习"弱势群体"的个体心理需求后，认为要积极关注学习者过去的成长经历。没了情感，一切教育无从谈起，特别是对于我们的小学生英语学习的弱势群体而言，给他们更多的爱比提高他们的英语成绩更能使他们感到有尊严、有信心。让我们大家一起努力，给予小学生英语学习弱势群体更多的尊重、帮助，并养成转化小学生英语学习弱势群体与培养小学生英语学习优势群体同样重要的教育理念。

作　者　许娟娟　连云港市新坝中心小学

# 时代变迁对家校沟通赋予的挑战

《教育部关于加强家庭教育工作的指导意见》中指出："充分发挥学校在家庭教育中的重要作用，强化学校家庭教育工作指导……，将家庭教育工作纳入教育行政干部和中小学校长培训内容，将学校安排的家庭教育指导服务计入工作量。"由此可见，"家校共育"是目前社会上比较热门的话题。尤其是现在独生子女越来越多，如何较好地实现中小学"家校共育"就显得更为迫切和重要。

了解学生是班主任教育好学生的前提和基础。一个班级的孩子来自不同的家庭，所接受的启蒙教育环境千差万别。魏书生老师说："一个班级就是一个世界，一个学生也是一个世界。每个学生来自不同的原生家庭，造就了不同孩子的性格、不同的学习能力。作为教师，必须容纳学生个性的千差万别，才能塑造不同类型的学生，让每个家庭扬起教育的风帆。"

【案例呈现】

刚接这个班时，我像以前一样，对全班每个孩子都充满一样的信任、一样的期待，对于我、对于他们，都将是全新的开始。

我们班级的杜名（化名）同学，是个名副其实的虎头虎脑的学生。开学时，他的家长特意找我谈了他儿子的情况："他从来不做作业，他也没有能力做作业，我们家长也不要求你们老师能让我的儿子学到多少知识，只是你们老师不嫌弃他就行了，真的不好意思，我儿子给你添麻烦了……"

有了杜名家长给的情况介绍，再加上我的懒惰抑或是有依赖的思想，我对杜名确实是"宽容大度"，他做作业也行，不做作业也和我没有关系。在教室里，只要他不影响我的教学，不影响其他学生的学习就万事大吉了。当然他若是交了作业我还是比较负责任，细心帮他批改，不到位的让他补做，但大部分时候他是完不成的。但说实话，杜名要么不写，要么写出的字很好看。

又是一年春来到，新的学期开学了。杜名和其他同学一样来到教室报到。第一天写习字册，杜名在认真地写，下课了，别的孩子都出去玩了，但我看到杜名还在那里认真地写，终于在下一节课上课之前完成了习字册作业。他高兴地把习字册交到我手中。我接过来，笑着对他说："不错呀，杜名，能按时完成作业了，看，'植树的植'写得多漂亮呀!"听了我的话,他似乎手足无措,不好意思地跑回座位。

我在想:杜名为什么听了我的表扬后会那样手足无措。是因为他听到这样话语的机会太少了吧。

第二天,当我来到杜名的组检查作业时,杜名把作业高高地举到我面前。我接过他的日记本,他的日记竟然写了半页纸。虽然他的日记内容我看不懂,但我看到杜名的每个字都写得那样认真。我仿佛还看到杜名前天晚上写日记是那么认真,他为了完成日记,昨晚写了那么长时间,甚至,家长催促他睡觉他都不肯,他要完成老师布置的作业——写好一篇日记。

【自我反思】

刚开始时,我会对杜名同学"另眼相看",主要原因还是孩子的家长对我灌输了"对孩子失望的"思想,我没加以有效辨别。试想:家长对教育不自信,所以,班主任老师有必要了解每个孩子的家庭情况,努力使每个家庭扬起教育的风帆。

孩子都会有不足或者犯错的时候,但孩子的父母不能主动放弃对孩子的鼓励,作为教师,不能让家庭失去扬起教育风帆的勇气。过去的不足与错误就代表以后犯错的极大可能性吗?这不公平!

反思我们教育者与家长的行为,一味急躁和简单武断只会打击学生认识和改正错误的信心,甚至会因为老师的态度又对犯错的行为推波助澜。如果您是一位教师,要相信小朋友的能力。教师眼中之"坏蛋",倒是一个真的爱迪生……少骂几句坏蛋;社会、家庭给学生进取、改正错误的机会;相信您的学生;认真倾听学生的话,多点尊重,多点理解,多点宽容……

苏霍姆林斯基说:"对一个学生来说,'五分'是成就的标志;而对另一个学生来说,'三分'就是了不起的成就。我们做老师的不可能把所有学生都培养成科学家,但我们要通过自己的教育教学,使学生在原有的基础上提高能力或知识。

我国的著名教育家陶行知先生说:"真教育是心心相印的活动,唯独从心里发出来,才能达到心的深处。"是啊,要想赢得学生的喜爱,我们要懂得学生们心理活动及思想感情,我们老师和家长要怀着一颗童心走进学生的心灵世界,开启学生的心灵之门。只有亲其师,才能信其道。

陶行知先生说:"你的教鞭下有瓦特,你的冷眼里有牛顿,你的讥笑里有爱迪生。"尊重学生还要学会欣赏,当学生犯错时,作为老师,要以宽大的胸怀和风细雨地处理问题。把学生当作我们的知己,与学生进行心灵碰撞。当气候突变时,我们要自然地提醒学生"多穿一件衣服",注意御寒;儿童节到了,对学生说一句"祝你们节日快乐!";周末时对学生道声谢谢:"周末愉快!希望大家学习娱乐两不误!"并时常告诉学生,有困难时尽管来找我……只要做到以心交心,以诚对诚,师生的深情便会油然而生。

爱学生更要学会宽容。然而,宽容不是纵容。尊重学生的人格,理解信任学生。

"教育是慢的艺术。"而要掌握这种艺术，绝非一蹴而就，教师与家长需要更多的耐心和不断积累经验。有智慧、有真情、有爱心的教师、家长，如阳光，洒向每一个学生心灵的角落；如春风，拂去学生心灵的每一粒尘埃；如细雨，滋润学生的每一寸心田。我想说：教师与家长不仅要点燃火种，更不能熄灭火种，对待学生要有一颗宽容之心，要努力让每一个学生的心中充满阳光，让每一个学生在爱的抚慰下快乐成长。

教育需要教师有智慧，教育同样需要家庭扬起教育的风帆。只有家庭与学校一起在教育中将阳光洒满，我们的教育之花才会越开越艳。

作　者　孙延刚　连云港市灌南县扬州路实验小学
　　　　陈　霞　连云港市灌南县实验小学
　　　　　　　　国家二级心理咨询师

# 家校沟通离不开媒体的介入

学校教育是主体教育，但家校沟通在其中的意义同样非常重大。尤其是当下新冠疫情紧张、全民防控的情况下，家校沟通就更为重要了。老师除了要和家长交流孩子的学习情况外，还要时刻关注疫情方面的动态。疫情之下，运用媒体对小学家校沟通存在一定的问题，需要提出合理化的解决对策，进而提升小学家校沟通效果及质量，推动小学教育的发展，提高疫情防控的效率。

## 一、疫情下家校沟通存在的问题

### （一）家长不能有效利用媒体

随着互联网技术的迅速发展，家长群作为家长了解学校教学情况及老师与家长之间沟通交流的重要渠道，在教育中起到积极推动作用的同时，也存在负面影响。新冠疫情的暴发，让学校教育少了师生面对面沟通和交流的重要环节，学生的有效学习更多地建立在家校网络平台上，线上教学也存在一些不合理现象，这就更需要家校相互理解与支持。在诸多未能预料的不利因素面前，任何一方抱有抗拒的、不负责任的心态，都可能导致家校共育成为一个空壳，没有发挥实际的作用，既不利于疫情防控，也不能改变学生的学习状况。

1. 部分家长不能及时关注家长群

疫情防控之下，老师每天都会发布一些和疫情有关的信息。由于现在的留守儿童比较多，父母都在外地打工，他们因为上班忙碌而不能及时关注家长群，而错过群里的信息；或者孩子不在身边，无法和孩子达成任务；还有学生的爷爷奶奶在家长群里，他们年纪大不会使用手机，或者不会看信息，对钉钉直播、QQ 或是微信不会操作，因此不能及时收到老师的通知，使得家校沟通出现断档。

2. 个别家长存在抗拒与厌烦心理

疫情严重时需要天天按时钉钉打卡，有些家长就有一种抗拒心理，嫌麻烦。教育形势是上网课，钉钉直播、QQ 或是微信，不管是采取什么形式的平台，都是为教学工作服务的一种交流沟通方式。老师无法关注到全部的学生，和学生的互动也不如线下课堂。而部分同学学习跟不上时，老师会让家长协助，家长就开始抱怨老师。其实教育不是老师单方面的事情，孩子也不是从小就具有良好的自觉性。家长作为孩子的监护人，应该从监督孩子写作业的过程中深切感受到老师工作的辛苦，所以积极配合老师共同教育孩子。

（二）教师难以做好自我调适

疫情之下，老师不仅要完成和课堂教学不一样的网上教学任务，同时还要完成有关疫情方面的统计、信息调查、信息发布和收集反馈等工作，工作量增加，任务繁杂。有时家长还不理解老师的辛苦，不配合老师的询问和布置的任务，导致教师出现焦虑、退缩、抑郁，情绪暴躁、注意力分散、厌烦工作等心理现象，增加自我调适的难度。

## 二、疫情下家校有效沟通的策略

（一）完善的家校共育机制

疫情防控，人人有责。任何人都得无条件服从上级的要求和规定。后疫情时代最突出的特点是常态化防疫。学校是人员聚集的场所，孩子们年龄小，疫情防控是重中之重。在这个大背景下，家校沟通会更加频繁。为了提升家校沟通的效果和质量，促进家校沟通工作的稳步及有层次推进，必须建立完善的家校沟通体制及家校沟通长效共育机制。

首先，明确职责。学校要建立完善的家校沟通体制，明确老师的职责。老师的责任心尤为重要，老师要把沟通建立在热情、真诚、公平、公正的基础上，要尊重家长。教师可以采用多种沟通方式，如打电话、微信聊天、钉钉视频等，要关注到每一个孩子。

其次，转变认知。家校沟通不畅的原因与家长对教育的观念有直接关系，要让家长和教师在教育理念上达成一致。家长要重视老师与学校的一切信息，克服困难，解决使用手机、电脑等媒体的障碍，积极配合老师，使得媒体能真正用起来。

（二）搭建家校沟通平台

当下要求家校加大对媒体技术的利用，以完成对数据分析的家校平台的建立，发展"互联网＋教育"。针对当前防疫的特殊要求，学校探索网络环境下的家校新模式，与家长建立"云端"。除使用微信、QQ 等软件平台进行沟通交流外，学校还使用了钉钉办公系统软件，集学校管理、家校联系、学习答疑指导、直播上课与培训等多重功能于一体，为老师、家长和学校之间实现有效沟通与衔接提供便利。老师利用平台直播功能上网课，使学生们在家就能上课，避免因疫情而耽误学习。另外，平台中会收到大量关于学生和家长的反馈信息、学习成果展示等，既实现了对学生和家庭信息资料库的建立，也使老师能及时了解学生的学习情况。平台为家长和学校及时沟通提供了极大的便利。

（三）调适育人良好心态

首先，积极面对压力，调整心态。疫情下的教学工作，教师和家长的联系更加频繁，教师的工作量加大，责任更重，压力也倍增。面对压力，老师要积极面对，认清自己的责任，理性思考及分析产生压力的原因，确认个人对问题的处理能力，积极寻求解决的方法，培养自己坚忍不拔的斗志，扛得住压力。

其次，使用多种媒体，提升线上课程的"引力"。在线上、线下常态切换的教学中，如果学校提供的线上课程不够吸引人，学生的学习效果就会大打折扣。因此，线上教学需要"空中课程有引力、隔空管理有温度"。老师和家长、学生的沟通，不单是发布一次家校作业就可以解决，还要合理地去追踪、检查，进行有质量、有保证的反馈。如在微信上设置闯关小游戏，调动孩子学习的积极性等。教师要把工作安排得更细致、合理、暖心，相信家校共育的效果会更值得期待。

总之，学校要结合疫情阶段的工作，运用多种形式新媒体进行家校沟通，一起解析家校教育产生的问题与需求，面对新问题、新挑战，有针对性地开展家庭教育指导活动。学校要加强与家长的沟通联系，只有家校携手，共筑家校共育与防疫防线，才能给孩子带来更好的明天。

作　者　张　洁　连云港市灌南县新安镇中心小学

# 微信平台　彰显家校共育优势

由于现代科技的高速发展，以计算机技术、网络技术、信息技术为代表的高新科技在社会生产生活中的应用越来越广泛，通过智能手机进行即时通信俨然已经成为目前主流的形式。跟传统的电话或者信件相比，基于手机移动终端的即时通信存在低成本、支持留言、文字输入、图像视频和文件传输功能等多种优点，因而在改进通信功能、提升沟通质量和效率方面具有电话或信件无法取代的优势。本文拟从微信在小学家校沟通中的应用出发，深入探讨基于微信平台进行小学家校沟通的策略。

## 一、微信平台在家校沟通中彰显的优势

教师通过微信与家长进行联系，一方面可以在任意时间通过留言方式把需要沟通的教育问题发送给学生家长，另一方面可以通过图文并茂的沟通，解释清楚需要家长了解的很多教育问题。同时微信沟通成本极低，支持即时传输，还能传送各类文件，支持建立家长群、群发信息、网络会议等，这样的沟通方式具有普通电话沟通形式无法取代的很多优势。教师如果可以有效利用微信作为沟通载体，加强跟学生、家长之间的沟通交流，可以极大改善家校沟通的质量和效果，让家长及时了解孩子在校学习情况，让教师随时掌握学生的家庭教育情况，从而更好地进行家校沟通。

## 二、微信平台在家校沟通中存在的问题

通过观察，笔者了解到，目前很多学校的教师已经在使用微信跟家长进行沟通联系。教师主要通过建立家长群，以群发信息、群聊、群发文件等方式开展家校沟通，但在利用微信群实施家校沟通上不同程度地存在着一些问题。

### （一）与教育无关信息时有出现

个别教师在微信群消息管理上不认真，群里经常会出现一些购物消费、影视娱乐、美食美妆等方面跟教育工作无关的信息，结果导致家长微信群沦为闲聊群，大量无关的聊天信息充斥群中，正常的教育信息反而无法引起家长的注意，严重影响了教师跟家长沟通的质量和有效性。

### （二）所发信息内容较为单一

一些微信群当中教师所发的信息主要是要求某家长跟自己单独沟通的信息，平时不公布班级学习动态，不向家长推广介绍学校的教育措施，所发的群信息内容过于单一。很多家长看到平时微信群里面没有与自己有关的信息，就不关注微信群，甚至取消群提醒，进而影响了家校沟通的效率。

### （三）沟通上偶尔忽视公平性

不同学生的学习成绩、性格特征具有一定的差异性。有性格乖巧、学习成绩优良、讨老师喜欢的学生；有学习成绩差、性格叛逆、不太听话的学生。一些教师在教育工作开展上不重视维护教育的公平性问题，按照自己的喜好，把学生分成三六九等，区别对待学生。对性格乖巧、学习成绩好的学生就亲近一些，对性格叛逆、对抗老师、不听话的学生就疏远一些。在跟家长沟通时，也总是跟自己喜欢的家长多沟通，而疏远了自己不喜欢的家长。这就导致教师在利用微信群沟通上厚此薄彼，一方面导致一些家长无法及时了解到孩子的在校学习情况，部分家长对教师有怨言，另一方面导致一些家长愤而退群，不配合学校工作。

## 三、微信平台在家校沟通中正确的策略

针对以上微信在开展家校沟通上存在的问题，建议从以下几个方面进行优化调

整，以改进微信群管理，保障家校沟通质量，提升家校沟通效率。

## （一）建立制度，加强群管理

为了更好地做好家校沟通微信群的建设与管理，教师要先制定班级家长微信群的群沟通纪律，以书面文件形式，把群沟通方面的个人名片格式、沟通话题范围、禁忌事项等加以说明，并将其以文本形式的文件，群发给每一名家长，让所有家长都认识到微信群沟通要遵守一定的规则。充分保障微信群成为家长与学校沟通联络的渠道，保障家校沟通的质量。

## （二）推送相关有效的教育信息

教师要利用微信群做好家校沟通工作，除了针对学生出现的问题跟个别家长做好沟通联络，还要注意定期在微信群中向所有家长推送教育信息，给予教育指导。如发布班级教育工作动态；推介家庭教育的指导读物和科普先进的家庭教育方法，推送学校的教育教学计划等方面的信息。让家长随时了解学生在校的学习情况，提升家庭教育与学校教育结合的有效性，为学生创造一个完美的家校结合的教育环境。

## （三）选择视频家访

微信沟通还有一种重要的沟通形式就是实时对话沟通，也可以在对话过程中传输视频、传输文件。这些功能为教师进行家访提供了便利的条件。传统的家访往往需要教师前往学生家中，跟家长接触，面对面进行沟通，探讨学生在学习上的一些问题。现在，利用新媒体，教师通过微信群、视频等方式，单独跟家长沟通，询问学生在家时的一些生活学习情况，对学生表现出的情绪异常、学习成绩下降等问题找出原因，跟家长一起商量合理的教育应对方法，及时快捷地处理好教育中出现的一些问题。

时代在不断发展进步，科技元素不断被应用到基础教育领域中，是当前教育工作发展的趋势。在教育科技化、信息化发展的趋势下，教育工作更多地跟现代科技元素联系是必然的，也是未来教育改革的方向，要注重做好家校沟通，保障儿童的健康成长。

作　者　赵晓敏　连云港市灌南县镇中小学

# 从"边缘人"到"参与者"

班级文化建设是校园文化建设的一个重要组成部分，一个和谐的班级能够帮助学生与他人建立良好的人际关系，能够帮助学生形成完整的人格，能够促进学生的发展。但是班级里存在一些"边缘人"，班级文化建设中的"边缘人"是教育的不公平现象的体现，它不仅影响学生的个性发展与社会性发展，还影响班级里教育教学质量的整体提升。每个学生的潜力都是无穷的，班主任应该调动每个学生参与班级文化建设的积极性，采用策略将班级里的"边缘人"转化为"建设者"，要坚信每颗星星都会闪亮，让每个学生都享受公平的教育。

## 一、班级文化建设中的"边缘人"

### （一）话语权的缺失导致沉默型的"边缘人"

在班级文化建设中的"边缘人"很安静，"沉默型"的学生在上课时很少被老师关注到，一节课的时间有限，想要连贯地推进一节课，教师首选让举手的学生发表自己的想法。班级是属于每个学生的，是学生展现自己风采的地方，老师要给予学生展现自己风采的机会，让学生体会到自己的价值。"边缘人"的出现就是因为学生体会不到自己存在的价值，不想参与班级文化建设。

### （二）敬畏心的缺失导致冷漠型的"边缘人"

班级文化建设中的"边缘人"普遍很冷漠，"冷漠型"的学生不热爱集体，班级里的任何事情似乎都与他无关，没有集体荣誉感，这样的学生不仅不能为班级的文化建设做贡献，反而无法约束自己的行为，做出有损班级形象和荣誉的事情。缺乏敬畏之心的学生，在班级文化建设中无法起到应有的作用，当学校组织比赛时，"边缘人"对此漠不关心，这样的学生需要老师和家长互相配合帮助。如果学生以冷漠的态度面对班级里的所有活动和测试，那么必然会导致"边缘人"学习成绩的下降，遭到同学们的排斥，从而不利于他们的健康成长。

### （三）安全感的缺失导致危险型的"边缘人"

真正天生薄凉的人是很少的，他们的冷漠和无情都是后天形成的。特殊的环境和经历，让他们怀疑一切、拒绝一切，习惯于以旁观者的角度观察他人，随时准备抽身而退。这些孩子很敏感，如果受到一点危险，这样学生就会奋起反击。这样的学生容易动手打人，用武力来解决问题，脾气暴躁，而班级里的其他学生因为害怕会疏远他们，慢慢地他们就成了"边缘人"。

## 二、从"边缘人"到"建设者"的位置路径

每个儿童都是这个世界上独一无二的存在，要想将班级里的"边缘人"从边缘拉回到建设者的位置，将会是一个漫长的实践性过程。兰德曼曾言："人们赋予自己的所有的历史面孔实际上都是暂时的、可交换的，无论是谁，只要他宣称其中某一副面孔是唯一适合于人的，那么我们就完全有理由提醒他想一想这些面孔的多样性和等价性。"

### （一）"师者童心"：提倡"爱"的教育

1. 尊重儿童的天性，拒绝儿童成为"机器人"

卢梭在《爱弥儿》一书中提出"遵从良心者即是遵从自然"，他认为教育要始

终遵循自然原则，要顺应儿童天性，让儿童在充分自由的环境中健康成长。老师和学生是属于同一战线的朋友，老师要尊重儿童的想法，尊重儿童的行为，即使儿童在成长的道路上犯错，老师也必须要耐心地指导他们。在学习中老师应该多以朋友的身份与儿童交流，不能只从自己的角度出发。孩子不是提线木偶，他们有自己的主见和思想，老师要尽力让儿童在自由放松的环境下长大，让他们按照自己的想法快乐地学习和生活。

2. 调动儿童的积极性，拒绝儿童成为"忽视者"

学生的积极性从哪里来？只有当儿童喜欢做一件事，对一件事感兴趣时，他们才会付诸实践，积极参与其中。在班级文化建设中，"边缘人"往往是无事可做的人，但是班级里明明有许多事情需要解决，这就要班主任能"知人善任"。"边缘人"虽然不爱说话不爱交流，有的已经习惯了被忽视，但他们的内心还是希望得到老师和同学的关注。班主任可以根据每个学生的特点，给予他们最合适的任务。

3. 激发儿童的创造性，拒绝儿童成为"附属品"

在班级文化建设中，往往惊喜会出现在不起眼的地方，班级里"边缘人"有时候会给大家带来创造性的惊喜。要想培养出具有独立思考能力和解决问题能力的儿童，自由的学习和生活环境是必不可少的条件。当孩子第一次把自己的画拿给你看时，老师要给予他们充分的肯定，还要仔细地欣赏，因为学生信任老师才会把自己的画展示给他。不要妄加评论他们的对与错，儿童是一张"白板"，他们会自己选择在这张白板上绘出自己精彩的人生。

## （二）"学者童心"：给儿童的心灵一片净土

1. 锻炼自身独立与自信

小学阶段是孩子心理发展的启蒙阶段，良好的心理素质有助于学生拥有强大的内心来面对学习和生活中的挫折，有助于学生和同辈群体之间的积极融合，减少边缘化的可能。这就要求学生自己能够独立地面对生活和学习，不过分依赖家长和老师，在家庭生活中要勇于承担自己力所能及的事情，在生活中锻炼自己。学生要在课堂活动中积极主动地突破自己，培养自己勇敢坚毅的性格；在学习过程中养成独立思考问题的能力和耐受挫折的能力，不能一遇到难题就产生畏难情绪。

2. 尝试学会沟通与交流

这部分"边缘人"在与老师和同学的相处过程中，要学会沟通与交流，尊重老师，并与同学建立良好的人际关系；要做到互相理解互相帮助，不能过分压抑自己的情绪，也不能只以自我为中心。在班级文化建设中，他们要积极发挥主人翁精神，把班级的事务当成自己的事来完成，要具有集体荣誉感，自觉维护好班级的利益。作为小学生，认真学习是每个学生的职责，遇到学习上的问题要学会主动与老师、同学和父母进行沟通，要做到勤学好问并体验学习的乐趣。

3. 坚守自己的本然童心

随着儿童年龄的增长，我发现一年级的孩子最可爱，很单纯，他们会在老师的周围，想说就说。但是上了高年级的学生话少了，能凑到老师身边的学生也少了，孩子们的笑容也越来越少了，说明他们的心中被太多的繁杂事情叨扰，他们的童心在慢慢消失。在我看来童心是一个人的精神寄托，老师要守护儿童的童心，童心是能让人勇敢前行的动力。"边缘人"自己无法和同龄的人和谐交流，他们会选择不去交流，躲在教室的角落里。作为儿童的守护者，家长和老师都应该时刻关注他们的心理健康，辅助儿童守护住自己的童心。

作　者　刘丹丹　连云港市海州湾小学
连云港市家庭教育指导员基本功大赛三等奖

# 家校沟通新样态

家校沟通对于基础教育意义重大，必须适应时代的变化，与时俱进，突破传统家校沟通的局限性。充分利用QQ、微信等信息化手段与家长无缝沟通，帮助学生养成良好的学习习惯，促进学生德智体美劳的全面发展。

## 一、家校沟通存在的问题

### （一）传统家校沟通的局限性

常见的传统家校沟通方式是召开家长会，家长和老师可以面对面地进行沟通，了解学生的表现情况。但是教育发生在每时每刻，面对面沟通又受时间和空间的限制，沟通的时间间隔过长会使学生存在的问题不但得不到解决，而且还会使问题进一步恶化。因此传统的家校沟通总是容易受到限制，很难达到预期的效果。

### （二）互联网下家校沟通易跑偏

#### 1. 不同的家长层面

每个家庭的经济情况、家长受教育程度不同，这也就造成了家校沟通的难易程度不同。家长忙于工作，把孩子托付给辅导班，对于孩子在校的表现情况无暇顾及。教师向家长反映学生在校情况，家长不能及时给予反馈。对于留守儿童，家里只有老人看护，由于老人的文化程度普遍不高，又过于溺爱孩子，因此孩子的教育问题存在很大的误区。老人对于网络知识的欠缺，造成了家校沟通更加艰难。有的家长受教育程度不高，学生在校期间发生纠纷时，第一时间不是询问事情的经过，而是认定为学校的责任，这也造成了家校沟通的艰难。

#### 2. 家长群的跑偏

在互联网的高速发展下，手机功能逐渐被展现，QQ、微信等成了家校沟通的重要方式。然而这些方式逐渐演变成了老师布置作业群、家长闲聊群，更甚者是家长内卷的源头。2018 年 2 月，教育部办公厅等四部门联合印发《关于切实减轻中小学生课外负担开展校外培训机构专项治理行动的通知》（教基厅〔2018〕3 号），严禁校外培训机构组织中小学生等级考试及竞赛，坚决查处将校外培训机构培训结果与中小学校招生入学挂钩的行为，并依法追究有关学校、培训机构和相关人员的责任。但仍有许多家长受家长群的误导，产生了焦虑情绪，为了不让自己的孩子落后于别人，坚持让孩子奔波于各个辅导班。

3. 网络舆论的传播

时代在进步，家长主动参与学校教育的意识也在增强。互联网也让教育更加透明化，只要家长稍有不满，在微信朋友圈写几句话，在抖音发个视频，传播的速度非常快。如果老师没有及时和家长沟通，就容易造成家长的误会，形成信息的不对等。家长带着误会传播这些不全面的、不相符的信息，会引起全社会对于教育的偏颇。所以在互联网快速发展的时代下，校方应该努力加强新媒体的应用能力，增强对于舆论的掌控和把握能力，加强家校密切沟通，让家长更正确、更全面地认识学校教育。

4. 过于重视成绩

家长对于学生成绩的重视问题，尽管学校联系平台已采用了一定规范措施保护学生的隐私，但仍存在隐患和变数。如何引导家长正确看待学生的成绩差异，避免盲目攀比，既能使学生感受努力学习的压力和动力，又不会给学生造成过重的心理负担，科学地权衡掌握两者之间的关系是值得深入研究的。

## 二、互联网下家校沟通的策略分析

### （一）网络资源

充分利用互联网的作用，通过 QQ、微信等方式建立班级群，让家长和教师的沟通不受时间和空间的限制，随时让家长了解学生在校情况，让老师知道学生在家学习状况。利用家长群，让家长参与班级的管理，选取得力的家长组成家委会，让家委会成为教师的代言人。学校举行活动时，比如春季、秋季综合实践活动，亲子运动会，家委会，很多家长都很乐于参与。每次学校活动，都可以看见学生和家长在一起的温馨画面，也可以让家长更全面地了解学校教育，当有问题发生时能够积极主动地配合学校。孩子在家期间，如果遇到学习上的问题，可以通过家长群进行交流，教师可以通过图片、语音等方式帮助学生解决问题。同时要提出相应公约，管理好家长群，提高家校沟通的效率。在使用 QQ、微信和家长沟通的同时，要保护好学生的隐私，不要在群里点名批评学生。如果学生有特殊情况，可以私下单独联系家长。

### （二）主动联系

老师的教育工作还包括要加强家校合作。当家长不主动和老师沟通时，老师可以主动联系家长，让家长了解自己孩子在校期间的表现情况。在与家长沟通之前，要充分了解学生的家庭情况，做到心中有数。学生在校期间的问题，大部分是普遍的问题，可以用群发的方式。比如安全问题，教师可以通过家长群发信息让家长提醒学生在校期间注意安全。这样可以大大减少学生在校期间发生安全问题，也可以让家长体会到老师的细心和责任心，为家校沟通打下良好的基础。老师要做到平时多联系家长，不要学生一犯错才主动联系家长，这样的话，会让家长产生害怕和厌恶的心理，一看到老师打来的电话，就容易让家长有抵触，这样家长更不乐于合作，沟通会更加困难。如果学生犯一些小错误，教师可以自己解决教育的，尽量不要去麻烦家长。

（三）尊重家长

老师在和家长沟通的过程中要学会尊重家长，尊重他人也是尊重自己。不根据家长的文化程度和社会地位给他们划分等级，要站在平等的位置上与家长沟通。和家长沟通不要带情绪，可以等自己的情绪稳定下来再进行沟通。在和家长沟通的过程中，不要存在嘲讽的语气、批评的语气、高高在上的语气。在沟通时也要注意语言技巧，不要全程批评指责孩子，孩子是家长的掌中宝，教师要多在家长面前表扬孩子。在表扬孩子的优点后，再适当地提出孩子需要改进的地方，这样家长更易接受，也愿意配合。比如对于学生上课不认真听讲，影响其他人上课的情况，教师在沟通时，可以先向家长肯定学生在校期间表现比较优异的地方，再提出他需要改进的地方，建议家长和老师一起合作，提高孩子上课的注意力。这样的沟通方式既尊重家长，又拉进了老师和家长之间的距离。

（四）情感体验

在和家长沟通时，老师不仅要注意语气，更要注重情真意切，真心实意地对待家长、对待孩子。孩子是家长的，学生是学校的，只有老师和家长有着共同的目标，劲才能往一处使。鼓励家长积极参与班级管理和学校活动，增强家长的亲子体验，让家长参与到德智体美劳的教育体系中，调动家长的积极性和主动性，增强家校沟通。

良好的家校沟通能够拉进家校距离，促进家校合作。尤其在新时代的影响下，合理运用网络技术，家校沟通才会更加融洽、更加和谐，才能促进学生的全面发展。

作　者　任莎莎　连云港市海州湾小学
　　　　　　　连云港市家庭教育指导员基本功大赛三等奖

# 高效沟通助成长　家校携手齐合力

教育家苏霍姆林斯基在《给教师的建议》中说道："教育效果取决于学校和家庭教育的一致性。如果没有这种一致性，学校的教学和教育过程就会像纸做的房子一样倒塌下来。最完美的教育是学校与家庭教育的紧密配合。"在孩子的成长中，家庭教育对其发展具有长远性和深刻性的影响，学校教育也同样起到举足轻重的作用。小学生的身心健康教育，需要家校双管齐下才能达到预期效果。高效家校沟通可以起到良好的教育效果，教师作为家校沟通的主要承担者更应该思考如何与家长进行高效沟通，搭建家校间高效沟通的桥梁。

## 一、关注家校沟通现状，明晰沟通缺陷

### （一）沟通时间的缺乏

充足的沟通时间是实现家校间高效沟通的前提条件。目前而言，教师课务繁忙，任务多且杂；家长忙于生活。双方很难抽出充足的时间进行家校沟通。即使学校提供家长会、家庭教育讲座等沟通途径，仍有一些家长不能按时参加。

### （二）沟通内容的单调

家长最关注的无疑是孩子的学习，老师向家长反馈最多的依然是学生学习及在校表现情况。虽然"双减"政策已经落地，但存有重成绩、轻素质想法的家长不在少数。虽然嘴里喊着配合政策注重孩子的全面发展，但没有真正落实，依然重视对孩子智育的培养，忽视孩子其他方面的发展。

### （三）沟通形式的单一

家校沟通是需要老师与家长共同参与的双边活动，需要一定的媒介从中建立沟通。目前，家校沟通的形式主要以家长会、微信、电话为主，这些沟通形式都存在一些局限性。

1. 形式单一的家长会

家长会是家校沟通的基本形式，但形式相对单一。流程一般先由校领导对学校工作做汇报，再由班主任总结学生学习生活等情况并提出建议。家长并不能从中获取对自己有效的针对性帮助，只是扮演听众的角色，鲜有发表意见的机会。

2. 动机单一的微信沟通

微信沟通是时下常用的新型沟通方式。内容主要为老师发送学校通知、展示班级活动、交流学生情况的双向反馈等。微信沟通的动机比较单一，以反映问题为主、沟通为辅。缺少老师与家长的单独沟通，很难进行具体问题具体分析，导致家校沟

通有效性大打折扣。

3．时效单一的电话沟通

电话沟通一般用于比较紧急的情况之下，更为便捷、直接，但容易受到教师教学工作时间的限制。很多情况下，只有在孩子出现紧急情况时，双方才会进行短暂沟通，由于时间短，收效甚微。

面对当前家校沟通存在的问题，教师需要努力挖掘、探索，从多角度优化沟通方法，实现家校有效沟通的可能性。

## 二、聚焦优化策略，实现高效家校沟通

### （一）丰富沟通准备，助力沟通效率

1．沟通问题的细心收集

教师在工作中要做一个有心人，及时发现学生身上存在的问题，并能善于分析问题产生的原因。只有做到心中有数，沟通起来才能做到"心中有术"。在与家长沟通中才能对家长有针对性地进行适合的家庭教育方法的指导，提高沟通的效率。

2．共育措施的精心合作

教师与家长进行有效沟通后，一起帮助学生制定改善现状的适当措施。在措施制定时，家校双方要立足孩子实际认知水平，制定具有操作性和科学性的措施。在执行措施的过程中，双方仍要保持沟通，以便了解措施是否行之有效，方便及时调整，实现沟通的高效性。

### （二）丰厚沟通内涵，延展沟通广度

大部分家长和老师认为家校沟通的内涵就是孩子的学习提升，而忽视孩子的心理发育。目前，一些小学生心理健康情况并不乐观，甚至存在孤僻、自闭、攻击性等倾向。对于这样的孩子，家校要及时沟通，找明原因，及时做出干预。因此，学生心理健康状况也应该列入沟通内容，保障学生身心健康的同步发展。此外，学生各种习惯的养成也是家校沟通的内容所在。因为良好的习惯有助于提高学生的自觉性，进而提高其他方面的行为表现。

### （三）巧用沟通技巧，丰富沟通效果

一般情况下，教师给家长打电话多是因为学生犯了错，家长接电话时也做好"被批评"的准备，所以很多家长怕接教师的电话。其实教师不妨试试一些沟通技巧，让家长打消抵触心理。

1．多一些赞美，少一些批评

每个孩子都是父母的天使。即使孩子犯了错，也没有家长喜欢听别人诉说罪状。因此教师在沟通时先报喜后报忧。先说说孩子的优点和一些表扬的话语后，再委婉地表达孩子的缺点。同时，教师可以多报喜少报忧。当学生进步明显时，老师可以立即给家长拨打"报喜电话"，将孩子的点滴进步告知家长，给家长一定的信心。

2. 多一些温和，少一些强硬

教师与家长进行语音沟通时要注意语气和声调。教师的情绪不能受家长情绪所左右，教师要始终争取以温和的语气、平稳的语调耐心与家长交谈。家长在感受到教师的诚意后才会卸下身上抵触的刺，与教师进行真切的沟通。

3. 多一些理解，少一些冲突

家校沟通时，教师要发挥语言艺术的魅力。在措辞上要温和幽默，多采用换位思考，多从家长的角度感受，争取共鸣，避免硬碰硬。反映问题时切忌直接切入正题，而是待家长心情趋于平静时再自然引出。

无论家校沟通采用何种方式，教师都要注意运用沟通技巧，发挥语言的魅力，达到家校沟通的目的和效果。

综合上述，高效家校沟通是搭建学校与家庭之间的桥梁，与家长沟通是一门艺术，更是一门学问，要想更加贴近家长和学生的心，就必须做好和他们的沟通工作。教师要在家校沟通中不断摸索学习、不断探索进取，从而形成一套独特风格的沟通方式，在家校沟通中运用自如，从而达到家校沟通的良好效果，争取实现学校与家庭教育紧密配合的完美教育。

作　者　王　平　连云港市宋庄中心小学
　　　　　　　　　连云港市家庭教育指导员基本功大赛一等奖
　　　　　张　琦　连云港市塔山中心小学
　　　　　　　　　连云港市家庭教育指导员基本功大赛一等奖

# "双减"政策下的家校社协同共育

前有"虎妈""狼爸"，后有"内卷""鸡娃"，近年来，关于教育的网络热词不断涌现，背后体现的是家长和社会对于教育的普遍关注，暴露的是家长的焦虑和一定程度的教育乱象。在"双减"这一背景下，小学教育该何去何从？小学教育各方又该如何完善？笔者着眼于小学教育现状，对家校社协同共育展开深入思考。

## 一、家校社协同共育的困境

### （一）学校层面

在"减负"的政策下，学校教育已有很大的改观。但不可否认，一些学校教育问题仍亟待解决。其一就是"双减"工作提出的不合理的学生作业负担。很多教师虽然已经做到不违规安排作业，但没有明确的量化细则，难以控制作业总量，加之教师没有对作业布置进行深入思考，未能做到分层和个性化的设计。其二是课后服务问题。关于课后服务，近两年我校依据省、市的文件要求已有序开展，满足了部分家长的需求。但由于各班、各年级的情况有所不同，实施起来很难做到面面俱到。

### （二）家庭层面

如今各种因辅导作业而引发热议的社会新闻层出不穷，归根结底是因为很多家长望子成龙、望女成凤，在孩子的教育上偏听盲从，失去了理性的判断。这反映的是家长对教育的焦虑，也是近年来应试教育和社会乱象带来的恶果。追根溯源，这与家长过分看重成绩、缺乏有效的亲子沟通、推脱教育责任等因素有关。

### （三）社会层面

从天价学区房到遍地开花的各类辅导班，教育成本逐步攀升，其中给学生造成负担最重的当属辅导班了。除了唱歌、画画、乐器等兴趣班，学科类的补习班也是层出不穷。那么多的课外培训已经给孩子造成了很大的负担，可在部分家长看来，这只能算是基础。思维、机器人甚至高尔夫等又走进了家长的视野……当各种夸大培训效果、误导公众教育观念的广告出现时，社会性的焦虑在极速蔓延，最终增加的是学生的学习负担和家庭的经济负担。

## 二、家校社协同共育的策略

### （一）让学校教育占据主导

#### 1. 优化作业设计

我认为因材施教应该体现在教育的方方面面，包括作业布置环节。对于班级的学生水平任课老师最为了解，所以针对不同的学生设置分层作业和个性化作业等是接下来所有老师都要认真贯彻落实的。

#### 2. 提升服务水平

课后服务是为了有效解决家长接送难、孩子没地方去的问题，是一项惠民政策，我校在之前的开展中已经取得了很大的成效，但仍有需要改进之处。"双减"政策出台后，我校迅速响应，实行"5＋2"模式，同时积极拓展课后服务资源。根据笔者对所带班级近日统计的班级延时服务名单，报名参加新学期课后服务的同学明显增加，感谢家长对学校和老师给予了充分的信任，对此，学校层面和老师层面也正在积极研讨和探索符合校情和班情的个性化方案。

#### 3. 密切家校沟通

孩子的教育不是孤立的，需要各方及时、有效的沟通。教师经常会采取家长会、家访、电话、微信等方式与家长取得联系。另外，学校的运动会、六一儿童节等活动也会邀请家长参加，并进行"百名好家长"的表彰，让家长有参与感和荣誉感。

除了传统的沟通渠道，新媒体为家校协同提供了众多的选择平台与选择路径，便利了家庭与学校之间的沟通，通过微信等平台，家长即可及时接收学校推送的最新通知。

### （二）让家庭教育回归本位

**1. 营造和谐的家庭氛围**

当长期为了辅导作业让家庭鸡飞狗跳时，当每天为了辅导班辛苦奔波、身心俱疲时，请停止这种家庭教育，让家庭教育回归本位。每个孩子都是独立的个体，有自己的思想，因此家长要有合适的角色定位，不要去安排孩子的人生，尽可能营造舒适、融洽、快乐、健康的家庭氛围。

**2. 加强与学校的沟通**

父母是孩子最信任的人，是孩子模仿的对象，家长对学校的态度直接影响到学生的行为。所以家长应积极与学校和老师沟通，参加学校活动，了解孩子动态。小孩子特别听老师的话，当家庭教育中出现家长和孩子沟通不了或者沟通无效的情况时，家长可以请老师帮忙，教育效果更佳；而当孩子在学校暴露出一些行为方面的问题后，若家长和老师及时沟通，就可以在老师的指导下有针对性地矫正孩子的行为。

**3. 合理安排时间**

在政策的影响下，目前很多校外培训机构关停，突如其来的变化让家长措手不及，也让部分家长产生了焦虑情绪，一时不知如何安排孩子的时间。首先，建议各位家长要尊重和保障学生的休息权利，切实减轻孩子校外培训负担。其次，各位家长可以和孩子一起制定近期的学习、生活计划，并合理实施。近年来，近视越来越低龄化，家长应严格控制孩子使用电子产品的时长，加强近视防控。

### （三）让社会教育有效辅助

社会教育可挖掘的教育资源是丰富多样的，首先，大自然就是一个天然的宝库，当把目光从兴趣班转向大自然时，无限的精彩自会向你奔来。其次，少年宫、青少年活动中心、研学实践教育基（营）地、博物馆等各级各类校外活动场所是社会教育很重要的阵地，可以提升学生的综合素质。当学校的书本教育与革命馆的史实教育相结合时，就是理论与实践最好的表达。最后，要探索社区教育服务。社区要建设学生活动中心，为学生在课后时间参与社会实践、社团活动、志愿服务提供活动场所，增强学生社会属性，这也是家庭教育与社会教育的有机融合。

作　者　孟　霜　连云港市海州湾小学
　　　　　　　　江苏省"蓝天杯"教学设计二等奖
　　　　　　　　江苏省诗歌竞赛优秀指导奖
　　　　　　　　连云港市中小学团队干部（班主任）基本功风采大赛二等奖

# 家校协同　干预孩子的暴力行为

中小学生校园暴力事件虽然已引起教育部门的重视，但仍不断见于诸报端和网络媒体，这类事件性质恶劣、社会影响很大。导致这种危机行为的主要原因是学生的心理问题，而且这些问题往往容易被忽视。由于家庭环境、学校文化氛围、社会道德风尚及青少年身心发展状况等多种因素的综合作用，当前中小学生的心理健康问题日趋严重。

## 一、暴力行为个案追踪

张某，男，13岁，农村小学六年级学生。其学习成绩不好，课堂上不注意听课，爱做小动作，偶尔睡觉，班主任及任课老师经常对其教育却未见成效，课堂只能对其采取无视的态度。其在校内外多次欺负其他同学，平常比较傲慢无礼，班主任多次联系其父亲到校面谈，其父亲总是借口在外打工，其奶奶过来也无济于事，称管不住孩子，让老师多费心。

初夏时节某日下午课间，张某与其他几名同学在一起玩游戏，其间同学之间有"剪刀、石头、布"的互动，徐某因为出手慢而赢了，张某不服，打了徐某一下，接着互相有肢体接触。后来张某按倒徐某，并拳打脚踢，导致徐某腹痛不已，遂徐某被带去医院检查。

在这里，张某发展成为具有暴力倾向的小学生，既与其家庭成长环境有关，也与学校教育，乃至社会教育有关。面对张某这样一名在学校实施暴力的小学生，作为教育者应该反思，除了为张某的行为痛惜，也应该考虑到其他学生的心理发展问题，应该及时给予危机干预，避免校园暴力影响扩大。

## 二、暴力行为成因

调查发现，具有暴力行为的学生往往是问题学生，他们的心理问题往往是由家庭、同伴、学校等多方因素引起的，尤其是在农村，相当一部分学生是留守儿童，家庭教育不到位。

### （一）个体生理特点

首先，青少年学生正处于体力充沛、精力旺盛的时期，加上夏季气温高，易热血沸腾，如果缺乏正当的宣泄途径，很容易暴躁、冲动。

其次，这些青春期的青少年内分泌失调，加之校园的单调生活造成其情绪紧张，他们一旦受到刺激，容易找借口发泄紧张情绪。

### （二）个体心理特点

学生张某属于容易冲动、缺乏思辨能力、自我约束能力差的学生。其人格发展尚不健全，过于以自我为中心，具有易冲动和偏执型人格特点。

1. 气质类型角度透析

人的气质差异是先天形成的，受神经系统活动过程的特性所制约。而就学生张某的各种表现，可以看出其具有胆汁质和抑郁质的气质特点，其中胆汁质占重要地位。其特点是"情感发生迅速、强烈、持久，行为的发生也迅速、强烈"。属于这一类型的人往往精力旺盛、脾气急躁、心境变化剧烈、容易感情用事，情绪有时激烈、冲动。他们体验情绪的方式较少，缺乏稳定性，但对情感的体验比较深刻、有力、持久，而且具有较高的情绪易感性。

2. 行为特征角度透析

人格是指个体在对人、对事、对己等方面的社会适应行为上的内部倾向性和心理特征；是个体在社会化过程中形成的独特的身心组织。一个人的人格是他过去的整个生活历程的反映，它会直接影响到人们在环境变化及其适应过程中的态度、信念、情绪和行为。而不健全的人格会直接影响儿童青少年产生攻击性行为。

就本案例来讲，据张某班主任透露，该生父母离异，从小离开母亲，随父生活，但是其父亲常年在外打工，对其缺乏关爱，家庭教育缺失；该生属留守儿童，主要由爷爷奶奶抚养，爷爷经常批评他，而奶奶非常疼爱他。张某父亲在家时，张某稍不听话或者出现小问题时，其父亲不是批评教育，而是拳打脚踢。而据该班同学透露，张某平时不怎么喜欢说话，很少有人知道他在想什么，做事情我行我素。

由此可见，张某的暴力行为正如心理学专家吴桐在《中国新闻周刊》中分析的那样："有一些孩子由于性格因素、家庭因素、学习成绩等因素，难以通过正常途径获得尊重，并得到自尊感，所以往往通过欺压其他同学，在其他同学的服从和恐惧中得到优越感，从而使自尊心得到补偿。"因此，我们要从心理学角度去探析孩子的暴力问题，切实关注中小学生的心理健康及家庭教育工作，采取相应的干预措施，家校协同，及早预防，杜绝校园暴力事件的发生。

## 三、暴力行为干预策略

从张某的案例中可以看出校园暴力行为的原因在很大程度上是由学生心理问题及家庭环境所引起的，所以在预防校园攻击性行为措施上，学校可以从以下几个方面着手。

### （一）完善制度和相关设施

建立健全学校心理健康教育工作制度，开设心理健康教育课程，建立学校心理咨询室，配备心理健康老师，同时完善学生心理档案，及时更新学生个体心理资料。学校定期安排专业人员发放学生心理健康测试问卷，在不同阶段实施心理健康普查，对筛查出存在心理问题和隐患较大的学生，安排心理健康教师定期进行个体咨询辅导，及时追踪调查，班主任要定期家访。

（二）加强家校协同教育

加强家校联动机制。首先，教师协助父母建立正确合理的家庭教育观念。家长的示范非常重要，对孩子成长起到了潜移默化的熏陶作用。让父母从根本上意识到孩子的暴力倾向，与家庭教育密不可分。其次，平时保持以电话联系或者家访方式，加强与家长沟通，如观察张某在校期间的行为表现，并做记录，及时向其家长反馈。促进家长（最好是学生的父母）与学校老师的联系，相互沟通家校中的表现，共同做好该学生的工作。

（三）开展心理健康教育

1. 发掘资源，对全体教师进行心理培训，让老师了解学生的心理特点，获得一定的心理学知识和简单的心理咨询技巧，以便更好地在日常教学中进行心理健康教育，关注学生身心发展。

2. 学校心理教师要定期组织问题学生进行团体辅导活动，让这些学生在活动中体验、分享感受，通过活动潜移默化地影响他们，促进这类群体共同健康成长。

3. 学校定期开展心理专题讲座和系列活动，促进全校师生心理健康发展；同时经常组织家长参加有关学生心理发展特点及家庭教育方面等系列讲座。

4. 一旦发生校园暴力行为，学校要及时止损，立即安排心理教师对一定范围内的相关学生进行危机干预，避免暴力行为影响扩散。

青少年时期是人生成长的关键时期，其生理发育、心理发展急剧变化。面对校园暴力行为，学校教师需要创设良好的氛围，坚持以人为本，了解中小学生的心理发展特点，走近学生，去聆听他们心灵深处的声音。对于问题学生，尤其是有暴力倾向的学生，父母不能放之任之，不管不顾，要切实关注影响他们心理成长的因素，给予他们及时而充分的关爱；要对孩子正向干预、引导，耐心对待这样的群体，相信他们会以更好的姿态完成青少年社会化的进程。

作　者　郭彩侠　连云港市东海县房山中心小学
连云港市家庭教育指导员基本功大赛一等奖
连云港市东海县小学优秀班主任

# 小学班主任日常管理必要路径

经济的发展不仅促进了教育的改革，同时也促进了教育模式的转变。现在对学生教育工作的开展不再仅仅是学校的事情，家庭也要配合学校一起对学生进行管理。班主任是学校和家庭之间的纽带，他们和家长之间的沟通水平将会直接关系到家校合作模式的发展。

## 一、家校合作模式在小学班主任日常管理中运用的意义

每一位小学班主任都应当主动地理解家校合作的重要意义，并以确切的方式指导学生，完成与家长、学生之间的沟通，这样可以助力学校与家庭之间更好的协作，也可以助推学生在自我发展进程中取得非常大的进步。处于"双减"背景下的家校合作应当以家校合作为平台，构建起规范化管理的体系，改变班级管理模式，使小学生乐于参与到班级管理中来。

## 二、家校合作模式在小学班主任日常管理中存在的问题

班主任是学校和家庭之间的桥梁，也是家校合作模式开展的纽带。因此，小学班主任的工作效果会进一步影响到学校和家庭之间的合力。

### （一）重视不足影响了小学家校合作工作的开展

家校合作是一种非常好的沟通交流模式，但在实施过程中往往会受到一些因素的影响。例如，家校合作为达到预期的效果，反而使班级管理的效率在一定程度上有所降低。这时，班主任就要更新家校合作的观念，重视家校合作中的沟通技巧，尽可能提高家校合作沟通交流的效果。

### （二）日常压力影响了小学家校合作工作的开展

小学班主任在家校合作中，主要担负着班级管理的责任，在工作中会因所遇情况的不同而有一定的压力，要对学生的学习情况和身心发展情况负责。这样一来，不同的因素都会对班主任的工作有所影响和制约，可能会使自身开展家校合作工作的能力有所减低。

## 三、家校合作模式在小学班主任日常管理中的必要路径

### （一）家校合作模式的应用有助于提升班主任素质

对于小学班级管理来说，班主任自身的素质会直接关系到班级管理工作的效率和效果，家校合作模式对于学校管理来说是一种不断探索的模式。为了促进这种模式的发展，班主任会在工作实践的过程中不断提升自身能力，所以说这种模式的应用会在一定程度上督促班主任不断进步。从学校的角度看，班主任的沟通协调能力是必须要具备的，只有这样才可以将家校合作更好地落实，进而有效提升班级日常管理的效率。

### （二）家校合作模式的应用有助于家长更好地监管孩子

对于小学生来说，家庭是其进行社会活动的主要场所，家长在小学生的成长过程中起着重要的引导作用。虽然进入了学校，但是孩子对于家长依旧有着很强的依赖，可是很多家长的观念依旧传统，认为只要将孩子送到了学校就和家长没有任何关系了，老师就要负起全责。实践证明这种想法是错误的，诸多时候家长对孩子的

了解要胜过老师,当学生在学校犯了错误之后,家长会联系孩子的家庭表现从而了解孩子到底为什么这样做。家校合作模式要求家长也要参与到学生的教育过程当中,在这个过程中,家长和班主任之间将进行平等交流,双方也会就学生的近况进行沟通,进而将老师和家长的作用都彰显出来。

(三)家校合作模式的应用有助于学生更好地成长

小学阶段的学生受到自身思维发展的限制,所以在成长的过程中离不开老师和家长的正确引导。从小学生的心理发展来看,他们自身并未具备思想独立和人格独立的能力,看待事物比较片面,对于老师和家长的依赖性也比较强。入学后,小学生的生活重心逐渐地从家庭转向了学校,社会交往的对象除了家人,还有老师和同学,所以遇到的事情也多了起来。这时班主任和家长如果能尽快发现学生的情绪变化,并能够及时地倾听他们的困惑,然后有针对性地引导他们如何正确看待问题,进而有效解决问题。这样的过程可以使小学生增强解决问题的能力,对于生活、学习中遇到的一些问题也可以独立地进行解决,进而让自己更好地融入班级生活中,在成长过程中积累更多的经验。

综上,学校教育的最大目的就是对孩子进行更好的引导,促进其社会化发展。而对于小学阶段的学生来说,他们社会化发展的主要场所是家庭,所以说他们很多品质与性格的养成和家庭密不可分。班主任在日常的班级管理工作中应及时和家长取得联系,这有助于班主任深入了解学生,从而对学生进行正确引导。因此,班主任在对家校合作模式进行应用的过程中必须要大胆地对其进行尝试与改革,不断地对班级管理的工作内容进行完善,从而让家校合作模式发挥应有的功能与价值。

作　者　沈振文　连云港市灌南县长江路小学
　　　　　　　　连云港市家庭教育指导员基本功大赛三等奖
　　　　　沈　森　连云港市灌南县长江路小学

# 家校沟通需要智慧准备

家庭是学生教育启蒙的摇篮,学校是学生接受教育的主要阵地,二者相辅相成、缺一不可。新媒体时代下家校沟通的有效形式创新了,小学家校沟通的重要内容丰富了,教师与家长的交流得到了全新的发展契机和实施模式。然而,家校沟通在新媒体时代下的实践过程中也暴露出一些问题,使得家校沟通效果在一定程度上受到了影响。因此,正视新媒体背景下小学家校沟通的现实困境,深入探讨原因、制定方案、迎接挑战,对于推动小学家校沟通的良性发展、促进学生的健康成长具有重要的现实意义。

## 一、家校沟通的现状

### （一）教师工作疲劳感骤升，疲于应付

新媒体下家校沟通的主要手段是微信与 QQ 等工具，这些工具基于沟通的即时性、多样性、互动性等特点，实现了"全时段"的即时交流。但是教师需要在同一时间管理多个家长的消息，每天大量的手机工作信息交流，使其工作量迅速增加，消耗了大量的精力，无法专注地工作或疲于应付。

### （二）教师心情焦虑感增加，怠于沟通

班级学生的构成较为复杂，家长的性格也多面化，有的冷淡、有的冲动，稍不留神就会产生言语冲突，需要花费较大的精力进行前期沟通，这些对于教师特别是年轻教师的心理承受能力有巨大的挑战，使有些教师怠于沟通。

### （三）家长差异化的诉求，难以达成

有些教师在新媒体沟通中缺乏民主意识，搞"一言堂"、甚至会用命令式的口吻和语气，以权威者自居。沟通内容不当，以及部分家校沟通的初衷、关注的焦点、沟通的形式及所要获取的信息点等方面的较大差异，忽多忽少地在家校之间造成了一种不对称和角色的错位，使家校双方形成了虚假的互动和沟通的失真。

## 二、家校沟通的原则

### （一）树立正确的教育观

在孩子的教育问题上，教师要牢牢记住，孩子的健康、全面发展永远是教师和家长共同的话题，学校必须在教育教学工作的每一个环节中真正落实"以生为本"的根本理念导向，扎实有效地开展国家课程，让每一名学生参与其中、收获其中、成长其中。用事实诠释学校的责任担当和教育魅力。学生是家庭的希望与未来，学校与家长站在"以生为本"这个出发点上，沟通起来就一切可谈、一切好谈了。

### （二）家校合作的基础性

诚如习近平总书记所说："家庭是人生的第一所学校。"学校教育光鲜亮丽的外表少不了家庭教育在背后的默默付出和鼎力支持。所以，要厘清学校教育与家庭教育的关系和边界，将二者放在并举并重的位置，是新时代家校合作的基础。

家长担任着孩子"终身导师"的角色，家庭教育可以在孩子全面发展、个性化成长以及身心健康等方面做有针对性的教育和提升，以弥补学校教育的不足。学校要重视家校沟通工作，并一以贯之地将学校教育与家庭教育作为教育发展的两翼，放在齐头并进的整体思考与架构之中。

### （三）增强正向的引导力

新媒体时代，面对繁杂的信息，教师要发挥其引领价值、传递价值、渗透价值，

最终形成价值共识。因为家长毕竟不是教育专业者，教师要利用自身的优势，把最新的教育理念以及教育方法传递给家长，合理地解决和面对孩子成长中出现的各种问题，从而使家庭教育走向科学化，以取得卓越的育人效果，更好地实现育人目标。

### （四）加大培训的重要性

从家校合作的实际情况和长远效益来考虑，既要定期对家庭教育进行指导，也要不定期对学校及教师进行教育提升，加大对二者的培训力度，以达成彼此在教育理念上的认同和教育行动上的一致，为后续家校沟通的深入推进提供坚实的保障。

## 三、家校沟通的准备

### （一）全面掌握情况

在与家长进行沟通前，教师要对学生做全面的了解，包括学生的家庭基本情况，家庭成员，家长的年龄、性格、职业、教育程度等。为做到有备无患，教师要尽责工作，包括日常观察和积累，定期与任课教师交流等。

### （二）确立沟通内容

目前在新课改的推动下，促使对于学生的教育，不仅是对学生的成绩进行关注，更多的是对学生的行为习惯、心理健康、思维能力以及实践创造能力等进行全面综合教育。教师要以此内容为目标，主动地对家校沟通的内容进行整理，使家校沟通更顺畅，内容更丰富更有内涵。对学生进行评价时不能过于片面化，要立足于学生在校的全面表现而进行综合评价。保护学生自尊心的同时还要照顾到家长的情绪。以朋友的视角对学生的学习、品行等问题进行探讨。

### （三）提前做好预案

教师与家长沟通时要选择合适的时机，教师可在家长会结束时安排一定时间；若是与家长的一般交流，通常可先以电话、短信等形式约定，让家长选择时间和形式，不要在家长有特殊事情和心情不佳的情况下去沟通，更不能在情绪波动时"命令"家长。

### （四）特别注意事项

1. 示人真诚

教师与学生家长进行沟通时，一定要用真诚的态度赢得家长的信赖。对于教师实际工作中的诸多问题，只有从学生发展的角度出发，示人真诚，取得家长的理解和配合，才能妥善地解决问题。

2. 礼貌待人

"敬人者，人恒敬之"。坚持礼貌待人，发挥语言的技巧和魅力，先肯定学生的优点，然后逐步点出不足，最终家长也会乐于接受。要使家长认识到你是位高水平、高素质的老师，从而成功奠定彼此间交流的良好基础。

3. 善于倾听

有效倾听是家校沟通中的核心要素。教师只有专注地倾听，了解家长的想法、预期及思想动态，同时面带微笑，让对方感受到尊重，才能使沟通在友好和平等的气氛中进行，加深彼此间的沟通。

4. 平等互敬

教师与家长之间是平等互敬的关系。教师在学生身上付诸的心血，是仁爱之心所起，工作职责所在。充分尊重家长的意见，才能取得家长的理解和配合。

新媒体时代下的家校沟通，既要关注沟通的形式，也要强调沟通的效果，更要注重沟通的方法，包括家校沟通群的交流规则。对学校与家庭开展长期的、有计划、有组织的家校沟通方法的培训、指导和引领，是积蓄学校教育与家庭教育前进动力的源泉，是家校沟通有序开展的重要保障。家校的良好沟通是实现教育价值的重要保证。只有学校教育与家庭教育和谐发展，才能创造教育的奇迹，铸就教育的辉煌。

作　者　陆卫军　连云港市灌南县实验小学
　　　　　　　　连云港市优秀教育园丁
　　　　　　　　连云港市师德先进个人
　　　　　　　　连云港市灌南县优秀班主任

# 打开亲子关系的一扇窗

作家林语堂说："人生最重要的关系是父母和子女的关系。"随着我国社会经济的不断发展，人们对于家庭教育问题愈发重视，尤其是家庭教育中亲子之间的沟通。那么，良好的亲子沟通会带给孩子哪些影响呢？

## 一、家庭教育中亲子沟通对孩子的影响

家长与孩子之间的沟通称为亲子沟通，即家长通过谈话、游戏等方式与孩子进行互相了解、情感升华的交流过程。通过密切的沟通和交流，家长可以及时了解孩子的状况，便于采取相应对策，及时解决发现的问题。因此，亲子关系中的沟通方式直接影响孩子的成长。

（一）亲子沟通将会对孩子的认知能力发展产生影响

在家庭生活中，家庭成员之间朝夕相处相互影响，其中最大的莫过于父母对孩子潜移默化的影响。父母是孩子的第一任老师，也是对孩子影响时间最长的老师。在家庭生活中父母的言行举止都会成为孩子学习的榜样，而亲子间的沟通则是孩子

了解家长，以及家长了解孩子最直接、最有效的方法之一。良好有效的亲子沟通，能够帮助家长在家庭教育的过程中，及时感知孩子认知发展的变化，从而更加有效地指导、开发孩子的潜能，鼓励支持孩子大胆探索和认知未知的世界。

### （二）亲子沟通将会对孩子今后的社会性发展带来影响

社会性发展行为是在成长的过程当中，人们为了适应社会而形成的一种符合社会发展的行为。这种社会性发展，主要是孩子在社会交往中不断形成和发展起来的。研究表明：亲子关系和早期的家庭教育是孩子社会化的核心和成因，对孩子的成长有着决定性的影响。亲子关系本身的形式和发展状况影响孩子社会化，它是孩子处理人际关系的最早范例。原生家庭的相处方式，直接影响到孩子社会交往的风格及其在相互关系中的地位。良好的亲子沟通有助于孩子释放压力、调整心态、平和情绪，促进孩子的社会性发展。因此，在家庭生活中，创造愉悦的亲子关系可以形成良好的沟通氛围，将对孩子今后的社会性发展产生十分重要的影响。

### （三）亲子沟通将会对孩子的心理健康产生影响

孩子的心理是非常脆弱的，需要家长好好地呵护。但在家庭教育中，父母往往会忽略自己的言行对孩子造成的心理伤害。有些家长和孩子之间却存在着沟通障碍，一方面把爱变成溺爱，忘记了什么是真爱；另一方面对孩子施以严爱——棍棒教育，两种极端的爱都会导致孩子人格异化。

如果父母过度照顾孩子，就会影响孩子的自主成长，压抑孩子的创造性和进取精神，使孩子产生依赖心理，阻碍孩子的独立意识，使孩子缺乏耐挫能力和责任感，成为社会的"巨婴"。有的家长则管教过严，对孩子非打即骂，孩子长期受压抑，受到无理指责，在这样的家庭里，孩子容易形成自卑、暴躁、偏激的心理，影响孩子心理的健康发展。

## 二、家庭教育中良好亲子沟通的探讨

家庭教育中，良好的亲子沟通带给孩子的影响是很大的。良好的沟通才有好的亲子关系。因此，父母应该注重沟通的技巧，要学会观察孩子、疏导孩子的情绪、倾听孩子的心理、理解孩子的感受……那么，在家庭教育的过程中如何做到良好的亲子沟通呢？

### （一）在亲子沟通的过程中，家长首先要了解孩子的需要，信任和理解孩子

教育的前提是了解孩子，家长只有了解孩子的需求，才能有的放矢地教育和引导孩子，才能进行有效的沟通。与成年人相比，孩子或许更需要在温暖可靠的信任和理解中敞开心扉，在信任中去克服幼稚和错误。孩子在顺利和成功时得到信任，这一点我们家长很容易做到。但孩子在遭到失败和挫折时更需要家长的信任和理解。信任是沟通的前提，信任中包含着允许失败的宽容，给予孩子面对挫折的勇气，包

容孩子的情绪，宽慰孩子的苦恼，理解孩子的心情，才能使亲子沟通达到和谐、融洽的状态。

（二）在亲子沟通的过程中，家长要采用孩子理解的语言、喜欢的方式进行

家庭教育中，与孩子沟通应该是一个亲子双向互动的过程，而不是家长一个人在唱独角戏。如果孩子不乐于参与谈话，内心排斥，那么沟通就是无效的。亲子沟通的过程中，父母经常会忽视沟通的双向性，习惯喋喋不休，根本不考虑孩子的感受——有没有在听、能不能理解。久而久之，孩子就堵住了自己的耳朵，对父母的话充耳不闻。所以，父母在与孩子的沟通过程中，不仅要考虑孩子能不能够理解，还要用孩子接受的语言、喜欢的方式。如果一味地"自说自话"，必然会引起孩子的反感。寓言故事《南风和北风》中，南风之所以能获得胜利，就是因为它顺应了人内心的需要。实行温情式的"南风"教育，多些表扬，激发孩子的内驱力，使孩子自觉的积极向上，才能达到事半功倍的效果。

（三）在亲子沟通的过程中，家长要注意沟通形式的灵活多样

如果父母想了解孩子，建立良好的亲子关系，光凭语言交谈的沟通并不容易达到目的。在中国的家庭教育中，可以清晰地发现，最初的情感表达方式——拥抱、抚摸等肢体语言，在孩子渐渐长大后，中国的父母几乎就"羞于"使用了。亲子间的沟通方式往往就只剩下单一的语言沟通，于是"说教"就成了沟通的主要手段，非语言的沟通没有被家长重视。一个欣赏的眼神，一个亲吻的动作，一个热切的拥抱，都是在对孩子传达父母的关爱；会心的微笑、赞许的点头，这些眼神、表情、手势无不传递着沟通的信息，甚至比语言的沟通更有效。

家庭教育实际上是一门"动心"的艺术，如果我们不能把工作做到孩子的心坎上，教育的效果往往是苍白无力的。没有沟通，就不了解孩子；不了解孩子，教育就无从下手。如果亲子间一直保持着良好的沟通，那么，孩子就不会走出你的"视线"。只有我们父母重视良好的家庭沟通，设法用积极的态度、正向的思维，与孩子相互信赖、相互学习，从正面的角度进行引导，孩子才会积极地发展自己。良好的亲子沟通，能更有效地促进孩子走上属于自己的成功之路。

作　者　李芳芳　连云港市灌南县实验小学
连云港市优秀教育园丁
连云港市灌南县小学语文首席员工

# 科学落实"双减" 有效做好家庭教育

我国著名亲子教育专家董进宇说过:"假如我们把教育孩子比成一个生产线,家庭教育是第一道工序,学校是第二道工序,家长必须把自己这道工序完成好。如果家长没有做好,希望学校做好是绝对不可能的。"

家长们必须明白,教育可以减负,但是家长的职责没有减负,家长不能推卸责任,一定要积极配合学校、社会做好家庭教育工作。那么,"双减"政策下,家长如何有效地做好家庭教育工作呢?

## 一、放飞孩子,让孩子自由

目前,在我国家庭教育中普遍存在家长对孩子过分溺爱,在大事小事上帮孩子安排得妥妥当当等现象。成功的父母从来都不会这样为孩子包办一切,他们会让孩子独立去完成自己该做的事情,培养孩子的独立能力。

不过,也有的家长对孩子管得过严、限制过多,有意无意地剥夺了孩子玩耍的权利和自主成长的机会。明智的家长不会把孩子束缚在自己身边,约束在自己的势力范围内,他们会让孩子活泼、主动、自由地发展,允许孩子有自己的兴趣爱好和交往范围,这对孩子健全人格的形成是至关重要的。

最重要的是,家长每天应该给孩子留出自主支配的时间,在确保孩子生命安全、身心健康的前提下,让孩子获得最大限度的自由,获得更多自主成长的机会。

## 二、赏识孩子,让孩子成功

孩子的心理是特别敏感的,一个孩子经过一天的学校生活,回到家里,看到的是爸爸妈妈开心的笑脸,他在学习上付出的所有辛苦,跟伙伴相处中的不快都会弃之脑后;如果再得到的家长的赞赏和鼓励,他的内心一定会非常高兴,以后就会自觉地要求自己做得更好。因此,家长一定要善于发现孩子的每一点进步,并且有意识地予以表扬,这样可以鼓励孩子继续朝着积极的方向努力。赏识教育作为一种有效的教育方式,到底应该怎样去实践呢?

第一,家长要善于发现孩子身上的闪光点,及时给予肯定。正所谓"尺有所短,寸有所长",每个孩子都有自己的长处,哪怕跟别的孩子比不行,但是跟他自己之前的行为比起来有进步就好。也许在外人看来那是微不足道的,但做父母的必须努力捕捉这些稍纵即逝的闪光点,及时地肯定,并给予表扬和鼓励。

第二,家长一定要对自己的孩子充满信心,时时给予关注。世上没有绝对的坏孩子,也没有真正的差学生。无论哪个孩子,只要我们耐心去寻找、用心去发现,一定可以从他身上找到闪光点,孩子需要被理解、被关注,以此建立起信心。

第三，家长对孩子的赏识教育应客观适度，讲究方式方法。父母不但要欣赏孩子，更要正确、客观地认识自己的孩子，了解孩子的身心发展需要，时刻注意分析孩子的心理状态。若做得不够，固然会伤害孩子的自尊心；但赏识过度，也会导致孩子自满、自负、任性，不能客观正确地评价自我。另外，父母要发自内心地表扬和鼓励孩子，而不是虚假做作；也不要笼统地表扬，那些漫无边际的表扬在孩子的心中不会留下一丝痕迹。

### 三、挫折教育，让孩子成长

当今社会很多孩子都是生长在温室里的，家长唯恐孩子吃一点苦、受一点委屈。其实在教育过程中，对孩子进行适当的挫折教育是非常有必要的。事实证明，那些在生活中经受过种种挫折或磨难的人，更容易达到光辉的顶点。

在挫折教育的引导上，首先，家长要相信孩子具备解决问题的能力，不能主观地认为任何事情对他来说都很困难；其次，当孩子自己解决困难时要和他站在一起，孩子才能更有信心，关注孩子的行动，并在孩子实在完成不了时给予帮助；最后，要在这个过程中培养孩子面对挫折的能力，一步步帮助孩子建立强大的自信心。

温室里的孩子就没有任何挫折可言，但当所有的花朵聚到阳光下时，自然有的要被太阳冷落。家长可以尝试着去创造挫折情境，给孩子施以挫折教育。

### 四、及时沟通，让孩子信任

当社会不断发展、经济水平逐渐提高的时候，很多家长忙忙碌碌地工作，希望用丰富的物质满足孩子的需要，却因缺少沟通和交流，使得孩子性格孤僻、待人冷漠，甚至目中无人、任性狂妄。不难想象，带着这些性格弱点的人一旦进入社会，就会四处碰壁，无法适应。所以，及时的沟通和交流是家庭教育的基础。

实际上，家庭教育讲究的是双向沟通与交流，孩子作为一个独立的有生命的个体，对任何问题都有自己的看法。有些家长总以为孩子不懂事，没有思想，因而与孩子之间只存在单向说教，从没有双向的交流和沟通。其实这种思想是不对的。孩子也有他们的自尊，他们同样希望能被平等看待。交流问题时应多用商量的语气，不要将自己的意志强加于孩子身上。

与孩子沟通、交流问题的方法是多种多样的。

1. 学会倾听，学会向孩子倾诉

家长不仅要学会倾听，同时也要学会向孩子倾诉。沟通是互动的，是双方面的。面对孩子的无理要求时，家长应该和孩子商量，可以给孩子分析，把孩子当作"小大人"，让他学会换位思考。

2. 把自己变成孩子，和孩子融成一片

在和孩子进行交流时，很多家长喜欢用训斥和居高临下的态度对待孩子，对孩子使用命令的语气，会给孩子造成很大的伤害。因此，父母要放下所谓的威严，把自己变成孩子，做孩子的朋友。

3. 要注意把握沟通的时机

当家长生气时，一定要等情绪稳定下来后再与孩子进行交谈，因为人生气的时候是会失去理智的，不要让不理智的情绪控制了你的语言，对孩子幼小的心灵造成重大的伤害。

4. 跟孩子培养共同的爱好

父母要理解孩子，在年龄距离无法改变的情况下，应该努力缩短与孩子之间的心灵距离。最好的途径莫过于与孩子培养共同的兴趣爱好，共同学习、共同活动。父母要腾出时间和孩子相处，密切观察并了解孩子的想法和喜好，进而寻找双方感兴趣的话题进行交流，这样才能更好地促进亲子关系的和谐发展。

所谓有效的教育方法，并不是家长施行一次、两次，就能达到立竿见影的效果，这是需要一段时间来验证的。正所谓"欲速则不达"，家长们不能操之过急，也不能轻易放弃。家庭教育之路漫漫其修远兮，必将上下而求索。

作　者　王　丽　连云港市灌南县实验小学
　　　　　　　　江苏省"五一巾帼标兵"
　　　　　　　　连云港市"领航杯"信息化教学能手大赛一等奖
　　　　　　　　灌南县小学数学教师基本功比赛一等奖

# 家校沟通中存在的问题及应对策略

家校沟通是学校教育活动中不可缺失的环节，也是当下教育改革过程中必须重视的内容，现代教育更重视学校和家长、老师和家长之间的互联沟通。通过对小学家校沟通情况进行全面的了解和分析发现，小学阶段班主任在家校沟通方面的情况不容乐观，存在诸多问题。

## 一、存在问题

### （一）沟通方式单一，内容片面，效果不理想

在"互联网＋"时代背景下，微信、QQ等新媒体已逐渐成为班级管理与建设的重要平台。虽然该沟通方式方便快捷，但也带来了很多问题。如家校沟通多以班主任群发消息的形式进行，面对的是家长群体，内容以通知为主，非特殊情况班主任不与家长进行私聊沟通，家长的参与感不强，沟通效果不佳。

### （二）沟通行为滞后，缺少计划，沟通态度欠佳

大部分的小学班主任和家长都知道，有效的家校沟通对于孩子的身心健康成长

十分重要。但是在实际的沟通过程中，能达到有效沟通效果的并不多。根据调查，在某些家校沟通中，部分班主任教师的家校沟通积极性不高，甚至对与某些家长的沟通存在抵触情绪，家校沟通难以有效进行，阻碍了学生的全面发展。

## 二、应对策略

教师和家长有时候在经过深入的沟通与交流之后，双方的教育理念仍然有些许的差别，但是基本上能做到和而不同。教师和家长也期望能通过多种形式加强家校沟通，为孩子的健康成长努力营造良好的教育环境。小学班主任教师要想做好家校沟通工作，具体可以从以下四个方面入手。

### （一）了解学生的家庭教育情况

要做好家校沟通，班主任首先要了解学生基本的家庭教育情况。把握这些基本信息便于班主任与学生家长沟通时采取适当的策略，对症下药；同时将有效的方法与思想传授给家长，改进家长的教育方式，提高家校教育的有效性。

### （二）尊重学生家长

沟通是一门艺术，教师对沟通艺术的了解和把控，直接影响着家校沟通活动是否顺利进行。因此，要想提升家校沟通的质量，就需要教师调整个人的家校沟通态度。班主任要尊重家长，做到心理与人格上的平等对待，为沟通打下良好的基础。同时沟通的方法和策略也很重要，埋怨和夸赞这两个选项我们要做出理智的选择，这会造成完全不一样的结果。指出问题和埋怨并不能一概而论，我们要知道在夸赞的过程中也能让家长了解孩子的一些问题。并且班主任要放下架子，多多向家长征求意见，以改进自己的工作。

### （三）拓展沟通广度

传统的家校沟通效果不理想，要想最大限度地提高沟通的有效性，班主任教师需丰富家校沟通内容，拓展沟通广度，可从以下几方面入手。

#### 1. 关注学生多方面的发展

家长和老师共同的期望是孩子能有好的发展，这也是彼此能够顺利沟通的关键所在。班主任在与家长沟通的过程中，可就学生的特长、兴趣爱好、独特之处进行沟通，引导家长发现孩子的长处，从而让家长能更理性地对待孩子的培养问题。此外，班主任在教学时除了致力于智育外，也要注重对学生态度价值观的培养，使学生通过所学、所想、所感能对周边事物产生思考。

#### 2. 关注学生身心健康发展

小学阶段是学生身心发展最快也是最具可塑性的时期，拥有健康的人格、积极向上的态度将为学生带来持续而稳定的动力。在大部分情况下，头痛脑热更容易被家校关注，但是心理上的变化呢？对此，班主任教师在家校沟通中应该着力引导父母高度重视儿童的身心健康，保障他们的健康成长。

### （四）丰富沟通形式

虽然科技的进步为班主任进行家校沟通提供了更便捷的方式，但任何一种方式都是有弊端的。所以，要想做好家校沟通工作，班主任必须综合利用现代与传统两种类型的家校沟通方式，利用多元途径，灵活地开展家校沟通活动，以家校沟通形式的优化助力家校沟通质量的提升。

#### 1. 电话报喜，留言报忧

电话与短信留言是信息时代下常见的通信方式。通常情况下，教师会在学生的学习成绩下滑或者犯了错误时才给家长打电话，导致家长很怕接到教师电话。现在，教师可以改变这种方式，可向广大家长传递孩子成长的喜讯，更好地提升家长与学校之间的沟通，也可通过短信或微信留言的方式反馈学生的问题，给家长预留足够的信息消化和问题处理的空间。

#### 2. 举办不同形式的家长会

家长会是教师与家长实现有效沟通的重要形式和途径。家长会上的沟通交流，可以使学生的学习与生活的表现呈现得更为立体，使教师与家长达成教育共识，形成家校合力。教师可根据本班的情况确定家长会的主题，采取不同的方式举办家长会。家长会可以采用沟通交流式、对话讨论式、成果展示式、亲子互动式等形式，使家长在参与中与孩子共同成长。

综上所述，优化家校沟通是深化教育改革的需要，也是班主任更好地支持学生的自我建设、自我成长的要求。小学时期是孩子身心发展的重要时期，也是孩子价值观塑造的重要时期。所以，小学班主任理应勇担责任，从沟通问题入手，寻找适合本班的家校沟通方法和策略，通过更新自身家校观念，做好家校之间的良好沟通，促进家庭教育和学校教育的融合，共同促进学生的全面发展。

作　者　嵇　丹　连云港市灌南县新集镇中心小学
　　　　　　　　连云港市家庭教育指导员基本功大赛一等奖
　　　　　　　　连云港市灌南县优秀教育工作者

# 现代网络环境给家校沟通带来的便利

随着网络社交手段的不断丰富，家校信息网站、QQ、微信、班级论坛等多种家校沟通形式不断涌现。学校和家长之间利用网络手段进行沟通，极大地节省了人力、物力、时间上的成本，也增加了人们对自身想法表达的自由性。尤其是网络社交手段的不断丰富，最大限度地拉近了家长和学校之间的距离，增加了沟通的频率。与此同时，伴随着交流的增加，家校沟通之间的问题也逐渐浮出，导致一些家校沟通的过程中产生了一些误解，使得其产生了相反的作用。

## 一、现代网络社交中的家校沟通存在的问题

### （一）沟通内容杂乱无章

如今家校沟通的手段多是使用微信这种社交软件进行的，家校的主要沟通内容是教师向家长推送的学校相关政策与活动通知、学生在校的表现和日常的学习考试等信息。但是，现实的情况经常是学校开展活动的计划会因为一些特殊的状况而被打乱，或者由于实际的教学情况不同而出现既定计划的改变，这都会导致教师所发送的内容具有一定的随机性，家长在进行通知阅读的时候会出现缺乏明确主题的问题，在家长通知中家长所阅读的信息可能是包含多种的内容，并且内容之间毫无关联。再者来说，学校之间多层级的校园信息的传递会导致发送信息频繁出现重复的现象，这种信息不仅仅对家长的家庭教育毫无帮助，甚至会导致一些家长在阅读的过程中产生反感。此外，学校在与家长进行沟通的时候，无特殊情况不会逐一进行信息的发送，而是以聊天群为单位进行信息的传递，在这一过程中有许多家长会将一些广告、链接等信息发至群内，占据了公共资源的同时也违背了家校沟通是提高家庭教育水平的初衷。

### （二）家校两者价值观的多元化

随着现代网络社会的发展，信息的传递速度越来越快。同样，教育的环境也被网络科技所影响和改变着，教育内容逐渐趋于普遍。各式各样的教育方法和教育理念已经不是专业的教育人员的专利。网络技术不断传播的现代化教育手段不断影响着世界的每一个角落，伴随着网络世界的现实特征，许多家长在面临学生的教育问题时都会产生自己独特的见解。这样就导致学校和教师的教育权威不断被家长利用网络的沟通所挑战。

### （三）开放性强，安全性低

网络社交手段最大的特点就是开放性，这就会为任何人都可以参与的网络交流带来一定的安全隐患，同时，这类问题也存在于家校沟通的过程中。利用网络的手段进行家校沟通在一定程度上是无法保证群内成员的安全性的，与之伴随而来的安全隐患就凸显出来。尤其是一些学生较多的班级群内家长的人数较多，家校互动的同步信息的传播速度较快，在群内人员复杂难以辨别的前提下，轻则会导致教育观念的错误引导，重则会导致一些家长上当受骗，造成家校沟通中的巨大损失。再者，学生的家长素质各有不同，在一些家长与学校沟通，或者家长与家长之间的观念出现分歧时，人与人之间的争执很容易将事件发展到难以控制的地步，这也是家校沟通中安全性低、可控性差的问题。

## 二、促进现代网络家校沟通的策略

### （一）设置相同的教育目标

学校与家长之间可以建立共同的教育目标，这是减少家校沟通中出现问题的基础，建立共同目标会促进沟通产生较好的效果，促进在家校双方的沟通中完成共同的目标。在家校沟通的过程中家长往往是被动接受的一方，而长期的被动接受并不能促进家校沟通的顺利开展。教师可以将家校沟通进行一定的评估，提出建设性的改建意见，促进家校沟通的效果。

当然，除了学校中的具体事件的沟通外，学校还要进行学生心理问题的总结和归纳，将学生的心理健康发展问题重视起来。例如，笔者所在班级有一个性格较为孤僻的学生，该学生的情况就需要学校方面做好记录，并及时与家长进行沟通和记录。学校的参与对家长沟通的了解和指导，对教师开展教育事业来说具有非常重要的促进作用。

### （二）增加沟通方式

现代信息技术除了带来更加便捷的生活，同时对学生、家长、学校来说都有着非常大的影响。利用网络社交技术进行家校沟通，既是时代所趋也是现代化教育的所需。我国现代化的教育目标是要把学生培养成全面发展的社会主义接班人，是为我国的民族伟大复兴培养中坚力量。为此，在家校沟通的过程中，首先要保证教育理念要符合现代社会主义价值观，同时要充分认识现代社会的现实情况和教育趋势，促使家长的教育理念与学校的教育理念一致，学校要对一些不重视学生读书的家长进行引导。此外，还有一些家长推崇西方教育理念，对学生的身心发展都不重视，只是关心学生的成绩，这就需要学校对这一类家长进行正确的引导，利用现代网络技术信息传播快、反馈及时等特点与之不断沟通。

### （三）线上、线下沟通的有效平衡

虽然现代的网络技术为我们的家校沟通带来了便捷性，但是我们也不可以忽略线下的沟通，家校教育的隐秘联系还是需要教师与家长之间不断地进行互动，人与人之间面对面的交流效果是线上交流无法达到的。乔布斯曾经说过："互联网技术发展的迅猛，对教育并没有什么影响。"为此，在使用网络技术进行家校沟通的时候，一定不能忽视线下与家长面对面交流的重要性。只有将线上、线下的交流进行有机结合，才可以促进家庭教育的发展，使得家校沟通更加科学有效。

例如，教师在熟练掌握网络沟通技术的同时，要通过家长会、约谈会、家访等多种方式和家长进行线下交流与沟通。当学生出现情感上的波动或者心理上的变化时，教师无法通过网络将细枝末节与家长进行沟通，这时教师就要与家长进行面谈，以便可以更好地帮助学生，促进其身心的健康发展。

总而言之，现代网络环境为家校沟通带来了一定的便捷性，但是学校仍要善于发现其中的问题，进行不断的改进和创新。增加家校沟通的时效性的同时，教师还要与家长形成一个坚实的护盾，帮助学生在学习文化知识的同时享受学校与家庭的温暖，从而促进学生的身心健康发展，为我国社会主义发展培养人才，为实现民族复兴奉献力量。

作　者　周运航　连云港市灌南县百禄镇中心小学

# 关注性别差异　共育阳光男孩

近年来流行一些形容男人女性化的俗语，如"娘娘腔"等。这些俗语从很大程度上反映一个社会问题——男孩身上的阳刚气息在逐渐淡化，他们似乎越来越温顺，越来越阴柔。此外，有些男孩由于受到父母感情不和、家庭遭受挫折、父母长辈溺爱等家庭因素的影响，显得很胆小、冷漠、孤僻。

## 一、教师要关注性别差异，正确评价男孩

在小学阶段，很多男孩发育比女孩晚，没有女孩出色。但很多教师爱把"坐好，别乱动""认真听课""遵守纪律"等女孩很容易做到的事作为评判男孩的标准。性别没有好坏之分，各有独特的优势。教师要关注性别差异，多几把"尺子"，科学合理地评价男生。如在阅读方面，男孩与女孩在课堂中的表现就有很大差异。女孩喜欢从开头到结尾，从细节中感悟情感；男孩则更希望先看结果后读细节。因此，小学教师要关注性别差异，正确评价男孩，培养其想象力、创造力，让男孩的个性在"争强好胜""调皮捣蛋"中得到张扬。

## 二、家长要关注性别差异，共育阳光男孩

望子成龙是天下父母的心愿，但古人云："玉不琢，不成器。"有些男孩不是与生俱来就是阳光、自信的。家庭是孩子人生中的第一所学校，父母就是孩子的第一任老师，父母的言传身教将决定孩子的未来。

### （一）父母要关注自身性别差异，刚柔并济

美国著名作家约翰格雷说："男人来自火星，女人来自金星。"中国也有句俗语："男人是铁打的，女人是水做的。"男人的阳刚率直，女人的多愁善感给孩子带来的影响截然不同。由此可见，家庭教育中父母对孩子的爱是不同的。父母首先要关注自身的性别差异，在家庭教育中刚柔并济，共育阳光男孩。爸爸要展现自己阳刚健壮、理性创新优点，在生活中培养男孩的责任感和原则性。妈妈是孩子最亲密、最信赖的人，要在孩子面前展示自己温柔体贴、宽以待人的一面，让孩子在耳濡目

染中学会与人和谐相处。

作为父母，不仅要关注自身的性别差异，还应具备一定的教育智慧，掌握科学合理的家庭教育方法。

## （二）魅力爸爸的"三要"与"三不"

在家庭教育中，爸爸对孩子的影响是母亲无法替代的。尽责的爸爸更能给男孩安全感。相对女孩而言，男孩的成长更需要爸爸的陪伴。但快节奏的现代生活迫使许多为人父者无暇陪伴自己的孩子。古人云："子不教，父之过。"一个缺乏父爱的男孩很容易误入歧途。这不仅是家庭的痛楚，更是家校共育的缺陷。所以，作为爸爸再忙也要抽出时间陪陪孩子。一个充满魅力的爸爸，一般有以下三个优点。

第一，要悦纳男孩的缺点，不抱怨。"金无足赤，人无完人。"世界上没有什么事物是十全十美的。男孩天性好动，爱冒险，破坏力比女孩强。这些或许就是大人所谓的"缺点"。很多男孩因此遭受外界的否定与批评而变得懦弱、自卑。做爸爸的要关爱、包容自己的孩子，悦纳男孩的"缺点"，不抱怨。

第二，要充分相信男孩，不束缚。我国伟大教育家陶行知先生曾指出："教育孩子的全部秘诀在于相信孩子和解放孩子。"爸爸应该给予男孩充分信任，让男孩自己能做的事自己做，要在日常生活中抓住男孩的优点，加以肯定。这样有利于培养男孩自信、自尊、自律的品质。

第三，要合理确定期望值，不攀比。心理学家认为，孩子的发展有两种水平，即现有的发展水平和潜在的发展水平，二者之间的区域被称为"最近发展区"。爸爸要合理确定对男孩的期望值，不攀比，鼓励他们通过自己的努力实现目标。

## （三）智慧妈妈的"四要"与"四不"

爸爸的爱或许更多的是含蓄、深沉的，是在潜移默化中培养男孩阳光、刚毅的品质。妈妈的爱更加无微不至，更具亲和力。妈妈的温柔善良让孩子懂得换位思考；妈妈的耐心细致教会孩子有条不紊；妈妈的沉着镇定让孩子懂得坚韧不拔。一个智慧的妈妈还应关注以下几点。

第一，要保持乐观，不固执。曾经读过这样一句话，"没有什么比失去热忱更可怕，一旦失去热忱，人便垂垂老矣"。培养乐观自信的男孩是妈妈义不容辞的责任和义务。妈妈要保持积极乐观的心态，不固执，引导男孩乐观面对挫折，学会换位思考，偶尔也要学会屈服，凡事学会往好的方向想，等等。

第二，要身体力行，不食言。孔子说："言而无信，不知其可也。"诚信是做人的根本。妈妈要身体力行，说话算数，答应孩子的事就尽力兑现，不食言。妈妈是孩子的镜子，更是孩子模仿的对象。只有言而有信的妈妈，才能养育诚实守信的男孩。

第三，要分配家务，不包揽。苏联教育家苏霍姆林斯基认为，体力劳动对于男孩来说，既能获得技能和技巧，也能接受道德教育，而且能获得丰富的思想世界。

但据调查，很多小学生特别是男孩子不会叠被子，没倒过垃圾，没洗过碗。不是男孩笨、懒，是很多妈妈不愿意教，不让男孩做家务。她们认为孩子现在的任务是学习，长大了再学也不迟。智慧的妈妈培养男孩的自理能力，不包揽，让男孩学会分担家务。

另外，要狠下心来，不溺爱。老牛舐犊，爱子心切。疼爱孩子是妈妈的天性，但千万不要溺爱孩子，把男孩养成"巨婴"。智慧的妈妈要"狠下心来"，舍得让男孩吃苦，不给男孩优越感，在生活中培养男孩的责任与担当。

家庭教育是学校教育的补充。小学教师要以家庭为中心进行家庭教育指导，在家校共育中关注性别差异的同时，也要指导家长关注性别差异，科学合理地教育男孩，让男孩在家校共育中变得更加阳光、自信。

作　者　王　敏　连云港市灌南县新安镇中心小学
　　　　　　　　连云港市家庭教育指导员基本功大赛二等奖
　　　　　　　　连云港市灌南县心理辅导课竞赛一等奖

# 特殊时期家校沟通存在的问题

疫情期间不停课，班主任不仅要引导学生进行学习，还要保证每天及时与家长进行沟通，反馈孩子的表现。伴随着长久的居家学习，班主任在工作中遇到了很多问题，需要探索解决方式，促进家校沟通的实效。

## 一、疫情防控期间家校沟通的重要性

### （一）全面了解学生需求

家校沟通利于改善家长的家庭教育观念，与学校共同合作给孩子营造良好的学习与成长空间。家长是孩子的第一位老师，家庭便是孩子的第一教育场所，家长对孩子的影响是巨大的。另外，家校沟通也方便老师们了解孩子的性格与需求，进而设置有针对性的教学。家长把自己对孩子的了解及时告知班主任，便于班主任合理安排教学活动。

### （二）针对性地进行辅导

疫情期间不停课，学生只能居家学习，家长为了让孩子顺利学习付出了很多精力与时间。但是多数家长认为在学校才能接受良好的教育，在家里由于孩子使用电子设备，在学习上缺乏主动性，因此学习效率不高。那么，班主任需要根据与家长沟通的信息为孩子安排居家学习任务，要尽量去了解每位学生在家学习的情况，这样才能有效提高家校沟通的效率。整体来说，家庭与学校间要建立信任，互相了解实际情况，及时关注孩子的学习动态，有针对性地进行帮助。

## 二、疫情防控期间家校沟通存在的问题

### （一）缺乏家校沟通意识

社会对教育的关注点是学校，家长对教育的关注是老师与学校，缺乏考量自己才是能给孩子进行教育的第一人。家长在疫情期间的教学责任是很繁重的，可能是被迫推到学习位置上的陪伴者，情绪上不舒适，对居家学习有很大的焦虑；有的教师还认为那些品德与心理有问题的学生，其家长也或多或少地存在一定缺点，这种想法的出现就反映了教师与家长缺乏合作沟通的意识，导致家校沟通不顺畅，关注度不高，线上教学无法认清自己的角色，这是家校沟通的难点之一。

### （二）家校沟通难度加大

因为在线教育的环境并不成熟，国家的信息化发展还未建立功能齐全的家校沟通平台，导致很多的教师与家长在不断尝试在线教学平台中度过；有的教师在线上搬运线下需要整理的知识，占用了学生的在线听讲时间，而家长更是担忧学生长久使用电子设备上网产生的后果，觉得教师布置的作业加重了孩子学习的负担，导致孩子压力大。疫情期间师生都是居家在线教学、学习，在这样的情况下并未建立有效的教学系统，师生间的教学不连贯、形式化，还有班主任要了解学生的情况必须与多个家长沟通，给班主任带来了巨大的沟通压力。

### （三）家校沟通缺乏信任

因为上网课教师无法与学生直接面对面交流，对学生的学习情况不能及时掌握；学生学习情况模糊，需要家长帮忙做出回应，双方进行了双向交流。可实际上家长与教师交流的质量并不太理想。

### （四）家校沟通产生情绪

很多家长居家期间，在进行家校沟通时的情绪是烦躁、不耐烦的，尤其是班主任让家长多次联系，提交学习信息等。因为很多家长担心学生长久在家不能正常地学习，怕孩子的学习成绩落后，导致一部分家长对班主任的需求不理会、不重视等。特别是班主任与一些家长沟通不顺畅之后，其自身的工作无法及时完成，教师觉得自己没被尊重，班主任沟通的热情就会下降，沟通能力明显不足。

## 三、疫情防控期间家校沟通的解决对策

### （一）强化家校沟通意识

在疫情防控期间为了保证学生学习顺利开展，学校与家庭应该建立家校沟通机制，创建双方交流的平台，提高家校合作能力。先确定各自的角色，注重教学指导，发挥教育部门的作用，保证履行各自的责任，在合作的基础上各自是独立的，基于

特殊的疫情提出合理的方案；教师要了解学生的家庭情况，家长要明白教师的教学任务与目的，便于实施家校合作。

## （二）尊重与信任家长

作为一名班主任，一定要站在学生家长的角度思考问题，根据家长的疑惑与问题，及时为其解惑。班主任肩负着督促学生学习的职责，与学生的接触最为频繁，不仅要考虑家长的立场，还要兼顾学生的学习情况，及时给予鼓励。表扬孩子，可以促进其成长，更是对家长的肯定。家校沟通就是在教师与家长的有效合作下，提高学生居家学习的效率。

## （三）调节情绪，提高沟通效率

班主任与家长沟通前先要调节好情绪，以委婉的语气选择对话的表达方式，可以避免产生语言冲突。班主任要照顾家长的感受，尽管有时候家长的情绪是负面的，班主任也要用真诚的态度去耐心对待。假如遇到不配合的家长，班主任要以合理的方式告知家长自己的担忧。例如，"在给您发信息之后，一直没有收到您的回复，我比较担心孩子的情况，心里很着急，您如果有困难或其他的事情，我可以给您提供帮助。"班主任结合实际交流情况，选择多种不同的方式，让家长在交流中更加舒适。

家长与教师只有相互合作、相互配合，才能给孩子营造一个良好的成长环境。尤其是在疫情期间，家校沟通是教育的重要途径，班主任更是关键的一员，要运用智慧保证家校沟通的效率，取得家长的信任与配合，促进学生的健康发展。

作　者　陶　芝　连云港市苍梧小学
　　　　　　　　连云港市家庭教育指导员基本功大赛一等奖

# 超级老爸来当家

近一年以来，结合家校共育的理念，利用改选家委会的契机，我们班成立了"超级老爸智囊团"。无论是在学校开展的各类家长志愿者活动中，还是在结合班级特色开展的"超级老爸进课堂"活动中，"超级老爸智囊团"都受到家长、学生、学校的好评。

## 一、家校共育面对的问题

我们班级42人中，绝大部分都是由母亲负责孩子的日常学习。整体来看，母亲细心、耐心，更关注孩子学习习惯的培养。可是她们事无巨细地负责孩子的生活与学习，凡事都包办代替，导致孩子的自理能力较弱。

我们班"家长护校"长期以来多数是由妈妈参与，爸爸们逐渐开始远离孩子的教育活动，我不由得担忧起来，只有妈妈参与关注孩子的学习、生活，缺乏爸爸的陪伴与教育，这个趋势可不妙啊！

我与孩子的爸爸们联系，了解了情况。原来，并非爸爸们不愿意参与孩子的学习生活，而是与妈妈的管教方式有冲突，一遇到冲突就要发生家庭大战，导致最后干脆什么也不管了。也有爸爸提出孩子越大越有自己的想法，想管管不了……爸爸与妈妈、孩子之间的沟通出现问题，甚至无法沟通，但又找不到解决的方法，心里很是焦急。

## 二、家校共育问题的解决路径

### （一）巧用家委会

既然是想办法解决如何帮助爸爸参与孩子的学习生活，我请来家委会成员们，针对家班共育中爸爸们遇到的问题进行讨论。家委会成员提出组建一个爸爸团，这样不仅能够提供一个育儿的交流学习平台，还能通过组织参与班级学校的活动，增进与孩子之间的情感。家委会成员贾爸爸，是一名高中的物理老师，他提议进班为孩子们上一节模型课。这个提议马上得到家委会成员的支持。

第二周，贾爸爸用生动有趣的方式，讲解模型的结构，亲自演示飞行、降落，真是一节令人难忘的模型课。课后，孩子们围着贾爸爸问个不停。当天晚上，平时安静的班级群一下子热闹起来。贾爸爸趁热打铁，他在群里提议，成立"超级老爸智囊团"，让更多的爸爸走进课堂，让孩子们习得更多课外知识！他的提议让群里的爸爸们一呼百应，"超级老爸智囊团"成立了！

### （二）成立"超级老爸智囊团"

适逢新一届家委会改选，我增设"超级老爸智囊团"。在班级中，我还特意大力宣传，鼓励爸爸们积极加入。最后选出：会长、文体部长、宣传部长、后勤部长，以及3名爸爸团代表。新一届家委会成员终于出炉了，令人可喜的是，家委会成员爸爸们居然占了一大半！妈妈的细致与爸爸的创新，必将促进孩子更全面的发展，真是令人特别期待的新一届家委会！

当我在群里正式聘任爸爸团时，妈妈们纷纷留言：欢迎"超级老爸来当家"！

### （三）"超级老爸进课堂"

超级老爸们的爱好特长偏向实践操作，根据班级特色充分挖掘老爸们的资源，积极报名"超级老爸进课堂"。爱好摄影的茹轩爸爸用生动浅显的语言讲解光与影的原理；小陶爸爸邀请海军叔叔为我们介绍高科技的武器装备。科艺节中，老爸们教孩子如何制作纸飞机，动手做小实验，还与妈妈一起帮助孩子制作"未来服饰"……孩子们别提有多激动了！我能感受到孩子们对科学的浓厚兴趣，更能感受到孩子们对超级老爸们的崇拜之情。

时间过得真快，又轮到我们班"家长护校"了，这次不再是"娘子军"，瞧，那一个个高大、伟岸的背影，牵着一双双小手，穿梭在车水马龙，护送他们进校门……是的，那就是我们班的超级老爸们！

### 三、家校共育感悟

#### （一）教育的一致性

苏霍姆林斯基曾经说过："没有家庭教育的学校教育和没有学校教育的家庭教育，都不可能完成培养人这样一个极其细微的任务。"因此，学校教育和家庭教育紧密相连，密不可分。教育的效果取决于学校和家庭教育影响的一致性。父亲在孩子眼里代表着无穷的力量与强大的依靠。所以父性教育和母性教育结合起来的教育才是完整的家庭教育。为什么爸爸会在孩子的学习生活中渐渐淡出？我想这个问题不仅和家庭有关，也和学校教育有着密切的关系，尤其是班主任。我反思自己平时确实与妈妈们沟通较多，潜意识里认为爸爸忙，没时间管孩子，是我给爸爸们贴上了标签……

#### （二）避免教育单向性

为了避免教师教育的单向性，并能取得家长的信任，发挥这支"超级老爸智囊团"同盟军的积极作用，我首先从指导家长成立家委会、开展一系列的家委会活动开始。每一次"超级老爸进课堂"，"超级老爸智囊团"代表不仅要审核内容、落实人员，还要与后勤部沟通准备小礼品；每一次"超级老爸交流会"需要家委会成员们一起策划，确定交流主题、准备资料、摄影记录和统计问卷等工作。在一系列与家长的交流中，爸爸们渐渐体谅妈妈们的不易，理解了老师的良苦用心，更看到了孩子们成长的变化。

#### （三）优化整合家庭教育

班主任是学生健康成长的引领者，更是搭建家校共育的桥梁。家委会作为家长参与学校教育和班级管理的正式组织，应当成为班主任开展班级管理工作的阵地之一。因此，教师应尽可能搭建家长交流平台，优化整合家庭教育。

家是一个人成长和栖息的地方，而组成一个家庭最重要的元素就是爸爸和妈妈，这二者缺一不可，共同影响着孩子的发展。通过班级家委会的建立，在家委会成员的带领下，"超级老爸智囊团"拉近了家长和学校之间的距离，拉近了家庭成员之间的关系，更拉近了爸爸们和孩子们之间的距离。这种新型的、和谐的模式，为家校共育提供坚实的后盾，也为孩子的健康成长营造充满智慧的环境。

作　者　李　婷　连云港市新坝中心小学

# "戏精"小学生的"影帝"养成之路

## 一、个案由来

小华，男，12 岁，刚转学没多久，就和班里的同学大打出手。当我询问情况时，双方说法却截然不同。"老师……小马无缘无故就打我……我根本没怎么招惹他……"小华一脸委屈地抽噎道。"老师，根本不是他说的那样！""老师别被他骗了！""老师……"

经过调查，一个会"变脸"的小华呈现在了我的面前。课上的小华积极发言，言之有物，善于思考。课后的小华就变成了另一个人，爱挑衅男生，脏话连篇；对待女生又是第三张面孔，稍一被呵斥，或抱腿痛哭，或磕头认错，十分起劲。听了同学们七嘴八舌地讲述，我是又好气又好笑，难怪同学们称之为"戏精"。

## 二、诊断分析

### (一)表演型人格障碍的内涵

为了帮助小华学会正确的表达与交往，我查阅了很多资料，"表演型人格障碍"就这样出现在了我的面前。

寻求关注，可以说是表演型人格最为典型的特征。他们通常渴望被人注意，是人越多越来劲的"人来疯"，较为自恋，做事感性，对批评十分敏感。通过观察，我初步判断小华患有表演型人格障碍。

### (二)表演型人格障碍的原因

多项研究表明，表演型人格障碍与家庭教育方式密切相关，于是我通过电话开展了调查。

#### 1. 父母角色的缺失

小华的父母常年在外打工，聚少离多，夫妻感情不和。爸爸脾气较为暴躁，在家里是"权威型"角色，一方面在物质上对小华比较宽松，一方面对他的生活和学习等方面要求严格，动辄打骂。于是，小华自然而然地想要讨好爸爸，而妈妈的软弱妥协、漠不关心，更是强化了他用一种所谓的"表演"来索取爱的心理。

#### 2. 家庭成员的推动

哥哥是一个理发师，经常灌输小华对外表的不健康的追求心理。在家的名义监护人叔叔，平时与小华几乎不交流。种种家庭原因，使小华在极度渴求关爱中扭曲了自己的认知。

### 三、辅导与矫正

#### （一）制定目标

针对小华的家庭教育方式的不当，我从家校共育的角度出发，制定了以下目标。

1. 行为方面

帮助小华正确认识自己行为的不妥，正视性格的缺陷，了解合适的社交方式，减少不恰当行为的出现。

2. 家庭方面

指导、帮助小华的家庭成员改善教育方式，积极营造温馨和谐的家庭氛围。

3. 班级方面

引导学生多给小华一些时间转变，发现小华的其他优点，打造团结友爱的班集体。

#### （二）辅导过程

通常来说，一个人态度的转变需要正确的认识，并要通过行动和取得成功的体验才有可能实现。对小华行为的矫正，正体现了心理辅导中的全面渗透、多渠道、全方位推进策略，创设良好心理发展环境的策略；遵循了平等尊重、适应个别差异的原则。

1. 认知调试法

首先，要让小华正确地认识、评价自己。我先和小华谈心，耐心倾听他对自己的看法。对他提出的看法，我不急着反驳，而是和他一起思考，这些情绪表现哪些是有意识的，哪些是无意识的；哪些是别人喜欢的，哪些是别人讨厌的。其次，我告诉他要少做、不做让别人讨厌的行为，适度做别人喜欢的行为；针对无意识的表现，可以不时自我提醒，还可请同学帮助提醒，逐步适当控制情绪表达。

2. 家庭治疗法

首先，要提高亲子沟通频率。得到小华的信任后，我引导他说出对父母的看法，并帮助他向父母转达，搭建沟通的桥梁。小华的父母认识到问题的严重性后，决定每天晚上和小华视频通话，节假日也尽量赶回家。小华的情绪渐渐地稳定了下来。

其次，家庭成员要正确相处。结合相关资料，我给予了小华一家一些相处的建议，如父亲要控制脾气，多说"可以吗"；哥哥要引导小华对内在的追求……

最后，家校要密切关注，对不适宜的行为要及时提醒、引导矫正。

3. 班级治疗法

首先，我特意召开一次班会，解开了小华和同学们之间的矛盾，并号召集体多给小华一些耐心去矫正。

其次，我联系各科老师，共同对小华的课堂表现采用积分评价。如果小华在课堂上能按照要求稳定地完成一项，则给予他一分；如果他仍然有许多夸张、吵闹等行为，可以酌情扣分。

最后，我要求同学采用消退法。无论何种场合，若小华出现了"戏精"行为，则不给他任何正向或负向的反应，使他因为无聊而自我减少不适宜行为。

4．表演升华法

具有表演型人格障碍的人有一定的艺术表演才能，我们不妨发挥其长处，让他们把兴趣转移到表演艺术中去，将他们的才华转移到表演中去得到升华。我经常创造机会让小华在课堂上即兴表演，他丰富的想象与夸张的表演总能逗得大家哈哈大笑。特别是"六一"文艺汇演那天，他在课本剧《三打白骨精》中，一人分饰"白骨精"变化的三角，获得了全校师生和观摩家长的一致好评。从那以后，小华在大家心中不再是个哗众取宠的"戏精"，而是一个实实在在的"影帝"了。

（三）辅导效果

半年来，小华好转不少，情绪趋于稳定，"表演"也知道注意场合和分寸了。

一天，同学们簇拥着小华走到我面前，原来小华放学途中捡到了一个钱包，根据钱包里的信息联系到了失主。要是以前，小华一定绘声绘色地讲述自己的经历，可今天他却几乎不敢抬头。从他羞红的面庞和含着笑的嘴角中，我看出了他的喜悦与骄傲。于是，我趁热打铁："小华，你做得真棒！你看，用美好的品德赢得大家的尊重与赞美，才是人生追求的最大价值啊！"他终于抬起头，腼腆地冲我一笑。

## 四、反思与总结

表演型人格障碍不可怕，可怕的是偏见与无知，这次个案辅导给了我很多启发。

（一）教师的应对方式

1．早发现

表演型人格障碍特别依赖环境的强化，及早发现并进行干预尤为关键。

2．早联络

表演型人格障碍与早期家庭教育方式有关，因此教师一定要及早联络家长，阐明现状，帮助家长意识到问题的严重性，并给予一些专业的指导。

（二）家庭的教育方式

1．多关爱

只有孩子享受了温暖、富足的爱，才不会采用错误的方式寻求畸形的关注。

2．多尊重

家长要转变育儿理念，改变专制传统的教育方式，尊重孩子。此外，家长要意识到"扮丑"式的刻意讨好是一种没有自我的行为，要帮助孩子强化自我尊重的意识。

（三）家校的合作方式

1．常矫正

表演型人格障碍的矫正是一个持续性的过程，只有家校长期合作，多样化运用正向强化与负向弱化的方法，才能帮助孩子慢慢改变。

2. 常调整

随着孩子的成长，教师和家长要灵活采取教育方式，避免工作僵化。

目前对于已经形成的表演型人格障碍的治疗，医学界还没有一个完美的解决方案，因此必须让爱在前，守护孩子心灵的健康。

作　者　徐　岳　连云港市新坝中心小学
　　　　　　　　连云港市家庭教育指导员基本功大赛二等奖

# 家校沟通的技巧

随着大家对家校合作越来越重视，家校沟通也变得越来越重要。家庭是孩子的第一所学校，父母是孩子的第一任老师。因此，学校教育要和家庭教育保持一致，形成有效的教育合力，这样才能更好地教育和引导孩子健康地发展。通过有效的家校沟通，学生的父母与教师共同建立更加和谐的家校关系，一起关注和解决学生在成长过程中遇到的问题，更好地促进学生健康成长。

## 一、家校沟通的现状

我所任教的学校是一所农村小学。有些学生属于留守儿童，还有的生活在单亲家庭、再婚家庭。有些父母很少主动与教师沟通。有的留守儿童的父母很少过问孩子的情况。班级中有一部分父母还是很注重家校沟通的，他们会阶段性地与老师主动沟通，这些父母希望得到家庭教育方面的一些指导。

教师在开展家庭教育指导中，要扮演好沟通者、组织者、指导者、协调者的角色。教师注重与学生父母的沟通，会使用多种沟通方式进行家校沟通，与学生父母沟通时要尊重家长。

## 二、家校沟通的意义

教育学生不只是学校、老师的责任，现代教育更重视学校和家长、老师和家长之间的互联沟通。有些父母会忽视家庭教育、家校沟通的重要性。教师要让他们知道，家长是孩子健康成长的第一教育责任人。

### （一）沟通可以提高父母的家庭教育意识

在家庭教育中存在一些问题。有些父母过度溺爱孩子，有些父母对孩子过分严格等。这时候就需要教师做好家校沟通，让他们知道：家庭教育在一个人的成长和发展过程中的作用是不可低估的，父母对子女的影响是任何人都无法代替的。

教师通过与学生父母的沟通，指导家长转变教育观念，采用理性化的家庭教育方法，了解家庭教育的内容，学会正确地教育孩子。

**（二）沟通可以帮助父母和教师更加深入地了解学生**

如果学生的父母与教师缺少沟通，对于学生在学校和在家的表现父母与教师就很少了解，这样不利于孩子的健康成长。

我们班有个男生平时少言寡语，性格孤僻。他的家长不关注班级群中的信息。为什么会出现这样的状况？这是我一直思考的问题。通过家访，孩子的奶奶告诉我，在他很小的时候他的妈妈就离开他的爸爸了，他的爸爸外出打工很少回家，平时也很少打电话。他觉得自己的家庭和别的孩子不一样，时间久了就养成了孤僻的性格。

我明白他行为异常的原因是缺少父母的关爱。我及时向男生的爸爸讲述了孩子的情况，他才知道孩子存在的问题。我建议他每周都要和孩子通话，关心、询问孩子的情况，如果有空尽量回家陪陪孩子，让孩子感受爸爸的关爱。

过了一段时间，我发现这个男生脸上的笑容变多了，有时候会和其他同学玩。他的爸爸很高兴我能把孩子的问题及时告诉他。

由此可以看出，及时、有效的沟通能让父母和教师更加深入地了解学生。

**三、提高家校沟通有效性的实践策略**

在实践中，为了提高家校沟通的有效性，与学生父母及时沟通存在的问题，进行正确的家庭教育指导，教师必须了解沟通原则，灵活采用多种沟通方式。

**（一）坚持平等、和谐的沟通原则**

教师在与学生的父母沟通时要尊重家长，平等地对待他们，控制好自己的沟通态度，以积极的心态、关心的语气、温和的语言创设和谐的沟通氛围，为良好的沟通打好基础，这样的沟通才能有效。

班级有一个很调皮的男生，课上不认真听讲，课间经常抢别人的沙包，把胶水抹在别人凳子上等。我几次打电话给他妈妈可是没有起到效果。为了能和他的妈妈好好地沟通，我决定与她面谈。

一天下午，我特意把他妈妈带到学校的花园，这样可以很好地保护学生和家长的隐私，家长更能敞开心扉地与我沟通。我微笑着请她坐在花园里的凳子上，先关心地询问："孩子很聪明，在家也很调皮吗？"她点点头。我接着说："那你平时肯定很辛苦吧？"他妈妈向我诉说如何被他的调皮折腾得头疼。我安慰她说："他虽然调皮，可是还是有一些优点的。如果我们能一起合作让他不再过分调皮，他还是一名很不错的孩子。"这时她有信心了。她主动说："我们家长怎么配合您呢？"我和她共同商讨教育计划，明确家长和教师在家与学校各自的任务，并且达成了共识。经过一段时间的家校合作，这名男生有所改变。

我分析了这次家校沟通成功的原因：是我在沟通时选择了单独的沟通环境，便于家长吐露心声；在家长到来时，我礼貌地接待了家长；在与家长交谈时，我做到语言温和，处处替对方考虑，创设了一个平等、和谐、愉快的沟通氛围。

## （二）采用多种沟通方式相结合

家校沟通的方式有很多，有传统的沟通方式：家访、家长会、电话、到校面谈等；有新媒体沟通方式：微信、家长 QQ 等通信工具。教师要会合理地将传统沟通与新媒体沟通相结合，提高与学生家长沟通的有效性。

我们班级有个学生有时候请假不来上课，我电话联系过他的父母，得到的理由是他不太舒服，可是检查后没发现什么问题。为此我去家访，知道父母工作比较忙，都是爷爷奶奶照顾孩子，只要孩子说身体不舒服，他们就会让他在家休息，时间久了就养成这种不良的习惯。知道原因后，我决定使用电话、微信等方式与学生的父母沟通，通过电话指导父母如何引导孩子热爱学习、做一个诚实的人。在学生的每次请假中，我通过微信及时与家长沟通，共同辨别学生请假的理由是否真实。在我与他父母频繁的电话、微信联系下，他请假的次数越来越少。由此可见，多种沟通方式结合可以提高家校沟通的有效性。

学生的教育需要学生的父母与教师保持良好的沟通。父母与教师要通过有效的沟通及时了解学生，共同关注学生，提高家校沟通的有效性。

作　者　张晓明　连云港市新坝中心小学

连云港市家庭教育指导员基本功大赛二等奖

# 巧用沟通技巧　缓解学生压力

目前小学生的心理压力越来越大，心理问题也越来越多，学校和家长必须正视这些问题，巧妙利用沟通技巧，联手解决学生的压力问题，培养其良好的心理素质和健全人格。共谱家校成长手册，调适压力大小。要尊重孩子的身心发展规律，适度增加其压力，共谱成长足迹；制定阶段小目标，积聚成长正能量，适度缓解压力，让每位学生都能释放压力，拥有健康心理。

## 一、儿童对心理压力大的不良反应

面对过大压力，儿童会表现出各种各样的反应，在情绪方面会表现出混乱、紧张、难过、生气、受挫等，在行为方面则表现为和他人打架、和教师顶嘴、挑逗别人等。儿童对压力的情绪反应包括正面的兴奋和负面的生气、焦虑。压力过大所引起的生理反应会危害儿童的身体健康，而降低压力则使人更有活力，精力更充沛。所以巧用家校沟通技巧方法，联手解决小学生压力问题，就显得迫在眉睫。

## 二、重视家庭教育指导，分析压力来源

家长都有"望子成龙"之心但缺乏教育知识。于是，我在与家长联系时，还会找准契机对家庭教育进行指导。这样有助于提升家长的教育素养，有助于家长更加了解自己的孩子，和孩子共同成长。分析压力的来源，想办法共同减轻孩子们的压力，

### （一）家庭的压力

#### 1．期望值过高

"望子成龙，望女成凤"的心理驱使对子女产生过高的期望，往往还将这种期望通过他们的不合适语言和行动等方式传递给子女。他们处处给孩子施压，几乎剥夺了孩子所有的本该自由支配时空的权力，期望他们能全面发展，出人头地，给小学生带来了非常沉重的负担。

#### 2．教养方式不当

家长对儿童的教养方式不当也会给儿童造成很大的心理压力。家长的教养方式大致可分为 4 种类型：溺爱型、专制型、冷漠型或放任型、民主型。其中"民主型"的家庭最有利于儿童的身心健康发展；"溺爱型"易养成孩子唯我独尊的任性性格，表现为自私且依赖性强，独立性与生活自理能力差，不能承受一点委屈和挫折；"专制型"教育下的儿童虽依赖服从，但性格软弱、优柔寡断，会形成"被动型人格"，同时心理太过压抑，会产生逆反心理；"冷漠型或放任型"教育下的儿童缺少关怀，缺少约束，容易变得情绪不稳定，具有攻击性，性格孤僻，不合群，也容易产生自卑情绪。

### （二）学校的压力

#### 1．学习任务繁重

中国的孩子普遍学业压力重。繁重的作业、考试的压力，常常使得他们不堪重负。虽然我们正在致力于教育改革，向素质教育进发，但因为应试教育根深蒂固，难以在短时间内脱离这个桎梏。而小学生天真活泼，爱动爱玩，如果过多地占用他们休息和玩耍的时间，不但违背儿童的身心发展规律，容易引发厌学症、学校恐怖症等心理问题，而且妨碍了孩子的全面发展。

#### 2．来自教师的压力

教师的期望对儿童的心理发展是一种巨大的教育力量，但是如果过度希望就会产生负效应。比如教师迫于成绩的压力而产生焦虑情绪，教育方式不当，那将严重挫伤学生的自尊心。许多儿童在家尚能和父母愉快相处，但到学校就表现得过分退缩，这与教师的严厉态度和不正当惩罚是有直接关系的。

## 三、共谱家校成长手册，调适压力大小

积极调适不同阶段的压力大小，恰当的制度规范约束和激励机制是很有必要的。

**（一）尊重身心发展规律，适度增加压力**

家长和教师在对儿童进行教育时，要更新教育观念，科学遵循儿童身心发展规律，促进其健康发展，减少心理压力负担，轻装上阵。同时要改变教育的方式，注意学习的目的性和兴趣的培养，创设轻松的学习氛围。根据不同的年级适度增加压力，减轻学生过重的学业负担，使他们学得开心，学得轻松，学得没有压力，同时促进其全面发展和个性的张扬。

**（二）共谱成长足迹，制定阶段小目标**

可以给每个孩子准备一本家校成长手册，在家校联系本上可以有这些内容：每天的家庭作业题目抄在本子上，做完后由家长对应检查是不是已完成，记录好完成作业的时间；孩子一天中在学校的表现，对应制定的考评项目由老师和组长来打分。

**（三）积聚成长正能量，适度缓解压力**

在记录家校成长手册时，老师要以表扬鼓励为主，让孩子的心里郁积有一个排解和倾诉的渠道，同时可深入了解儿童的心理状况。

## 四、家长会架起桥梁，压力转换动力

**（一）家校齐沟通，压力去无踪**

教师与家长都是教育者，既然是教育者，他们的目的应该是一致的，所以就要在教育中心往一处想，劲往一处使，多沟通、多理解、多支持，形成教育合力，切实减轻学生的心理负担，发挥真正的教育作用。在家校沟通中，做好家校方面的思想工作是十分重要的，作用是无法估量的。更多关注孩子的心理压力，并想办法帮助孩子去缓解、释放压力。学校会促使家校形成教育合力，所以要坚持开好每次家长会。

**（二）走进特殊家庭，压力释放激情**

我们学校处于郊区，特殊家庭的数量越来越多，比较典型的特殊家庭包括单亲家庭、留守儿童家庭、重组家庭、问题家庭等。就留守家庭而言，父母长期在外打工，对儿童缺少关爱。我会积极调动家委会成员的力量，在生活和心理上给予他们更多的关爱，让他们不良的小情绪和超高的压力得到有效的释放，促进其健康成长。

家校沟通时的方式技巧无处不在，教师要善于倾听，更要把自己对学生的那份浓浓的爱心、耐心和责任心充分地流露给家长，让家长深切地感受到教师是真心实意地关心爱护他们的孩子，联手解决小学生的心理压力。

作　者　张　影　连云港市滨河小学
　　　　　　　　连云港市家庭教育指导员基本功大赛一等奖

# 低龄转折期亲子交流方式

三年级实际上算是一个转折期。一、二年级的学习内容比较简单，以培养学生学习习惯和能力为主。可是到了三年级，随着学习难度的增加，知识量越来越大，有些孩子不能适应新的学习压力，极容易出现学习成绩下降的现象，有些同学就这样渐渐地掉队了，更有甚者产生了厌学情绪。随着孩子年龄的增长，父母对他们的照料和关注比以前减少了，父母与子女之间的沟通通常被忽视，矛盾与代沟开始出现。

在孩子的成长过程中有三个叛逆期。"宝宝叛逆期"：2～3岁；"儿童叛逆期"：8～10岁；"青春叛逆期"：12～18岁。孩子在8～9岁的时候，和家长对着干的现象时有发生。一方面，学生渴望被人理解和关注；另一方面，随着独立意识的增强，又不愿把自己的内心轻易表露出来，当再次面对家长们的管教时，有的选择了沉默，而有的却发生了激烈的冲突，顶撞或冷战成了家常便饭。

近几年笔者带班都是一、二、三年级的小循环，发现极有代表性的三年级现象：一、二年级很优秀的学生，到了三年级就出现了"滑铁卢"现象。原来表现良好的学生也开始有作业拖拉、上课走神或讲悄悄话的情况。同学之间有小摩擦的频繁增加，特别发现有小团伙现象，其中以女生尤为明显。值日和班队活动也没有先前热情尽责。常听有些家长反映：一、二年级的时候，孩子回家有什么事都要和家长说，大人不听还不行，但是到了三年级就变样了，不愿意再和家长说心里话……三年级好像一个坎，到了三年级就会出现各种问题。

从心理发展方面来说，三年级时期，学生认知事物的能力提高了，对周围事物有了自己的判断标准，这正是孩子"自我意识"的表现。他们的择友要求也在发生着变化，但是又受年龄的限制，往往用好坏来定标准。比如，和谁一起玩，学习好不好等有时自我调节能力差，比较在意同伴和老师的看法，往往会产生一些逆反心理。此时教育效果可想而知。

正是基于对三年级孩子特殊的心理和生理发展期，家长的鼓励和帮助尤为重要，只要家长能够俯下身来，更多地关注孩子，定会构建和谐而稳定的亲子关系。

## 一、成为称职的父母

### （一）留给孩子一定的空间

现代家庭由于孩子娇生惯养，父母怕孩子吃苦受罪，几乎包揽了一切，养成了孩子饭来张口、衣来伸手的习惯。有的家长不许孩子这样，又不许孩子那样，弄得孩子束手束脚，这有意或无意地剥夺了孩子自主成长的机会。

## （二）及时有效的沟通

当今社会生活节奏快、人们压力大，家长大多忙于工作，常常和孩子无法及时交流。平时家长们可以尽量陪陪孩子，及时发现孩子成长中的各种问题。家长在同孩子沟通时，要注意自己说话的态度，是否以平等的口气来与孩子交谈。严厉的沟通交涉有时会有效果，但是当孩子正处于叛逆期时，这样的方式可能会适得其反，所以沟通时，家长要表现出对孩子的尊重与信赖。

## 二、培养良好的亲子关系

### （一）为孩子创造一个和谐的家庭环境

和谐的家庭环境对孩子的健康成长大有裨益。家庭是孩子成长的摇篮，古有"孟母三迁"的故事，说明了环境教育的重要性。因此称职的父母应该为孩子创造一个温馨的家庭氛围，为其树立良好的家教家风。

### （二）培养孩子良好的兴趣

如果孩子能够养成良好的兴趣爱好，不仅可以学会许多技能，还可以参与社交活动，对孩子的性格塑造方面起着积极的作用，也在很大程度上消减了孩子的叛逆行为。而培养孩子健康高雅的兴趣，在促进亲子关系中往往能达到事半功倍的效果。

### （三）尊重孩子的想法

有的家长在家里享有绝对的权威，总是把自己的一些想法强加给孩子，完全忽略了孩子的感受。当孩子出现叛逆现象时，首先要知道其中的原因，学会倾听是第一步。通过倾听孩子们的话语，家长可以知道孩子们的心理状态，以及需要提供什么帮助。

## 三、多样的亲子交流方式

亲子交流建立在平等、尊重的基础上。亲子交流实质上就是一种情感交流。它是父母与子女间的互动交流，其宗旨是让孩子健康成长。

### （一）不同的沟通方法效果也不相同

【案例分享】场景1

人物：妈妈、孩子（10岁）

场景：孩子在看电视，妈妈在洗衣服

妈妈：说你几遍了！还看！还看！耳朵不管用啊！（孩子充耳不闻，一动不动）

孩子：再等一会！

妈妈：天天看电视，哪还有心思学习！你把这劲头用在学习上多好！（孩子不语，眼睛仍盯着电视）

【案例分享】场景2

人物：妈妈、孩子（10岁）

场景：孩子在看电视，妈妈在洗衣服

妈妈：现在八点半了，你应该睡觉了

孩子：好的，马上就结束！（看着妈妈商量道）

妈妈：九点之前啊！（孩子笑眯眯地向妈妈做了"ok"的手势）

【点评】有效沟通的首要条件是具有和谐的气氛，理解孩子的感受比告诉他正确的方法更重要。

（二）先联结再纠正，也就是"先通情、再达理"

【案例】小 A 和同学玩球，不小心弄伤了同学的脚，他哭得很伤心，不敢面对同学和家长，上课也无心听讲，整日郁郁寡欢，怕受到老师的批评和家长的责备。爸爸说："我知道你很难过，我也知道你是无心的，对吗？"当爸爸这样说完，小 A 一边哭一边点头，那种被理解的感觉抵消他的伤心，他的情绪得到缓解，他和父母之间的联结也就建立起来了。当孩子们做错事情时，家长通常的做法是：先讲道理，如果孩子不听，那就来硬的。只有在家长和孩子有良好的情感联结的时候，孩子才会更愿意信任家长，才能够更理性地和家长合作。

【点评】惩罚不是目的，父母以谈心的方式，以引导为主，让孩子能够通过与父母的沟通，逐渐认识自己的错误。父母要善于倾听，然后结合孩子的心理，再进一步开导孩子。孩子只有与父母交心，才能更好地解决问题。孩子与人最初的联结来自父母，所以父母能够让孩子获得价值感和归属感，也能够让孩子学会如何给他人关注和爱。

我们希望通过有效的亲子交流，关注孩子低龄转折期的特殊心理需求，帮助孩子释放来自不同方面的压力，走出误区，调整心态，以积极平等的方式进行亲子交流，从而更好地塑造孩子健全的人格，促进他们茁壮成长！

作　者　王小青　连云港经济技术开发区实验小学

连云港市家庭教育指导员基本功大赛二等奖

# 家校携手共育方略

2022 年《促进法》实施以来，家庭教育得到了社会的广泛重视。家校携手，将合力育人纳入制度化保障。纵观以往家校合作实践，不仅出现"两层皮"的合作尴尬局面，甚至出现了更为严重的家校力量相互排斥的局面，"1＋1＞2"的教育合力确实受到一定的制约。本文以 S 小学为样本，重新审视家校协同关系，积极寻求策略，对家校协同工作进行一系列的思考和探索。

## 一、家校协同教育中存在问题的原因

### (一)协同共识缺位

**1. 家长缺乏合作意识**

目前，大部分家长对学校事务缺乏关注的动力，着力点只在自家孩子的成绩，孩子各方面表现好就行，只关注"小我"，不愿花心思琢磨与学校合作，共同教育孩子。有些科任教师在执教的班级，工作两三年后与家长互不相识。

**2. 学校牵引力度不够**

S小学在同类学校里，家校协同工作已经走在前列，但仍然感到"心有余力不足"。一方面对接上级各部门繁重的任务，力求达到一定的指标；另一方面要确保日常教育教学管理平稳有序，往往没有足够的精力去开展更深层面的家校互动交流工作，导致协同教育牵引动力不足。

### (二)评价模式固化

**1. 家长重功利性评价**

"双减"政策实施下，短时期内，受分数考评的影响，绝大多数家长关注的点还是围绕学习成绩、学习方法的提升，学习习惯的培养等。对一些德育活动抱以可有可无的态度，忽略了孩子道德情感的成长，进而不利于学生的全面发展。

**2. 学校培养人才定位狭隘**

"双减"背景下，个别领导依然追求分数，忽略学生道德情感的养成与提高。家长会上，科任教师讲解最多的是学生的成绩，交给家长辅导学习的方法等，对养成教育、责任担当教育、规则意识等方面往往一语带过。这种传统、功利性的培养模式不利于全面培养学生的综合素养。

### (三)客观实力匮乏

**1. 家庭能力影响参与**

由于职业角色不同、教育环境差异等因素的影响，一些家长在教育孩子方面感到力不从心。他们无法集中精力关注孩子，减少了与教师沟通交流的频率，影响了家校协同教育的效果。

**2. 教师指导技能缺失**

当下，很少有小学开设专门针对家校协同教育的培训课程，家校之间的契合点及如何完美融合，一直是协同教育实践中的重要课题。教师缺乏协同教育专业培训已成为影响家校协同教育高效开展的主要因素。

## 二、家校协同教育的应对策略

### (一)对话交流，增强协同教育共识

**1. 建立家校互通机制，解决沟通交流困难**

健全的家校互通机制，是保障家校协同运作的基石。学校每学期设立固定时段

开展协同教育，分别是学初、学期中、学期末，长线交互，提升协同效果。学初，召开家长会、组织家长开放日、发放协同教育宣传材料，让家长明白共育的内容，知晓学校负责共育的行政部门及其联系方式。在学期中，通过网络系统定期向家长推送学生在校行为习惯、学习情况、活动参与情况等。与此同时，教师要做好家长信息收录报备工作，充分尊重家长的合理需求，做到沟通有渠道、需求有反馈。到学期末，教师和家长填写学生养成习惯评价表，客观评价学期成效。

2. 强化参与意识，积极投身共育

通过家长委员会等相关组织，让家长参与学校决策并对其工作进行监督，改变部分家长在协同关系领域里模糊的角色，促其了解学校的各种政策、课程设置、经费使用等情况，从而明确教育活动中的责任与权利，积极参与共育活动，增强参与感和责任感。

（二）提高水平，延伸协同教育内容

1. 技能培训，提高教师素质

为推进家校协同教育的高效实施，需要一支高素质的专业型教师队伍。学校应结合自身实际情况，以学校文化依托，建立教师个人成长资源库，并对专业领域进行归类。首先加强对在职教师的校本培训；其次加强校际合作交流，"优师请进门"，以典型实例进行互访交流，培养教师与家长的沟通交流技能。对新教师培训，建立"青蓝工程"帮扶三年成长规划，让有工作热情、经验欠缺的新教师能够处理突发状况，积累经验，推动协同教育进入深层次，实现家校关系最大限度的包容与和谐。

2. 引领学习，提高家长教育力

大部分家长不是教育出身，需要教师给予明确指导，通过听专家讲座、参加家长学校、积极与教师和其他家长沟通交流等多种途径随时随地学习，以提高自身教育能力和水平。S小学推行的是"三级家委会"机制，即校级家委会、年级组家委会、班级家委会。对于班级的管理，教师充分发挥班级家长委员会职能，对委员会成员进行明确分工，负责各种事务，比如财务组，负责班级的班费管理；宣传组，负责班级的宣传工作；等等。这样不但可以减轻教师的工作负担，还大大增强家长的参与感和班级凝聚力。

（三）创新途径，提升协同教育效能

1. 健全协同监督评价体系

对家校协同活动的过程和结果进行考核、评价，督促家校双方，及时获得来自各方面的反馈信息，是保证其活动有效性的重要举措。S小学德育处根据学期工作计划，把家校合作活动的开展情况作为评价教师年终工作绩效的内容之一；并结合本校实际情况制定可操作性的、具体的评价指标，以书面的形式呈现给全校老师。如：班级是否成立家委会组织？是否有家长长期协助老师开展日常工作，尤其是班主任工作，效果如何？通过家委会的协助，从家长方面考察学校是否接纳家长参与学校管理？家长到底具有哪些实实在在的权利？将这些详细的指标评价结果与教师的月评考核、年终考评挂钩，以此激励教师提高家校合作的水平。

2. 挖掘家长资源优势互补

家长来自各行各业，知识层次不同、社会阅历不同，可以统称为一个巨大的教育资源。如何挖掘和运用家长资源来弥补学校教育的不足，是一个很有价值的研究课题。S 小学建立家长资源库，将所有家长职业进行筛选、分类入库，结合具体的工作开启资源。例如家长开放日，医生家长为学生开展爱牙知识讲座，弹药库家长为学生介绍武器装备常识，交通警察家长以图文案例，提醒学生时刻注意个人交通安全等，待执教结束后，为家长颁发荣誉证书。结合节日开展主题活动，招募家长报名参与活动，既拓宽孩子的视野，又丰富家校合作，充分实现家校资源的优势互补。

苏霍姆林斯基说："若只有学校而没有家庭，或只有家庭而没有学校，都不能单独地承担起塑造人的细致、复杂的任务。"随着《促进法》的深入推进实施，只有达成协同共识、延伸协同内容、提升协同效能，才能促成最有效的家校合作，才能营造出互动、沟通、协调、一致的家校和谐关系。

作　者　金雪燕　连云港市东海县和平路小学

连云港市家庭教育指导员基本功大赛一等奖

# 特殊时期做好家校协同

新冠疫情发生以来，全国各地中小学开展"停课不停学"的线上教学实践活动，中小学的教学方式由课堂教学转为网络直播教学。在此期间，学校和家庭之间怎样保障学生在线学习的成效成了社会关注的焦点。在教育部发布的《给全国中小学生在疫情防控期间居家学习生活的建议》中，家校协同成为保障"停课不停学"成效的重要力量。疫情期间，家校协作迎来了更多的机会，同时也显露出了其短板和不足。怎样协同好家校间的问题，保障学生在线学习的有效性成为我们研究的重点。

疫情防控期间线上教学成为非常时期保障全体学生"停课不停学"的重要手段，其特殊的教学形式也给特殊时期下的学校和家庭的协同带来了新的挑战和机遇。例如，家校协同的意识匮乏；在孩子学习遇到困难时家长因缺乏经验，会产生焦虑和无措感；因家长教育水平的不同，在信息化能力表现参差不齐等。疫情下的在线教学使得教育环境发生了改变，在原本的集中学习环境中，学生可以相互交流和协作，教师可以直接观察到学生的学习状态。在学校学习过程中，教师与家长、教师与学生、学生与学生、学生与家长关系密切是多维互动的。而居家学习过程中，学生以自我学习为主，缺少了一同学习的同学，缺少了与教师和同学及时交流的机会，这样就使得每一位家长都不可避免地参与到学生的在线学习中去，这就使得家校协同迎来了前所未有的挑战。

## 一、疫情防控期间家校协同存在的问题

### （一）家校协同意识有待进一步提升

疫情防控期间的居家学习实际上是师生的时空分离学习，虽然学习的环境和形式发生改变，但是学习目标是不变的。在居家学习过程中家庭教育的重要性尤为凸显，而家长作为家庭教育的主导者，又面临了新的挑战。在居家学习中既要求家长要合理安排学生学习时间的分配和学习环境布置，又要求家长要承担配合学校教育的工作。但是从真实的教育反馈来看，家长并没有妥善处理好这一系列问题，这反映出了居家学习过程中家庭教育的严重不足，同时也从侧面反映出家校教育的不协同。

### （二）在线教学增加了家校协同难度

在线教学作为疫情防控期间学校开展教育教学的主要手段，受到教学资源、组织方式及教学管理等因素的影响，存在着以下两个方面的问题。

其一，在线教学平台的不成熟。正所谓"工欲善其事，必先利其器"，在居家学习的要求下，互联网教学平台成为学校教育和家庭教育的主要手段。但是在疫情期间，各个网络平台种类繁多，但是都没有能够及时打造出功能齐全的通用信息化家校通平台，这使得师生和家长疲于在各类教育平台上进行尝试性的操作。

其二，线上教学方式上的误区。有的教师认为线上教学与线下教学没有区别，线上教学仅是将线下教学的内容照搬到线上教学上来即可。因为教学内容和教学流程的不精练，学生长时间利用电子设备进行在线学习而让家长产生了担忧和质疑。除此之外，在线练习和课后作业的增加，使得家长辅导的难度增大。

### （三）家庭差异放大了在线教学的失衡

在校教育能够保证学生的学习条件是大体相同的，但是居家教育中，因为各个家庭的经济条件、家长的文化水平和职业等不同，对学生的居家教学产生了较大的影响。第一，各个家庭的网络电子设备的问题。偏远地区因网络问题，而使线上教学成为较大难题，这也成为社会关注教育公平问题的焦点，因为网络环境的问题，也使疫情时期家校协同变得更加困难。第二，居家教学过程中如果家长具有较高的知识水平和信息化水平，那么将能够更好地指导学生的在线学习。但是大部分家长不具备相应的知识水平和信息化素养，在操作电子设备时会遇到各种问题，导致教师不能够及时完成在线教学任务，从而严重影响到学生的在线教学成效。

## 二、疫情防控背景下家校协同实施方向

### （一）增强家校协同的观念意识

随着国家推动家校合作工作的不断深化，全国家校协同工作也取得了一定的成效，但是大部分学校没有将家校协同机制有效落实，使得家校协同意识差、教师和家长遇到的问题相互推诿等现象依然存在。疫情防控期间，为了能够让学生居家学习生活得到指导，教育相关部门、学校和家庭应该协同努力做好以下几点。

第一，明确职责，加强指导。教育相关部门要发挥好统筹协调作用，明确各主体的责任。

第二，学校要充分发挥家委会和家长学校的作用，增强家长参与学校教育的观念，提高家长与学校和老师间的协同意识水平。

### （二）提升学生家长的信息素养

在特殊时期的要求下，线上教学让教师、学生和家长的信息化操作能力面临着挑战，尤其是家长，不仅仅要掌握各类学习平台，还要掌握直播教学软件和班级管理软件等。

为了降低家校互动的门槛，提高家长的信息素养，我们可以从以下两点入手。

第一，学校选择易操作的网络教学平台，并做好操作流程图，让家长更快上手。

第二，做一期以信息素养教育为专题的、面向家长的直播讲座。

### （三）改变家校沟通的方式

作为教师，不能够仅关注学生现阶段的学习状态，还要理解家长对孩子的陪伴和支持，要关心和理解家长在面对学生辅导及教育方式改变过程中产生的焦虑和不适应的心理，要及时发现问题，并给予针对性的指导，协助家长更好地培养孩子。要用肯定和欣赏的态度去看待家长的努力，与家长一同面对困难，一起解决学生在学习和生活中遇到的问题。

作　者　王志玲　连云港市灌南县实验小学

# 联手互助　呵护农村失母留守儿童

农村失母留守儿童是指失去母亲，父亲不在身边或无抚养能力，由祖辈或其他监护人进行抚养的儿童。这类儿童成长环境特殊，家庭教育中母亲的缺失给学生的成长带来了很多负面影响，也间接给学校教育增加了难度。

人的教育是一项系统的教育工程，它包括家庭教育、学校教育和社会教育。在

这项教育工程里，家庭、学校、社会发挥着各自的职能作用，而家庭教育是一切教育的基础。

近年来，农村失母留守儿童以一系列残酷的事件走进人们的视野。贵州毕节兄妹服毒事件、湖南邵阳"无妈乡"100多名失母儿童生存现状，这些社会现象都揭示了农村失母儿童处于一个亚健康的成长环境中。

针对这一社会现象，本文采用问卷调查和统计分析的形式，对连云港某农村小学20名农村失母留守儿童开展研究，深入了解其家庭教育情况以及在校情况，探讨母性缺失对其学习的影响，从而采取有效措施予以针对性指导。此次调查共发放问卷20份，收回20份，其中有效问卷20份。

## 一、调查基本情况

### （一）连云港某地区农村小学学生简介

连云港某地区农村小学是赣榆西部一所公办小学，共有学生1 400余人，留守儿童100余人，约占学生总人数的14%，其中失母留守儿童30余人，约占留守儿童人数的30%。这类儿童的失母原因大致包括：父母离异、母亲因故死亡、母亲因故离家出走。他们的父亲外出务工或无监护能力，将孩子交由祖辈或其他亲属抚养。

### （二）调查目的

由数据可知，农村失母留守儿童这一特殊群体所占比例不在少数。学生独立健康人格的养成需要学校、家庭、社会全方位的引导，家庭作为孩子的"第一所学校"，其教育作用不容忽视。而母亲在孩子成长过程中起着至关重要的作用。重视和加强与失母留守儿童家庭的沟通是至关重要的。

### （三）调查方法

本次调查采用问卷调查法和统计分析法，历时两个月，对某农村小学失母留守儿童学习习惯、学习兴趣等进行调查与分析。

## 二、调查结果分析

### （一）农村失母留守儿童学习积极性较低

针对农村失母留守儿童的学习积极性所设计的问题是：

对于吃力学科你是怎么解决的？

A. 没有办法 　　　　　　　　B. 找同学帮忙

C. 请教老师 　　　　　　　　D. 其他办法

调查显示，"没有办法"的为13人，占调查人数的65%；"找同学帮忙"的为3人，占调查人数的15%；"请教老师"和"其他办法"的占30%。大部分农村失母留守儿童在学习中遇到问题并不能得到及时解决，久而久之，造成学习吃力，形成学习倦怠。

## （二）农村失母留守儿童学习自主性较差

针对农村失母留守儿童的学习自主性所设计的问题是：

你在学习时需要有人督促吗？

A. 需要                          B. 不需要

调查显示，"需要"督促的为 14 人，占调查人数的 70%；"不需要"督促的为 6 人，占调查人数的 30%。由此可知，70% 的学生在学习时需要大人监督。这类青少年学习主动性低，又没有家长加以引导，其学习效果不尽如人意。

## （三）农村失母留守儿童学习时间较少，无学习计划

针对农村失母留守儿童的学习时间及学习计划所设计的问题是：

你的假期多长时间用于学习，有没有学习计划？

A. 每天都有学习的计划

B. 偶尔学习，没有计划

C. 几乎不学习，没有学习计划

调查显示，3 人"假期每天都有学习计划"，占调查人数的 15%；12 人"在假期偶尔学习，没有计划"，占调查人数的 60%；5 人"几乎不学习，没有学习计划"，占调查人数的 25%。没有学习计划，很大程度上削弱了学生的学习动机，只有 15% 的学生为自己安排了学习计划，数量稀少。

### 三、失母留守儿童家庭教育缺失对学校教育的影响

#### （一）加大学校日常教育工作难度

失母留守儿童，其父亲外出打工，多由祖辈抚养，因为缺乏母爱，学生心理问题发生率剧增。且因祖辈文化水平低，缺失良好家庭教育，学生染上乱讲脏话、打架斗殴等恶习。此外，失母留守儿童表现出的问题还有内向、易怒、敏感、厌学等，给学校日常教育工作增加了难度。

#### （二）加大学校德育工作难度

母爱的缺失致使失母留守儿童的内心易产生不公之感，有暴力倾向，也希望通过这样的方式引起他人的注意。在发生问题后，爷爷奶奶又因怜爱之心，不忍批评教育，学生错误行为未能及时遏止，易养成坏习惯，且不同程度地影响了身边其他学生，给学校的德育工作倍增压力。

#### （三）加大学校心理健康教育难度

小学阶段是学生个性形成的关键时期，而孩子性格的形成与家庭环境有着很大的关系，在缺少母爱的家庭环境下，学生性格易产生问题，这就给学校的心理健康教育带来了很大的困难。

### 四、构建学校、家庭、社会"三位一体"的教育网络

学校是教育主阵地，班主任要加强家校沟通，熟悉失母留守儿童在家表现，结

合学生实际进行管理。做好失母留守儿童追踪教育工作，关注学生各方面表现，及时给予学生适当的帮助。

班主任针对失母留守儿童进行教育的时候，应先加强对学生监护人的了解，熟悉监护人的家庭教育水平，与其监护人多沟通，多角度分析学生的现实情况，在沟通中适时向儿童监护人传播科学的教育理念，提高监护人对家庭教育重要性的认识，让他们科学合理地教育学生。

广泛动员社会力量，让更多的人关注失母留守儿童，尽己所能为孩子提供帮助。学校与社会相关企业达成长期合作机制，开展帮扶工作，让失母留守儿童感受到社会的温暖，有利于失母留守儿童的成长。

儿童是祖国的未来，为每一位儿童建设平安幸福的生活环境是我们共同的心愿。教师作为教育工作的主要引导者，要重视农村失母留守儿童的教育问题，加强家校沟通，掌握孩子一手情况，采取适宜的教育手段，调动各方教育资源，为失母留守儿童的健康成长创造有利条件。

作　者　马浩容　连云港市班庄中心小学

# "泛在沟通"——沟通能力新样态

家庭是孩子的"第一所学校"，而家长是家庭教育指导的主力军，需要担任家庭教育的理论指导与实务培训。网络时代无时不在的学习成为常态，称为"泛在学习"。同样，教师与家长的沟通亦成为一种"泛在沟通"。限于地域环境、家长素养等因素，农村教师与家长的泛在沟通能力还有待进一步提升，有待从多方面进行建构与锻炼。

教师是家庭教育指导的主要力量。农村家庭教育指导教师的"泛在沟通"能力存在诸多不足。"指向发展"的泛在沟通价值要求教师从多维度提升自我的沟通能力和素养。T型泛在沟通能力提升模型着力从纵向的素养维度和横向的能力维度进行，让泛在沟通成为教师家庭教育指导中沟通能力的新样态，从而有效提升教师家庭教育的指导效果。

## 一、指向发展：教师泛在沟通能力的价值聚焦

### （一）教师泛在沟通能力助长儿童的多元发展

立德树人成为新时代教育的核心任务，儿童在内与外、德与智、身体与心灵上存在多元发展的现实需要，教师的泛在沟通能力成为儿童发展的一座桥梁。

1．首要因素

泛在沟通关注儿童性格成长。习惯形成性格，性格决定命运。例如学校可以邀请家长共同参与"我要上六一"的节目投票海选活动，让孩子敢于展现自我，同时也增进家校联系。

2．核心目标

泛在沟通关注儿童成绩提升。教育的功利性、工具性让农村家庭教育存在很多误区、"真空区"。如果教师能及时与家长做好泛在沟通，互相配合、共同监管，将有利于孩子的习惯养成与成绩提升。

3．必要缘由

泛在沟通发现儿童真实兴趣。接触多种事物、参与不同活动能让儿童的兴趣有效显现。如让学生利用微信、抖音等视频平台，进行歌曲、舞蹈等展示，将学习与生活中的发现、活动瞬间进行加工、展播等。

（二）教师泛在沟通能力满足社会的发展需求

民族要振兴，责任在教育，因此培养有理想、有道德、有纪律、有文化的新时代少年是教师、家长义不容辞的责任。教育者要通过与家长的泛在沟通，帮助孩子形成正确的世界观、人生观、价值观。

## 二、T 型建构：教师泛在沟通能力的形成路径

如把教师关于泛在沟通能力的一些理念、认识、看法、价值等因素看作字母"T"中的竖，那么竖的长度就决定理念认知的隐性深度；把能力、方法、技能、技巧等因素看作字母"T"中的横，那么横的长度就决定教师的显性宽度。在这两个"度"上进行教师泛在沟通能力的 T 型建构，将有效提升教师的能力，达成家校沟通的实效。

（一）及时更新现代沟通观念

良好的家校合作能够拉近师生和亲子之间的距离。因此家庭教育指导教师要树立沟通观念，加强沟通能力的提升。

1．学习培训，自我提升

教师积极阅读《家庭教育指导师培训教程》等相关专业书籍，把握学生的身心发展规律、了解家长的教育需求、明确不同学段的家庭指导重点、学会预防和处理突发事件等，快速提升泛在沟通能力和实践智慧。

2．真诚交流，专业自信

家庭教育指导教师面对的指导对象是家长，教师应体现专业自信，要以自己专业知识和沟通经验，为家长分析孩子的问题和发展特点，要用通俗易懂的语言与家长真诚地交流，逐步赢得家长的理解、支持和配合。

3．心怀敬意，平等和谐

教师对家长要心怀敬意，尊重每一位家长；理解每一位家长一切为了孩子的心理；要平等对待每一位家长。

4．善于倾听，换位思考

成功的沟通要求教师成为积极的倾听者。教师要善于倾听家长的声音，同时也要学会换位思考，多站在家长的立场去反思问题，与家长一起寻找解决孩子问题的有效办法。特别是面对特殊学生和家庭时，更要有包容心。

（二）合理选择优势沟通方式

随着社会的发展，家庭指导教师要因时制宜，选择合理的沟通方式，着力提高沟通的效率、效能和效果。

1．传统沟通，卓有成效

坚持传统沟通，如"家长会""家长开放日"等形式，让沟通走向深入，直面交流，将问题呈现出来，与家长共同商榷，寻找最佳教育路径。

2．新媒体沟通，与时俱进

新媒体沟通的互动性更强，所受时间、空间的约束更少，可在单线联系和群体沟通间自由切换，是传统沟通的有益补充，如利用微信等媒体，及时、快速沟通。

（三）积极实践泛在沟通智慧

语言技巧是良好沟通的保证。教师的泛在沟通能力既要有各种技巧说明问题的能力，又要有灵活的解决问题的智慧。

1．语言沟通的艺术，由内而外的修养

在沟通过程中，用热情、关心、委婉、含蓄、幽默、风趣的语气与家长谈话，可以使气氛融洽、和谐和轻松，展现教师由内而外的修养。

2．体态语的助力，从有形到无形的感染

非语言沟通一般包括动作、面部表情、穿着等。教师在与家长沟通时，应该保持微笑，努力做到手势与语言配合，准确恰当，明了清晰，同时教师的着装也应该表现出相应的气质和风度。

3．直面差异的存在，从单一模式到多元创新

面对不同学生及家庭，教师的泛在沟通必须讲究谈话的技巧。如面对易沟通的家长、放任型的家长，教师要采用灵活多变的沟通方式，获取家长的信任与认可。

4．以活动为载体，从理论到践行

农村家校沟通缺乏有效活动载体，需要我们尝试充满农村特色的教育活动，促进家校沟通，促进家长与孩子情感的融合。如可以鼓励家长带着孩子一起参加劳动与玩耍，春播种、夏锄草、秋收获、冬赏雪等。

网络时代、信息社会，教师的泛在沟通能力已成为家庭教育指导教师沟通能力

的新样态。挖掘和积累教师泛在沟通的素养理念层面，拓展其隐性深度，培养和提升教师泛在沟通的能力技巧层面，开拓其显性宽度，实现 T 型发展，将有效提升家校沟通的实效，形成教师的泛在沟通实践智慧。

作　者　董彩霞　连云港市赣榆赣马中心小学
　　　　　　　　连云港市家庭教育指导员基本功大赛一等奖

# 疫情防控背景下家校沟通问题及应对策略

疫情防控背景下，家校社不稳定因素太多，家校沟通更是任重而道远。本文剖析了疫情防控背景下家校沟通常见的问题，家长、孩子、老师的负面情绪化，沟通出现单向化、片面化、意识淡薄化等问题，我们不断探索学校与家长有效沟通策略，充分运用学校和家庭的教育合力，通过统一思想、建立信任、优化模式、多种渠道提高沟通效率，共筑家校沟通的桥梁，为学生的成长护航。

疫情防控背景下，需要与家长频繁沟通，这是一个非常艰巨的任务。面对这种情形，我们需要分析家校沟通常见的问题，共同探索家校沟通的策略。

## 一、疫情防控背景下家校沟通常见的问题

### （一）疫情期间沟通负面情绪化

#### 1. 家长出现负面情绪

随着疫情防控愈发严格，教师与家长沟通趋于频繁，难免有部分家长将负面情绪带入与教师的沟通中，对班主任布置的工作不重视、不配合，甚至对教师发送的信息不理会，感到厌烦；对学校有关疫情防控要求满不在乎，最终阻碍家校沟通。

#### 2. 教师出现负面情绪

教师与家长沟通不成功，完成不了学校布置的工作，对自己不自信；还有的家长不管何时何地希望教师"随叫随到"，影响教师休息，致使教师压力增加，产生负面情绪。教师若不能及时自我疏导，便会影响家校沟通效率。

### （二）疫情期间沟通互动单向化

疫情背景下，家访难以进行，家校沟通主要通过电话、微信，但很少有家长对学生的情况主动与教师交流，多为教师因学校任务单方面与家长联系，这种情况下家校沟通趋于形式化、单向化，未能起到家校沟通应有的效果。例如：教师在布置居家学习任务时，一般解说基本要点，而家长一般只是被动地倾听，没有与教师沟通的意愿。

（三）疫情期间沟通内容片面化

当前，家校沟通的主要内容几乎都是孩子的成绩，家长们忽视了对孩子的心理疏导、行为习惯、品德培养等多方面的关注，从而导致家校沟通内容片面化。例如，笔者在疫情期间多次召开线上家长会，家长在会上都是关心学生的学习成绩，很少有家长关注孩子的心理需求、习惯养成等。

（四）疫情期间家长沟通意识淡薄化

家校沟通中家长缺乏沟通意识，沟通意愿不强，往往处于被动的状态。很多家长总是抱怨工作忙碌，没有时间和精力与学校沟通。究其根本原因，是家长没有理解和重视家校沟通。

## 二、疫情防控背景下家校沟通的应对策略

（一）统一思想，消除负面情绪

当家长出现负面情绪时，教师需要了解其背后隐匿的想法、需要和期待，表达对其理解，疏导其负面情绪，增加家长对教师、学校的认可。其实当教师真正了解家长时会发现部分家长的情绪是消极的，但其背后的需求却是积极的。笔者与家长交谈时，有的家长会带有消极情绪。事实上，在疫情防控期间，部分家长因为工作、生活等压力有负面情绪是正常的。笔者往往站在家长的角度上，表示对其的理解认同，并主动向家长讲解家校沟通的意义，统一家长、教师为学生更好发展的思想。例如，在一次家校沟通中，笔者发现家长存在负面情绪，有抵触心理，笔者就对该家长说："您在工作那么忙碌的情况下还要为孩子操心，真是辛苦了，但我们都有一样的目标，就是为了使孩子更好，所以有什么问题我们可以一起来解决……"经过疏导，笔者发现在下一次沟通中，这位家长的思想改变了很多，负面情绪也减少很多。

当教师出现负面情绪时，首先，要学会自我调节，并允许通过正确的方式释放情绪，如培养一项兴趣爱好，做适当运动，向亲朋倾诉。其次，教师应当充分发挥家长委员会的作用，减轻教师压力。家长委员会可以帮助教师收集家长意见，从而更好地管理班级。家长委员会在家校沟通过程中起到重要的组织和凝聚作用。

在这个特殊时期，教师要学会调整心态、立足岗位、积极面对，帮助家长减少负面情绪，掌握科学的教育方法，与家长携手为学生的健康发展而努力。

（二）建立信任，增强沟通意识

家校沟通的基础是信任、理解和支持，教师与家长之间应建立信任，互相理解、互相支持。笔者在担任班主任工作期间，班上有几个特别难管理的学生，疫情期间，他们更成为笔者家校沟通工作的难题。笔者通过耐心的沟通，与相关家长建立信任，培养了家长的沟通意识。例如：当家长对笔者工作置之不理的时候，笔者会耐心地与家长沟通："之前给您发了学校的有关工作通知，但一直没有等到您的回复。我

很担心孩子的情况。不知道有什么困难或是特殊情况，希望您以后及时回复，我都会尽最大可能给予帮助。"在与家长的耐心沟通中，笔者逐渐与家长建立了信任、理解和支持。"亲其师，信其道。"尊重理解每一位家长，与家长做朋友，才能消除家庭和学校之间的隔阂，将家长变为帮手，如此家校沟通才能长期有效地开展下去。

（三）优化模式，提高沟通效率

**1. 做好自我情绪调节**

笔者在每次家校沟通前，都会先调节自己的情绪状态。尽量站在家长的角度上思考问题，避免带有急躁、委屈等负面情绪与家长交流，从而达到家校沟通的最佳效果。

**2. 注意说话的艺术性**

在谈到学生的问题时，教师应该委婉一些，尽可能去肯定孩子优秀的一面，先发现孩子的优点，再提出孩子需要提高和改进的地方。这样的对话方式更容易被家长接受，使其产生对教师的认可，形成良好的对话氛围。

（四）建立多种渠道，巧用互联网手段

主动了解学习QQ、微信、钉钉等软件的使用方法，学会使用智能手机、笔记本电脑、平板电脑等多媒体工具，努力探索基于疫情下班级管理新模式，从而熟练掌握线上直播、布置作业、发布公告等技巧。例如：疫情期间笔者通过"钉钉"召开多次线上家长会，反响很好。还在QQ群设立了线上答疑的群组，在微信群发讨论帖、群公告等，使家长们能随时看到孩子们的情况，更方便学生居家学习时向各科老师进行求助，提高了学生的学习效率。

疫情防控背景下的家校沟通更是任重而道远，我们需要不断探索学校与家长有效沟通策略，充分利用学校和家庭的教育合力，为学生的成长护航。

作　者　孙媛媛　连云港市赣榆区海头中心小学

# "类亲情化"　做好留守儿童的教育

人是一种有感情的动物，情感需要是人类不可或缺的基本需要，在众多的情感需要中，亲情的需要最根本、最关键，贯穿人的一生。儿童对亲情的需要尤为明显。就儿童而言，家长是他们的情感归宿，如果缺少了来自父母的关爱，儿童也就缺少了生存与成长的源泉。

随着城市化程度快速提升，导致大量的劳动力为生计脱离家庭进入城市，产生了一大批留守儿童。留守儿童的教育问题随之而来。为此，需对留守儿童进行"类亲情化"教育,坚持"以人为本"的感他教育,激发儿童天性的"情绪区域",巩固儿童发展的"精神阵地",培植儿童生长的"灵魂沃土",使留守儿童能够享受到良好的教育引导。

如果无法通过家校共育的方式进行教育,便有可能导致学生出现心理认知偏差,不利于其未来的生活与发展。

## 一、家校共育阻碍剖析

### (一) 双方教育认知难理清

由于家长方普遍存在认知偏见,对教育具有一定的抵触心理,因此无法与学校进行有效的合作,导致整体执行体系流于表面。同时,如果学生出现问题,学校也会倾向于将责任归至家长方面,认为问题的根源在于家庭。家庭与学校无法有效进行合作,整体认知存在着严重偏差,致使留守儿童的教育出现了各种各样的问题。

### (二) 双方合作效果欠理想

由于整体合作重视程度较低,持续时间较短的原因,家校共育概念对家庭与学校仍然属于较为陌生的概念,导致整体合作执行效果不佳,无法达到预定的目标。同时,部分学校虽然展开了对应的家校合作活动,但没有长期坚持组织,降低了整体监督的效果,不利于合作质量的提升。

### (三) 隔代监护指导存弊端

留守儿童的"第一任老师"从父母变成祖辈,而祖辈的养育、教育观念往往陈旧、落后,不能让留守儿童形成正确的、完整的人生观念和意识形态。祖辈的监护方式对孩子的成长发展存在很多弊端,感情大于理智,溺爱大于教育,隔代长辈因为年龄大、自身精力不济、受教育程度不高,无法对孩子进行正确有效的指导。

## 二、"三位一体"发之于中

### (一) 担当父母的养育职责

父母是孩子的第一任引路人,要为孩子扣好人生的第一粒扣子。因此,父母应多关心孩子的成长与发展。

教育子女,当仁不让。"子不教,父之过"。即使外地务工,父母也要承担其责,要注意沟通,及时了解,让孩子多渠道感受到父母的关爱,以促其身心健康发展。

### (二) 优化学校的教育职能

1. 教师"替代父母"创设活动

班主任和科任教师是孩子在学校接触最频繁的人,也是最重要的人。这在客观上给教师带来了挑战。学生丰富精神生活和高尚情感的养成,很大程度上依赖于教师跟孩子在业余时间内进行的、不列入课表的课外活动。丰富多彩的课外活动是对孩子进行情感教育的重要渠道。

2. 学校"类似亲情"精神关怀

我国存在大量的留守儿童，他们的心理特点、性格特征是不同的，有的留守儿童好动、浮躁；有的留守儿童内向、对人冷淡；有的……他们面临着心理封闭、学习成绩差、行为不良等问题，这些都需要学校承担起情感教育，这就要求学校像父母一样对学生有"类似亲情"的关怀。

（三）呼吁社会的培育支持

教育的目标是培养适合现代化建设的全面发展的人才。社会媒体必须充分发挥积极影响，并致力建设社会主义新农村和构建和谐社会的发展宏图，广泛动员全社会的力量，开展形式多样的教育活动，加大对农村留守儿童的关爱力度。

### 三、"家校共育"外化于行

（一）合作模式思维，深度影响在线

在家校共育的视角下，学校需要进一步确立基础合作状态，提高对家校共育概念的重视程度。在这一过程中，学校与学生家庭需要明确相互之间的权利以及对应的责任，尽可能实现良好的合作关系，充分尊重相互之间的需求，为学生的未来创设优秀的环境条件。

由于家庭属于学生接触到的第一个环境，因此对学生具有重要的影响力。家长需要认识到这一点，尽可能增加陪伴孩子的时间，使他们能够感受到心灵的关怀，减少出现认知偏差的可能性。学校属于学生接触到的第二个重要的环境，能够使他们学习到关键知识，明确技能的重要性，提高身心发展的质量。因此，学校也需要进一步强化评估活动，使家校合作能够顺利进行，提高整体实施效率，避免出现意外状况。通过积极营造开放、互利的合作关系，家庭与学校能够打造良好的教育体系，使学生能够摆脱留守儿童的不利条件，有效增强整体教育效果，进一步提升教育质量。

此外，留守儿童的家长需要尊重学校的意见，避免陷入不必要的争执状态，应当加强换位思考的理念，充分考虑到学校的难处，并配合留守儿童完成相应的任务，达到良好的教学目标。学校则需要重视家长的需求，并在留守儿童出现心理空缺的时间段内，加强相应的辅导策略，实现良好的关怀目标，减少出现问题的可能性，为后续的发展夯实坚实的基础。

（二）信息资源建设，线上互动营建

在家校共育视角下，教师属于合作的基础桥梁。因此，留守儿童的教师需要进一步明确家校合作的基础概念，并丰富自身的理论储备知识，完善教学实践体系。通过适当的指引，留守儿童能够在学习与生活中，接收来自学校与家庭的关怀，避免出现不良心理问题，提高发展的质量。同时，教师还需要针对留守儿童家庭制定针对性的授课策略，使他们能够在学习的过程中，摆脱来自家庭因素的不利影响，进一步强化自身的学习能力，为以后改变环境条件做准备。

此外，教师还需要强化学校与家庭的联系，建立多种方式、各种形式，引导家长与孩子进行沟通，并适当优化家长的应用策略，他们在不断陪伴孩子的过程中，让孩子改善自身心理状态，提高整体学习与生活质量。在当前信息技术发展日新月异的背景下，应用网络平台属于较为良好的策略之一。教师可以利用微信、QQ 等信息工具与家长建立联系，进一步促进学生与家校之间的关系，以达到良好的教育目标。

综上所述，在家校共育的视角下，学校与家庭应当针对留守儿童的现实条件进行基础沟通与合作，并强化教育质量，让孩子能够感受到来自双方的关怀，避免出现认知偏差，实现良好的发展目标。

教育的目的是培养人、发展人。我们要利用一切教育资源，关爱留守儿童，形成家庭、学校、社会"三位一体"的教育网，锻造出坚实的关爱留守儿童的情感链。

作　者　郑　娜　连云港市和安小学
　　　　　赵仁山　连云港市欢墩中心小学

# 关注生活　培养学生耐挫能力

现在的孩子普遍在"温室中"长大，耐挫力差，遇到困难就退缩，甚至还有的选择结束生命。培养学生耐挫力迫在眉睫。每当看到新闻里有关孩子遇到一点点不顺心的事就跳楼、自残等，笔者就特别痛心，不禁思考：现在的孩子都是怎么了，为什么会如此脆弱？然而我们的孩子不可能一直长在温室里，他们要面对社会，面对生活、学习等。孩子成长的过程中不可能是一帆风顺的，我们作为老师，如何引导、教育孩子面对生活、学习中的挫折呢？

## 一、关注日常，渗透挫折教育

虽然"心理健康课"已经走进我们中小学的课堂，但因为种种原因，心理健康老师的教学水平参差不齐。大部分的心理健康老师是由别的科任老师兼任。在这样的情况下，我们所有的教育工作者都应担负起教育、辅导学生正确面对挫折的重任，而不仅仅是教书，更要立德树人。

孩子白天大部分的时间在学校，课堂教学对学生至关重要，是培养学生形成良好心理素质的重要途径。教师要以"心理健康"教材为抓手，充分利用教材对学生进行耐挫折教育。我们小学现行使用的语文、道德与法治等教材也有大量的挫折教育方面的素材可供挖掘。任课教师要在课堂教学中让学生认识挫折、正视挫折、敢于面对，不退缩，增强克服挫折的勇气。

### （一）认知生活，感悟挫折

生活中成功的体验有利于增强孩子的自信心，我们在生活中要努力寻求孩子的"闪光点"，适时进行表扬。可现在大部分孩子缺乏的不是自信心，而是正确认识自己，正确处理生活中的困难、挫折的能力。

有一个孩子，天资聪颖，从小酷爱下棋，参加过很多比赛，获得很好的成绩。可有一次比赛，这个孩子输了，他的心情就很郁闷，家长也未能及时疏导，从此这孩子就不爱下棋了。他一直是佼佼者，可谓一直是在成功的光环下成长的，一旦遇到挫折，就不会正确地面对。我们的家长、老师要引导孩子正确认识生活中的困难、挫折，和孩子一起分析失败的原因，努力寻找成长进步的对策，让孩子明白失败乃成功之母，把失败变成迈向更大成功的垫脚石。可在生活中，我们很多的家长忽视孩子在成长过程中的感受，面对孩子的失败，有的家长不但不加以引导，还会变相地嘲笑、挖苦，这很不利于孩子的健康成长。

### （二）学科融合，战胜挫折

培养小学生的耐挫力不单单是某一位老师的任务，各科教师要充分利用本学科课程蕴含的资源来教育、辅导学生，学会正确看待挫折。如在道德与法治课中教育学生树立远大的志向，并努力实现自己的目标；语文课中利用好教材中红色教育单元，让孩子们了解峥嵘岁月的艰辛，感受战士们的刚毅坚强，培养孩子乐观豁达、敢于面对困难的情怀。当代著名儿童教育专家李玫瑾曾说过："体育锻炼有助于培养孩子的耐挫力。"体育运动无疑最能锻炼孩子的意志力。在体育课上，有意识地创设挫折情境，安排挫折练习，引导学生采取适当情绪控制自己的行为。多种形式的活动的开展，可以磨炼孩子的耐挫折力，帮助学生受挫后采取积极行为的技能。

## 二、善用媒介，实施挫折磨炼

古人云："自古雄才多磨难，从来纨绔少伟男。"它很好地诠释了磨难助人成长的道理。生活中让孩子经受艰苦磨炼，懂得生活不仅有鲜花和掌声，也有磨难。

### （一）结合媒体，开展教育

随着时代的发展，新媒体已经走进了千家万户、走近孩子们的身边，我们可以结合媒体，不失时机地对孩子开展耐挫折教育。

比如2022年冬季奥运会举行期间，各大新闻网站、短视频App等都在关注赛况及运动员的情况。我们可以组织学生收看相关的比赛，在课上讲一讲自己喜欢的运动员以及他们取得成功的经历。孩子们在收看分享中认识到成功的背后要经历无数次的失败和练习。这种贴近孩子们的活动深受欢迎，培养了孩子的耐挫折能力。

（二）环境影响，拓宽教育

布置环境文化，对孩子进行潜移默化的耐挫折教育，努力营造良好的耐挫折教育的环境氛围。在校，可在宣传栏设立抗挫折教育专栏，宣传学生战胜困难取得成功的事迹，为学生树立正面的榜样；在班级，可在墙壁上挂上名人战胜挫折的名言警句等，使学生在良好的校园氛围中接受教育。在家，家长可为孩子多购买一些名人传记类的书籍，多与孩子谈正能量的事件，潜移默化地影响学生，使其直面生活，战胜挫折。

（三）参加活动，加强教育

学校可以根据季节、节日等组织丰富多彩的活动，在活动中培养孩子耐挫折力，对其加强教育。如利用运动会、春游、秋游、军训等活动项目，孩子可以从室内走向室外，在活动体验中感受生活，锻炼孩子的耐挫力。

（四）结合家庭，深化教育

现在不少父母教育子女走入两个极端：一是"全方位照顾"；一是"甩手大掌柜"，孩子只要吃饱了就万事大吉，不关注孩子成长过程中遇到的问题。这两种教育方式都不利于孩子的成长。老师要多与家长沟通，帮助有问题的家长学会合理管控孩子，增强应对挫折的心理和能力，让孩子健康成长。

### 三、巧用榜样力量，加强挫折教育

著名教育家苏霍姆林斯基提出，必须让孩子知道生活里有一个"困难"字眼，这个字眼是跟劳动、流汗、手上磨出老茧分不开的。这样，他们长大后就会大大缩短社会适应期，提高耐挫折力。培养孩子的耐挫力，利用榜样的力量是非常直观可行的。孩子模仿能力强，在榜样形象的影响下，正确认识挫折，激发奋进的热情。

（一）名人榜样，汲取力量

古往今来，许多名人志士克服挫折，成就了不平凡的事业。音乐天才贝多芬双耳失聪，但顽强拼搏，谱写了一首首传世之作；斯蒂芬·威廉·霍金战胜病魔，创作了《时间简史》……要努力使学生明白，是挫折使他们的生活不再平凡，创造了奇迹，奏响雄壮的旋律！我们在学习生活过程中也需要不断克服困难，才能获得成功。

（二）身边榜样，测量尺度

孩子在成长的过程中更愿意相信身边的榜样，因为他们亲眼所见，更容易接受。我们老师、家长要注意找寻学校、班级、身边孩子的有教育意义的事迹，选择适宜时机对其进行教育，引导学生以"身边的榜样作为测量自己的尺度"，正确对待生活中的困难、挫折，寻找努力方向。

对小学生进行抗挫折教育是大势所趋，生活所需，也是学生自身发展的需要。作为教育工作者，我们要努力为学生的健康成长保驾护航。

作　者　韩小英　连云港市和安小学
　　　　　　　　连云港市优秀班主任
　　　　　　　　连云港市中小学高层次人才"新333工程"港城名师培养对象

# 指向行为　与单亲家庭孩子沟通艺术

沟通教育是单亲家庭教育中重要的一环，由于固有的指向性家庭教育指导方式，导致家庭教育中孩子出现了自卑、自闭等不良心理的产生，陷入抑郁发展的趋势。本研究的报告来自学生现实生活中的实际问题，是研究理论与实践反思的有效结合。

行为指向教育中的沟通策略以活动为载体，通过多种形式的活动引导学生从最具指向的感情中感受身边的人，观察事物，学会欣赏。调查表明，在单亲家庭中的孩子比健全的家庭环境中的孩子明显多了这些特质：他们发展缓慢，缺点多，违纪多。已进行的一些教育对策有：求助点、抓住闪光点、发现兴趣点、克服挫折、共振点等。中国少年犯罪研究会是中国青少年犯罪研究的有影响力和权威性机构，他们对青少年犯罪进行了一系列研究，发现由于家庭结构的变化和离婚率的急剧上升，"单亲孩子"的犯罪率远高于普通家庭子女。我国一些大城市对农民工家庭子女在城市上学问题进行了专项调查，对流动儿童在教育中的权益及其保护机制进行了宏观分析。对于校园中的特殊群体学生，是通过个案研究来发现、总结教育规律的对策研究，但从这些研究中只能见到一些只言片语，还没有鲜活的经验供人借鉴，更没有一套的完善系统和行之有效的教育对策。

## 一、可采用的沟通指向

单亲家庭孩子沟通教育研究，旨在探寻如何在单亲家庭孩子的心中，实施道德宣化的方法，指引广大教育工作者、社会教育机构、政府关爱工程，合力促成良性的教育环境，进而提高孩子的精神境界和生命质量。

（一）深入了解，形成沟通合力

了解孩子是如何学习的，跟哪些同学交往，有哪些顾虑，每天在校发生了什么事，等等，试着去了解孩子的一切。孩子在向我们诉说的同时也缓解了压力。

依据不同年龄段差异的特点，有针对性地帮助孩子。如一般女孩从11岁，男孩从13岁开始进入青春期，青春期的孩子产生了什么样的沟通特点？这部分群体出现了青春萌动的现象，如何正确地引导他们？这就要根据各个年龄段孩子的特点，有针对性进行教育。

除了完备家长认知的水平，指导家长不要采取同一的内容、统一的标准来进行教育与评价。应切实注意这种同一行为指向中的沟通技巧，特别是学校偏向于"如何做"，家庭沟通则偏向于"怎么做"。

（二）正视行为，建立和谐关系

孩子的生理特点具有同一指向性，但在进行沟通策略的使用上还要了解他们个体的生命周期以及这个生命周期的特点，及时、有效、科学地避开冲突核心。

陶行知说"行动是老子，知识是儿子，创新是孙子"，指出了只有在实践活动中，使参与者开展相关的互动沟通，才可能产生沟通价值和沟通技巧。正如苏霍姆林斯基对"道德准则"的解读中说道："被人所承认的追求、获得和亲身体验感，变成其独立的个人信念的时候，才能真正成为其精神标榜，沟通的和谐生态环境也是在此时被创立出来的，并润泽这种指向行为的有效实施。"

（三）学会思考，理解沟通内涵

如果以学校教育为沟通教育的唯一方式，就进入了学校单薄化、片面化的理解误区，这里教师也是普普通通的人，职责的延伸脱离不了主干为"知识传播""浅层次人生成长辅助"等基本的、具有概括的无差别沟通个体。可作类别的是：作为教师，面对的是众多家庭的孩子总体，而对于个体的差异对待，因为这一点就变得衰弱了，此点更加透露出家庭教育的重要性。

## 二、可视化的指向沟通策略

单亲家庭孩子沟通教育的策略实践与研究，探究单亲家庭孩子沟通策略，弥补教育发展与人类群体发展的螺旋上升中的主途径与主方法，提高家长、学校、教师、学生的沟通意识，促进沟通者的切实体验感。通过研究，可采取"差异年龄段特点制定沟通样本"、单亲家庭孩子"沟通意识现状的调查研究""缺乏沟通心理的原因""培育单亲家庭孩子沟通意识方式的研究"等子专题，逐步实施报告与方案的制定、实施，并在积累过程中，产生具有实践检验的标准和类别性，制定出综合性和实践性强、研究成分多样的案例样本，以指导实际工作的开展。

单亲家庭孩子沟通策略研究，已围绕单亲家庭孩子的心中播种高尚的道德的种子，引导他们确立做人、做事的道德体系，是积极的和有所指向的。对于后期认识他人、认知自我、认知自然时，也会产生极其微妙的作用，进而使他们获得现代公民文化熏陶、素养积累与责任意识，为其终身的发展奠定坚实的生态发展基础。

作　者　卢鹏超　连云港市欢墩中心小学
　　　　　　　江苏省"师陶杯"论文竞赛二等奖
　　　　　　　连云港市赣榆区"道德与法治"基本功一等奖

董琳琳　连云港市欢墩中心小学
江苏省"师陶杯"论文竞赛一等奖
连云港市赣榆区学科论文一等奖

# 家校合作中的文化冲突及其消解

家校合作中的文化冲突主要表现在家校育人观念、育人环境、育人方式三个方面，究其根源，深受社会多元文化、家校角色文化、家校阶层文化的影响。面对复杂难解的家校文化冲突，营造社会文化和谐大环境，谋求家校双方共识与理解，以及构建家校文化融合体系，或许是消解家校合作中文化冲突的有效途径。

家校合作中的文化冲突主要是指学校和家庭作为两个独立的社会子系统，在文化交往的过程中所产生的摩擦和对抗。学校和家庭作为家校合作过程中的两大主体，二者的互动关系既有和谐的一面，也有对立的一面。

## 一、家校合作中文化冲突的主要表现

### （一）家校育人观念的冲突

教师是国家主流文化观念的代表者，其价值取向较为单一，对教育问题的看法和所采取的行动反映了政府和社会的一般要求，表现出相对的一致性和普遍性。家长群体受自身受教育程度、职业特点等因素的影响，更容易受到社会多元价值观念的冲击，在对待教育问题上也各有立场和想法。

### （二）家校育人环境的冲突

长期以来，学校作为一种专门的育人机构，主要承担着培养教化的功能。家庭作为人们社会生活的基本单位，除了具有养育和教育等本原功能外，在经济生活的基础上也衍生出了休闲、娱乐情感等生活功能。育人环境作为重要的育人载体与途径，而家庭与学校功能的差异容易使二者在育人环境营造上出现冲突。

### （三）家校育人方式的冲突

家校交往中产生的文化冲突还表现在家校之间育人方式上的冲突。家庭育人理念及方式的单维化和片面性，容易与学校全方位育人的理念及行为产生冲突。

## 二、家校合作中文化冲突的成因

### （一）社会多元文化的并存与互鉴

目前，我国正处于社会转型的重要时期，社会结构已发生了深刻变化，社会文化呈现出多元并存的样态，加之信息技术的迅速发展，使得文化交流的方式越来越便捷，文化传播的速度越来越快，不同文化的借鉴与创新也变得越来越频繁。这样的大环境，为家校双方提供了更多的选择机会，为家校文化之间的相互批判、相互交流和相互借鉴提供了可能性，使得家校文化在相互协商、对话与互鉴过程中得以共生。

### （二）家校角色文化的差异与对立

目前，受到社会转型及多元文化交融借鉴的影响，家长角色不仅仅局限于监护者、养育者、权威者，而更多地转变为学生的教育者、引导者、学习者促进者。家长角色文化内涵的丰富致使家校合作中家长越位现象屡屡发生，由此必然会引发家校合作中文化的冲突。

### （三）家校阶层文化的隔阂与错位

阶层的形成受家庭经济地位、职业性质、受教育程度等多方面影响，教师和家长作为两个独立的文化群体，在家校合作中有着各自不同的阶层文化。这种阶层文化致使双方的语言形态、知识体系、文化观念等有一定的差异，使得双方因阶层的固化在协商与对话的过程中较容易产生文化的隔阂与错位，主要体现在以下两个方面。

1. 语言编码的差异导致家校对话不畅

家校合作需要运用语言这一媒介展开文化的交流与互动，而教师群体作为受过专业训练的社会主流文化代表者，在家校合作中更多使用的是精密型语言；而家长群体因职业性质、经济地位等的不同，所运用的语言编码呈多样化形态，且以粗糙型语言编码系统为主。

2. 文化优越感的存在导致家校协商受阻

家长和教师因各自阶层文化的不同，固守着各自的文化优越感。他们在家校合作中容易以自己的文化为中心，认为自己文化的行为标准是所有文化的标准。这就使得双方在面对教育问题时会出现固执己见、互不退让的情况，进而导致协商失败。

## 三、家校合作中文化冲突的消解策略

### （一）营造社会文化和谐大环境

1. 坚持以包容为主基调的文化对话原则

面对多元文化并存的社会环境，要坚持以包容为主基调，贯穿于文化对话的始终，逐步培养文化理解和自觉。同时，在正确认识文化对话本质的基础上，选择适合的文化范式，着力打造多样文化对话平台，逐步实现多元文化主体间的对话与协商，在相互交融、相互借鉴的基础上实现文化的共生发展，为家校合作中的文化冲突的化解提供有力保障。

2. 营造以和谐为主导的社会文化氛围

社会应努力营造尊重多元文化发展的和谐环境，着力营造和谐文化氛围。面对社会转型所带来的多元文化交融和碰撞，通过加强社会主义核心价值体系的建设来引领社会多元文化和谐发展，努力营造在多元中立主导、在交流交融中谋共识的和谐局面。

（二）谋求家校双方共识与理解

1. 明确家校职责，共谋教育大计

一方面，学校应主动邀请家长参与课堂教学活动，共谋教育大计，以便更好地发挥自身教育者的角色职能。另一方面，家长也应当不断学习，提高自身科学文化水平和综合素质，明晰自身角色定位，积极参与到学校的教育教学活动及管理当中。

2. 理解家校差异，学会换位思考

学校作为家校合作的重要责任主体，可以通过积极开展教师家访、家长进课堂、家校角色文化体验等系列活动，帮助家长和教师走进对方的角色文化，观察和理解彼此角色文化中所饱含的情感体验以及内心感受，进而增进双方文化共识，实现角色文化的换位思考，以减少家校合作中因角色文化差异和对立所带来的冲突。

（三）构建家校文化融合体系

1. 确立家校文化冲突的化解目标

家校合作应摆脱以往"提高学生学习成绩"的单一功能和线性关系，将家校合作文化的目标定位于家长、学校、学生三者共同受益、相互付出，即家长、学生和学校成为一体，以学生发展为目标体系的核心，同时促进家长、教师和学校管理者的共同发展。

2. 拓展家校文化交流对话的深度

家校交往中家长和教师要体现自己所属的文化特质，就必须多交流、多对话，以便为对方提供有关自己所需的文化信息，进而提高家校沟通质量，确保家校文化对话的有效性。

3. 建立多元高效的家校沟通渠道

文化优越感的存在使得家长和教师对彼此的理念、观点缺乏深入且全面的了解与认识。学校作为家校合作的重要主体，可以通过打造家校沟通的多样化渠道，增进双方文化共识，从而摆脱自身文化的优越感。

作　者　王永春　连云港市欢墩中心小学
　　　　张维艳　连云港市欢墩中心小学

# 家校共育　共促孩子健康成长

时代不断变化，教育理念随之不断更新，孩子接受教育的渠道也在不断拓宽。学校虽是学生学习知识的主要课堂，但是层出不穷的网络知识遍布在孩子成长的每一个角落，想要保障孩子的身心健康成长，任何一个环节都不能出错。这既需要家庭、学校分工负责，更需要架起家校合作的桥梁，同心同力家校共育，为孩子快乐健康成长保驾护航。

家庭是孩子人生的"第一所学校"，家长是孩子健康成长的"第一责任人"，学校要帮孩子"扣好人生第一粒扣子"，教师应成为学校家庭教育指导的"第一实施者"。以上是《教师家庭教育指导实务》上的话，可见家校共育的出发点是为了更好地教育孩子，学校教育和家庭教育成为一个有机整体，能够达成一致的教育理念和教育目标，才能真正促进孩子健康快乐成长。

## 一、家校共育的重大意义

家庭和学校是孩子学习成长最主要、最直接的场所，家长和老师是孩子最信任、最亲近的榜样，学校教育和家庭教育既不能互相替代，也不能互相拆台，只有互相配合，家校共育才能发挥"1＋1＞2"的化学效应。

### （一）家校共育有利于促进家庭风气建设

家校共育可以让家庭成员之间在教育问题上达成共识。家校共育的共同体成员借家校共育的推动而不断学习，从而实现家庭每位成员的个体成长，避免因极端行为给家庭带来伤害，推动家庭建设朝着健康的方向发展，形成良好的家庭风气。

### （二）家校共育有利于提升孩子适应能力

家庭是孩子学习知识的第一个课堂，家庭中的亲子关系、同胞关系往往是各种社会人际关系的折射，家校共育能够教育引导儿童学会处理家庭关系的艺术，让他长大后能够较好地适应社会生活，与领导、同事、朋友和睦相处。

### （三）家校共育有利于优化孩子成长环境

家校共育让学校与家长变成推动孩子健康快乐成长的"合伙人"。家校密切配合，既能让孩子快速掌握学习的知识，也能让孩子学会直面挫折、克服困难，从而培养孩子的全面发展，让家长放心，让老师舒心，让孩子开心。

## 二、家校共育存在的问题

家校共育带给我们的意义是非常有益的，但在农村学校里还是出现了很多这样那样的问题。以我班的顾同学为例，他是学困生，性格孤僻、冷淡，他总以自我为中心，和同学开不起玩笑，与同学关系不够融洽。在课堂上，他总是干自己的事，经常不认真听课；课间也和其他同学融不到一起。全校各个班级均有这样的学生，针对这些学生我进行了充分的调研，经过梳理分析，我认为目前制约我校家校共育工作的因素主要有以下三个方面。

（一）家庭教育主体缺位

家庭结构的完整性是家庭教育主体责任能否有效履行的前提。克鲁普斯卡娅曾说："父母是天然的教师，他们对儿童，特别是幼儿的影响最大。"但现实情况是父母在孩子成长的关键时期出现了不同程度的缺位。我校共有学生460人，其中留守儿童有29人，因离异、死亡等原因造成家庭结构不完整的有近50人，父母有一方常年在外打工的占大多数。

（二）家庭教育理念落后

经过200份问卷调查和50户家访调研发现，有82%的家长认为家庭教育就是指完成家庭作业，有71%的家长不会与孩子沟通交流孩子在校的日常表现、交友等情况，有近半数的家长会让孩子通过玩手机来打发课余时间，只有极少数的家长会通过家务引导孩子提升自理能力。他们的教育理念还停留在只管不教的阶段，认为孩子只要不惹祸就没问题，只要成绩好就可以，对孩子的心理健康、"三观"养成不重视、不参与、不引导。

（三）家校共育载体不多

目前我校12个班级虽已全部成立家长委员会，但委员会作用发挥不大，仅限于帮助老师发通知、收费用。虽有每周三的家长开放日和每学期的两次家长会，但家长参与度不高、积极性不大，多数家长只关心孩子的成绩，没有形成良好的互动氛围，缺乏与老师的平时沟通。教师虽想关心孩子的在家表现，但因课务繁忙很难做到家访家家到，只能重点关注留守儿童等特殊群体。

## 三、家校共育解决策略

（一）关注孩子身心，让引导及时跟进介入

"期待效应"启示我们：人们会不自觉接受喜欢的人的暗示，孩子都是喜欢老师的，只要老师能够积极引导，就能使学生取得老师所期望的进步。我班的顾同学正处于小学低年级阶段，易受到各种因素的影响，时常出现偏激、冷漠、孤独、自卑等不健康心理行为，针对这一特殊的状况，学校和家长应该早发现、早疏导。我们不仅要在学生生活上"扶贫"，学习上"扶智"，更应该在精神上"扶志"，品行上"扶德"，心理上"扶健"，帮助孩子面对自己的优缺点，让他们在优点中寻找快乐，在不足中需找差距，不断提升自己。

（二）达成共育共识，让家长担起教育责任

"子不教，父之过。教不严，师之惰。"孩子的教育是家庭与学校的共同责任，家庭教育有着不可或缺的重要性。爸妈既要当好家长这个角色，更要当好孩子人生的第一任导师，以身作则，言传身教，启蒙孩子分辨好与坏，培养孩子的独立人格、健康心理，严格遵循孩子成长规律。与学校达成共识，既不做只看成绩的"虎妈狼爸"，也不做不管不问的"甩手掌柜"。

（三）架起沟通桥梁，让孩子感受集体温暖

以"奉献、沟通、合作、服务"为理念，建强建优家长委员会，与学校共同谋划、参与各类校内外实践活动；以"参与、理解、互动、互促"为准则，用好家长开放日和家长会等活动载体，关注孩子身心健康；以"平等、互助、共担、双赢"为目标，构建家校共育的教育合作机制，利用校讯通、钉钉、定期家访、家校联系卡等形式，加强家校沟通交流，拉近教师与家长之间的距离，形成助推孩子健康快乐成长的强大合力。

总之，家校合作共育不是学校、家庭的单方责任，而是其共同目标；不是老师"减负"推责的把戏，而是互信合作、共促成长的桥梁。只有学校、教师、家庭尽心尽力、增进互信、达成共识，形成家校共育合力，孩子才能健康快乐成长。

作　者　文海清　连云港市金山中心小学
　　　　　　　　连云港市家庭教育指导员基本功大赛二等奖

# 多维赋能　合作共赢

人的教育是一项系统的工程，它包括家庭教育、学校教育和社会教育。在这项教育工程里，家庭、学校、社会发挥着各自的职能作用。当前班主任与家长合作存在的误区有：亲疏距离，把握不佳；姿态高低，尺度不一；厚此薄彼，片面关注；疏于沟通，意见不一；准备不足，敷衍了事。新时代背景下，家长合作有不少有效方法：可以穿针引线，从中斡旋；可以搭建平台，提升形象；可以积极补救，和谐共生；等等。只有家校同心、家校结盟，才能形成教育合力。

班主任作为班级活动的组织者和领导者，既是沟通师生的桥梁，也是联结家校的纽带。所以，班主任必须积极与家长建立良好的互动关系，并与科任教师一同构筑起教育的"统一战线"，三位一体，多维赋能，凝聚教育合力，从而达到合作共赢。

## 一、当前班主任与家长合作存在的误区

家长对孩子的教育是班主任教育行为的基础，而班主任是家长教育活动的延伸，二者的教育方式和教育成效相辅相成。通过调查发现，当前不少学校的班主任与家

长的合作存在以下误区。

**（一）亲疏距离，把握不佳**

一些班主任为了响应上级号召保持与家长的良好关系，以期取得他们的支持和配合，于是与家长过于频繁的联系，事无大小，逐一汇报。一开始，家长认为遇到这样负责任的班主任真是幸运。可是面对高密度的信息轰炸，渐渐地，家长由敬重转而为不屑。

与上述现象相反，有些班主任却很少联系家长，致使家长对孩子在学校的表现几乎一无所知。有些班主任对家长的意见和建议或心怀抵触，或不屑一顾，久而久之，家长也对班主任的工作渐生不满。教师走近家长，增进了解，但不是走得越近越好，当然也不是越远越好。

**（二）姿态高低，尺度不一**

当前有些老师对家长的距离尺度把握得不好，姿态不当之一是：高高在上、颐指气使。当有些学生犯了错误时，看到家长就一阵"暴雨狂风"："你看看你们家这个孩子，扰得班级鸡犬不宁，你们家长是怎么教育的？"家长在一旁既尴尬又无奈，生怕老师彻底放弃了孩子，所以就"打落牙齿往肚子里咽"，成了代子受过的替罪羊和班主任的出气筒。

另一种老师对家长的姿态不当表现为：低声下气，做"好好先生"。班主任可能由于不太自信，或是对"尊重家长"有着不恰当的理解，对家长有求必应，谦卑至极。开始，家长或许认为班主任富有耐心。渐渐地，一些家长看到老师如此"好说话"，不断提出过分的要求，诸如要求班主任把自己的孩子调到合适的位置，甚至指名道姓要和班级谁谁同桌，班主任似乎被人牵着鼻子走，非常难堪和被动。

**（三）厚此薄彼，片面关注**

一般情况下，家长在家校沟通中被重视的程度，往往体现了其孩子在学校教育中被重视的程度。班主任如果在平时的教育工作中对学生厚此薄彼，关注不均，以致使那些默默无闻的学生及其家长成为工作中的视觉盲点，折射出的是班主任的有意忽略；而那些政治、经济条件好的家长或者是尖子生的家长，往往会成为重点关注对象，折射出的是班主任的功利心态。

**（四）疏于沟通，意见不一**

由于在教育理念、教育方法等方面存在差异，班主任与家长之间难免会产生观念上的分歧。虽说共同的教育对象是学生，但若没有进行有效的沟通，对学生提出的要求不一致或相反，就会使学生不知所措，无所适从。家校之间如果失去有效的沟通，造成意见不一，就很容易模糊学生的是非观。如果分歧过大，甚至在学生面前起争执，则更是降低了双方在孩子心中的威信，教育效果更是无从谈起。

（五）准备不足，敷衍了事

有些班主任在与家长见面之前没有进行周密的事先准备，致使在与家长进行交谈时，语言拖沓，东拉西扯，不着边际。有时面对家长的提问，更是一问三不知，甚至当家长问起自己孩子的在校表现时，也无法清晰地表述他们的特点，教育效果更无从谈起。

## 二、新时代教育背景下与家长合作的有效方法

（一）穿针引线，从中斡旋

和谐的亲子关系除了需要父母、子女的努力外，班主任也可以对此有所作为。班主任可以从中协调，帮助家长提升对孩子的影响力，从而间接为教育助力。可以巧设活动融洽亲子间的关系；可以引导学生主动与父母沟通；可以帮助家长与孩子有效沟通。正如美国心理学家哈里森所说"帮助儿童的最佳途径是帮助父母"，告诉家长"身教重于言教"的道理，指出家长教育孩子时存在的缺陷和误区，并提出一两项可行的建议。

（二）搭建平台，提升形象

定期组织开展家长活动，通过学生"搭台"，让家长"唱戏"，让平凡无奇的教育生活变得生动起来。同时还可以在家长和学生之间传达互利的信息：在学生面前，感叹父母工作的辛苦和为孩子所付出的心血；在家长面前，告诉他们孩子的点滴进步和变化。这样无形中会激发学生和家长的激情和活力，让他们更有动力投入到教育、学习中。

（三）积极补救，和谐共生

班主任的教育工作中难免会有疏漏，所以，不可掩饰过错，替自己开脱，而是应该虚心诚恳地直面失误。除了自己要做到巧妙化解与家长的隔阂之外，还需积极地为科任教师协调，帮助他们处理好与家长的关系，因为孩子的成长离不开科任教师的协同教育。帮助科任教师协调好与家长的关系，尽可能多地为科任教师创造与学生和家长增进感情的机会，这样才能真正做到家校同心，发挥班级管理的"整体效应"。

（四）架起桥梁，做好沟通

教师和家长处于不同的社会角色，同样处于不同的社会环境，他们在经历经验、认知水平、学识能力上存在着明显的不同，这就决定了教师与家长在教育孩子方面具有互补的必要性和可能性，这种互补，恰恰是双方自我提高的有利因素。教师要放下身段，不要总是好为人师，多去倾听家长对教育的理解和所持的态度，了解他们的教育关注点及其困惑，与他们并肩作战，让家校关系逐步从分享信息阶段走向协调配合阶段，最后进入合作共赢阶段。

## （五）积极肯定，正面引导

教育不是灌溉而是点燃火焰。孩子需要正面引导和鼓励，其实家长也是如此。家长与孩子是息息相关荣辱与共的，表扬自己的孩子，家长会觉得特别自豪。同样，表扬了家长，孩子也会觉得自己的脸上特别有光。现代著名心理学家武志红曾经说过："生命需要看见，看见就是光，看见就是爱！"班主任要学会看到家长的付出，及时给予肯定，这样不仅能激发更多的学生追求上进，还能发挥亲情效应，为班级的健康有序发展创建优良环境，使家长乐意与班主任协作，从而形成一股强大的教育合力。

在教育过程中，让我们努力寻找积极的方法，在多维助力下，建立和谐健康的家校关系，让学生现在学得快乐一点，未来活得成功一点，人生过得幸福一点。

作 者 张 丽 连云港市赣榆区华中路小学

# 线上线下 双管齐下

自 2019 年新冠疫情暴发以来，国家的经济和教育都受到了极大的影响。学生居家学习期间，学校与家长的沟通必不可少。

## 一、家校沟通的重要性

"教育思想泰斗"苏霍姆林斯基认为，没有家庭教育的学校教育和没有学校教育的家庭教育都不可能完成培养人才的目标。苏霍姆林斯基的观点奠定了家校沟通研究的理论基础。教师和父母都是无可替代的孩子的教育者。学校教育和家庭教育是一种相辅相成、互相促进的关系。苏霍姆林斯基把儿童比作一块大理石，这块大理石的雕琢主要依赖于家庭、学校、儿童所在的集体、儿童本人、书籍和偶尔出现的因素。其中，学校和家庭任务最重。学校工作需要家庭的支持和配合，学校又担当着"指挥者"的任务，家庭教育水平的提高，需要学校的不断指导和帮助。这在疫情期间表现得尤为明显。学校每天在 8 点之前通过钉钉软件、QQ、微信统计出入赣榆区、连云港市、江苏省的师生人员名单，每天 8 点准时发布最新风险等级提醒，提醒家长及时关注防疫信息。防疫要自觉，防疫要慎重。

但是，只是线上发通知也不行，还要落实到位。我们四年一班留守儿童比较多，不少学生与爷爷奶奶一起生活，对于老人家，别说关注学校信息，连识字都困难。如张同学，他的父母离异，只有 80 多岁的爷爷陪伴左右。居家的他就像进了小黑屋，信息与世隔绝。我就每天打电话告诉他学校发布的通知，询问他暑假的学习情况，叮嘱他居家一定要做好防疫工作。

班级另一位汪同学，其爸爸在新加坡务工，由于国外疫苗供不应求，他的爸爸准备回国打疫苗，其家人及时把情况汇报给学校防疫小组，做好了预防。可见，病毒并不可怕，只要我们主动预防，就会给自己、给他人带来便利。

## 二、与家长有效沟通的策略

### （一）与家长沟通前，教师要调节好情绪

情绪健康的人，可把消极情绪转化为积极情绪。与家长沟通前，教师要观察、接纳并调节好自身的情绪状态，避免产生情绪对抗和言语冲突。如居家防疫期间，一个学生家长每次都忘记钉钉打卡，被学校点名批评多次，我电话催了几次后耐心顿失，带着一肚子的抱怨，再次与家长沟通："家长您好，您每次都忘记打卡，连简单的打卡都做不好，如何辅导孩子学习……"开学后我才知道该学生的父母离异，爸爸一人照顾她，有时难免忘记。我很羞愧，身为一名老师，作为一名班主任，对孩子与家长的了解不到位。带着情绪与家长沟通，不但会有损家校沟通这座桥梁，更不利于学生的健康成长。

### （二）运用"共情式沟通"，达成相互理解

作为班主任，与家长沟通时，要接纳家长的负面情绪。根据防疫要求，通知12~17周岁的学生注射新冠病毒疫苗。刚读四年级的孩子不满12周岁，所以我只是发了通知，没有仔细确认。几天之后，我才知道本班一学生休学一年，满12周岁，可以打疫苗。家长没有智能手机，看不到信息，责怪我信息传达不到位，言语间满是着急与抱怨。我耐心解释，及时道歉，马上向学校汇报，最后孩子顺利打上疫苗。通过此事我明白，家校沟通要相互理解，要事无巨细。

### （三）学会倾听，分组管理

作为老师，尤其是班主任要学会倾听。比如钉钉打卡、汇报学生居家防疫问题，有些家长表现愤怒或不耐烦，有些家长出现焦虑和担忧。大部分家长担心错过学校的通知，担心孩子无法正常开学，担心孩子在线学习时间过长影响视力……

针对班级的学生情况，分组管理，对于特殊孩子要直接电话沟通，对于工作忙的家长，可以在晚上6点到8点联系，这样错峰沟通交流，会特别便利、顺畅。

## 三、家校沟通的成效

### （一）利用互联网，家校合作形成有机整体

在农村，留守儿童较多，家长对孩子的教育缺乏相应的知识，利用互联网，可以有效缓解此种情况。每天固定时间在线发布学习内容，在家长的监督下，学生及时上传作业，老师在后台及时批改、反馈，对于个别学生可直接电话沟通引导。

疫情期间，班级孩子形成了两极分化。一部分学生表现为：早上不起，晚上不睡，拿着手机傻笑，根本无心学习。他们在校期间学习自觉性本就弱，家长的监督

又微乎其微，难怪家长叫苦连天。另一部分学生的表现为自觉性高，家长监督到位，他们的学习一直较好。

对于这种情况，家校要及时沟通。著名教育家叶圣陶说过："我们对于儿童有两种极端的心理，都于儿童有害。一是忽视；二是期望太切。忽视则任其像茅草一样自生自灭，期望太切不免揠苗助长，反而促其夭折。"班级的小王同学，暑假前两天，在父母的要求下就完成暑假作业。而且自主预习五年级所有课本，每天写一篇500字作文，除了学习语文、数学、外语，再无其他活动，切实做到"两耳不闻窗外事，一心只读圣贤书"。由于缺乏睡眠，小王变得身心疲惫，学习效果并不明显。

像这种逼子成才的例子数不胜数，其实这是家长的心理补偿行为。心理补偿几乎是一个自动化过程，很多家长可能没有意识到，它正以无意识的、自动化的形式借用言行表现出来："我小时候没有机会读书，你现在有这么好的机会却不好好学习，对得起我吗？""妈妈这辈子就指望你了。"于是孩子成了实现父母个人愿望的工具。

借助互联网观看亲子类微课，让家长能够在居家封闭的环境中自我学习，为孩子营造更好的成长环境。比如通过"三宽"家庭教育，家长学习教育知识，不少家长还做笔记，组群交流讨论，都收到了良好的社会效果。

（二）联合家长委员会，以点概面

家长委员会是一座连接学校、家长、老师和学生的桥梁。比如学习交流"三宽"家长知识经验，相互分享育娃好方法。班级的委员还组织了各位家长进行了家务劳动分享会，每个星期定时上传和孩子的一些劳动视频、图片，不少学生还把劳动感受写成了习作，在班级群进行分享，极大地促进了学生的积极性，而且亲子关系更融洽了。

疫情期间，作为老师，只要用心倾听，及时与家长沟通，就能间接引导学生；作为家长，只要紧跟学校步伐，督促孩子完成相应的学习内容，就是自我挑战的成功。我们相信，只要在学校和家长双重的科学引导下，学生在家庭中的学习效率也会提高。每个孩子都是一株含苞待放的花朵，他们的颜色、花期在盛放之前，是无法预测的，有时真的让做家长的急躁和挫败。因此老师要定期与家长交流沟通儿童心理学的相关知识，让我们的孩子可以健康成长。

作　者　顾委委　连云港市官河中心小学

# 后疫情时期家庭教育指导教师的沟通能力培养

随着疫情逐渐好转，国家也适时开展"双减"政策，孩子在一定程度上得到了减负，家长和教师都需要减负。在这一情况下，家校沟通就显得尤为重要，很多家长面对家庭教育，缺乏科学性和合理性。教师作为家庭教育的指导者，能够提供科学合理的指导和依据，提高家庭教育的质量和效率。但是家庭教育指导教师多由班主任担任，他们所涉及的工作内容和形式相对复杂，很有必要对他们的理论水平进行综合培训，提升沟通能力。

## 一、家庭教育指导教师的现状

以本辖区为例，我校地处苏北沿海农村，在家庭教育指导教师队伍中，教师年轻化较为明显。通过调查，"90 后"年轻教师占比为 38%，教龄在 3 年以下占比为 35%，他们大部分担任班主任工作。从整体现状看，年轻教师素质较好，可塑性比较强。他们工作热情，但在教育的思路和技巧方面缺少经验，在与监护人交流时深感自身的经验的不足，方法比较单一。

## 二、后疫情时期家庭教育的新要求

疫情防控对家校沟通工作提出了新的挑战。家庭教育逐渐多元化，加之"双减"政策的落实，都给家长的意识带来了转变。

疫情期间，家校沟通中问题频发。部分家长有负面情绪，出现急躁、愤怒及不耐烦等心理现象，担心孩子成绩下降，在线学习时间过长对孩子视力提出挑战；部分家长还不分时间地与老师沟通，老师得不到正常的休息，导致教师压力过大；老师与家长沟通不通畅，也间接影响了沟通的效能感。现阶段，作为一名合格的家庭教育指导教师，不但要具有家庭教育能力和交往能力，还必须具备一定的心理健康知识。通过不断的实践研究、交流讨论和案例分析，一定能够提高教师的理论水平和工作能力，进而增强家庭教育的实效性。

## 三、家庭教育指导教师沟通能力培养策略

### （一）提升家庭教育指导教师的自身素质

许多教师刚刚接触家庭教育指导工作，他们工作经历少，经验匮乏，再加上还没有为人父母，在家庭教育工作的指导方面出现诸多困难。因此，这些教师要加强自身理论学习，结合"我阅读、我快乐"读书活动，明确教师读书任务，定期撰写读书心得，相互交流。通过一系列活动，创设积极向上的环境，提供交流的机会，从而让他们主动学习。

## （二）开展案例交流，提高沟通水平

邀请专家实地开展报告不会常有，但可以经常进行教研活动。因为分享的案例常常是发生在他们身边的真实事件，教师在实践中，会感到更具有现实意义。通过交流，大家彼此分享自己的体会，达到共同提升的目的。在教师开展家庭教育指导的同时，不仅仅是简单教授，而是采用游戏、案例等方式，深入浅出地引导家长，引导他们用赞赏的眼光去看待自己的孩子，同时发现孩子身上的优点，从而不断激发孩子的自信心。

## （三）有备而"说"，提高家校沟通的针对性

在与家长沟通时，教师要具备积极的心态和充分的准备，以便做到有备而"说"。

### 1. 备沟通目标：为何说

在制定沟通方案时，设定好与家长沟通的目标是非常必要的，有了目标，才能有方向、有价值。

### 2. 备沟通对象：和谁说

教师充分了解了"说"的对象，才能在面对面交流时有的放矢。若草率与之交流，往往会因缺乏针对性，造成沟通的不畅。

### 3. 备沟通内容：说什么。

教师要提前思考家校沟通的主题，合理设置"说"的内容，围绕此次"说"的核心内容，考虑好处理意见和解决方法。

### 4. 备沟通方式：怎么说

以充分沟通为基础，抓住契机呈现孩子的问题，家校共同寻策。

## （四）区分对待，提高家校沟通的有效性

在疫情期间，家庭教育最大的困难就是孩子的学习问题。如上网课时孩子注意力涣散，亲子教育中出现的诸多无奈和无助等。

### 1. 调节好自身情绪

与家长沟通前，班主任要及时调节好自身的情绪及状态，尽量避免与家长沟通时产生负面情绪。

### 2. 接纳家长的负面情绪

教师可以有意识地提醒自己，这些情况是家长在压力情境下的正常反应。

### 3. 积极倾听

了解家长的需求，共情负面情绪，倾听他们的心声。

### 4. 懂得"共情"的强大作用

当遇到家长有负面情绪时，接纳、理解是教师要及时表达的最好方式，以便更有效地进行沟通。

5．达成相互理解

深入沟通，并能够用恰当的方式将自我感受传递给家长，达到相互理解的目的。

（五）优化工作模式，提高沟通效率

1．进行多元化沟通的同时，满足不同家长的需要。除了大段地发送信息以外，还可以用语音、视频等方式进行信息发布，满足各位家长的需求，简化他们的操作。

2．建立沟通机制时，教师要与家长进行协商，提高双方的沟通掌控感。

3．沟通要体现双向性。教师在与家长沟通的同时，不能只布置任务和要求，还要收集家长的建议和需求，这样可以避免不必要的误解和矛盾。

4．对于部分学习困难学生家长，在家校沟通之前要"客气"相约，"和气"相见，倾听诉说；时刻给家长以信心，力求有利于孩子的长足发展。

经过一阶段的探索和实践，家长已经对我们的家庭教育指导达成了共识。我们要用心去提升教师的家庭教育指导能力。新形势下，教师要善于处理好家庭教育与学校教育之间的关系，不断学习，形成合力，增强家庭教育的效果，推进素质教育的不断发展。

作　者　盛贺厚　连云港市九里中心小学
　　　　　　　　连云港市家庭教育指导员基本功大赛一等奖

# 农村小学家校沟通的现状

新时代的教育理念赋予家校沟通以新的形式，促成家校社一体的教育格局，只有家庭与学校教育形成合力，才能真正发挥家庭教育在孩子成长过程中的作用，才能为他们的身心健康发展奠定基础。

## 一、家校沟通的现状

1．家长会

以本校为例，老师在介绍学生日常情况的过程中，对表现优秀的学生常常轻描淡写；而对表现欠佳的学生的不足之处则会反复强调，以此来引起家长的重视。家长会结束后，家长"秋后算账"，导致学生对家长会产生抵触情绪，继而仇恨一切家长会。于是对于家长和教师之间的所有联系，学生都会不自觉地加以阻碍。

2．家访

家访一直是家校沟通的主要且有效的方式。家访是对教师，也是对学生进行教育的主要方式。通过家访，家长与教师的关系逐渐密切，既可以掌握学生学习、生活的一手资料，也可以了解指导孩子的教育方法。随着手机等通信设备的普及，教师对学生进行家访的形式已逐渐发生了改变。如今老师与家长主要通过手机联系，上门进行的家访就不是太多了。

## 二、家校沟通存在诸多问题的成因

### 1. 家校沟通认识欠统一

部分家长对老师的角色认识存在偏差，出现"推卸沟通"现象。而部分教师认为，家校沟通虽然重要，但常常会导致不必要的麻烦，对家校沟通产生一定的抵触心理。

### 2. 家校沟通渠道欠畅通

新形势下，留守儿童已经是不可忽视的群体。本辖区地处沿海渔村，季节性留守儿童、离异及因故致贫家庭相对较多。在家校沟通时，沟通时间上常常不吻合，家长有时间时教师在上课，教师休息时家长又在上班，让教师与家长很难进行面对面交谈。

### 3. 家庭教育主体欠支持

家长会上公布成绩排名，使得部分家长很没面子。学生在校发生违反纪律时，老师也常会约见家长。这就导致学生选择故意隐瞒，隔断教师与家长之间的沟通。

### 4. 家校沟通与社会欠合拍

许多家长拜金主义意识显著，产生了读书无用论的思想，从而导致其忽视了家校沟通。这些家长不但忽视学生的成绩，还忽视与教师的交流。

## 三、新时代家校沟通的策略

### （一）统一思想，更新观念

协助家长澄清教育观念，确立正确的发展观和人才观，让家庭逐渐成为全面关心学生健康成长和科学培养的主阵地；引导家长重新定位父母角色，科学关注孩子健康、精神、安全、价值引导等；让家长掌握科学的教育手段，对孩子进行有效的教育；培训专业的家庭教育指导教师，对学生及家长进行长效指导。

### （二）广开门路，多管齐下

#### 1. 建设网络"家长学校"工作平台

成立家长委员会，学校就如何开展家校合作与家长达成共识。通过观看专家的讲解与指导，改善家庭教育指导工作的随意性，增强科学性和计划性，让家长有了最前沿的教育观念，能有效地起到指导家长的作用，提高家庭教育指导工作的有效性。

#### 2. 开设"周五家庭教育讲堂"

活动安排在每周五下午放学前1小时，家长只要提前1个小时到就可以参加培训，做到了学习和接孩子两不误。家长可以将学习到的具体教育知识，利用周末时间进行尝试与实践，提高了家庭教育的实效性。

3．开展书面指导

交流《家庭教育大讲堂》指导用书、家校联系卡、通信联系、《学生成长手册》等，根据家长信息反馈情况，急家长之所急，积极地准备或者邀请有关专家根据家长提出的问题开展专题讲座，促进家庭与学校之间的互动，形成家校之间的合力，融洽家庭关系，助推孩子身心健康。

4．建设"爱心驿站"

针对留守儿童，成立"志愿者"团队，利用周六和节假日，开展教育帮扶、心理疏导、法制安全等教育活动。引导留守儿童感恩父母，免除家长后顾之忧，促进家校沟通，在潜移默化中培养孩子们的自信心。

5．运用多媒体技术

借助家长微信群、QQ 家长群等网络平台，开设网上家庭教育论坛，帮助家长确立新的教育观念。尤其是在疫情期间，利用网络指导家长如何做好疫情期间的居家学习，让孩子"居家不拘心，停课不停学"。

6．召开家长会

利用家长会适时指导家庭教育，与家长深入交流，共同为孩子的发展献计、献策。

7．家访

在特定的环境下走进孩子家中，与家长交流，针对孩子的个性发展，制定相应的教育手段。

8．举办开放日活动

开放日活动可以让家长了解学生在校一天的学习和生活，并提出意见，共同研讨教育孩子的有效方法。

（三）建立长效机制，持之以恒

学校要深刻认识到家庭与学校沟通的重要性和必要性，要加强家庭教育指导教师的指导，让教师懂得家校沟通的有关知识与技巧，并能够进行高效的沟通；教师在处理一些日常事务时，不断归纳先进的沟通策略，并进行推广和实施；在平时遇到新情况时，也要灵活地进行应对。

家校沟通工作，我们永远在路上。家庭教育指导教师只有不断学习，相互交流，教学相长，才能展现新时代家庭教育的新风采！

作　者　程红玲　连云港市九里中心小学
　　　　　　　连云港市家庭教育指导员基本功大赛一等奖

# 让留守儿童伴"爱"成长

随着我国社会经济发展以及城市化进程的全面加速，留守儿童这一特殊人群在家庭教育上面临的问题，受到广大教育工作者和整个社会的普遍重视。

问题一：关于留守儿童教育主体的问题转变

随着家长的外出，祖辈或亲属成了孩子的主要监护人。老人普遍对孙辈比较溺爱，对先进的家庭教育理念和科学的育人方式一知半解，甚至是根本就不了解，更不了解少年儿童身心发展的一般规律，因此从孩子身心发展的角度来看，祖辈无法有效担当起对孙辈的家庭教育职责。而寄住在亲戚家中的子女，家教观念则更为薄弱。

问题二：家庭教育缺失，对儿童缺少家庭"爱"的温暖

留守儿童家庭或者父母长期外出，致使父母的家庭角色逐渐弱化，导致留守儿童与家长缺少正常的情感沟通和亲子交流，久而久之，必然使家长和孩子之间形成心灵上的隔阂，让孩子缺乏基本的心灵归属感和心理依赖。

问题三：父母错误价值观对子女的影响

很多农村父母文化水平较低，家庭教育知识缺乏，导致农村留守儿童家庭的教育意识、家庭教育观念与先进教育脱节。他们把眼前的利益看作家庭教育的基本出发点和归宿。让这些所谓"不上学可以省钱；不上学还可以挣大钱"的思想在孩子的心中萌发，在潜移默化中淡化了孩子对上学求知的积极性，从而严重危害了孩子的心理健康。

问题四：留守儿童家庭教育管理方式的认知能力的缺失

很多家长把"一切为了孩子"当作理由，经常出差，外出务工，将孩子推给父母、亲属抚养教育，不利于孩子的身心健康成长。父母是谁也无法替代的，让孩子感受到父母的爱是孩子健康成长的必备因素。部分父母选择以"打骂"为主的方法，用成绩单来评价孩子成长的好坏、是否有出息。正是这些简单粗暴的方式，造成中国家庭教育形同虚设，也造成中国留守儿童的学习生活出现许多问题。

问题五：父母过分依赖老师的教育管理

社会各界希望学校承担起留守儿童生活、教育及管理的职责。寄宿类型的学校对于留守儿童而言，能够有效地解决其吃住的问题，又能获得老师的呵护陪伴，还能弥补留守儿童学习无人辅导的缺失。当学校成为孩子的家，当老师成为孩子家长的时候，我们需要知道这是对学校教育责任的扩大化，更要知道留守儿童家庭教育

的缺失会给孩子的健康成长带来难以估量的不良影响。这种看似表面的繁荣却也助长了农村家庭的懒惰，从而导致农村父母过度依靠老师，逐渐减少或者放弃了家庭教育职责。也因为自身家庭教育水平的滞后，大部分父母都觉得孩子体格好、学业好才是最关键的，从而忽略了从小培育孩子优秀的品行，也忽略了对小孩的心理素质教育。在智育上，父母又因为过于关注学科分数，而忽略孩子德育方面的发展。

在我国，留守儿童是一个巨大的、特殊的群体，关乎着国家的未来，也关乎着每一位留守儿童的家庭幸福。留守儿童问题能否得到改善，归根于父母能否充分认识到自己的责任和教育观念。留守儿童问题可以从以下四个方面进行改进。

## 一、健全村（社区）管理机制，营造良好的社会环境

良好的村（社区）文化对支持留守儿童的教育事业具有重大意义。要进一步充实社区建设工作，强化社会服务功用，构建"三紧密"结合的教育网络，从宏观整体层面上形成关怀管理机制，并将教师的能力、社群的关怀，与推动区域发展协调统一起来。要建立家庭、学校、村（社区）三者之间的联动机制，农村作为孩子教育的外部支持力量不容小觑。

## 二、协同合力，提升家庭教育质量

父母应当尽力创造良好的家庭教育条件，弥补家庭教育不足或缺失对孩子所带来的不良影响，也要为孩子营造良好的家庭教育环境。父母可以通过打电话、微信视频聊天等方法常和孩子进行沟通交流，倾听子女的内心所求，关注子女的学业状况，并主动表扬孩子点点滴滴的进步，关注子女的身心健康发展，让子女充分体会到家长的关爱。同时，也应当培养科学的家庭教育观和育人观，以此增强家庭教育的科学化，提升家庭教育的实效性，培育集家庭教育、学习教育和社会关爱为一体的协同教育体系。

## 三、家长努力承担教子之责

家长应树立正确的价值观、教育观，教育好子女是自己的应尽义务。即使在外务工也要承担起教育子女的责任，常与学校老师保持联系，定期向老师询问子女在学校的学习表现以及平时的生活状态，掌握子女在学校的各方面发展情况。重视和孩子的情感沟通与心灵交流，在精神上更加关注孩子的全面发展。

## 四、倾注关爱，弥补缺失

出外工作的家长，其本身就是一份重要的教育财富，如若能以自身的所见所闻及背井离乡的辛苦和磨炼，乃至吃苦耐心、努力主动的优秀事件来指导自己的孩子，会对孩子形成潜移默化的良性影响，也可以促使孩子增强意志、建立自信，更有助于孩子树立目标。家长还可根据工作环境，给孩子们提供一次社会实践活动。如果家长利用孩子的长假把孩子接到自己工作的地方共处一段时间，这样既可以让孩子

开阔眼界，同时也能够让孩子感受到父母对他的关爱，促进孩子健康快乐地成长。家长也可利用这一时间对孩子进行心理辅导教育和德育修身教育。

作　者　王　鑫　连云港市赣榆区马站中心小学

# 新媒体助力家校共育"零距离"

时光荏苒，踏上三尺讲台已有二十二载，教育过程中，和家长进行有效沟通是最棘手且最不可缺少的环节。和家长交流时，如何才能进行有效沟通呢？"网上家长学校"、QQ、微信等新媒体的引入，为教师与家长的沟通架设了一个便捷、高效的平台，教师可以更好地倾听、回应家长的呼唤，增进了解、相互信任，形成家校教育的合力，实现家校共育"零距离"。

## 一、巧借新媒体，无声胜有声

孟德斯鸠认为，"我们接受三种教育：一种来自父母，一种来自教师，另一种来自社会"。家长是社会的代表，对于学生而言，发挥着第一道社会屏障的作用。每位家长都是孩子的第一任老师，每个家庭也就顺理成章地成为孩子的第一所启蒙学校，家庭教育是整个教育事业中举足轻重的组成部分。只有与学校同步、同向的教育才能起到最佳的效果。新媒体平台可以帮助家长充分发挥作用，提升家长管理孩子的经验，摒弃家庭教育中的不足。

"双减"政策下，如何让孩子承担合理的学业任务，保持身心健康，这引起了全社会的普遍关注。作为家长，他们特别关注自己孩子的在校表现情况；作为老师，也越来越需要得到来自家庭的教育援助，通过及时地与家长沟通，有效指导家长在家庭教育中发挥其无法替代的作用。以前，学校有什么最新信息需要打电话一个个通知家长，费时费力却收效甚微，有时两三天才能联系到家长，更不要说与家长商讨解决问题的最佳方案了。新媒体时代为我们教师和家长搭建了一个有效沟通交流的平台，达到了可以单独和家长沟通、保护学生个人隐私的效果。

家长对孩子学习方面的帮助和鼓励，有着特殊的魅力，往往事半功倍、润物无声。"网上家长学校"就可以让学校和家庭互动起来，让家庭教育成为学校教育的延伸。家长可以借助这个平台，把孩子的相关信息及时反馈给老师，与学校教育相辅相成，以取得最佳的教育效果。班上的李同学，是一个比较情绪化的孩子。他在兴趣浓时，特别爱表现；在情绪低落时，控制不住自己，容易惹事。家长对此束手无策。此学生进入五年级后，出现叛逆现象，容易冲动，虚荣心较强。于是我尽量挖掘他身上的闪光点，使其对学习产生兴趣，激发他的内驱力。鼓励他一段时间后，我发现他的学习情绪反复无常，接连两次想和他的家长见面，但都因家长工作（在外地承包虾塘养对虾）不方便而被搁置了。于是我通过家校通平台留言给他的家长。我先肯定了李同学在这个学期的表现及进步情况，然后提出自己的建议（务必抽出一个人回家和他谈谈）。也许是他很少与家长沟通，听到父母关心鼓励的话语，心有感触，第二天就很主动地与我谈心聊天。我明显感觉到他很渴望得到老师和家长的肯定。从那以后，我们经常利用平台及时交流，给予孩子鼓励和教育。在学期结束时，他获得了"进步之星"的荣誉称号。看着他的笑脸，我倍感欣慰，如果没有新媒体平台这"无声"却"有效"的沟通"桥梁"，在转变学生的路上，恐怕要困难得多。

## 二、巧借新媒体，高效促沟通

农村许多家长不重视家庭教育，他们往往只在干活回家后一味追问孩子的学习成绩，听到好成绩也只是高兴一下，用"钱"奖励完事。成绩便是一切，对孩子的心理健康问题大都忽视或根本不理，更有甚者还认为教育、疏导孩子心理的责任全在学校，忽略了自身对孩子的教育方面的责任、义务。有了新媒体平台，教师就可以在第一时间通知家长，与他们进行沟通，哪怕远隔千里也如近在眼前，对于孩子发生的问题都能及时了解。这个平台就是架起家校沟通的桥梁，它有效地拉近了学校与家庭的距离，起到了难以估量的巨大作用。教育学生的同时，引领家长获得教育援助，自然融入学校教育，是非常重要的一个环节。

我任教的班级就有这样一个孩子，由于父母的原因，其入学时年龄较大，五年下来，他成了班级的"老大"（年龄大、个子大），于是身边不时围着一些"小跟班"。夏天放学早，他就带着这些"小跟班"玩电脑、打电玩、玩网游，特别令人头疼，因父母不在家，爷爷奶奶更是管不了，他成了名副其实的"小霸王"。我利用微信平台，通过私信、语音留言等方式联系家长，沟通问题，并通过协调，他的妈妈放弃打工，回家专门带他，每天按时接送；我又和家长、孩子三个人一起，共同制定教育方案，由他本人签名、保证，督促其进步。一旦发现他有进步，及时表扬、鼓励，半个多学期下来，他有了明显进步。我看在眼里，喜在心里。他的妈妈见人就夸，逢人就讲……很多年轻的家长尤其表示在使用这种零距离的接触与交流，感觉很好，既解决了他们家庭教育的诸多问题，也提高了教育观念、认识，很好地增进了与孩子间的亲情，减少了与孩子间的隔阂。新媒体信息化教育平台的有效运用，可以促进学校、家庭教育思想的有效统一，有利于老师与家长之间进行真正的对话，提高了家长的教育水平，符合"以生为本"的教育原则。

"三人行必有我师焉"，新媒体平台拉近了家长与家长之间的距离。有些家长在教育孩子方面有许多优于教师的经验，鼓励他们分享经验，不仅调动了家长参与教育的主动性、积极性，也弥补了学校教育工作中的短板，还有利于更多的家长在教育孩子中深入思考。另外，利用"三宽家长学习平台"，我还和家长们针对一些共性的问题进行了探讨。例如，当孩子学习拖拖拉拉时怎么办？家长们你一言我一语，其效果真是不言而喻。

"双减"政策下，我们都在努力改变单纯"育分"的现状，致力于更好地"育人"。在此背景下，只有学校与家庭有效沟通配合，教育效果才能最大限度地发挥其积极作用。利用好新媒体平台，能使我们的教育拥有时代的价值和专业的智慧，让每个孩子成为最好的自己！

作　者　方小伟　连云港市新城实验小学

# 让"一叶孤舟"畅游平静港湾

根据相关数据，我国每年的离婚数量都在直线攀升，与日俱增的单亲孩子的教育显得至关重要。针对单亲家庭学生的成长现状，我在本区某中学进行了一次调查，分析了单亲学生问题产生的原因，提出了相应的教育干预措施。

## 一、调查数据统计

1. 总体情况

调查的全校学生当中，共有单亲家庭学生256人，其中七年级100人，八年级73人，九年级有83人。单亲家庭占总人数的8.6%。

2. 家长职业情况

调查的单亲家庭学生中，其父母职业是个体户的家庭占33.19%，知识分子或干部家庭占8.33%，工人家庭占16.9%，其他职业的家庭占40.8%，农民家庭占0.78%。

3. 家长学历

单亲家庭学生中，其中父母一方学历是小学文化水平的占3.6%，初中学历的占38.3%，高中学历的占44.6%，大学学历的占13.5%。由此可以发现，82.9%的单亲家庭的学生家长的学历水平为初高中文化程度。

4. 单亲家庭形成的时间及原因

单亲家庭形成的时间在学龄前的占22.2%，在小学阶段的占63.9%，在初中阶段的占5.6%。形成单亲家庭的原因中，属于离异的家庭占76.4%；属于丧偶的家庭占15.9%；其他原因造成的单亲家庭占7.7%。根据调查发现，单亲孩子父母再婚的占5.1%。

5. 学习和行为习惯状况

在学习方面，调查结果显示，有39%的单亲家庭的学生学习成绩差，学习上有困难，学习成绩一般的占38.8%，学习成绩较好的占22.2%。在行为习惯方面，有17.29%的单亲家庭的学生行为习惯差，行为习惯一般的单亲家庭的学生占48.91%，行为习惯好的单亲家庭的学生占33.8%。

6. 心理状况

根据调查结果分析，有20.7%的单亲家庭的学生感到孤独，不希望一个人独处；有39%的单亲家庭的学生渴望温暖，希望与父母在一起；有12.5%的单亲家庭的学生希望父母不吵架，能够和谐相处。此外，根据"房、树、人"心理测验结果，发现25.4%的单亲家庭的学生存在自卑心理，28.1%的单亲家庭的学生存在情绪不稳定，常伴有恐惧、焦虑的情绪。

## 二、调查结果分析

1. 单亲家庭的学生人数呈逐年上升趋势

近年来，单亲家庭逐渐增多的原因是多样的，主要有两个方面：一方面由于在没有准备好时怀孕，就会导致被迫结婚。而婚姻中夫妻双方年龄不大，且个人又抱着享乐主义的思想，一旦发生矛盾、冲突，就会不顾后果地草率离婚。另一方面，现代人对婚姻品质的期望远远高于上一辈，一旦婚后的生活现实与婚前的期望相差太远时，离婚就成了必然的选择。

2. 父母职业多集中在个体户和其他职业中

一方面家长经济的不稳定，使他们在经济压力较大的状态下经营婚姻，婚姻中容易产生矛盾，如得不到有效解决，大多会选择离婚来逃避压力。另一方面，这些从事个体户和其他职业的家长，经常会与社会上形形色色的人接触交流，受到外界影响，加之诱惑也较大，也更易导致离婚。

3. 单亲家庭的学生学习成绩较差的比重较大

学习成绩差是单亲家庭学生在学习方面的主要问题。其原因是多方面的，不仅有父母的不及时督促，还有缺乏学习方面的激励。此外，学生学习的过程需要有良好的心理环境作为基础。父母离婚或早逝，会极大地影响孩子的心理，大多数孩子都会因父母的离婚惶惶不可终日或伤心而无法静心学习。

4. 孤单、自卑、情绪不稳定是单亲家庭学生的主要心理问题

多数单亲家庭的学生认为父母离异是件不光彩的事情，因此产生强烈的自卑感。这让他们感到抬不起头，不愿意和同学交往，少言寡语，喜欢独处。在集体活动中，他们表现为无组织、无纪律、爱说谎，对集体也漠不关心；在跟长辈沟通中，逆反心理严重，对老师的表扬和批评心不在焉、麻木不仁，缺乏集体荣誉感。

## 三、教育对策

### (一) 深入调查单亲家庭的学生状况

学校应该对全校学生进行问卷调查，间接获取单亲家庭学生的总体状况。班主

任可以通过网络、电话、家访等多种形式了解单亲家庭学生及其家庭的基本情况。在此基础上，建立单亲家庭学生成长档案，详细记录他们在生活、学习、心理、家庭中的情况，跟踪记录，并将情况反馈给家长和科任教师。

### （二）建立单亲家庭学生联系人制度

从目前调查所得数据来看，每个班级单亲家庭学生人数不等，为更有效地帮助单亲家庭学生，可以建立单亲家庭学生联系人制度。班主任是第一联系人，与单亲家庭学生接触比较密切的学科老师也要作为联系人，"一对一"牵手，对单亲家庭学生的日常行为、学习习惯等进行有效的指导和监督，更多地关爱他们，让他们体会到老师对他们真切的关心，增强他们的自我认同感，提升学习驱动力。

### （三）充分发挥班主任的特殊作用

班主任是学生健康成长的指导者和引路人，应结合单亲家庭学生的实际成长状况和家庭特点，有针对性地做好单亲家庭学生的个别教育工作。班主任要与科任教师及时沟通，形成合力，主动接近他们，热情关怀、鼓励他们，根据不同学生的性格类型采取不同的方法。对"忧郁型"性格学生应该经常关心，促膝谈心，加强沟通并热情鼓励，使他们开朗、富有上进心；对"散漫型"的则用疏导、迁移的方法，为他们创造集体活动的环境，把他们的精力转移到学习上；对"多疑型"的则用启迪、引导的方法，进行人生观和生活目的教育，培养他们的自信心、责任感和荣誉感。

### （四）充分发挥心理健康教育的心理疏导和调节作用

学生的成长与学校环境密切相关，又以心理环境对学生的身心发展与优良品质的形成和影响最为显著。学校要重视这些单亲家庭学生的身心发展，对其进行心理健康教育，帮助他们独立、健康地成长。由于单亲家庭学生的思想负担重、背景复杂，心理健康教师可以主动与班主任联系，了解单亲家庭学生的成长状况，给班主任相应的心理学方法和建议。此外，他们还可以参加心理社团活动，在社团活动中学会必要的心理健康知识和情绪调节的有效方法。

总之，单亲家庭的学生就像一叶孤舟，如果"领航员"能正确引导，他们会更容易避过惊涛骇浪，渡过暗礁险滩，安全抵达平静的港湾。

作　者　李　静　连云港市赣榆经济开发区小学
　　　　　　　　　连云港市教学工作先进个人
　　　　　　　　　连云港市"333"骨干教师
　　　　　　　　　连云港市中小学高层次人才"新333工程"教研标兵培养对象

# 共情沟通要有力度也要有温度

家校沟通是指家庭与学校为了儿童发展而展开信息和情感互动的过程。近几年，教师与家长形成一股对立风，关于教育问题针锋相对，不依不饶。教师和家长对教育理念的理解出现偏差，二者责任界限模糊，导致矛盾层出不穷。此时，家校沟通的重要性就凸显出来。沟通，不仅是语言上的交流，更是情绪上的感知。共情，顾名思义，就是同理心，体验别人的内心世界。提高沟通效率的最佳策略就是共情。结合当前家校沟通面临的各种冲突问题，通过"双向共情、注重心理、关注差异"等策略，能够有效促进家校合作共育。

## 一、尊重共情，双向沟通

就语文学科而言，家长认为：默写我改，背书我听，看书我催，哪有那么多时间？要老师干吗？教师认为：课堂时间有限，提前预习、课后巩固有利于学生更好地掌握知识，这些都需要家长的配合，我督促学生学习难道不是为学生考虑吗？

美国心理学家艾利斯的ABC理论认为，人们之所以会产生负性情绪，是因为我们不能公正、客观、合理地认识事件，是个人不合理认知导致了人们的负性情绪。当前家校冲突愈加激烈，这是因为学校与家庭彼此不了解对方的工作性质，没有站在对方的角度换位思考，没有合作解决问题。

共情是理解他人特有的经历并相应地做出回应的能力，能提高我们对他人想法和感觉的觉察力。共情的"情"是情理，而非情绪。在家校交流中，需要依靠家长和教师的认知、理解真诚地解决问题，而不是靠情绪表演获得同情或信任。真正的共情应该是理解对方，站在对方的角度思考问题，互相尊重、理解、包容，家校协同育人，才能达到"1＋1＞2"的效果。

在大多数的家校沟通中，教师往往以教育者的身份去指导家长，用实例和理论去告诉家长应该怎样。有些家长碍于对老师的尊重，不敢当面反驳老师，往往被迫受教，这样的单向输出，肯定达不到理想的沟通效果。此时共情沟通显得尤为重要，尽可能站在对方的角度和立场去思考，尊重家长，耐心倾听家长的意见和想法，不随意打断对方，双方地位平等，才是真正的双向沟通。共情式沟通，拉近家校距离，让沟通效果跃然纸上。

## 二、注重心理，深入理解

面对孩子的教育问题，家长与教师不乏沟通，但为何依然存在对立？或许是家长沟通积极性较低，家校教育理念出现偏差，家校沟通的方式少了人文关怀。

家长经历背景千差万别，教育方式多种多样，但人性却是相似的。马斯洛的需要层次理论将人的需要分为五种，包括生理、安全、归属和爱、尊重和自我实现的需要。在缺失性需要被满足以后，人们就开始追求精神的需要。教师站在共情角度，从家长的心理需要出发，运用对应的策略以满足家长不同层次的需求，让家长拥有归属感、尊重感、幸福感，这样才能有效地改善家校沟通现状。通过心理层次的共情交流，我们就可以转移到抵触内部，用对方的观点寻找沟通症结，用温暖消除抵触情绪，让对方说出真实的想法，进而建立起家校之间稳固的关系。

归属和爱的需要，指人要求与他人建立情感联系以及隶属于某一群体，并在群体中享有地位的需要。家校协同育人，学校要让家长有归属感，有被需要感。家长的归属感可以通过参与家校活动融入孩子所在学校，感受到自己在群体中的力量。为此，我们要适时把家长"请进来"，邀请家长参与班级活动，共同为班级发展贡献一份力量，让家长找到归属感，积极配合学校教育。

尊重的需要是较高级的需要。教师对家长的尊重，能使家长获得自尊，得到满足，能激励家长主动参加班级建设，支持学校教育，有情感的共情沟通，让家校共育得到升华。例如我们处理班级事务时，要加强与家委会的联系，征求家长的意见。与家长沟通要以平等的姿态，不拔高自己的地位，家校协同育人。

在马斯洛的需要层次理论中，自我实现是最高层次的需要，是指依靠自己的努力、发挥自己的潜能，实现理想或达到目标。在家校沟通中，教师要鼓励家长通过自己的努力完成目标，调动家长的积极性。例如开展课外班级活动，我们可以在指导的前提下，邀请家委会策划组织，尊重他们的选择，不干预，充分利用一切有利资源，发挥家长潜能，共谋班级发展。

冰冻三尺非一日之寒，和谐家校沟通状态的形成也不是一蹴而就的，我们要从家长心理出发，用心用情，进行有温度的共情沟通，层层深入，架起家校沟通的稳固桥梁。

### 三、关注差异，因人施策

沟通是一门艺术。共情沟通不是漫无目的同情，要因人而异。我们要做一个善于变通的智者，做好沟通的前期准备。依据家长的性格、文化水平、家庭教育观等，将家长大致分为四种类型：民主型、专制型、放纵型、忽视型。针对不同类型的家长，采取不同的沟通策略，争取家长的支持，形成教育合力，实现家校共育。

民主型家长珍视孩子的个人感受，理解、尊重、信任孩子，孩子也会听从家长的教育指导。与民主型家长交流沟通相对轻松，我们可以真诚地说出内心的想法，指出孩子的不足，并提出合理化的建议。民主型家长的养育方式有利于孩子的心理健康发展，我们在沟通中可以吸收、借鉴他们突出的做法，并在家长会上推广，树立典型，让他们的家庭教育力量在班上起到良好的示范引领作用。

专制型家长常常要求孩子无条件服从他们，不允许孩子有独立自主的要求。面对这类家长不要带着情绪直接告状，会给孩子招来皮肉之苦。我们需要站在对方的立场，以迂回的方式慢慢劝导家长理解孩子，用科学的方式教育孩子，要考虑孩子的感受，用民主的方式听取孩子的想法，少一些暴力沟通。

放纵型家长很少干预孩子，给予孩子的是无条件的爱。在家校沟通时不能一针见血地指出孩子的问题，需要表扬和指导并行。首先我们要说说孩子在校的良好表现，肯定他的长处，拉近与家长的距离；然后把具体的事例呈现在家长面前，指出孩子需要改正的地方，并耐心热情地与家长共同探讨解决方案，让家长觉得我们所做的一切都是为了让孩子更好，用真心、诚信、耐心感化家长，让家校沟通更加顺畅。

忽视型家长对孩子的行为很少积极回应，他们可能忙于工作，与孩子缺少交流，亲子间交往甚少，孩子往往有一种被忽视的感觉。这类家长认同"树大自然直"的观点，对孩子关注较少。与他们沟通，我们要严肃、郑重告知问题的严重性，要让家长重视起来，主动关心孩子，配合学校共同促进孩子健康成长。

面对不同类型的家长要采取不同的策略，把真心、耐心、责任心呈现出来，拉近彼此的距离，用温暖取得家长的理解和信任，有效促进家校共育。

家校沟通是教育的双向奔赴，家校共情沟通是教育的路标，有力度、有温度的家校共育之路才能越走越远。

作　者　任丽丽　连云港市东海县双店中心小学
连云港市家庭教育指导员基本功大赛二等奖

# 家庭教育指导需要提升教师沟通能力

人的一生要涵盖三个方面的教育——家庭教育、学校在教育和社会教育，家庭教育是一切教育的基础。教师作为家庭教育指导的主要角色，是在日常学习中最了解学生的人，是在教育方面家长最信任的人。只有了解当下家庭教育指导教师沟通能力的现状，通过家庭教育指导来培养教师的沟通能力，才能促使家长与教师更好地沟通与交流。

## 一、概念内涵

### （一）家庭教育指导

家庭教育指导的含义，有广义和狭义之分。在基层学校的一线工作中，通常采取狭义概念，即在家庭外的社会组织、机构组织中，以家长为对象，以提高家长的教育素质、改善教育行为为直接目标，以促进儿童身心健康成长为目的的一种教育过程。

### （二）沟通能力

沟通能力包含表达能力、倾听能力和设计能力。沟通能力不仅仅是外在体现，最重要的是一个人的内在素质体现，包括知识、能力、道德和意志等。

## 二、教师与家庭教育指导

### （一）家庭教育指导的对象

家庭教育指导是在家庭以外的地方开展，以学校为中心，包括妇联、居委会等其他组织都可以进行指导。家庭教育指导的对象是家长，指导工作是为了使家长更好地开展家庭教育。

### （二）家庭教育指导的目标

家庭教育指导是帮助家长树立正确的教育观念，从而掌握科学的教育方法，以此来提高自身的教育理念。家庭教育指导的出发点是为了树立学生正确的人生观和价值观，具有良好的品德和素养，使德智体全面发展。

### （三）家庭教育指导的价值

家庭教育服务的对象是家长，发展的最终目标是儿童，在提升家长教育素养的同时，也是与家长共同承担教育儿童的重要工作，与家长共同面对儿童在成长过程中存在的难题。

家庭教育指导帮助家长掌握正确的教育观念和方法，能够提升自身教育素养，正确处理孩子的教育问题。在日常生活中常常会有家长过分溺爱、过分保护、不能正视孩子的问题。有了教师的指导，在教师的帮助下家长能客观地评断问题，教师还可以针对孩子家庭教育的问题给家长合理的建议。社会在不断发展，家长的教育能力也需要不断提升，矛盾产生在于双方没有达成共识，家庭教育指导就是帮助家长不断学习教育知识以此提高教育能力。

教师、家长和学校这三者之间是一种相互促进的关系，学校通过开展各项活动，促进家庭教育指导与服务，能够使家校之间的合作更紧密。家长积极主动参与学校的教育活动，既可以提高家长教育素质，也可以提升学校自身教育能力，但最终受益者是学生。

### （四）家庭教育指导存在的误区

如果教师能够客观地观察学生，及时看出学生存在的问题，那么家庭教育指导是教师工作中重要的一环。教师虽是家庭教育指导的促进者，但不能替代家长来行使家庭教育的权利，血缘关系以及亲子关系是不容置疑与改变的，所以家庭教育是学校教育不能代替的。

## 三、教师沟通能力的现状

### （一）沟通效果打折

现实生活中有很多父母外出工作，以至于沟通方式只能以拨打电话或者发送信息等途径实现，教师不能与家长面对面沟通，使沟通效果大打折扣。

（二）沟通内容重复

教师在与家长沟通的过程中，多数围绕学生的成绩、在校表现、作业的完成情况、与他人的相处等问题展开，在沟通过程中存在惯性思维，每一次家校沟通时只是换学生名字，强调相同问题，家长对于孩子的问题其实比教师更清楚。

（三）沟通收效甚微

每一次沟通后，孩子的教育问题大部分并未得到解决。很多时候双方只是把孩子在家或者在学校出现的问题相互告知，试图能够引起老师或者家长的重视，很少能提出真正解决问题的方法。正值孩子成长期，事无大小，每一件事都影响孩子的成长，影响孩子的未来，解决问题至关重要。

## 四、教师沟通能力的培养

（一）教师沟通能力中的"特殊"

家校沟通不同于一般沟通，不是简单地抛出问题即可。每个学生的成长环境、父母受教育程度、教育理念等不同，在面对家长时，教师在评价学生时要充分了解孩子的生活环境，以便于教师能够结合孩子在校表现与家长进行反馈。但在沟通过程中要把包容放心间，用"爱"浇灌每一个孩子。

（二）教师沟通能力中的"渗透"

正所谓"宜未雨而绸缪，毋临渴而掘井"。家庭教育指导需要老师在学校的合理安排下，组织家长学习有关家庭教育相关讲座，通过讲座锻炼老师的沟通能力，无形之中将有关教育方面的知识与技能，渗透到家长的日常生活中；通过改善家长的一言一行，进而影响学生的一言一行。

（三）教师沟通能力中的"学习"

通过开设一门家庭教育指导课程，全体教师进行集体性学习，用观看视频、阅读相关书籍、开设相关公开课等方式，通过考试的形式来检测教师掌握情况，跟踪教师在处理学生问题中如何沟通，将真实事例记录下来，以便寻求更好的解决问题的办法。

（四）教师沟通能力中的"博爱"

我们常说父母长辈会溺爱孩子，这也是很多孩子不服从家长管教，甚至酿成悲剧的原因。每个孩子都是父母手心里的宝，在父母看来自己的孩子是独一无二的。教师在沟通过程中，要客观看待问题，最终能够合理解决问题是本着平等看待每一个学生的心理，这种爱是积极的、阳光的，更是平等的。

总而言之，沟通是家校之间的核心因素，教师在沟通能力上的培养与提高，会在不断发展与探索中更加完善。以家庭教育指导为原则，解决这些实践中存在的问题，从而提高教师队伍建设。家校教育如何搭建良好家校沟通的桥梁则是下一步要思考的问题。通过对家庭教育指导教师沟通能力现状与培养问题进行研究，提高教师沟通与解决问题的能力，可以为家庭教育提供有力支点，为促进学生更全面的发展提供指导依据。

作　者　王舒璇　连云港市东海县驼峰乡中心小学
连云港市家庭教育指导员基本功大赛二等奖

# 适当地放手让孩子知道"我可以"

"父母是孩子最重要的老师。"由此可见，以父母为基础的家庭教育对于孩子早期的身心发展有着举足轻重的作用。然而在当下生活中，家庭教育的现状却不是那般尽人意。父母很多的做法让孩子的未来发展受到了限制，父母缺少用成长、发展的眼光看孩子，这些都在潜移默化中"磨灭"了孩子的天性，让他们渐渐失去探索乐趣。

## 一、当下家庭教育的现状及问题

### （一）长辈过度溺爱

我们不难看到，在如今的生活中，长辈的溺爱心理，加之孩子的物质生活水平被家长人为地提到了很高的水平，孩子在享受这些的同时，其自身原本的适应属性也被改变了。孩子的心态、品质等方面也受到了无形的影响，认为一切都是理所应当的，不再主动成长，消极怠慢的思想从心里慢慢生长，逃避挫折与困难，尤其是老一辈对孩子的纵容，孩子躲在家长为之精心打造的舒适圈里，不愿再出来。

### （二）家长过于严格

在守旧呆板的传统家庭中，对孩子的教育有着极强的控制欲与目的性，有着"望子成龙""望女成凤"的急切心态，但当这种思想超过了常规理智的范畴，在家庭中往往会导致严重的教育矛盾。家长与孩子的家庭教育观念存在较大的分歧，家长往往希望孩子严格遵从自己的意愿做事、生活，而孩子又因自我意识的觉醒，对家长的强行控制表示强烈的不满，希望获得自由。对于孩子渴望自由的想法，家长不仅不给予孩子适当的放松机会，反而加以惩罚，希望用惩罚来规束孩子的行为与思想，这种做法是万万不可取的。这不仅不利于问题的解决，还会彻底失去与孩子正确沟通的最佳时机。

### （三）孩子过分依赖

没有生活自理能力的孩子，往往表现为缺乏独立意识与独立生活的能力。这是由习惯性地索取与依赖造成的恶果，久而久之就会成为一种习惯。这种不能独自面对外界的变化，只能被动接受的人生状态，是由于家庭教育的缺失造成的。面对新鲜事物，没有自己的价值判断的标准，就无法分析其属性，在自身表现为缺乏创新思维，对社会的发展难以适应。想毁掉孩子哪方面的技能就帮他包办哪方面，而在飞速发展的今天，一个人如果难以自理，缺乏创新思维与独立意识，就很有可能在与他人的竞争中失败，以至于被淘汰出局。为此，孩子也要尽早摆脱依赖思想，养成独立人格，适应日新月异的时代发展。

## 二、针对家庭教育问题的解决策略

### （一）全力支持，适时放手

从心理学的角度进行解释，如果一个人长期地住进一种"特别幸福"的"空间"里，很可能就会患上"健康心理过剩症"。这种疾病的症状具体表现为两个主要的特征：一是患者对于自己幸福感情绪和知觉得到了很大程度上的明显降低；二是特别恐惧、不愿意亲身去接触感受来自人世间的困难和艰苦，甚至还可能会将一些平常发生的事错误地以为自己痛苦而直接导致神经反应系统性的过敏。为此，家长应该明确地认识到一个道理，那就是尽快培养孩子的独立意识与支持孩子的创新能力是非常重要的，这远比常常帮助孩子解决其所遇到的问题更重要。这就要求家长应该教育孩子学会正确对待困难并战胜它，而不是不加尝试就放弃和摆脱它。因此，家长们在进行家庭教育时就应保持警觉，应注意以下几点。

第一，在父母陪伴孩子生活和学习中，不要无条件满足他们的需求，要积极鼓励孩子自己去克服困难，以自己的智慧和能力去做好自己的事，从而使孩子获得自主意识。

第二，为了更好地培养、锻炼儿童的意志，家长应该更加有意识地引导孩子去面对一些困难和阻碍，让他们碰一碰"钉子"，尝一尝苦头，经受一下艰难的心灵磨炼及痛苦的洗礼。很多父母还会在无意识的情况下破坏孩子的意志。当孩子看书或者做事时，父母不要与其讲话，打断孩子的思绪，使孩子注意力分散，意志力难以得到养成；家长应该安静陪伴，孩子开口后再给予应答。

第三，让孩子多参加家务劳动和集体活动，教育他们不能一味地只想着自己，也要学会关心他人，放手让孩子尝试帮助他人时的喜悦。对孩子做家务"笨手笨脚"的行为不给予嘲笑，以免孩子产生羞耻感，要给予具体真诚的表扬，不可片面地用"你真棒"敷衍孩子，肯定孩子努力的态度。对于孩子的失败和错误不可给予体罚，要用成长、发展的眼光看孩子。家长在家庭教育的过程中，给予支持但不包办才能让孩子健康成长。

### （二）指引方向，适当放手

对家长来说，将自己的孩子培养好，使其健健康康地长大就是最重要的。这就要求家长无论是对孩子的生理还是心理都要有所重视，通过良好的家庭教育让孩子能够健康地成长。家长应给予孩子适当的自由，适时给予孩子"温柔一推"，让他们的自主意识得到发展。规则和自由并不矛盾，自由不是放任不管，是和孩子共同建立规则，让孩子成为自己真正的主人，成为一个自律且能够很好进行自我管理的人。

家庭是孩子受教育开始的地方，家长作为孩子人生路上的第一领路人，对孩子的性格塑造有着很大的影响。家长要用成长、发展的眼光看孩子，正确对待孩子的优缺点、失意与得意，肯定孩子的努力。家长应给予孩子支持而不是包办，给予孩子自由但不可缺失规则，在有些时候，适当地放手让孩子知道"我可以"也是一个不错的选择。

作　者　任思璇　连云港市东海县白塔埠中心小学
　　　　　　　　　　江苏省第十五届"蓝天杯"优秀教学设计二等奖
　　　　　　　　　　连云港市东海县教育工作先进个人

# 让爱抚平农村留守儿童心灵的褶皱

某心理学家曾说过，少年儿童时期的经历会影响他的一生。因此，学校、教师一定要加强与留守儿童的沟通，在学习和生活上多给予关照，培养他们健康的心理。

## 一、农村学校留守儿童心理问题的主要体现

### （一）自卑心理严重

笔者发现这些留守儿童在看到别的孩子和爸爸妈妈在一起时很嫉妒，特别是在主题班会上谈及父爱、母爱时，这些孩子会很伤感，慢慢地，心里有了阴影，会产生自卑心理。

### （二）逆反心理极强

笔者的班级有 41 个孩子，其中留守儿童有 28 人。他们很小的时候就被爸爸妈妈留在老家，安全感差，与人相处时总是斤斤计较，感觉别人是在欺负他，感觉别人有坏心。因此，在学校中他们容易犯错，和老师顶嘴，甚至和同学打架。

案例：小诺长相甜美却没有朋友。我发现她很少笑。她被寄养在外婆家，常和舅舅家的孩子打架。小小年纪似乎处处提防、处处警惕。所以，她在和班级里的孩子交往时也时时存在敌对心理。如前排的同学不小心碰到她桌子时，她就会大打出手，而且下手很重。其逆反心理特别强。

（三）厌学心理严重

"老师，我们作为爷爷奶奶，只能管孩子吃喝，其他真的啥也管不了。"这是每次和厌学孩子的爷爷奶奶沟通时常听到的话。没错，孩子的爸妈长年不陪伴孩子，加之临时监护人的文化程度低，对孩子的功课辅导不到位，导致大多数孩子缺乏学习自觉性和热情。

## 二、农村学校留守儿童心理问题的成因

（一）家庭监护现状令人担忧

（1）祖辈监护，即由爷爷奶奶照顾的监护模式。这样的模式最多。出行的父母特别安心将孩子交给自己的父母照看。但这种模式最大的弊端是溺爱。老人年龄大，健康状况差，精力和体力都跟不上；更糟糕的是，大多数老人需要照顾好几个留守儿童，他们根本无法胜任。

（2）父辈代监护，即由爸妈的兄弟姐妹照顾的监护模式。但是在这种模式下，被照顾的不是自家的小孩，监护人在教养过程中会有所顾忌，没办法管得太严。如果是敏感的孩子，会有寄人篱下的感觉。

案例：班级里有个学生叫小雅，父母都在外地卖鱼，把她寄养在姑姑家，姑姑家的妹妹小妍也在同班。三年级时，小雅活泼开朗，今年却变得内向。和她交流时，她总说自己寄人篱下。

（二）学校、教师教育责任缺失

受我国传统应试教育的影响，学校的理念大都只抓成绩，不管心理。一些教师对实在不愿意学习的学生采用一种"只要不出事，想怎样都可以"的态度，放任这些学生。而这些孩子大都是留守儿童，他们会对学校产生消极感情，对老师、同学冷淡，从而影响学习，甚至有辍学等想法。在农村，教育理念还有些落后，加之"长大就打工"等思想都给留守孩子造成了不当影响。

（三）社会、成人的不良影响

（1）很多校门口都有一些公开的和隐蔽的游戏室等，很多人为了赚钱，想尽各种办法招揽、引诱在校学生。小学生自我约束能力差，没有父母在身边鞭策，受网吧的影响就很大。

（2）农民在非农忙时间比较空闲，常常赌钱，许多留守儿童的监护人也不例外，这种行为对孩子造成了不良影响。

案例：和其他留守儿童不同，小硕是班里一个特别开朗的男孩，但他最近总喊着胃疼。得知他一天只吃一顿午饭，买的还是快餐。小硕的临时监护人是奶奶，奶奶的爱好就是打牌，所以，她没时间给姐弟俩做饭。

## 三、留守儿童心理健康教育的方法

（一）对留守儿童进行必要的心理指导

（1）创立完善的班级留守儿童心理档案。心理档案主要包括：留守儿童个人的

爱好特长（投其所好的交流）；身体状况；家庭经济状况；学习成绩、态度、习惯；思想品德；师生关系、同伴关系；性格类型及特征。了解了孩子的情况，教师才能有针对性地对其进行辅导。

（2）建立"教师家长"制度。将留守儿童分给班级各科任老师，让老师当孩子们的"家长"。"家长"要对孩子进行全面的关照。

（3）定期开展"辩论会"。讨论父母为何外出打工？不陪伴是不是就是不爱？观看爸妈工作的视频，让孩子真正地了解父母，懂得父母的不容易，从而学会感恩。

## （二）加强对学校教育的管理

在留守儿童的全面发展中，学校教育起着无比重要的作用。学校要重视对学生的心理咨询辅导，及时发现学生的心理问题。施展少先队力量，开展各种课外活动，鼓励他们参加，提高他们与人交往的能力。

## （三）提高监护人的监护力度

作为监护人，要细心观察孩子的心理、行为，发现问题后，耐心解决，好好交流，让他们能敞开心扉。平时多学习，可以在学习上给予孩子帮助。

## （四）提高留守儿童的个人修养

要使留守儿童全面健康发展，一定要提高他们的个人修养。我们要善于发现他们的闪光点，对他们的每一点进步、每一个闪光点要多加表扬、鼓励，激发他们不断进取，使其感受班集体的温暖。留守儿童的世界也是多彩的，他们也有梦想。我们要引领他们经营自己的人生，实现梦想，给他们坚定的信念。作为一名人民教师，我们要用爱去感化每一个孩子，这不仅是我们的职责，也是我们的目标。

作　者　张海啸　连云港市东海县双店西池小学
　　　　　　　　连云港市家庭教育指导员基本功大赛二等奖

# 孩子注意力不集中该怎么办？

俄国教育家乌申斯基说："注意力正是那一扇从外部世界进入人的心灵之中的东西所要经过的大门。"他十分强调注意力在教学中的作用。马克思也曾提出"天才就是集中注意力"的论断。

又一节语文课，我和孩子们一起沉浸在《灰椋鸟》的美好情境中。我让孩子们朗读课文，叫到谁谁就接着朗读。

同学们都有声有色地读着。当叫到王闰哲时，他却没有发出声音。他一脸尴尬地站在那里，我先用缓兵之计请他坐下，连忙请另一位同学接着读。然后又叫到了王闻哲。王闻哲还是不能马上接下来去读，停顿几秒后，好不容易才读顺畅。

"来！石雨婧你来读！"我打断王闻哲的朗读，说道。

石雨婧站起来读了四句后，"王——闻——哲！"有了前两回的经验教训，这一回他倒集中注意力了，能一下子接上同学所读的课文。

针对学生上课注意力不集中的现象，作为班主任，我们要有这方面的思想准备，应该积极地思考和探究问题的根源与解决途径，提高他们的学习热情，提高课堂的教学效率。如何让孩子集中注意力呢？

（一）营造氛围

良好的学习环境是保持学生注意力的有利条件。平时，作为班主任的我们要善于营造一个轻松、愉悦、高效、和谐的班级氛围，不论是对于哪个年级的学生来说，氛围都很重要。让班上的孩子处于这样的一个氛围中学习，有利于改善学生走神的不良现象。

（二）对症下药

班主任要根据注意力不集中的孩子的实际情况对症下药，要尽量想办法帮助孩子卸下负担，和他们少说"正事儿"，多谈谈"题外话"，使其将注意力集中到正确的事情上来。对于班上某几位走神"专业户"，班主任要抓住一切机会，进行围截拦阻。停止批评和训斥，采取着重或变调等方式，多次请这些孩子接读课文或回答问题，让他们明白，他们的走神已引起了班主任的高度重视，同时，也给其他孩子以警戒。

（三）挖掘兴趣

我们所说的兴趣，常常是因为这门学科特有的地方吸引着学生，每一门学科都有它自己的特点。所以，教师在教学时要充分发掘每门学科知识中让学生感兴趣的内容，以引起学生的注意力，如数学课中运用多种方法解决一道题目，语文课中的文情诗意等。

（四）选择刺激

要选择适当的教学手段和情景，激发学生们的注意力。比如评比激励。如果学生在思考的过程中有注意力不集中的现象，我们可以在课堂上采用得积分的方式，评选出"纪律小组"和"举手小达人"，来刺激学生注意力集中和动脑思考。又如物质激励。给予学生适当的物质奖励，提高学生的注意力。给予上课认真听讲的孩子以各种小奖品作为奖励。

（五）经常鼓励

每个人都喜欢听到表扬的话，大人如此，何况是小孩子呢。俗话说："鸟儿要奋飞，老师的鼓励是翅膀；花儿要浇灌，老师的微笑是甘露。"要想让学生不走神，就需要教师认真观察学生在学习中注意力的点滴进步，及时给予鼓励，让孩子乐学。这样不仅能让学生表现得更好，还能带动其他方面的进步。若老师可以走进学生的生活，发现他们的最爱，会产生更好的效果。

### （六）态度平和

老师对学生要抱有平和的态度，这样学生才能够更容易接受老师的引导，渐渐增强对自己的信心。我们要经常平和地对学生说："注意力比以前更集中了""做作业的速度越来越快了""继续加油，老师相信你会比以前做得更好"。这样心平气和的引导对增强学生信心有很大帮助。

### （七）培养习惯

当孩子上课时表现出多动、注意力不集中时，班主任要尽可能少批评、少发脾气，切断他们多动的源头，比如：玩玩具的，先收掉玩具；玩橡皮的，先收掉橡皮，让他自讨个没趣；摇桌子的，老师可以悄悄走到他身边，敲敲他的小脑袋，以示提醒。让他感觉到你这位班主任在时刻关注他，这样他就不敢轻举妄动了。班主任要加强培养这类孩子的习惯，让他们逐步养成集中注意力的习惯。从引导孩子看书、写字、听故事等方面着手，逐步延长其注意力的时间。还可以把他们安排在教室的靠近讲台的位置，先让他独自一人就座，以便在上课时随时受到老师的监督。对于此类孩子，有点进步时要及时对其表扬。

除此以外，班主任要尽可能地多在班上开展一些有意义的活动，让孩子将过多的精力有途径发泄出来。对孩子要进行正确的引导，使他们过多的精力发挥出功效。同时，班主任老师要正确引导家长，在家长的组织下让孩子尽可能多地参加各种体育活动，适当锻炼，释放孩子充沛的精力。

总之，我相信只要我们抓住小学生注意力发展的特点，运用科学的教学方法和手段，充分发挥学生的主动性，坚持不懈地训练学生养成良好的学习习惯，学生的注意力水平会得到有效提高，老师的教学效果也会越来越好，从而取得教与学的双赢。

作　者　王　伟　连云港市东海县驼峰中心小学
　　　　　　　　连云港市东海县优秀教育工作者
　　　　　　　　连云港市东海县优秀班主任

# 孩子说"谎"为哪般？

## 一、案例描述

希希是一个开朗、活泼、可爱的六年级学生。虽然成绩不是很拔尖，但勤勤恳恳、热情和向上的劲头一直感动着身边的每一个人。直到一个周日，接到希希妈妈的电话，说希希离家出走了！原因很简单，就是妈妈的一句埋怨。学校立刻通过微信、QQ 群、钉钉群等各种方式寻找孩子。经过一番找寻之后，孩子终于被找到了。可是接下来的事情，让大家有些不可思议。周一，希希在妈妈的带领下正常到学校，孩子突然说谁都不认识谁也不记得了。经过半天的交流，孩子说现在能记得一些人和事情了，但是头依然很痛，还说昨天被一个坏人追打了。这些和派出所民警的调查结果并不吻合。这说明孩子极有可能在说谎。这个谎对于六年级女孩子来说，也许是为了遮掩自己内心的不好意思吧！但接下来一个月的时间，希希的谎言依然不断。母亲为了缓解孩子的压力，周末带她去公园游玩，但希希却因为周末作业未做，撒谎头又痛了。别人交的作业，也被她悄悄带回家来抄。除此之外，头痛、头晕也成了希希不想学习的借口。就这样，一个叫作"谎"的恶魔侵占了她的内心……怎样才能找回曾经那个天真的女孩呢？

## 二、案例分析

### （一）个人因素

希希虽然一直勤勤恳恳，但成绩却不太理想，尤其是数学，在班级经常处于垫底的水平。她平时在校虽然看起来比较阳光、开朗，但在和父母的交流中，发现她很要面子也很要强。上学期期末考试后得知自己的分数在班级最低时，她曾经选择了轻生的做法。这其实也从另一个方面反映出孩子内心的脆弱。面对班级的其他同学，她的内心也产生了一种无形的压力，扭曲了自己幼小的心灵。

### （二）家庭因素

希希是家里的独生女，父母带着她在外打工。虽然父母平时工作较忙，但对孩子的期望非常高，总拿别人家优秀的孩子与她对比。有时候父母以考不好就送希希回老家，甚至不让读书这些话来威胁孩子。父母的文化水平较低，较高的期望又给孩子增加了无形的压力。这些因素累加起来使孩子常常怀疑自己、否定自己，产生了一系列的情感障碍。

### （三）学校因素

平时在学校，老师对希希还是挺关心的，知道她成绩不太好，常常单独给她开小灶，耐心地教导她，并且希望她能有所进步。班级的同学也比较喜欢她，因为她一直热心于班级的各项事务，工作积极认真，是班级同学眼中的"大姐"。但事实上，这种关心和喜爱又无形中让希希倍感压力。对于老师的关心、同学的爱护，希希特别想要在学习上更上一层楼，但为自己学习上的力不从心而着急，使自己的压力感倍增。

### （四）社会因素

学生正处于长身体、长知识的时期，还没有形成自己辨别是非的人生观。老师在和父母的交流中得知，希希整个暑假都和在社会上打工的表姐在一起，经常和她一起出去玩、买东西，表姐的一些想法慢慢影响着希希，希希甚至已经开始注重打扮，对学习产生了厌恶情绪。经过上面的分析，孩子的"谎"的最终根源是孩子内心的极度自卑和一颗积极向上的心。找准了原因，驱逐孩子内心的恶魔也找到了合适的方法。

## 三、案例解决措施

### （一）晓之以理，动之以情

当儿童在成长阶段遇到一些问题时，学校有义务也有责任对孩子进行教育和引导。儿童心理的可塑性决定了儿童的成长与发展过程是会随着环境的变化而产生多样性的变化。这一阶段的儿童比较容易受到一些事理性的影响，通过一些故事、真实案例的介绍，让希希认识到诚实的重要性和说谎的严重性。

### （二）激励教育，唤起信心

《学习的革命》中说："如果一个孩子生活在鼓励之中，他就学会了自信；如果一个孩子生活在认可之中，他就学会了自爱。"当希希放下防备后，和教师的交流就越来越多。希希是一个非常积极主动的人，班级的各项事务她总是抢着去做。这时教师总是对着全班夸赞："希希真是个热心的好孩子！"在和她私下的交流中，老师告诉她每一个人都有自己的长处，一定要学会看到自己的长处。也许学习成绩不如别人，但老师希望她能在擅长的方面做得更好！

### （三）目标确定，找回自我

陶行知先生认为："生活即教育，社会即学校。"孩子变化的很多原因是源于社会的诱惑。表姐表面快乐的生活影响着正在成长的希希，若不及时加以引导，希希有可能因此而堕落。老师给希希看了社会上存在的各种生存状态下的女孩子，引导她想要过上自己想要的生活方式需要现在不断地努力。当孩子似懂非懂、半信半疑地看着老师的时候，老师又找了一些年纪很小就走上社会，最终遭遇不幸的例子给她看。网上有太多太多关于离家出走的孩子的悲剧，一个又一个……孩子看不下去了，眼睛里噙满了泪水，有后悔，更多的是害怕。

## 四、案例反思

通过师生、家长的共同努力，希希比以前更积极了，学习上遇到不会的总是主动来问教师，生活上遇到了困难也会及时向教师倾诉，和同学们又回到了之前的那种亲密无间的状态。那个阳光、开朗的希希又回来了！"谎"那个恶魔俨然已经从希希的世界消失了！

对随迁子女，俯下身子，多一分耐心，了解发生在孩子身上的故事，走进孩子的内心，和他们进行心与心的交流，让每位学生看到自己最瑰丽的前景。

作　者　袁堂凤　连云港市东海县驼峰中心小学
　　　　　　连云港市家庭教育指导员基本功大赛一等奖

# 有效的沟通才能事半功倍

**背景**

苏霍姆林斯基曾说，"教育的效果取决于学校和家庭教育影响的一致性"。"家校合一"可以更好地发挥学校和家庭的优势，弥补学校教育的不足，从而把学生培养成为全面发展的人。有效的家校亲沟通才能进一步加强家庭和学校之间的联系，更好地形成教育合力，促进孩子们的健康成长。多种沟通媒体相结合，从而达到有效、高效沟通，才能事半功倍。

**案例**

本班是乡村校车班，大部分学生家离学校较远，每天上下学一半以上的学生都是坐校车的，且有一半学生是留守儿童。于是，对孩子们的关爱和主要教育就基本落到了班主任及任科老师的头上。家长们每个星期或每个月，或多或少都会通过手机QQ、微信等方式来了解自己孩子的生活和学习现状。可以说这些沟通方式在时间上、空间上都给我们的家校沟通带来了很大的便捷。教师们也会随时随地与家长沟通，传递孩子们的在校表现，转述一些好的教育方法，家校互动，随时关注、了解孩子们的状态。

新媒体在家校亲子沟通方面展现的优势，受到了很多家长和师生们的欢迎。然而，我们会发现，新媒体的运用在乡村儿童教育中并没有达到预期的效果，特别是孩子们的学业成绩和个人表现，没有得到良好的改进。个别孩子，特别是留守孩子，成绩照样不理想。后期经过多次的家访、调查、交流谈心，才真正了解到：孩子们上课爱睡觉，是因为家长们的溺爱，给他们买了手机，他们每天晚上打游戏到很晚；孩子们的故意捣乱，爱打架，是因为缺少父母的关注，目的是想引起家长的注意；孩子们的孤僻，是因为父母的离异，关系的生疏，导致孩子不愿与家长交流……针对以上情况，有效沟通才是解决问题的有效渠道。

所以，我觉得家校沟通不能只停留在表面上，我们应该积极找到问题所在，找到解决的对策。那么，在这种特殊的环境下，究竟该如何开展家校沟通，并使之达到事半功倍的效果呢？

## 一、提升传统式沟通技巧

1. 倾听心声

家长、教师要做忠实的倾听者。用心去倾听孩子内心的需求，并真诚地做出反应，表达内心真实的感受，让孩子感受到被关爱。

2. 言传身教

在与孩子的沟通过程中，不仅要考虑交流的内容孩子是否能理解，是否能听懂，而且最好还要采用孩子最喜欢的方式。最好不要说教，而要言传身教，让学生自己去领悟。或在轻松的聊天或讲故事中，在恰当的时机把教育的道理融入其中。

3. 学做朋友

学生、家长、老师三者之间应该是朋友关系。家长、老师都应放下自己的架子，跟孩子共同成长，设身处地去领悟孩子的内心世界，这样孩子才能认可和接纳他们传达的教育理念，这样沟通起来才会更加平等，没有距离感，关系才能更加亲密！

## 二、完善新媒体沟通机制

1. 建立突发事件应急处理机制

由于学校教学工作的特殊性，教师和家长在面临突发事件的应急处理上，要充分利用新媒体的便捷性，及时与家长沟通，如及时打电话或通过各种网络平台来优先处理应急事件。

2. 健全定期家校沟通机制

教师每天除了上课，还要备课，加上临时要处理一些突发事件，在时间上不可能和家长一直保持畅通的沟通状态。所以，教师可定期开展家校沟通活动，与家长事先预定好时间，这样既不耽误教学工作也不影响家长的生活、工作。在内容上也可定期开展不同的主题。如，每周一次线上主题家长会，每周一次网上亲子教学观点论坛，每月一次直播家校沟通知识学习……班主任或任课老师分别利用 QQ 群、微信群等交流方式，就孩子的一些生活上、学习上、情感上的问题，与家长进行沟通交流，及时解决孩子们的困扰，做好孩子的心灵疏导工作！

3. 完善新媒体沟通分析渠道

2018 年，全国教育大会中指出，要加大对新媒体技术的利用，以此来完成大数据分析的家校沟通平台的建立。所以，可以提供一些家校亲子教育平台，让家长、学生观看直播，学习、分享更多的亲子教育知识。也可以在平台中收集一些反馈的信息，实现对学生和家庭信息资料库的建立，为家长和学校及时沟通提供便利。

新媒体的沟通渠道不仅仅局限于 QQ 群、微信群，还有一些其他的沟通运用渠道，如钉钉、家校通等网络平台，其内容丰富、形式多样。我们要丰富渠道，更好地完善和利用这些新媒体平台。这样，新媒体在家校沟通方面才能更好地为我们保驾护航。

## 三、充分利用多种交流沟通方式

1. 家长走进课堂

家长要想更好、更深入地了解学生，就要走进课堂，身临其境地去感受孩子们在课堂上的各种表现。这样，孩子们才能更好地感受到父母的关注与厚爱，才能发自内心地好好学习。因为，爱才是孩子们学习的原动力。

2. 教师走进社区

虽说新媒体的运用已遍布各个社区，孩子们在社区也能上各种各样的课程，但教师如果走进社区参加亲子教育，则能更好地让孩子们感受到来自教师的关爱！因为，爱才是孩子们进步的推动力！

3. 爱心陪伴活动

爱是相互的！在一些看似很不起眼的亲子爱心陪伴中，孩子们才能全身心地投入到学习中，才能感受到学习给他们带来的身心愉悦。因为，爱时刻滋润着他们，让他们有了"润物细无声"般的温暖感觉！

其实，沟通就像连接人与人之间的一座桥梁，有效的沟通能让人与人之间的关系更加和谐美妙。同样，有效的家校沟通能进一步加强家庭和学校之间的联系，更好地形成教育合力，促进孩子们的健康成长！当然，也只有恰当地、合理地使用传统的、新型的多媒体相结合的有效沟通方式，才能事半功倍，真正在家校沟通方面推动教学活动的高效发展！

作　者　董丽丽　连云港市东海县驼峰中心小学
　　　　　　　　连云港市东海县优秀园丁
　　　　　　　　连云港市东海县优秀班主任

# 家校沟通时应该注意的那些事

当今社会，教育不单单是学校的事，还需要社会的支持，更需要家长和老师的协同合作。如果把教育比作一棵树，那么家庭教育就是树根，学校教育就是树干。只有家校合作才能取得好的教育效果，因此家校沟通就显得尤为重要。一次成功的沟通就是一次成功的教育。良好的家校沟通关系到学生的健康成长，也直接影响到学校教育的成效。教育的效果取决于学校和家庭教育影响的一致性，如果这种一致性不存在，学校的教育教学过程就像纸做的房子会塌下来。在"人人都是德育工作者"的教育理念下，每一位教师都应做好家校沟通的工作，树立了解家长主动进行沟通和交流的意识，掌握一定的家校沟通的技巧与方法。

## 一、沟通前先了解学生的家庭情况

在家校沟通中，对学生的家庭结构，父母的职业、文化水平进行了解非常重要，有利于教师顺利地进行家校沟通并采取适当的沟通措施。这些情况要在沟通前了解好，"知己知彼方能百战百胜"。每位家长都希望自己的孩子能有一个好的学习成绩，这也是家校沟通顺利进行的关键所在。

## 二、改变家长的教育理念

笔者班里的学生都来自农村，许多家长文化水平较低，因此，他们存有"读书无用论""读书不如去打工"的思想，更不用说辅导孩子的学习了。还有很多家长认为他们的责任就是挣钱，给孩子创造好的物质条件，至于孩子的学习乃至成才，都是老师和孩子自己的事了。

针对这种情况，笔者及时召开家长会，分析了读书的作用：一是可以影响自己的未来，二是改善后代的生活，三是为国家、社会做贡献。笔者列举了一些"读书改变命运"的事例，让家长们深刻认识到学习的重要性。笔者还利用微信群等方式让家长、学生在群里读一些关于读书改变命运的事例、文章等，并让大家自由发表观点，深刻认识到读书的重要性。许多家长对自己孩子的学习认识上升到了一个崭新高度，他们的观念有了积极的转变，孩子们的学习积极性也变得十分高涨。

## 三、教给家长育子良方

当家长转变观念知道读书的重要性后，却不会教育孩子，特别是文化程度不高的家长，总是认定"不打不成器""棍棒底下出孝子"的陈旧教育理念；与之相反的教育方式，就是家长一味地迁就、溺爱孩子，不让任何人批评孩子。针对这些情况，教师可以利用家长会，让优秀学生的家长代表发言，分享自己的一些教育孩子的经验，接着通过发放"家庭教育分析表"，先让家长自我剖析教育中的正确和错误行为，会后通过电话、讲座、书面等形式进行沟通，教给家长一些有效的、科学的教育方法。

## 四、家校沟通时教师需要掌握的技巧

（1）接待轻松周到，有助于双方推心置腹地交流学生的情况，尽快达成教育的共识。

（2）客观陈述发生在学生身上的事件或具体实例，避免为学生贴带有个人主观感情色彩的贬义标签。任何时候不要泛泛而谈，要为家长列出具体事例。比如：不要说"该同学学习成绩不好"，而应表述成："今天我们学习了某个知识点，他感到学习有困难，没有完成作业。"

（3）善于聆听，表明教师是在真正尽全力地理解家长的想法，可以让老师成功地搭建起与家长沟通的桥梁，也会让家长更积极主动地配合教师的工作。

（4）不对家长发号施令，这样家长会更乐于与教师进行沟通，听取教师的意见。

（5）避免长篇大论，为家长留有沟通的余地，多听取教师的意见。

（6）不在家长面前训斥学生，没人会喜欢别人训斥自己的孩子。

（7）避免将学生之间进行比较。

（8）巧妙利用沟通时机。假如家长太忙或教师没有时间接待，它就不是合适的沟通时机。如家长来访,教师要安排好时间接待,切忌把家长晾在一边。要是家长难得接送孩子,教师可以利用这个机会与家长交流沟通。

(9) 表达真正的关心。教师可以向家长询问孩子的兴趣、特长、成就,了解其在家庭生活中的点滴,如日常起居,怎样处理家庭作业等。这样既能加深对学生的了解,也能让家长感受到教师对学生是真正关心的。

### 五、善于利用新媒体进行家校沟通

新媒体沟通主要指在"互联网+"教育时代的大背景下,家校沟通采取信息化手段,提高沟通效率,是传统沟通的有益补充。新媒体沟通主要有社交软件沟通、电子邮件沟通、网络互动平台沟通等形式。因新媒体沟通的互动性更强,所受时间、空间的约束更少,可在单线联系和群体沟通中自由切换,所以得到教师和家长的广泛运用。新媒体有其独有的特点,教师在运用新媒体开展沟通时需注意以下一些技巧。

(1) 妥善管理群组,设立群公约。

(2) 注意媒介素养,理性沟通。在与家长沟通时,教师要时刻注意言谈举止,理性传播教育理念,做到心中有家长。

(3) 保护学生和家长的隐私。

(4) 回复要及时。

(5) 发布的信息要公开透明。

人们常说,好老师靠一堂课成就自己,好医生靠一把刀成就自己,好演员靠一台戏成就自己。同样的道理,良好的家校沟通也能成就优秀的班主任。家校沟通的优化是深化教育改革的需要,也是班主任更好地支持学生的自我建设、自我成长的要求。所以,作为教师的我们,理应勇担责任,从沟通问题入手,寻找适合本班的家校沟通方法和策略,提高自身的家校沟通能力,从而使家庭教育和学校教育相互支持、相互补充。

作　者　侍玉香　连云港市东海县驼峰中心小学
　　　　　　　　连云港市家庭教育指导员基本功大赛二等奖

# "家校合力"让小学生和作业拖拉说"Byebye"

### 背景

大家一定记得《童年》那首歌里唱的那句:"总是要等到睡觉前,才知道功课只做了一点点……"小学生的拖拉现象普遍存在,特别是家庭作业很多的情况下,学生经常无法完成，从而影响了教学的整体进度，让老师和家长很头疼，批评又会带给学生厌学的压力。究其原因，主要是偷懒、玩电子游戏、讨厌写作业、主动学习的目的不明确、自制力缺乏等等，还有就是父母职责的缺失、老师对学生检查力度不到位等方面。针对这些根源，教师与家长要通力配合，共同帮助他们克服这个毛病。

许多孩子有做作业拖拉的不良习惯，老师和家长通常颇感无奈。本案例追根溯源，通过赏识教育、行为指导等方法，使孩子改掉作业拖拉的不良习惯，增强学习信心，产生学习兴趣，提升学习能力和创造能力。

## 一、情景再现：小学生的拖拉行为描述

我班这位可爱的贾明是个超级磨蹭王，家长送他外号"劳模（老磨）"。孩子每天做作业到将近九点，甚至更晚。其他孩子五六点就能完成的作业，他会趴在桌子上一直磨下去，边玩边写，若家长不去催促，他或许写到十二点也说不定。

家长说，对他打了、骂了、哄了，就是不见效。我知道家长的无奈。其实他在学校写作业也是拖到最后，考试时间到了，试卷空一片。

## 二、临场应变：小学生的拖拉行为的突围之法

到底是什么原因导致他如此磨蹭？是因为身体原因、心理素质，还是别的什么。认真观察后发现，贾明有一个特点，那就是特好面子。凡抛头露面的事，他做起来比火箭都快，于是教师决定以这为突破口。

在和家长沟通后，我使出一个"杀手锏"——闭关修炼桌（讲台边专用桌）。我告诉孩子们，多少大侠在未成大侠前，大多会闭关修炼五年、十年或更长时间，后来成了一代宗师，如杨过、令狐冲……我认为我们班的贾明同学也有成为一代宗师的潜质，如果他经过一段时间的闭关修炼，改掉磨蹭的小毛病，一定能成为我们班的学霸。在热烈的掌声中，贾明坐在了"闭关修炼桌"前。每天，每一节课，他面朝同学，春暖花开。上课时，老师讲解内容，他微微侧身，朝向黑板；做作业时，他面朝同学。

这么一个好面子的孩子，坐在这里，他应该觉得煎熬，会不会因此提高写作业的速度呢？我揣摩着他的内心。

说起来，还真有效。连续两天，只要我在，他做作业的速度有很大提升，与以前的颓废、磨蹭相比，判若两人。我监督了三天，他看到躲无可躲，速度也越来越快。

我深知"教师紧，家长松"是解决不了根本性问题的，于是立刻邀请贾明家长来校进行沟通，要求开启家长陪伴模式，处罚他不完成作业就不让吃晚饭，也禁止他边吃零食边做作业，然后，再依照完成的时间给予相应的物质满足。我告诉孩子的爸爸，再不狠心一点，那你们的麻烦将无休止地存在。我知道，家长比我更急。

这一回，孩子的爸爸下定决心，说将坚决采纳我的建议，开启伴学模式。请看

家长记录孩子完成作业的时间。

周一，18：30完成。

周二，17：30完成。

周三，19：30完成。还提前做了老师没布置的"语文伴你学"和"课堂练习"。

周四，18：00完成。

每晚，贾明早早完成了作业，根本不需要家长再催了。看着孩子爸爸每天的记录，我由衷地感到欣慰，要求家长继续记录，坚持至少21天。

因为在行为心理学中，人们把一个人的新习惯或理念的形成并得以巩固至少需要21天的现象，称之为21天效应。这是说，一种行为如果重复21天就会变成一个习惯。教育就是习惯的培养。积千累万，不如养个好习惯。

### 三、家校合力：破解小学生的拖拉行为

造成孩子做事拖拉现象的原因有很多种，如：受遗传影响，生理原因造成慢性子；后天的环境及习惯养成不太好；没有时间观念，缺少自信心，放任自己等。教师联合家长，与家长深入交流，一起分析造成孩子拖拉的主要原因，寻找改变孩子拖拉的突破点，同时双方有针对地进行一些训练，定能取得很好的效果。

#### （一）用心灵碰撞心灵

老师、家长和孩子之间要做到常交谈，如果孩子情绪放松，没有抵触，老师和家长就容易了解作业拖拉的真实状况及心理元素。如果是上课没有认真听讲，理解能力较差，就帮助他树立完成作业的信心，以真诚态度和话语，希望他能够改掉毛病，做一个按时完成作业的学生。赏识教育更见成效。老师要及时发现学生的进步情况，抓住好时机适时表扬，给予鼓励，发信息给家长，也算是报个喜，敦促学生爬上更高、更新的台阶。

#### （二）家校合力解难题

同行间经常说"好学生不是教师教出来的，那是家长培养出来的"，如果光由老师在学校努力培养，到家又听之任之，那么教育的效果肯定是事倍功半的。因此家长和老师要达成共识、通力合作，老师可以通过家访、微信、电话，甚至邀请家长到学校来，交流孩子的作业情况，指导家长做好家庭辅导。

#### （三）发挥小助手的作用

拖拉的孩子往往不得老师和同学的喜爱。孩子是聪明的，往往从他人的态度中进行价值的判断，于是，这些后进的孩子会被逐渐远离或孤立，导致恶性循环。可以让小干部行使职权，每天早晨到校负责检查学生作业完成情况，一查是否完成，二查是否正确，三查是否认真。教师则重点检查典型同学的作业，不让他们有空可钻，同时鼓励和奖励帮助同学的小干部。如果有了进步，则给本人及小干部加星，

光荣共享，形成让大家"因我而幸福"的积极意识。

（四）抓反复促养成

一个好的习惯不是天生的。对于一些同学来说，他们认识到错误，但并不意味着从此不犯。相反，他们毕竟是孩子，控制力差，知错犯错是常有的事。但是错后产生内疚感，这样的感受可能在下一次会提醒他改变，但这不是一蹴而就，需要老师长期坚持帮助、督促，也要发动同学、家长的力量监督他。对于这样的同学，不管老师当时有多忙，都应先给他检查作业，如果完成作业，老师都会给他一个大大的笑脸，给他写上一句悄悄话。

通过分析、诊疗，不断地尝试，用科学的精神，通过家校共同努力一起寻找教育孩子的最佳突破口，帮助小学生改掉作业拖拉行为，从而为学生的高效人生打好底色。

作　者　徐国磊　连云港市东海县驼峰中心小学
　　　　　　　　连云港市东海县优秀园丁
　　　　　　　　连云港市东海县教学先进个人

# 拒绝语言暴力　做新时代好父母

父母语言暴力是指父母使用谩骂、诋毁、讥笑等侮辱歧视性语言，致使孩子精神受到不同程度的伤害和心理的损害。时代在进步，教养方式也会随着孩子的成长而变化。家长忙于生计时还要抽出时间陪伴孩子成长、学习，就会不自觉地涌现出语言暴力。因此，学做新时代的优秀父母对于当代年轻父母来说是一个很大的挑战。

## 一、父母语言暴力的表现形式

### （一）"挑错型父母"——抹杀孩子的自信心

父母的语言运用得当，可以带给孩子无限的自信和底气。毁掉孩子一生的杀手，不是玩游戏，不是贪玩，而是父母的"语言暴力"。自信心是孩子学习的动力，家长可以指出孩子的错误，但要注意方式方法，一味地挑错、指责，不仅会影响孩子学习的积极性，使其没有了自信与好心情，孩子还会与家长产生情绪抵触，在消极状态下是无法进入良好学习状态的。

挑错型父母有很强的控制欲，这一类型的父母非常有责任心，经常陪孩子学习，但是在陪学的过程中总是挑孩子的错误。于是，越管越多，越挑越多，从而使孩子没有了主见，丧失了自主学习的能力，对父母产生很强的依赖性，这样不利于孩子良好学习习惯和责任心的养成。

【案例】

珊珊刚上一年级，由于低年级孩子识字量较少，需要妈妈跟在后面读题目给孩子做，只要是珊珊下笔出错时妈妈就开口大骂："你是猪吗？这么简单都不会，我怎么生出你这么笨的小孩。"珊珊只要一错就会被骂，妈妈边骂边拿着橡皮擦来擦去，导致孩子不敢下笔，等着父母教来教。

（二）否定性父母——摧毁孩子的灵魂和信仰

父母语言运用得当，比孩子的天赋异禀更加重要。正向语言可以成就孩子，而暴力语言却可以摧毁孩子的灵魂和信仰。父母永远不要低估你的话对孩子的心灵带来的伤痛，一个满嘴都是摧毁性语言的父母，是孩子成长路上的绊脚石，更是毁掉孩子的元凶。

当今社会，就业竞争和升学压力使得孩子的教育成为父母教育间的竞争，家长追求完美，总是以这样那样的理由来否定孩子的不完美。

【案例】

小丽有一次考试语文只差一分没有满分，却遭到了父母的谩骂。妈妈只看到了孩子1%的错误，却看不到孩子99%的努力，这样否定孩子的苛刻要求，会让孩子认为所有的责难都是因为学习。从此孩子开始厌恶学习，人格扭曲，形成焦虑、抑郁等人格特征，这对孩子一生产生不良的影响。

很多家长经常对孩子说："你是不是猪脑子，你这么笨，以后也就能捡破烂了，你就不能学学某某某吗？他什么都比你好……"在生活中，我们或多或少听到过类似的对话，家长很多时候可能不以为意，但是对心理脆弱的孩子来说，可能会对其产生严重的影响。

"良言一句三冬暖，恶语伤人六月寒。"与身体上的暴力相比较，语言暴力带来的伤害更大，甚至会导致孩子走向死亡。"考得那么差怎么不去死啊！"2017年9月18日，浙江15岁女孩因成绩考得不理想和父母争吵架后，选择从19楼纵身而下，当场死亡。一个鲜活的生命就这样没了。可见孩子从小到大受到的语言暴力肯定不止这一句，孩子的心理已经被家长刺激得体无完肤，长期的心理扭曲导致抑郁，最终走向了死亡。

## 二、拒绝语言暴力，做新时代好父母

家长的语言暴力对孩子来说属于精神伤害的范畴。一味地说带有伤害性、攻击性的语言，可能会在孩子心中埋下犯罪的种子，致使孩子在成年后由于心理原因而走上犯罪的道路。在幼年时期就对孩子进行"呆傻笨坏"的定义，会让孩子的心灵布满灰暗，没有一丝阳光。这种以爱之名的语言伤害，在我国有一半以上的家长曾做过。

（一）拒绝语言暴力，拒绝怒吼

大部分家长在批评孩子的时候，往往会凭借自身优势对孩子进行大声吼叫，以求从声势上"先发制人"，但收到的效果往往事倍功半。孩子要么大声哭闹，高调反抗不听劝告；要么沉默不语，进行软反抗。如此，父母的情绪越来越偏激，最后惹得家长对孩子的一阵狂揍。语言暴力到行动暴力的升级，是因为孩子力量小无法反抗，但心里依然是不服气的。

### （二）切换关注面，采用正向语言

看待孩子要全面。父母不能盯着孩子身上的缺点不放，而对孩子身上的大部分优点视而不见。没有任何缺点的孩子未必是好孩子，因为他可能没有主见，所做的一切都是为了迎合家长和周围的环境。这样长期发展下去，不利于孩子的性格、个性的形成。孩子的成长是动态发展的，不听话或许是有主见，骄傲或许是自信心强，做事犹豫或许是在深思熟虑，淘气或许是思维活跃……家长要积极关注孩子的优点，哪怕很小的闪光点，也要采用正向语言加以激励，孩子的人生才有可能朝着成功的方向走。

### （三）给孩子真正的爱

爱孩子谁都会，但是做到真正爱孩子却很难。真正的爱孩子，就要给孩子理智的爱。不能爱得太满，让孩子窒息。主要表现为打着以爱的名义什么都不让孩子做，怕孩子受伤，更可怕的是以爱之名对孩子实行语言暴力。真爱是尊重、信任、理解、宽容孩子。犯错是孩子的"特权"，真爱是无条件地接受，接受孩子的优点和缺点，接受孩子的不完美。这样的孩子才不会失去对学习的乐趣，呈现阳光、积极、自信的一面。

### （四）建立良性的亲子关系

家长出现语言暴力是因为家长对子女的错误教育理念造成的，在面对不符合自己要求的孩子的行为时，最直接的反应就是破口大骂。父母要站在孩子的角度，不要把成年人的思维强加给孩子。心平气和地和孩子进行沟通，把每句话说到孩子的心坎里，多一些倾听、少一些责备，多一点尊重、少一点操控，多一点民主、少一点专制。因为在亲子关系中，父母的专制很容易造成子女的情绪压抑，再加上找不到发泄的对象，最后会造成孩子的身心不健康。试着放下身段，不要总是否定孩子，对孩子冷嘲热讽。新时代，新要求，家长要学会巧用良言，少一些恶语，对孩子进行心理抚养，做充满语言魅力的艺术父母！

作　者　周井花　连云港市东海县平明中心小学
连云港市家庭教育指导员基本功大赛一等奖

# 爱的堡垒无坚不摧

## ——浅谈疫情背景下的家校沟通

### 一、爱心缓解不安，抚慰心灵

案例一：开学后第一次走进教室，听不到孩子们叽叽喳喳的吵闹声，因为他们都戴着口罩，从他们的眼神中，我看到了期待和紧张。经历了史上最长的寒假，他们肯定是期待与老师和同学见面的。可是可怕的病毒让他们心生畏惧，戴得严严实实的口罩时刻提醒着他们这一点。学校很贴心地为他们准备了关于防疫常识的视频，我和孩子们一起观看了视频，视频中详细介绍了一些防疫的注意要点。观看视频后，我又和孩子们讨论了一番，解决了他们心中的困惑，缓解了部分不安的心理，孩子们紧握在一起的双手，此刻已经放开。

作为一名老师，除了日常的教学任务外，更要让孩子学会如何面对生活中的突发状况。一直处于紧张状态，也不利于他们的学习。除此之外，我还会和孩子们分享国内疫情控制情况，看着确诊人数一天天的减少，治愈人数的增多，我们对未来战胜病毒都充满了信心。虽然还是不能摘掉口罩，但是孩子微笑的眼睛我看到了。上课免不了要读书、回答问题，有些孩子的耳朵后面因为戴口罩被磨红了，甚至磨破皮了，他们用餐巾纸垫在耳朵上，上课仍然高高举起手，积极回答问题。我问他们疼不疼，他们说这点疼不要紧，电视中的"逆行者"比他们辛苦多了。灾难给我们带来了重重困难，却也磨炼了我们的意志，这样的事情我们不愿重复却也不会忘记。

### 二、用心体察巧引导，走稳过渡期

案例二：开学的第二个星期一，班级有一名学生请假，家长打电话说是肚子疼。处于这样的非常时期，学校对于请假的学生要做到"一生一档"，复课需要医院出具证明。星期二，家长带着孩子拿着医院证明到了校门口。医院检查没有任何问题。第三周的周一，这位家长又打电话来请假，同样是因为肚子疼。周二复课拿来的检查单上仍没有任何问题。这时小组长告诉我，这名学生连续两个周末没有完成作业了。这时我才想到，为什么每次都是周一请假。后来和家长沟通，家长也说周末两天都是好好的，看电视、吃饭、睡觉各方面都很正常，一到周一早晨就喊着肚子疼，也没有其他症状。我利用午饭后的时间找了这位同学私下里谈了一次话，果不出所料，周末在家，就像回到了疫情宅在家的时候，虽然不能出门，却可以看电视、玩游戏，甚至连作业都忘了写，担心被老师批评，所以撒谎说是肚子疼。

首先，我对他不适应的状态表示理解；其次，建议他合理安排周末的时间。我们慢慢地适应，老师也会帮助他，他不是一个人在面对这种不适，大家都愿意帮助他。最后和家长沟通，引起家长对教育孩子的重视，找到疼爱与规训之间的平衡点。再后来的周一，他按时来到了学校。

针对以上情况，在与学生沟通时，注意以下几个方面：

第一，耐心做好安全卫生宣教工作，消除孩子心理上的恐惧，做好心理抚慰。只要我们防护得当、人人自律，病毒就无机可乘。

第二，尽可能为孩子提供在校学习期间的便利，用心理解孩子，捕捉孩子行为背后的心理需求；和家长常联系，满足孩子的合理需求。

第三，用心观察学生的平时表现，及时发现问题，及早解决问题。这也是最重要的一点，有一部分孩子宅在家三四个月，不能尽快适应学校生活，我们要做到细致观察，及时发现问题，个性化处理这些孩子的问题，力争让每一个孩子不掉队。

### 三、耐心沟通解焦虑，凝家校合力

在疫情下，孩子们面临的是害怕和不安，是生活和学习中的不适，这些在老师和家长的帮助下，都会慢慢克服。与学生相比，家长所面临的问题就不是那么简单了。

案例三：一天下午，外面下着雨，我正在上课，忽然传来一阵敲门声。我打开门一看，一个穿着雨衣、戴着口罩的人站在教室门口，后面跟着保安，很明显，这是一位学生家长。按照疫情管控要求，家长非必要不能进校园，保安说没拦住，门口的人开口说话后，我才知道他是某某同学的妈妈。此时离下课还有十几分钟，虽然知道她估计是有什么要紧的事，可是教室里还有四十几个孩子在等我上课，我让她在门卫室稍等我一会。等我再次见到这位家长的时候，她的眼睛里写满了不悦。我说不好意思，让她久等了。接下来的对话，我几乎不需要开口了，因为这位家长一直说个不停。

我总结以下两点：一是孩子不听话，喜欢上网玩游戏；二是她老公经常出差，家里的事都是她一个人在做。不等我回答，她又从头说了一遍，整个人处于一种焦虑的状态。我请她坐下，给她倒了一杯水，让她喝点热水，稍微缓一缓。对于孩子不听话、爱玩游戏的情况先进行了分析，孩子目前正进入青春期，和孩子沟通时，我们要了解这个阶段孩子的心理和生理特点，需要更多的耐心，也要给孩子表达的机会，尊重他们正常的需求，同时还要教会孩子正确合理地使用网络。班级里我们也将会举办一次关于如何正确使用信息技术的主题班队会，培养孩子的良好信息素养，把信息技术当作终身学习的工具；同时也要培养孩子对信息技术的辨别能力，加强自我防范。家庭中夫妻之间问题，作为成年人，我们更应该理性沟通，基于对孩子的爱，共同解决。同时家长还需要调整心态，缓解压力，加强自我修炼，为孩子树立好的榜样，施加好的影响，以此促进亲子关系的和谐融洽。

家长离开后，我在班级做了一个小调查，疫情后家长们面对的压力更大了，一部分家长甚至处于失业状态，宅在家里几个月没有收入，经济和精神上面对的压力可想而知。

在与家长沟通的时候，我们更需要注意方式和方法。

第一，面对家长的诉说，我们要尊重家长，做到耐心安静地聆听。处于焦虑下的家长，他们最需要的是倾诉，教师安静地聆听，是对家长的一种照顾，也是一种包容。

第二，对于家长想表达却又没有表达清楚的事情，我们可以帮他们理清思路，这样可以让家长更清楚目前所需处理的问题，毕竟"当局者迷"。

第三，在问题具体化后，和家长共同交流探讨，适时给出合理化建议，协助家长共同解决问题。

疫情的突然出现，让我们每个人都措手不及，作为一名教育工作者，我们不能像白衣天使一样，有机会在一线冲锋陷阵。但是我们可以在自己的工作领域，做好自己分内的事，毕竟家长、孩子需要我们。家校合力才能抵御突袭而来的磨难，我们的孩子只有拥有了很多很多的爱，才能在困境中不放弃，失败时不自疑，在他们柔软的心上筑起爱的堡垒，砥砺前行，无坚不摧。

作　者　李恒娟　连云港市东海县平明中心小学
　　　　　连云港市家庭教育指导员基本功大赛一等奖

# 搭建家校沟通的"桥梁"

现今社会下，很多学校一个班级的学生数量能高达六十多人，这样，家长就有一百多个。因此，无论老师做了多少工作，付出了多少辛劳，还是会有家长觉得不满意。长此以往，家校之间沟通意见难免会产生分歧，甚至会形成对立，那么开展班级工作必然会受到影响，家校关系的和谐也很难维系。老师是维持学校和家庭的纽带，面对这种状况，老师要耐心琢磨行之有效的方式方法，提高自身处理问题的水平，积极应对家校之间出现的问题。

## 一、建立多渠道、多方式的家校沟通

只有家长与教师进行适时平和的沟通与交流，才能形成家校紧密结合、共培孩子的共同体。老师和家长之间是一种特殊的关系，是学校教育和家庭教育的交集。我们与家长沟通的关键是尊重家长。绝大多数老师都是爱他们的学生的，但是当他们生气和不理智的时候，会口不择言，不仅伤害了学生，也伤害了家长。这个时候我们一定要学会站在不同的位置上思考：如果我是这个学生的父母，我在这一刻会怎么想呢？有一句话说得好："如果你想要别人的认可和爱，就应该称赞他的孩子。如果你想伤害一个人，结束你们的关系，那么就责备他的孩子。"这一句简单的话深刻地揭示了家长与教师进行及时、有效沟通时的原则。

首先，我们要一改以往老师讲家长听的错误做法，更不能对家长发号施令，而是把家长放在与自己同等的位置上，避免情绪化；给家长充足的发表看法的时间，不与家长强辩、争吵。在与家长处理解决事情的过程中，要让学生自己也参与其中，一起找出学习、行为等方面存在的不足，一起探究进步的方法，改掉错误习惯与思想。

其次，教师们要适度采取电话交谈、聊天软件上交流、办公室内沟通、上门访问学习状态等方式，使家校沟通途径多元化。以往，教师与家长沟通多是采用一对一、面对面交流的方式，但如今教师通过网络新媒体，在与家长进行沟通交流的时候有了更多更好的渠道。当然这些家校沟通方式不仅是为了提高学生的学习成绩，更多的是要和家长共同关注学生的身心状况。比如经常让学生放假回家时带一封"致家长的一封信"，温馨提示家长关注学生外出交通安全、家中用电防火安全、在外游泳安全等，让家长明白学校对学生人身安全也十分关切，提醒家长不论再累、再忙也不能忘记关心自己孩子的身心健康成长。

## 二、重视家庭教育指导

家庭教育是整个教育层面中的一处空缺。就目前的家庭教育而言，很多家庭都表示有"望子成龙"之心却不知如何正确引导孩子。

你是在什么样的家庭环境中长大的，往往你的性格就会什么样。因此，作为教师，首要任务是了解学生的家庭情况，如了解学生的家庭结构，家长的职业、教育水平，这是教师和家长沟通的前提条件。

每次家访，我都与家长交流孩子各方面的情况，并寻找辅导家庭教育的机会。我觉得最为有效的方式是推荐家长阅读一些必要的书籍。通过推荐家长阅读，在家长增长自我认知的同时，也更能提供有效的家庭教育指导，可以说是一举多得。比方说，我推荐家长阅读《你越大声吼，孩子越差劲》，让家长知道粗暴教育对孩子的极大伤害；如果孩子做事拖拉，家长可读一读《揭露孩子磨蹭真相》，从中找到解决办法；青春期的孩子叛逆难管，那就去学一学《重新理解青春期》；等等。

教师教育学生的主要阵地是教室。学生对所学知识的巩固和教师所教思想方法的认知，往往需要在父母的帮助下加以巩固。课外作业就是很好的体现。教师安排家长和孩子一起完成一定的实践作业，让家长和孩子有更多的接触，花更多的时间和孩子在一起，让家长和学校更配合，共同教育学生。

正确的家庭教育观念，良好的家长榜样和积极的学校合作意识是优秀家长必须具备的素养。动员家长积极参与孩子的管理，让家长的言行发挥更大的作用。

## 三、让家长看到、了解学校活动

为什么要这样说呢？因为大多情况下，家长之所以不理解老师，是因为他们对孩子在学校的活动一概不知。经常是我们老师做了很多，却"不为家长所知"。为了更好地开展家校沟通工作，我认为应从以下几个方面做起。

第一，利用网络，把学校、班级的活动计划等内容与家长沟通交流。学校特色活动可以用视频的方式展示给家长，使家长及时具体地了解学校、班级和学生的动态。

第二，学校应当设立家长委员会，利用家长资源高效开展家校联谊友好活动。

第三，开展开放日活动，让家长进入校园了解孩子的一天。

第四，常开家长会，利用家长会，报告学生的在校表现，并实施家庭教育培训，增加教育知识。

第五，利用校迅通平台向家长展示多方面的信息。沟通的内容不能局限在布置的作业上，要及时将学生在学校的各种表现及进行的活动告知家长，方便后续家庭教育。

## 四、建立家校沟通学生档案

这里所讲的家校沟通学生档案，指的是每一位学生在学校的重要表现以及与家长沟通的每一次记录，我们称之为"家校记录本"。那么，怎么记，又记什么呢？

第一，我们要记录学生每一次的进步。由于教学任务繁忙，教学活动紧凑，老师没有时间直接表扬每一个学生。但是，如果有了家校记录本，老师们就可以用语言表达对学生的赞扬。比如学生主动做好事，他的学习态度得到了老师的认可，又或者作业质量有了改善，这些都可以出现在家校记录本上。通过记录这些不起眼的闪光点，让学生们知道老师一直在关注着他们，并且他们在家也可以受到父母的表扬，从而内心欣喜。特别是对于内向甚至有些自卑的学生来说，这是一本很好的教材，对他们的激励也许使其受益终生。

第二，我们也要详细记录学生的不足。家校记录本不仅是让家长知道自己的孩子在学校的优秀表现，也要让家长知道自己的孩子在学校的不良表现。这样便于采取相应的方法手段，家校结合，将学生进行纠正。

第三，要及时记录并评价学生的学习状况。针对每一次测试成绩给出批语，例如某次测试成绩差，平时比较用功偶然失误的同学，写上"不要气馁，奋起直追！"；平时不用功，成绩平平的同学，写上"只有付出，才有收获；你要努力，不负自己青春年华！"；对那些既勤奋成绩又优秀的学生，写上"你是最棒的！"等。

总之，对我来说，家校沟通不是机械化的教育工作，而是人性化的沟通过程，是感情碰撞的过程。只有家庭教育和学校教育真正协同作用，才能使孩子形成正确的世界观和人生观。在今后的工作中，我将进一步探索研究维系家庭与学校关系的新途径、新方法，为推动学校科学研究而不懈努力。

作　者　万　燕　连云港市东海县平明中心小学
　　　　　　　　连云港市家庭教育指导员基本功大赛一等奖

# 春风化雨　静待花开

农村留守儿童的心理健康、生活、学习等各方面的问题成为社会的焦点。学校在留守儿童教育方面的作用也越来越重要，父母作为孩子的第一任老师肩负重任。但是留守儿童由于缺少父母的陪伴，父母的责任被弱化，这就需要学校做好和留守儿童家庭的沟通配合，从而保证孩子的健康成长。

近些年来，随着我国城市化进程不断加速，农村人口外出打工数量急剧增加，农村诞生了一批新的社会群体——留守儿童，而且数量还在持续上涨。由于留守儿童缺乏父母的关爱，这些孩子不管是在学习上还是在生活上都出现了很多问题，家庭教育问题也面临着前所未有的挑战。如何做好对孩子健康成长的正确引导，如何做好和留守儿童家庭的良好沟通成为学校必须研究的课题。

## 一、农村小学留守儿童教育面临的问题

### （一）心理健康方面

1. 自我封闭，性格孤僻

不健全的家庭教育环境，使得这些孩子缺乏应有的安全感和归属感，进而产生孤独感，遇事也自然会显得柔弱无助。虽然内心有着自己的想法，但不愿与人交流。长期的寡言、沉默，使这些孩子形成孤僻、封闭的心理，也没有形成良好的与人交流的能力。

2. 情绪急躁，容易失控

这些孩子往往正处于身心发育的快速成长期，情绪不稳定，但又得不到正确的引导和情绪的宣泄，再加上意志上的相对薄弱，就容易对周围的人或事物产生敌对情绪，甚至出现攻击现象。

3. 内心迷茫，难以树立正确的"三观"

这些孩子往往有一定的自卑心理，进而产生怨恨情绪。不良情绪的长时间累积，使得这些孩子与父母有了隔阂，对未来产生迷茫，形成了认知上的偏差。

### （二）道德品质方面

1. 父母榜样作用的缺失，导致行为偏差

家庭道德教育的宗旨就是要让孩子从小懂得自己要"做什么样的人"和"怎样做人"。留守儿童由于父母不在身边，没有条件在父母的影响下摒除不好的习惯，改正错误的思想，甚至受社会和网络不良信息的影响，从而滋生和养成错误的思想和习惯，甚至触碰法律的红线。

2. 缺乏正确的家庭德育引导，导致价值观扭曲

留守儿童的父母长期不在其身边，出于对孩子的愧疚，往往在物质上做出补偿。儿童可以随意支配自己的零花钱，久而久之，孩子贪图物质享受，追求奢侈生活习惯，思想上更加功利化，使他们一切向钱看。加上祖辈对他们的溺爱，不加管束，他们对于中华民族的勤俭自强、尊老爱幼等传统美德毫无概念，认为读书无用，便不思进取，形成了扭曲的价值观和人生观。

（三）学习生活方面

1. 迟到或旷课

在我们的教学实践中，大多数迟到或旷课的孩子都是留守儿童。父母外出之后，有的孩子要自己做家务；有的孩子自制力差，熬夜玩游戏，不能按时起床；有的孩子随意性太强，从而导致迟到或旷课。

2. 做作业不认真

留守儿童在完成作业的时候没有父母的有效辅导，特别是监护人对其监督不力，会导致其态度不端正，经常不能按时完成作业，或者完成作业的效果不理想。

（四）安全方面

1. 监护人过分溺爱

当孩子有违纪现象时，有少数祖辈监护人纵容孩子，使孩子养成了不听话、打架、撒谎等坏习惯，不利于孩子安全、健康成长。

2. 监护人缺乏安全教育观念

由于监护人对安全不够重视，很少进行安全教育。留守儿童在安全方面存在较大的隐患，如经常会有溺水事故或交通事故发生，还容易受陌生人欺骗等。

## 二、农村小学留守儿童的家校沟通策略

留守儿童的家庭教育是不完整的，由于没有父母的长期陪伴和正确引导，造成孩子懒散、依赖心理重、学习习惯差等问题。还有些孩子任性骄横，破坏纪律，打架惹事，使得学校不得不做许多"改造"工作，增加的学校教育的难度。作为学校的教师就需要和留守儿童的家庭做好沟通工作，家校共建，给孩子提供较好的成长环境。

（一）定期与留守儿童的监护人沟通

留守儿童的父母长期不在身边，祖辈亲属对孩子通常又是溺爱多于教育，关心孩子的物质需要重于对孩子成人成才的教育。所以教师要和父母多联系，定期和他们谈论孩子在家、在校的情况，关注孩子的思想动向，帮助他们解决问题，做到统一思想，使家庭教育和学校教育保持一致，向正确的教育观念靠拢。学校也需要和这些监护人做好沟通工作，提供一些成功的教育案例，向家长灌输一些科学的教育方法，以配合孩子的教育。

## （二）采用现代通信技术建立互动亲情联系

留守儿童缺乏的就是父母的陪伴，他们在心理上更需要父母的关爱，父母的作用是其他任何人都难以代替的。随着现代通信技术的发展，我们可以通过建立微信群、QQ群等交流软件定期让留守儿童和父母进行更多的语音和视频交流。不管在家里还是在学校，从生活琐事到学习生活，孩子可以和父母有更多的情感沟通，父母也可以对孩子的言行进行规劝教育，从而培养良好的亲子关系。

## （三）建立留守儿童档案，针对家庭实际情况进行沟通教育

学校作为孩子教育的第二阵地，需要为留守儿童进行分类登记的档案管理，熟知每一个留守儿童的家庭情况、生活情况、学习情况和思想状况。这样既便于对留守儿童教育工作的开展，也利于加强与监护人的沟通。

## （四）学校定期开展家庭教育指导活动，普及科学家庭教育理念

笔者在农村小学任教十几年，深知农村家庭对于孩子的教育缺乏科学指导，家长缺乏教育方面的正规训练，学校面对一代人而要引导三代人。因此开办家长学校，召集留守儿童的监护人，召开留守儿童家长会，专门为监护人讲解留守儿童可能会出现的各种问题以及解决策略，也可以召开留守儿童教育经验交流会等。

家庭是孩子健康成长的第一摇篮，父母是孩子的第一任老师，家庭教育对孩子的身心健康起着至关重要的作用。在家庭教育功能弱化的情况下，学校的责任更加突出，家庭和学校只有互相配合、互相作用，才能有效地帮助孩子养成良好的习惯和形成正确的价值观和人生观，从而成长为对社会有用的人。

作　者　陈晓艳　连云港市东海县平明中心小学
　　　　　　　　连云港市家庭教育指导员基本功大赛二等奖
　　　　　　　　连云港市东海县优秀教育先进工作者
　　　　　蒋连柱　连云港市东海县平明中心中学
　　　　　　　　连云港市东海县关心下一代工作先进个人
　　　　　　　　连云港市东海县基础教育先进个人
　　　　　　　　连云港市东海县精致管理年先进个人

# 将感恩转化为小学生的内在行为习惯

我国是一个文明古国，几千年来，感恩一直是我国的优良传统，文学作品中阐述人要感恩的文章也不在少数。如《增广贤文》中的"鸦有反哺之义，羊有跪乳之

恩"就告诉我们，"乌鸦会在父母老的时候衔来食物喂养父母以报答父母的养育之恩，羊羔知道在吃奶的时候跪下"。想想动物都能做到的事，人类是不是更应该孝顺父母、感恩父母呢？但是，我们看到网上有不少报道，有些孩子在得到父母的无限满足后，不是感恩，而是不满与仇恨。

美国著名的牧师葛培理说："一个不知道尊重父母的孩子，肯定不会懂得真正尊重其他人。"很难想象一个在小时候对自己父母伸出拳头的孩子能在成年以后遵守社会秩序，能成为一个合格的社会人。莎士比亚也曾说过："不知感恩的子女比毒蛇的利齿更痛噬人心。"不知感恩的孩子是最令父母心寒的。

当代有些小学生身上的独生子女特性十分突出，他们已经习惯了坦然地接受别人的爱与关怀，却不知道回报，不知道感恩。前几天有一段视频广受大家的关注，可以说很多人看到后非常愤怒。在衡水的街头，一个孩子不知什么原因，竟然对自己的妈妈大打出手，关键是他的妈妈只是不停地躲避，却并未还手。他妈妈的这种态度更加剧了孩子的狂妄，妈妈一次次地被打倒在地，直到有一位路人实在看不下去了，把孩子拉开，但是孩子又对路人破口大骂，怪路人多管闲事。可是他的妈妈始终没有去打他的孩子，只是在一旁哭泣。最后在路人的指责下，孩子才极不情愿地向妈妈道了歉。当着这么多人的面，这个孩子向妈妈道了歉，可是这母子俩回到家会以一个什么模式相处，孩子还会尊重他的妈妈吗？如果两个人再起什么争执，那妈妈该怎么办呢？

针对这种现象，我们进行反思，对于孩子，他们是怎样一步步变成今天的这个样子的，这孩子最初就这样吗？还是因为家长的一些不恰当的教育方法，导致他才会发展成今天这个样子的呢？

孩子在应该独立自主的年纪却仍然依赖自己的父母，而且这种想法在他们看来并没有什么不妥，他们从小到大一直被满足，喜欢什么玩具，家长会买；喜欢什么衣服，甚至是超过了家长的承受范围，家长也会尽一切能力去满足他，即使对于家长来说，自己从来没有享受过，也会无条件地满足孩子；甚至在我们的日常教学中还会遇到一些孩子早上不想起床就不来学校上学，家长还会帮着打掩护，帮孩子编各种理由向老师请假的现象。很多家长认为自己在小时候吃过很多苦，不想让自己的孩子吃苦。孩子被一味地满足，便会认为自己所有的要求都应该被无条件地满足，一旦家长有一点不能顺他们的心意，他们便会做出一些极端的事情。

这些现象只是极个别的现象，但是对于这个家庭而言就是一场灾难。我们怎么改变这种现象？作为小学老师，我们可以怎样利用身边的资源对孩子进行感恩教育呢？

## 一、课堂教学中渗透感恩

课堂是教学的主阵地，理所当然应该成为我们在学校进行德育的主要途径。我们要抓住课堂中一切可以利用的资源，在课堂上渗透感恩教育。比如我们可以定期组织开展有关于母爱的、感恩的主题班队会，让学生从内心产生感恩这个动机，以及要引导学生知道我要感恩谁、我为什么要感恩，以及我可以怎样去感恩。当然，我们也可以结合各自学科的教学实际来进行感恩教育。比如我们在教学《游子吟》的时候就可以适时地进行感恩教育，可以让学生结合自己的生活实际，谈一谈自己的妈妈是怎样关爱自己的，生活中有哪些事情可以看出妈妈对自己的爱，自己又应该怎么做来回报自己的妈妈呢？这样教师既传播了书本知识又渗透了感恩教育，学生既学到了书本知识，又受到了思想教育。

## 二、家校合作中践行感恩

孩子的成长很大一部分时间是在家里，家长的教育对于孩子的成长是至关重要的。所以，作为小学老师，我们要重视以有效的家校合作形式来践行感恩教育。我们要根据家长的反馈意见，来确定感恩教育的方向与重点，切实有效地实施感恩教育。我们可以利用开家长会与家长取得联系，沟通孩子在家的表现，针对不同的孩子制定不同的方案。记得有一次和一个孩子的家长沟通时，这位家长向我反映自己不懂得拒绝孩子的要求，导致他的孩子非常自私，从来不会顾及父母的感受，表现出了强烈的物质欲、攀比、控制欲望，只要看别人有什么，他也想有，不管家长有没有能力满足他的要求。我们不难发现，这位家长所面临的问题并不是个例，大多数孩子都有自私、虚荣等问题，但是我们不能因为这个问题有普遍性便忽视问题的存在。在与家长沟通后，我们达成一致，首先，家长要先学会拒绝孩子的无理、超出家长能力范围的要求。其次，要注重和孩子进行沟通，不至于让孩子产生逆反心理，而使事情适得其反。教师还要利用 QQ、微信等工具和家长保持联系，确保家校共育的方案能够较好地实施。

## 三、生活实践中落实感恩

在学校对孩子进行思想教育、感恩教育的同时，我们也要紧紧抓住家庭生活这个大平台。我们可以联系家长，给家长讲一讲溺爱孩子的一些危害，让家长也参与到教育孩子的队伍中来。可以在生活中让孩子多做一些家务，比如让孩子整理自己的房间，打扫卫生，做饭等。等到周末，家长可以把自己周末在家要做的事情列张表格让孩子去做。这样，孩子在做事情时自然而然就能感受到父母平时做这些事情时的辛苦，然后体会父母的不易，进而会产生一种感恩之情。当然这一切是建立在孩子平时会参与一些劳动的基础上，如果孩子平时什么都不做，那这样做可能会适得其反，会让孩子反感。所以，我们要在平时让孩子适度做一些家务。我们还可以鼓励学生亲亲父母、抱抱父母，向父母表达自己的爱。相信在这些实践活动中，家长们在享受被照顾的同时也收获了一个感恩的孩子。

作　者　陆小燕　连云港市东海县平明中心小学
连云港市家庭教育指导员基本功大赛一等奖

# 留守儿童的现状与对策

随着经济的快速发展，家庭教育显得越来越重要。在农村，由于家长外出务工，出现了留守儿童这个特殊的社会群体，其教育问题，尤其是家庭教育已经凸显出来，在家庭和社会中已经产生了一系列深刻的影响，理应受到社会各界的重视和关注。

## 一、农村留守儿童教育的现实情况

由于农村经济不发达，许多农村儿童的父母为了生计或改善家庭条件而被迫在经济发达地区工作，由此产生了农村留守儿童的这个特殊的群体，其教育和安全问题逐渐显露出来。2012 年贵州毕节有 5 个孩子同时闷死在垃圾筒里这一惨案，震动了社会各界，而他们都是留守儿童。

## 二、通过对我校周边的农村展开调查研究

我校的留守儿童有以下情形：父母离婚，孩子随父母一方或者由祖父母抚养教育；父母外出务工，由祖父母监督教育；孩子由于长期缺少父母的陪伴、关爱和激励，往往在行为习惯上出现问题。

### 1. 习惯培养较差

很多留守儿童的家长长期在外，对子女缺少监督管教，因此造成孩子的自觉性不强，学习主动性较差，没有养成良好的学习习惯，很多孩子上课不认真听讲，经常走神。课后不交课堂作业，经过多次催缴才能完成，有的甚至不完成课堂作业，课堂作业书写马虎。家庭作业不能自主完成，在本班有几位留守儿童虽经过老师的耐心教育但还是缺乏主动性。生活中没有养成良好的习惯，具体表现为随意乱扔垃圾，不讲卫生，穿着不整洁；在学校调皮捣蛋，不遵守校纪班规，不服从班干部和老师的教导。

### 2. 学困生居多

农村的留守儿童大多数是由祖父母照顾，而祖父母的教育水平和教育意识比较淡薄。留守儿童遇到难题无法解决，家庭作业经常不完成或者马虎完成，不能严格要求自己。长期下去，孩子成绩下降，丧失了学习的动力和信心，造成学习困难。

### 3. 心理不健全

由于父母长期在外，一年之中见面机会很少，孩子缺乏父爱母爱，遇到心理问题难以解决，发生问题时得不到有效的沟通和倾诉，遇到不当行为的表现得不到有效制止，极大地影响了他们身心的健康发展，导致心理健康失衡。在校他们往往变得自卑，没有信心回答问题，性格孤僻，不能和同学友好相处；在家里往往逆反心理比较严重，和家长产生隔阂。本班有一位可爱聪明的小女孩，其父母离婚，父亲在海南工作，每次下课时她默默地坐在教室里。上课时我会关注她的表现，会让她

回答问题，她每次回答时都比较胆怯，会提前说"老师，我不知道答案是不是正确的"。在班级课外活动时经常孤零零的一个人在漫步，我问其理由，她说她没有朋友。

### 三、农村留守儿童教育问题产生的原因

由于本地经济欠发达，就业岗位有限，大部分年轻父母没有办法在当地获得较高的收入，很多父母从思想上也想重视教育，从心理上对孩子充满关爱，也不忍心抛下孩子外出就业，但是留下来后又往往造成"养不起你"的现状。在生活和教育上二选一，只能以现实为重。为了弥补对孩子的亏欠，只能想办法在经济层面给予孩子补偿，经常给孩子零花钱，但是无法满足孩子精神层面上的需求。

1. 家庭教育缺失

家庭教育对儿童的健康快乐成长是极其重要的。父母是孩子的第一任老师，孩子的很多行为习惯是模仿家长，价值观和辨别是非标准的形成是在生活中通过家长的言行举止来获得，而留守儿童就缺少这种关键性教育。留守儿童的监护人知道孩子的父母在外务工，对孩子心生怜爱，不能严格要求孩子，认为让孩子吃饱饭吃好饭，不出安全事故，保障其身体健康就是完成任务。尤其是现在的电子产品普及，孩子不能很好控制自己，孩子的兴趣集中在游戏和视频中，甚至通过电子产品获取色情、暴力等不良信息，带到学校传播模仿。

2. 学校教育措施缺失

学校对留守儿童问题的重视程度不够，没有专门的机构和制度来监测孩子的行为举动。对孩子出现的异常现象没有具体的紧急干预措施，班主任经验不足，最好的办法是让家长带回教育。农村学校教务重，人员编制少，经费紧张，没有专门的心理老师来对孩子的心理进行及时疏导和教育。班主任工作压力大，任务繁重，没有精力和经验过多关注留守儿童这一特殊群体。

### 四、解决农村留守儿童教育问题的建议

1. 完善相关制度

2022年施行的《促进法》，明确了父母责任、国家支持、社会协同和法律责任；尤其是家庭教育的九种方法和六项内容更是直观具体，让依法带娃有了明确的法律标准，明确了家庭教育的地位。

2. 强化政府职能，监督法律的落实

政府在政策和经费上对留守儿童教育倾斜，让每一位留守儿童都能享受公平公正的教育，努力打造优秀健康的教育环境。职能部门要加大对农村学校的投入，让学校真正成为留守儿童的快乐学习之家。

3. 制定学校制度，发挥学校的重要作用

学校是留守儿童教育的主战场、主阵地，要发挥学校的主体作用。学校要制定和完善针对留守儿童工作的措施和规范，组建留守儿童之家。保障教育经费和配备专业人员，针对留守儿童的教育进行学习并组织培训，在道德品质、心理素质、文

化修养、行为习惯等对留守儿童进行全方位培育。

4. 加强学校、学校和社会的联动机制

建立家庭、学校和社区的合作平台，及时发现留守儿童的动作行为、异常情况，及时汇总，及时解决。有效利用微信、QQ等即时沟通工具和孩子父母联系，将孩子在校表现和异常情况定期告知家长和社会相关职能部门，督促家长履行义务，出现问题时及时处置。

目前地区留守儿童的问题是比较严峻的，是社会主义发展道路上不可轻视的一个群体，希望社会各界共同呵护这个特殊群体，让他们幸福、快乐地学习成长起来。

作　者　徐　园　连云港市东海县平明中心小学
　　　　　　　　连云港市家庭教育指导员基本功大赛二等奖

# 农村小学家校沟通解决措施

现在的教育越来越被重视，国家也出台了相应的措施来保障教育的顺利进行。与此同时，孩子的教育也成为困扰家长的难题。以前，家长与教师是面对面交流，有问题可以当面解决。现在，随着智能技术的发展，微信群、QQ群、钉钉群成了家长与教师的主要沟通方式。

## 一、家校沟通的现状

### （一）家长方面

1. 过度依赖电子设备，沟通方式单一

当下家长与教师的沟通以QQ、微信为主。家长有什么事情在家长群里"@"一下老师，希望老师立马回复，只要老师回复得晚一些，家长就会指责老师不负责任。

"叮"的一声，王老师的家长群里又有了新的消息，内容大体就是他们家的孩子中午在学校吃饭时没有吃饱，质问老师为什么中午孩子没有吃饱。随后，其他家长也纷纷附和："我们家的孩子也说没有吃饱。""我们家孩子说学校的饭不好吃。""我们家孩子说肉很少，打饭的老师每人就给一块肉……"仅仅几分钟，微信群就像炸了一样，家长们纷纷谴责老师。王老师很无奈，给这位家长打电话说明原因，并且希望家长以后有什么事情能够打电话或者到学校来找老师，以免在群里产生不好的影响。可是，这位家长却不以为意，并且扬言要在群里说，这样才能够引起学校的重视。微信群成了家长"威胁"教师的方式，家长的错误观念使简单问题复杂化，导致沟通难以正常进行。

2. 沟通内容只限于关注学生成绩

现在不管是几年级的学生，教师都习惯将作业布置在家长群里。这样教师认为能够提醒学生及时完成作业，家长也能够对照作业要求检查学生作业的完成程度。但是，作为一名学生，完成作业是他的义务，那么他就应该知道当天的作业是什么。可是，有一些学生打着拿手机看作业的幌子一直在玩游戏，导致作业没有完成。心里只想着游戏，导致学习成绩下降。这时，家长就会在家长群里"@"老师，"为什么我家孩子的成绩下降了呢？""是不是老师你不会教？""我们孩子以前考试能考90分以上，为什么现在才刚及格？"一连串的问题又牵扯进来，老师想约家长到校面谈，谈一谈学生的成绩以及其他方面的表现，可是家长却说没时间，在群里说就可以了。由此可见，家长的态度在一定程度上会影响学生的成绩。

3."留守儿童"居多，家校沟通更难

在农村，由于父母外出打工，学生大多和爷爷奶奶生活在一起，但是在学校的通讯簿中还是会留着父母的号码，老师和父母打电话交流学生学习情况，父母最多的一句话是"老师，我也不在家，我也不知道，等我问问家里人再给你回电话"。结果，教师也没有接到家长的电话。这样，即使教师想和家长沟通也没有办法，而爷爷奶奶溺爱孩子居多，不会过多管教孩子。

我曾经遇到过这样的一位家长：学生的课文背诵困难，想和家长沟通一下他的学习状态，第一天没有见到家长。第二天，学生的爷爷以忙为借口结束了谈话。第三天，依旧是学生的爷爷，交谈时间过长时，家长的不耐烦情绪明显出现，无果。之后给学生的父母打电话，无人接听。试问，家长这样的态度教师该如何开展家校沟通？

（二）教师方面

1. 家校内容反馈不及时

教师与家长沟通的目的就是促进学生的进步与发展，当问题发生时，家校及时交流有助于帮助教师解决问题。若反馈不及时，问题被搁置，那么事后就有可能错过了最佳的教育时间以及解决的方法。而有的教师与家长的交流只是为了完成学校的任务，或者是为了给学生施加压力，这样不能起到教育学生的作用，还会让学生的心理受到伤害。

2. 教师的不良态度引发家长的厌烦情绪

双方的交流最重要的是心平气和，态度友好。然而，很多教师在与家长的交流中很难做到这一点，特别是对于成绩不理想的学生，教师把责任全部推到家长的身上，沟通态度很差。而且教师对家长存在训斥现象，这样家长就更反感沟通了。

## 二、家校合作的改进措施

（一）家长方面

1. 家长应转变观念，重视学生的全面发展

陈鹤琴先生曾指出："小孩子既好模仿，做父母的一方面要以身作则，一方面还要选择环境以支配他的模仿。"家长应明白环境对于学生发展的重要性，而不是

只以成绩为标准。在新媒体环境下，家长的学习机会甚多，家长应用认真的态度吸收新的教育理念，重视孩子的全面发展。

2. 家长应积极主动地交流

一名合格的家长应该时刻关注学生的学习情况，主动地找老师了解学生在校的表现。家长与教师沟通是家长对学生的责任，因此家长应多学习教育方法，更新教育方式和理念，从思想上到行动上重视家校沟通。

(二) 教师方面

1. 营造良好的家校沟通环境

良好的家校沟通有利于学校教育工作的开展。学校可以采用众多方式进行交流，例如：家长委员会、家长会、家校联系卡等形式。同时，学校可以设立一个专门的交流室以便家长的问题可以得到有效的反馈与交流。

2. 家校沟通内容多样化

现代教育强调培养全面发展的素质教育。教师和家长在关注孩子的成绩的同时，也应该关心孩子的身心健康、道德观念、创造力等方面，促使孩子的全面发展。

现在，社会的发展也带动着家长思想的转变，家长不再像之前那样只看重成绩，而家校沟通的内容也从成绩的好坏变成了学生某一方面能力是否得到提升。

3. 教师多多钻研，掌握沟通技巧

作为一名合格的教师应该具备良好的教育知识，这就要求教师要具有良好的沟通能力，特别是与家长的沟通尤为重要。良好的沟通有利于教学工作更好地展开。教师也应提高沟通技巧，注意语言的运用和表达，为家校沟通的顺利进行提供保障。

家校交流是每一位老师在任何时候都不能缺少的一个重要环节，良好的沟通既有利于教师教学内容的开展，也有利于学生良好的发展。但是，在进行教学时还存在一些不可控的情况，这就要求我们教师应该具有随机应变的能力，能够及时与家长进行交流沟通，确保找到好的解决方法。

教师也应与时俱进，探索出新的交流沟通的方式方法，只有这样，家校合作才能促进学生更好地发展。

作　者　吴　琼　连云港市东海县朱沟小学
　　　　　　　　连云港市东海县小学语文教学设计及课件制作比赛一等奖
　　　　　　　　连云港市东海县青年教师品质课堂教案设计二等奖
　　　　　　　　连云港市东海县小学语文教师命题素养大赛二等奖

# 家校同心　明天可期

教育好一位母亲等于教育好一个民族，教育好一位父亲等于教育好一百位好老师。父母是孩子的第一任老师，也可以说父母是孩子永远的班主任。学校的教育离不开家长的配合，所以家庭和学校的沟通是必要的，家庭和学校的合作是必要的，也是必然的。

家庭是社会的细胞，孩子是每个家庭的希望，也是每个民族、每个国家的希望，培养好孩子是国家、社会、家庭和学校的共同愿望。在学校培养孩子的过程中，老师是最重要的因素。

## 一、召开家长会

每学期开学第一周，分管领导和班主任都会根据学校本学期计划，积极筹备召开家长会。在家长会上，班主任会向家长汇报学校的各项工作计划，学校在德育、智育、体育、美育、劳动教育等方面的成绩和要求，以及学生在校情况，如学生的学习情况、生活情况、爱好特长、所取得的个人荣誉和集体荣誉等，让家长对学生在校情况有更多更细致的了解，以利于家长和学校密切配合。征求家长和社区对学校各项工作的建议和要求，改进学校工作。学校对家长提出一些建议，要求家长关注学生的养成教育、良好心理素质的培养，认真辅导孩子的家庭作业、注意孩子的健康和体能训练等。

## 二、家访

刘同学是我班年龄最小的学生，一开学，他的妈妈就告诉我她的孩子年龄较小，我说她不要在他面前说他比同学小，他既然跟这拨孩子一起上学，说明他能适应。但开学后不久我发现他上课时打盹，上课反应也不是很好，其他教师认为他是"水货"。我不这样认为，因为我发现他在计算方面有很多技能，我就在全班同学面前表扬他爱动脑筋，勤于动笔，他很聪明，信心倍增，学习也更加努力了。其他教师也尽量鼓励他，我们的原则是不让一个学生掉队。但他上课还是睡觉，有一次上公开课，他在第一排睡着了。之后我就去他家询问他父母他晚上回家后的情景，是不是晚上偷着上网，结果发现他房间并没网络，况且他也没手机，家里生活营养也能够跟上，那他为什么睡觉呢？是听不懂还是另有原因？于是我和他妈妈沟通：是孩子身体长得快？还是自我不重视？要不你们晚上没事的时候就当锻炼，在教室外面转转，看看孩子晚上自习在干什么？我再加强鼓励、督促。他妈妈告诉我，他们家是单亲家庭，他跟他爸已有三四年没联系了，他晚上想他爸睡不着。我当时联系他爸来见刘同学，我一边做刘妈妈的工作，告诉他不管大人怎样，孩子是无辜的；一边做刘同学的工作，说爸妈虽然离婚不在一个屋檐下生活，但是爸爸妈妈都是爱他、关心他的。结果功夫不负有心人，他见过他爸后非常开心，学习劲头更足了，在期末考试中他的成绩提高了很多。

这次家访使我感触很深，学校要多方位组织家庭和学校活动，真正把家访工作落在实处，致力于有效家访。作为班主任，我认为经常性地把鼓励的话放在嘴边，时时刻刻给学生鼓励，经常采用鼓励家访法，才能让学生理解教师的家访教育，让家长配合教师的家访工作。但愿我的爱心能拨动更多孩子的心弦，产生更强有力的回音，撒下柔柔深情一片，收获满满。

家访工作是班主任工作中不可缺少的一种方式。20年来我在这方面一向都在努力探索，取得了不少成绩，但我深知：家访是一门学问，是一门永无止境的艺术。我愿虚心请教，倾心奉献，让更多的孩子在我创造的机会中不断提高，欢乐成长。

### 三、建立家长微信群

建立家长微信群，密切老师与学生家长之间的沟通。在过去没有微信群的情况下，老师与学生家长沟通过只能采取电话或面谈的方式，微信群的建立大大改善了老师与学生家长的交流方式，使家长能够较为容易地"接触"到老师。

建立家长微信群，便于学生家长及时了解学生动态。在传统的模式下，学生往往会有选择性地告知家长自己在学校发生的事情，具有强烈的主观色彩以及一定程度上的不真实性，微信群的建立让这种模式有所改变，家长会更为直接地了解到自己的孩子在校期间发生的事情。

建立家长微信群，督促了解学生作业的完成情况。在传统的模式下，由于作业是老师布置给学生的任务，家长一般不会过问，微信群的建立大大提升了家长督促孩子更好地完成作业的积极性，有效提高学生成绩。

### 四、学校和社区合作

学校与社区共建方案能完善学校卫生安全管理制度，加强校园文化环境建设，按照安全、文明、和谐的要求，深入开展和谐校园的创建活动。

（一）更多地开放学校的教育资源，多渠道培养素质全面的社会新人

为社区建设提供智力支持和保障始终要坚持全方位、开放式办学，及时制订切实可行的办学计划，创办更好的学生学校，希望社会各界对学校提出合理化的建设性的意见，给予学校更大更好的支持；根据社区的要求，学校将组织有专长的教师到社区举行公益性讲座、专业技术辅导报告、职业技能培训等活动，普及家庭教育，优化校园问题解决方案，宣传社会发展新形势、新变化。学校为学生和老师提供创新和展示的平台，锻炼学生和老师的竞争意识和创新意识。

（二）强化领导、健全制度，为实施学校社区共建工程提供保障

成立由学校和社区人员共同参加组成的社区教育委员会，强化责任，制定方案，

明确目标，扎实推进；建立健全评价机制，将年级、班级的工程实施情况与年度考核量化挂钩，并将学生的社区活动情况记入个人成长档案记录中；建立表彰激励制度，激发学生参与社区服务的积极性。学校和社区的共建，必将形成更加强大的教育合力，促进和谐社区又好又快发展，加快和谐校园创建和素质教育进程的步伐。同时又为社区精神文明建设提供新方法，为学校教育教学工作开辟新渠道，谱写学校家庭社区联动的新篇章。

作 者 葛 翔 连云港市东海县安峰小学
连云港市东海县优秀教育工作者
连云港市东海县三八红旗手

# 关爱 展生活希望之光

关爱每一个孩子，让孩子在生活中充满希望，发挥他们的无限潜能，使孩子在赏识中获得信心，在关爱中增添勇气，敢于展望美好的未来。

当我第一次走进六（3）班的教室时，发现一个面部带有一条可怕疤痕的小女孩，她的名字叫程丽萍。从她的右侧面看，还算是一个漂亮的小姑娘；她的左面部却因疤痕及肌肉的收缩拉扯而显得扭曲，嘴巴歪向左边。说心里话，真不忍心看她的左半边脸。我想，在她的心目中，也希望自己能拥有健康的身体和天使般姣好的容颜，也迫切想有叶圣陶爷爷笔下的丑小鸭那般好运气。

在与她母亲的接触中，听她母亲说，这孩子的性格特别内向，学习基础差，信心不足，不是很刻苦，学习成绩吃"红灯"是家常便饭。"真过意不去，给您添了一个'包袱'。只要她能健康成长就行了，我们不奢求太多。"最后她母亲深表歉意地说道。

从见到这个孩子的第一天起，我就对其富有深深的同情心。后来通过家访，我了解到命运对她实在是太不公平了。她的面部天生就从左嘴角一直裂到左耳朵边了。更为不幸的是，她因此遭到了亲生父母的遗弃，沦为弃婴。可她又是非常幸运的，她遇到了现在非常疼她、爱她的养父母。年事已高的养父母不顾已经成家的儿子们的反对，不仅将她收养，而且供她上学，还带她去整过一次容。听她的养父母说，他们还准备不惜花几万元再为她做两次整容手术。了解了她的不平凡身世后，我对她更加怜惜，对其施以格外的关爱。

几节课下来，我发现她的智力并不差。我分析：她是因为自己的容貌感到有些自卑，再加上调皮同学的奚落、有些老师的冷遇，因而缺乏学习的信心，缺乏仰起头的勇气，因此成绩非常不理想。我知道这样的孩子心里是比较敏感和脆弱的，自尊心极强。对这样的孩子在心理上不能鄙视，眼中不能漠视、歧视，行为上更不能让其受到冷遇。找到问题的症结，我就"对症下药"，从保护她的自尊心、培养她的自信心入手。

首先，我教育全班同学要互相关爱、互相帮助，任何人不得歧视程丽萍。我又找程丽萍谈心。她来到我面前，显得很拘谨，低着头，不敢正视我，目光一直盯着地面。

"你坐呀，看得出来，你是一个挺好的孩子！衣服穿得那么整洁，红领巾也戴得端端正正……我发现你其实是一个聪明的孩子，升入一个新的年级，你心里一定有许多美好的愿望，在新的学期，你肯定想向大家展现一个全新的美好形象。老师相信你，你一定行的。"

此后，我就经常找她谈心交流，在生活上尽自己所能为她提供帮助。她舞跳得好，在集体活动时，我让她第一个展示舞姿。她喜欢画画，我让她分别把自己想变成的模样和对美好生活的向往画出来。她的作业第一次交上来了。我批阅着程丽萍的作业，由于基础差，出错挺多……可是，字写得很端正，就像刻出来一般。透过这些字，我仿佛看到了她那颗要求上进的心。我毅然在她作业本上打了个"优"，并在批语中写道："相信自己，你一定是最棒的！"并对她的作业进行展示，号召大家学习她的字。

谁知，一个"优"字竟唤起了她长眠于心灵深处对学习的极大热情。过了一天，她竟亲自将家庭作业送与我批，家庭作业本里还夹了一张纸条："谢谢老师的表扬与鼓励，因为我以前听得太少了，我会加倍努力的。"真没料到，一个"优"，一句激励的话语，竟给孩子带来如此动力！"我为你的信心点赞，为你的努力感到高兴。老师相信你，你一定能为自己开创更加美好的明天！"

学习成绩的上下波动，对老师和学生都是一个考验。在这种情况还没有出现时，我在想：如果程丽萍又吃了"红灯"怎么办？果然，第一次数学测试中她得了52分，名列倒数第一。

"我努力了，可是这成绩……"她怅然若失地小声说道，眼泪也溢满了眼眶。让人看了着实心疼。

"咋了，灰心了吗？不就是一次小测验嘛，没什么了不起的。"我故意这么说着，并且略显不屑地将试卷往边上一推。温和地对她说："我教过很多学生，凡是像你一样肯努力的，都一定会进步的，而且将来一定会有出息的……来，我们一起向前看，再加把劲好吗？"

我当时只有一个信念：每个学生都是有潜力的，而能否发挥他们无限潜能的关键，就在于老师能否帮助他们树立起克服困难的信心和勇攀高峰的勇气。

从此，我每天都把她留下来悉心辅导，从基础抓起。她也非常乐意学。"奇迹"

慢慢出现了：第二次数学测试 63 分，第三次测试 79 分……这学期期末考试竟然得了 91 分——她的数学成绩终于获得了大幅度进步，跨入优生行列。

是呀，孩子们没有一个真正愿意自暴自弃、自甘堕落的，孩子们的心灵是纯洁的，他们眼中的世界是五彩的。只要我们——老师不抛弃学生，多加引导和鼓励，给他们展示自己的机会和平台，孩子一定会绽放异彩。现在，我清楚地意识到，与其说是我的鼓励使程丽萍获得了进步，倒不如说是程丽萍的进步激励了我，让我对教育工作更加充满热情，对转化后进的学生更充满信心！

当我将程丽萍的成绩汇报给她母亲时，她母亲高兴得不知如何是好，连连说道："太感谢你了，太感谢你了！你让孩子微笑面对生活，对生活充满希望，使孩子在赏识中获得了信心，在关爱中增添了勇气，敢于展望美好的未来。"

我又懂得了一条真谛：关爱每一个孩子，让孩子永远生活在希望之中，他们的潜能无限！

后来，这个孩子顺利完成大学本科学业，光荣地成为一名人类灵魂的工程师，真的应了那首歌——《长大后我就成了你》。

作　者　徐发展　连云港市东海县安峰石埠小学
　　　　　　　　连云港市家庭教育指导员基本功大赛二等奖

# 亲子沟通　新媒体助力

教育研究的不断深入和发展，人们更加关注教育展开过程当中的综合效益，而小学生的特殊性导致了在教育展开的过程中不仅需要对教师工作做出有效调整，更需要家长的配合和参与，才能更好地促进小学生的快速成长和发展。

小学生年龄相对较小，辨识能力相对较弱，但学习能力相对较强。因此在教育资源研究的过程当中，除充分考量教师这一特殊的教育群体外，还需要将家长这一教育群体也考虑在内。作为家校日常沟通和交流最多的两大群体，为提高教育的质量和效益，共同发力，成为现阶段人们普遍关注的问题。但是就现阶段的小学家校亲子沟通实践来看，仍旧存在着一定的欠缺和不足，需要做出优化和改良。

我们将目光集中于家校亲子沟通，探究现阶段家校亲子沟通的现状和问题，分析如何应用新媒体解决现阶段小学家校亲子沟通问题，提高亲子沟通效率，提升教育的综合性和全面性，助益学生的成长和发展。

## 一、小学家校亲子沟通现状

教育研究的不断深化和发展，人们逐渐认识到在小学教育中整合教育资源，实现家校联合是十分必要的。而新媒体技术的推广和普及也为教师在家校沟通方面提供了更多的便捷和途径，但是就现阶段的实践情况来看，小学的家校亲子沟通实践情况仍与预期的目标存在着较大的差距：一方面教师在与家长沟通的过程中，沟通效率相对较低且沟通频率也相对较少；另一方面，家长在家庭教育方式方法上欠缺科学指导，教育的科学性和合理性存在一定的缺失，亲子关系构建并不和谐，家校配合的实际效益没有充分地发挥出来。家长忙于日常工作，在沟通上相对较少，这就导致了小学家校亲子沟通并没有达到预期中的教学效果。

## 二、家校亲子沟通存在的问题

### 1. 思想上给予的关注和重视相对较低

家长普遍存在一个错误的观念，认为教育是学校的事情，将孩子交给学校后不需要关注孩子的教育问题。在家校沟通方面，家长对于教育工作的关注度往往局限于成绩，而很多教师因为在日常工作中需要照顾很多学生的情绪，个人的精力和时间有限，与学生家长的沟通频率也相对较低，这就造成了现阶段家校沟通上往往都是单方面沟通，成效相对较小。除此之外，教师过多地关注于文化课成绩的提高而忽视了家校沟通，因此家校沟通的形式也较为单一，大多仍采用家访和开家长会的方式，因此家校沟通的成效不够明显。

### 2. 沟通特色不够创新

各个地区的经济发展水平不同，学生所处的社会环境不同和接受的家庭教育也不同，每一个学生呈现出来的特点都是不一样的，在教育上呈现的问题也存在着较大的区别，教师需要根据实际情况做出有效的研究，寻找出独属于本校或者本班级的家校沟通方式。但是现阶段的家校沟通在特色创新上存在着明显的不足，往往都是照搬照抄传统的家校沟通方式，并没有将新媒体技术有效地应用起来，同时也没有根据实际情况做出相应的优化和改良。

### 3. 制度上不够完善

现阶段在小学教育中针对家校沟通的制度设定相对较少，因此教师在实践工作开展的过程当中随意性相对较大。家校亲子沟通往往依赖于教师的自觉性。而教师在日常工作开展的过程当中工作内容相对较多，很容易忽略家校亲子沟通的问题，往往是在学生出现问题并且已经造成了一定影响后才想起与家长进行沟通和交流，这就导致了家校亲子沟通缺乏时效性、科学性和针对性。

## 三、利用新媒体技术提高沟通的效率

### 1. 沟通要找准时机

在对小学生进行分析和研究的过程当中，发现小学生的情绪削减能力和情绪平衡能力相对较弱，在个人情绪把控上更是存在着较大的欠缺。在这样的情况下，教师的沟通就需要有效地选择时机，在保证问题得到有效反馈同时不伤害学生的自尊心，不给学生带来较大压力的情况下，教师与家长进行沟通的时间应当尽可能地选择在放学之后，或当其他同学和家长离开之后，利用新媒体技术与家长进行沟通，这样既可以保障沟通的私密性，同时也可以引起学生家长的重视。

2. 提高沟通的艺术性

沟通的方法和语言的选择会在很大程度上影响沟通的效率和质量，影响家长的观念和态度。教师在沟通过程当中必须注意语言的艺术，一方面可以避免家长产生抗拒情绪，另外一方面也可以让家长更好地了解学生存在的问题，进而做出有效的改良，实现教育资源整合的目标。教师需要注意的是，利用新媒体技术与家长沟通和交流时，是隔着屏幕交流，教师所发出的语言文字噪声是相对较大的，很容易会导致学生家长产生语气理解上的错误或文字理解的困境，教师需要在沟通时深入浅出，在心平气和的基础上对家长做出有效引导，与家长沟通和交流的内容不应仅局限于成绩，更需要关注学生的成长和学生的思维价值等多个领域，力求通过教育资源的整合达到更综合的教育效果，为学生的长远发展提供帮助。

3. 开创特色巩固沟通成果

在家校亲子沟通的过程中，应当以学校为单位，依据建校宗旨、教学理念，开创独属于本校的特色，学校可以将教师沟通的经典案例，通过互联网或者开设交流群的形式与其他教师分享，使其相互借鉴、相互学习；同时搜索相关资料设定相对应的规章制度，明确在家校亲子沟通中的沟通内容、沟通方法和沟通形式，通过经验积累和规章制度的建设，开创独属于本校的沟通特色。

在小学教育中展开家校合作是十分必要的，一方面可以强化教育的综合效果，另一方面也可以促进学生的成长和发展，为学生的全面提升奠定基础。但是现阶段在家校亲子沟通方面仍存在一些缺陷和问题，需要家长和学校不断地做出优化和完善，从而提高家校沟通的实际效果。

作　者　谢苏丹　连云港市东海县石梁河镇第一中心小学
　　　　　　　　连云港市东海县教学先进个人
　　　　　　　　连云港市东海县优秀班主任
　　　　　　　　连云港市东海县优秀教育工作者
　　　　汤　威　连云港市东海县石梁河镇第一中心小学
　　　　　　　　连云港市东海县师德模范
　　　　　　　　连云港市东海县教学先进个人
　　　　　　　　连云港市东海县优秀班主任

# 爱之初体验

## ——城郊小学家校沟通方式

"只有做班主任，才能真正有自己的学生！"这句话一直激励着我。

担任多年的城郊小学班主任，发现城郊小学的大部分学生能积极主动地学习，但是少部分学生对于学习的态度不够端正，经常不完成作业，纪律性较差。班主任只有亲近学生，用心沟通，做学生的贴心人，提升素养，展现才能，才能赢得学生的尊敬，调动学生的积极性，创建特色班级文化，及时发现学生的闪光点，从实际情况出发，因材施教，做学生的好朋友，帮助他们健康快乐地成长。

关爱每一个学生，让每一个孩子都有闪光点。因此，"爱"之初体验——爱，是爱的繁体字，我将其拆分为三部分：寻觅、爱心、朋友。

## 一、寻觅闪光点，多方面促进家校沟通

觅字头，我将其引申为寻觅，寻找亮点，放大优点。《学记》中说"亲其师，信其道"，一位对工作充满热情、有才学的、充满人格魅力的班主任才能赢得学生的敬佩，从而树立威信。

### （一）展示自身优点，让学生心生尊敬

我担任本班的语文教学工作，在上课时，经常有意识地露一手，如背诵古诗词，讲解一些历史小故事等，充分展现自己在语文专业素养方面的优势；在班级管理中，注意方法和形式的多样性，让教育智慧在班级管理中有效实施；结合各种节日，创新性地开展丰富多彩的活动，让学生感受老师的魅力，进一步走进学生的心灵。

### （二）发掘家长闪光点，让孩子佩服

我将这个活动辐射开展到家长的群体中，让每个家长和孩子聊一聊。家长通过视频图片等方式展示自己的工作成果。一方面让孩子了解家长的工作，另一方面让孩子对家长产生敬佩之情，这对孩子的教育起到了很好的促进作用。

### （三）挖掘孩子的闪光点，让孩子充满自信

每个学期我都会抽出时间和家长沟通，多方面了解孩子的喜好，充分发挥学生的特长，力求做到"实用、新颖、美观"，从丰富多彩的班级活动入手。学生的能力是多方面的，而各种有趣的班级活动能让学生在动手动脑中提高各方面的能力。我利用教室里的图书角、知识角、卫生角、黑板报等阵地，放手让学生"干"，引导学生开展小能手、小老师、小交际活动家系列活动……他们在班干部的带领下，收集材料、设计办报、处理班级事务，甚至自己组织开班会和队会。孩子们用汗水

和智慧换取了成功的喜悦，更让学生在活动中得到了锻炼，使他们的各方面能力"活"了起来。

## 二、亲近学生，用心沟通，做学生的贴心人

### （一）用心沟通，静待花开

城乡接结合部小学大部分孩子的家长外出打工，有的家长对孩子的教育不够重视。所以我在平时的班级管理中，真诚对待每一个学生，充分信任每一个孩子，建立了和谐的师生关系，孩子们有什么话都愿意和我说。我利用课余时间走进学生的家里，了解他们的生活环境，让他们感受到：原来还有老师在关心我，进而愿意和老师交流。我还开展了"三封信的活动"，让孩子给父母、老师写信，了解了孩子的心里话之后，我动员部分有条件的家长给孩子回信，我也抽空回信给孩子，愿意做孩子的树洞——小秘密、小烦恼都可以藏进来。时间一长，孩子对我的信任倍增，有悄悄话都愿意告诉我，得到了孩子的信任，班级管理就更加轻松了。

### （二）因材施教，一个都不能少

学生喜欢得到老师的表扬和鼓励，一个会意的微笑，一个轻轻的抚摸，都会给孩子极大的安慰。老师要公平对待每一个孩子，对于"问题学生"更要从心出发，用真诚、善良和爱心去关心他们，一个都不能少。如：我班有一个学生，她父亲的智力有问题，母亲很早就离家，杳无音讯，家庭无固定收入，她由年迈的奶奶照顾，她说脏话、经常偷东西、打架，别人和她说的话都无济于事，根本就听不进去。后来，我多次与她奶奶和她谈心，从多方面去了解她。走进她的家，了解到她的奶奶腿脚不方便，家务活基本落在了年幼的她身上。我利用课余时间去她家里，也不说什么，就是和她一起收拾家务，一开始她很排斥，我问她话，她也不回答，时间长了，她就愿意和我交流了，我说的话她愿意听，指出她的错误，她也愿意改正。在班级多给她自我表现的机会，使她消除自卑的心理，感觉到自己的价值所在。

## 三、朋友般的陪伴，做学生的良师益友

良好的班集体是孩子们生活的乐园，班干部是集体的核心，一个健康向上的班集体能否形成，在很大程度上取决于班干部能否真正发挥作用。在辅导员工作中，我尽量发挥学生的主动性，和孩子们朋友般相处，把管理权下放，为学生的发展提供舞台，并做到"有所为"与"有所不为"。

通过在班级中多设立岗位，让更多的学生都参与到班级管理中来，久而久之，班级内形成了"赶帮超"的学习氛围，充分地发挥了学生的主体作用，调动了学生学习的积极性。

小学生的世界色彩斑斓，独特而又神奇，他们的心灵是那么纯洁美好，这是一片希望的绿洲。要在绿洲上画出精彩，画出灿烂，我们辅导员老师就要充分发挥家

校沟通的力量，为孩子的健康成长保驾护航！愿我们的爱，我们的努力能够为孩子开辟出一片适合他们生长的土地，使得每一棵小芽在春风化雨中长成参天大树！

作　者　金海英　连云港市中云中心小学
　　　　　　　　连云港市中云中心小学德育处主任
　　　　　　　　连云港市第二届十佳师德模范
　　　　　　　　连云港市优秀少先队辅导员

# 家校合作在小学数学教学中的应用

家校合作教育是培养学生基础能力和学习习惯的重要途径之一。家长和教师在合作教育的过程中可以通过有效的交流沟通来了解学生的学习和生活状况，引导学生正确处理与家长、教师之间的关系，从而为学生构建良好的学习环境，有利于学生养成对各项知识的学习和正确的学习习惯。

小学数学是小学阶段具有辅助性质的重要课程之一，该课程具有较强的逻辑性和抽象性。目前，小学数学教育以校园教育为主，家长对学生教育的参与度较低，不利于解决学生对数学学习时出现的各类问题。因此，学校和家庭就可以通过合作教育的方式改善现阶段存在的各类问题，并增加学生与家长和教师之间的沟通频率，从而更加直观地了解学生的学习想法，增强学生对数学知识的学习兴趣。

本文通过分析家校合作对小学数学教育的有利影响，结合相关教学案例，提出家校合作在小学数学教学中的应用。

## 一、家校合作对小学数学教育的有利影响

### （一）扩大教学范围，纠正不良学习心态

目前，小学数学教学主要局限在学校，部分学生无法在家自主完成数学知识的学习和错误纠正，这不利于学生形成正确的数学学习思维和数学学习心态，部分成绩较差的学生还会产生厌学等不良学习心理。因此，在小学数学教育过程中实行家校合作教育可以有效解决上述问题。家长和教师可以通过家长会、互联网、微信等平台进行交流沟通，双方可以及时反馈学生的学习状态和学习问题，并合作制定出有效的教育方案，从而合理扩大数学教学范围。同时，在小学数学教育中实行家校合作模式还可以解决学生的学习心理问题，由于班级内学生较多，教师无法第一时间了解学生的状态，在此状况下，家长就可以定期询问学生的学习情况，并及时与教师沟通，从而纠正学生的不良学习心态。

（二）改善家长教育观念，提升学生学习自信

由于学生的主要学习环境以学校为主，部分家长在学生学习过程中没有起到良好的辅助作用，加之如果家长的教育观念存在问题，对学生的学习情况也不会做到细致了解。因此，在小学数学教学中实行家校合作模式就可以有效解决上述问题，家长可以在教师的帮助下了解学生的学习心理和学习需求，并根据小学数学教学要求对学生的数学进行辅导，在此过程中可以拉近家长与学生之间的距离，从而提升学生的数学学习兴趣和学习自信。

## 二、家校合作在小学数学教学中的应用

（一）考察家庭情况，增强合作默契度

一般情况下，学生所处的家庭环境能够直接影响学生的学习心理。为了有效开展家校合作教育活动，学校和家长之间就应该扩大了解范围，教师可以通过询问、家访等方式了解家长的教育观念、数学水平和对学生学习的态度，以及日常生活中家长对学生数学辅导的频率，并通过交流沟通的形式增加家长与教师的互助合作效率。同时，教师也应该通过合理的方式指出家长家庭教育中存在的问题，在尊重家长的前提下帮助家长制定有效的教育方案，从而提升家校合作教育质量，增强教师与家长之间的合作默契度。例如，在学习苏教版二年级数学"乘法口诀"的过程中，教师就可以先通过家长会或者网络问卷调查的形式了解家长对乘法口诀的掌握情况，对于文化水平较低或家庭生活条件较差的家长，教师还可以通过电话或者家访等形式了解家长对学生数学的教育观念和存在的辅导问题，从而结合现阶段数学教学内容制定出合理有效的家校互动合作方案。同时，家长也可以将所了解的学生学习情况及时反馈给数学教师，询问正确的辅导方法，并在数学教师的指导下帮助学生树立正确的数学学习观念，减少厌学等不良学习心理的产生。

（二）丰富交流方式，构建合作平台

随着现代信息技术和通信技术的发展，现阶段人们之间的沟通交流得到了极大的便利。为了进一步提升家校互动合作教育的效率，减少家长与教师合作教育中产生的矛盾和冲突，学校可以建立家校互动合作官方论坛或者申请相关内容的微信公众号，教师可以通过私聊或者群发等形式让家长及时了解学生在校的数学学习情况，并定期分享数学教育方法。同时，数学教师还可以要求部分数学辅导能力强的家长分享自己的数学辅导经验，以便于其他家长提升辅导质量。例如，在学习苏教版一年级数学"认识人民币"时，家长就可以在论坛或微信公众号中分享自己的教学经验，教师也可以根据教学经验和教学内容，及时纠正家长辅导教育中存在的问题。小学数学教学要求拉近教材与生活的距离，受到环境等因素的限制，学生在课堂中无法准确理解人民币的单位换算方法，因此，家长在实际生活中可以通过超市购物、买菜等形式帮助学生养成正确的人民币单位换算意识，从而增强学生的数学学习效率。

（三）引导家长教学，完善学生学习系统

受到传统教育观念的影响，部分家长不具备学生数学辅导能力。因此，数学教师可以通过引导的方式帮助家长掌握数学辅导方法，尽可能减轻家长对学生的不正确干预，从而提升学生的数学学习效率。例如在学习苏教版四年级数学"混合运算"时，该章节的知识要求学生准确掌握加减乘除法的混合运算，并计算出相关题目的结果，其运算难度系数较大，出错率较高。部分学生在学习过程中会直接向家长询问结果。在此过程中，家长就应该通过引导的方式帮助学生完成数学练习题目，并及时向教师反映学生的学习问题。教师在了解情况后可以在课堂中再次讲解混合运算的运算理念和运算方法，从而帮助学生解决学习问题。

总而言之，小学数学教育模式和教学目标出现了变更，为了满足教学制度的要求和学生学习需求，家庭和学校就可以通过合作教育的形式解决现阶段数学教育中的各类问题。同时，小学阶段是培养学生基础能力和学习习惯的重要阶段，由于数学知识的抽象性和逻辑性，部分学生在学习过程中容易产生厌学心理，完整的家校合作教育能够有效地纠正学生的学习心态，提升家长和教师的综合水平，从而为学生创建良好的学习环境。

作　者　薛福生　连云港市中云中心小学
　　　　　连云港市家庭教育指导员基本功大赛三等奖

# 让我陪你一起成为更好的自己

2017年是我毕业的第一年，在这一年里我认识了四十三个陌生的孩子，成了他们的班主任。初见，我和他们都是很茫然的。

几天的相处，我发现这些孩子性格迥异，有的学生活泼开朗，他们热情地向我介绍自己；有的学生比较害羞，偷偷给了我一张写了名字的小纸条……

不过有一个孩子引起了我的注意，她是一个看着十分文静的小女生，从她书本上的姓名贴得知，她叫晨晨。

初遇，我要保护你！

注意到晨晨，是她在课上的表现，一整节课下来，她就一直保持端坐，背挺直，两只手重叠在一起，从不做小动作，当时的她在我心中真的是一个无可挑剔的好孩子。

渐渐地，我发现不对劲，她不光上课保持端坐，就连课间也一动不动。不和同学做游戏，不和同桌交流，甚至都不去洗手间。周五家长来大扫除的时候，还没等我去找晨晨的家长，一位年轻的妈妈就一脸忐忑地向我走来，这就是她的妈妈。

那一天我们聊了很久，她妈妈说这个孩子懂事到让人担心，幼儿园怕麻烦老师，想去洗手间也一直忍着，被同学欺负了，只偷偷地哭，不想告诉爸爸妈妈。她的妈妈告诉我，她觉得孩子有自闭的倾向，可又不敢去医院。为了孩子她辞掉了工作，专心照顾孩子，可是孩子依旧这样，不声不响。面对快要哭泣的妈妈，我也只能安慰她，可那时候的我也不知道该怎么办，只有一个念头：我一定要保护好她！

从那天开始我格外关注晨晨，我观察到她还是会和同学简单交流，所以我就鼓励那几个孩子多找她玩耍，渐渐地，操场上偶尔有了她的身影。课堂上她从来不举手回答问题，可当我尝试提问她后发现，她的答案非常完美。课后，我问她为什么不举手，她小声地说："我害怕说错。"我立刻对她的回答进行了表扬，希望她可以勇敢举手回答问题。并且我表示：不着急，我可以等她，等她准备好再举手。她迟疑地看了看我，小声说了句"老师再见"。

之后几天的语文课，我每次提问都会看向她，如果她也看向我，我就会向她投去鼓励的目光。过了两三个星期，她终于小心地抬起了手。我毫不犹豫地让她来回答，并且让同学们为她的勇气鼓掌。在同学们的鼓励声中，她第一次露出了有一点点小骄傲、一点点小害羞的表情。

之后，她主动举手的次数越来越多。这个时候可以进行下一步计划了，我先是让她做小组长，得心应手之后鼓励她做语文课代表，而现在她已经做我们班的小班长三年了。她在性格方面的进步所有人看在眼里、开心在心里。并且，由于我的引导，班里几乎没有出现男生欺负女生的现象，小男生们纷纷以"绅士"标准要求自己。

相处，我要开解你！

二年级的晨晨活泼开朗了很多，在学习生活中都能起到榜样的作用。可是有几天，我发现她上课的时候在发呆。我赶快了解情况，原来是她的妈妈又有了小宝宝，所以妈妈的情绪不太稳定，经常和她产生矛盾。了解情况后，我第一时间和她妈妈聊天，原来她的小脾气也大了不少。她妈妈和我说，家里人都很高兴看到孩子的性格逐渐开朗，可是随之而来的顶嘴和叛逆也让孕期的妈妈受不了，两个人是三天一大吵、两天一小吵。

第二天，我陪晨晨观看了一个关于怀孕的科教片，让她明白妈妈怀小宝宝很辛苦，并告诉她妈妈爱小宝宝更爱她。我还给她准备了一个小礼物——一个小本子。我们商量好，以后如果再发生妈妈让她生气的事情，不要吵闹顶嘴，记下来，我们一起分析，如果真的是妈妈不对，我来和她妈妈说。她高兴地拿着本子走了，仿佛有了一个会给她撑腰的英雄保护她一般。

周一，她的小本子上密密麻麻地记了两张，一条条都记得特别清楚。我让她读给我听，读着读着，她自己笑了出来，她对我说，当时她很生气，为什么现在感觉这么好笑。感觉妈妈和她都很幼稚！我问她需要我和她妈妈聊吗，她摇了摇头说："感觉也不是什么大事，就让妈妈休息吧，杨老师不用批评她了！她怀小妹妹也挺不容易的。"说完，还很豁达地摊了摊手、叹了口气。我被她小大人的样子逗笑了。

很奇怪，这个小本子也就在我面前出现过几次，然后就神秘"失踪"了。我从来没有像她想象中那样严厉地"批评"她的妈妈，有的只是越来越善解人意的小棉袄和时常亲亲抱抱女儿的好妈妈。

成长，我要引导你！

三年级的一天，隔壁班的老师对我说："你觉不觉得你有点太宠你们班的那个小姑娘了？"正在我思考这个问题的时候，发生了一件事证实了这个想法。

我们班有积分卡，每积十分，就可以抽奖，兑换"一日同桌券""一日班长券""一日领操券"……同学们都很想要得到抽奖的机会。有一天，晨晨突然问我可不可以送她两张，我当然是拒绝的。"那就一张也行。"呦！还讨价还价！再次被我拒绝后，她"哼！"了一声，气鼓鼓地回去了。这小丫头现在不光有小脾气，居然还开始无理取闹，这必须得重视了！

看到她不情愿地站在我的办公室，我又有些心软了，问她为什么要这样。"因为这是游戏，游戏就要有福利啊！"她义正词严道。"那什么是游戏规则？什么是公平呢？"我反问她。"你说这是一个游戏，可是即使是游戏，也要对所有人公平。""那就每个人都有啊！"我被她逗笑了："每个人都有，那还需要努力吗？同学们最近表现越来越好，都是因为这个奖券不容易得到。如果很容易就得到，那谁还当这是个好东西呢？"看着她慢慢低下的小脑袋，我反问："如果你是老师，学生有这样的要求，你会同意吗？"她摇了摇头。

最后，她怯怯地戳了戳我，问我："杨老师，我做错事了，你还喜欢我吗？"我抱了抱她，表示做错事不可怕，知错能改就好，我还是很喜欢她的。

看着她如释重负地走出办公室，我觉得经过这件事，她一定是有所收获、有所成长的。晨晨的妈妈说我是她的贵人，遇见我之后，她改变了很多，活泼了、开朗了、爱说了、爱笑了，甚至还会喊她"妈妈"。

其实遇见她也是我的幸运，我第一次知道，我会这么在意一个和我没有任何关系的孩子。我会不由自主地关注她的一举一动，也会在乎她的每一次心情波动，我会发自内心地希望她能快乐、能健康成长，也会因为她的每一次进步而感觉幸福。

这几年对家校教育的关注度日益增加，大家发现了没有，"家校教育"教育的不仅仅是"家"，"校"的影响同样也不容忽视。"家校教育"让家庭教育更加科学化，让家长更加了解孩子、让孩子更加理解家长。同样"家校教育"也让学校教育更加高效化，让教师更加亲近学生、让学生更加信任教师。

老师和学生的关系不就是这样吗？让我陪你一起，共同成为更好的自己！

作　者　杨博然　连云港市院前小学
　　　　　连云港市家庭教育指导员基本功大赛二等奖

# 小学生家庭教养方式

众所周知，家庭教养方式对小学生的行为习惯有重要的影响，有利于小学生行为习惯的养成。本文主要通过对当下小学生家庭教养方式的现状分析，强调教养方式对孩子的生活习惯和为人处事都有重要的影响，并针对当下家庭教养方式的现状以及出现的问题，提出相应的对策。

心理学研究发现，小学生在家庭或者学校一直存在一些潜在的心理问题，影响着他们的健康发展。这不仅与学校有关，还与家庭环境有关，更与父母的家庭教养方式密切相关。因此，合理恰当的家庭教养方式，对小学生身心健康发展是有积极作用的。

## 一、家庭教养方式的含义

家庭教养方式是家庭教育的重要组成成分，家庭教养方式对家庭教育的效果起着决定性的作用。家庭教养方式其实是父母对孩子进行教育的一种固定的教育形式，是以亲子关系为核心，在父母的教育行为中所体现出来的对孩子的行为影响。

## 二、家庭教养方式的现状

通过研究分析来总结出家庭教养方式的现状，更具有现实意义。家庭教养方式的不同与小学生的性别以及家庭背景等各个方面相关联。比如，在同一个家庭环境中，父母对男孩子和女孩子采用的教养方式不同。

如果家里有只有一个孩子，那么不管是针对孩子当下的发展，还是未来的发展，家长们都会更加地关注和关心，甚至会出现不太恰当的教育举措。如过分溺爱、提前为孩子做好决定等等，大多数父母就会采用溺爱型的家庭教养方式；如果家里有多个孩子，父母可能照顾不过来，那么大多数父母就会采用忽视型的家庭教养方式。

## 三、家庭教养方式

通常情况下，家庭教养方式主要分为以下五种类型：信任鼓励型、情感温暖型、粗暴专制型、溺爱型和忽视型。信任鼓励型是指父母给予孩子鼓励和支持，对孩子提出高要求的同时，也对孩子的反馈给予积极的正向鼓励；情感温暖型是指父母注重对孩子情感上的关心和爱护；粗暴专制型是指父母较为权威，偏重于对孩子提出高要求，极少做出反馈；溺爱型是指父母过分宠溺孩子，几乎不对孩子提出要求；忽视型是指父母对孩子既不提出要求，也不做出反馈，也就是对孩子缺少关心、关爱。

### （一）信任鼓励型

信任鼓励型的家庭教养方式能够培养孩子的自信心以及促进孩子独立完成各项

任务，更有利于培养孩子的学习自主性，使孩子感受到自己被肯定。但是孩子一旦缺乏了自信心的鼓励，内心可能会感到挫败感，因此信任鼓励型需要一定时间上的持续，一旦孩子缺失了就会产生巨大的影响，甚至会自我怀疑。

（二）情感温暖型

针对情感温暖型的家庭教养方式，孩子相对来说更加注重情感上的体验，一旦他们的心灵受到伤害，可能会很难恢复，甚至心灵会变得更加脆弱。因此，此类孩子不仅需要家庭上的温暖，也需要学校的温暖和社会的温暖。

（三）粗暴专制型

采用粗暴专制型家庭教养方式的父母，会经常用命令和责任来使孩子顺从自己的意愿。孩子的成长是严格按照家长的设计进行的，两者之间是管与被管的关系，缺乏沟通，家长也经常忽视孩子的意愿和要求。在这种家庭教养方式环境下成长的孩子的自尊心易受挫，甚至会产生抑郁心理。

（四）溺爱型

在溺爱型家庭教养方式下成长的孩子可能会产生自负心理，家长认为子女是纯粹的属于自己的。教育子女是个人的事情，对子女提出的要求也是尽可能满足，但是这很不利于孩子的发展以及今后与同学的相处。

（五）忽视型

在此种教养方式下，父母很少像孩子提出要求，让孩子自由成长，不立任何规矩，只是给孩子成长所必需的家庭环境以及物质条件等。在此种家庭教养方式下，孩子很难会做到尊重他人，甚至可能会受到社会上的不良影响，不利于孩子的健康发展。

## 四、提高家庭教养方式的针对性策略

一个良好的家庭教养方式对孩子的个人成长是会起到促进作用的，甚至对整个社会起到促进作用，因此针对五种家庭教养方式提出以下几点建议。

（一）信任鼓励型

父母要给予孩子充分的信任和鼓励，在孩子面对困难以及遇到挫折时，要充分给予孩子自信心去面对，并且在教育过程中要注意与孩子进行沟通，了解孩子内心的真实想法，走进孩子的内心，让他们对父母的教育方式有一种认同感，这样更能做到两者的充分结合，有利于孩子养成良好的行为习惯。

（二）情感温暖型

父母要特别注重孩子的情感体验，要为孩子营造一个良好的家庭氛围，建立与子女的情感关系。在日常生活中，父母要给予孩子充分的关心和爱护，做到充分尊重孩子。父母也要充分理解孩子行为上的动机，满足孩子的情感需求，从而培养孩子良好的行为习惯。

（三）粗暴专制型

首先，父母自身要转变，要注重孩子内心的真实想法，注意与孩子沟通，该放手的时候，让孩子勇敢地去做，不能够控制孩子。在教育过程中要做到循序渐进，教育不是一朝一夕就能够达成的，而是要通过循序渐进的教育来培养孩子良好的行为习惯。

（四）溺爱型

父母爱孩子本没错，但是过分地溺爱会让孩子失去独立思考的能力，以及产生过度自负的心理，因此，父母要重视正负强化的作用，做到合理引导。在教育的时候做到严格，在事后可以抚慰孩子的情绪，教会孩子明辨是非，学会独立，养成良好的行为习惯。

（五）忽视型

每个孩子的成长都需要被关注、被指导。小学生的思维能力不够完善，很容易受到社会上或者其他人的不良影响。小学阶段正是孩子培养良好行为习惯的关键时期，因此，此类父母应该及时转变家庭教养方式，采取适合自己家庭背景以及孩子性格特点的家庭教养方式来培养孩子的良好行为习惯。

总之，作为父母，要跟进时代发展，满足孩子的需求，在家庭教养方式上进行创新与探索，不得过于死板，找到适合孩子的教育方法进而促进孩子的发展。

作　者　卢一鸣　连云港市东港小学
　　　　　　　　国家二级心理咨询师
　　　　　　　　江苏省小学心理健康教育优质课展评二等奖
　　　　　　　　连云港市连云区优秀辅导员

# "双减"政策落地　家庭教育回归

2021年7月24日，中共中央办公厅、国务院办公厅印发了《关于进一步减轻义务教育阶段学生作业负担和校外培训负担的意见》（以下简称《意见》），以切实提升学校育人水平，持续规范校外线上、线下培训，减轻义务教育阶段学生过重作业负担和校外培训负担（以下简称"双减"）。"双减"政策的出台一时间引起了社会各界的极大反响，对近年来教育焦虑、"鸡娃"现象和学生过重课业负担等问题造成了相当大的冲击，也给越来越迷失在教育焦虑里面的家长们一个重新思考家庭教育的机会。

本文就"双减政策"出台后，学校和家庭如何承担起各自教育责任谈几点感想。

## 一、"双减政策"推行的背景及重要意义

在过去的几十年里，中国经济经历了飞速的发展，对于教育和知识的认知也在不断完善。在物质丰裕以及压力递增的现代社会，在教育焦虑愈演愈烈的大环境下，"鸡娃"现象兴起。中国父母的钱成为最好挣的钱，儿童从四岁起就进入"不能输在起跑线上"的竞争。当家长的需求与课外机构不谋而合，自然也就推动了中国社会补习机构野蛮生长，催生出庞大的课外教育圈——在现行的升学制度下，教育的焦虑和需求彼此牵引，像滚轮般载着学生一路冲刺。然而，教育机构的野蛮生产带来的问题也是前所未有的，这导致教育进入恶性循环。在这样的背景下，国家出台了一系列政策整顿教育市场，让教育回归学校和家庭。

## 二、学校教育扛起主要责任

从目标来看，《意见》旨在进一步提升学校教育教学质量和服务水平，更加科学合理布置作业，基本满足学生学校课后服务需要，让学生学习更好地回归校园，并且，使得校外培训机构的培训行为能够全面规范。可以看见，此次"双减"目标不同于以往的规范教育机构行业的乱象及其在课外培训中的违规行为，而是要根本改变现行教育格局，让学生学习更好地回归校园，在校内"吃饱""吃好"，减少参加校外培训需求。

另外，2021年5月，国务院教育督导委员会办公室印发《关于组织责任督学进行"五项管理"督导的通知》（以下简称《通知》），要求各省（区、市）教育督导部门，组织当地中小学校责任督学开展"五项管理"督导工作。《通知》指出，加强中小学生作业、睡眠、手机、读物、体质管理（简称"五项管理"）。

早在千年前，古圣先贤们就已阐明了关于教育的道理。《大学》开篇便是"大学之道，在明明德，在亲民，在止于至善"。《师说》中，韩愈以"传道、授业、解惑"诠释教育的职责，学习的先要，重在修心，学会做人，其次才是知识修业。1945年出版的《哈佛通识教育红皮书》的序言里，提出"教育的目的是培养完整的人"。然而，社会越发展，人们对于教育的理解越朝向培养"有用的人"，即成为掌握了特定的技能，"要有一技之长"，能创造价值，对社会有贡献的人。

对于"鸡娃"的孩子们而言，强恕而行愈多，没有意义的作业、补课占据了孩子们的全部空间，为的就是高考的一锤定音。父母对孩子的期望，孩子对自己的期望，层层叠加，越懂事的孩子越愿意被"鸡"以取得高分，直到失去自我，彻底沦为分数机器。并且，"鸡娃"们表面上拥有了光鲜的成绩，但却再难拥有属于这个年龄本身的快乐。近年来，大学生抑郁群体日渐庞大，抑郁症也越发年轻化，这些精神疾病的发生，早已经不是个体现象，而是社会问题了。

显然，人一生的发展是动态的，绝不是四年大学就能决定的，也不是18岁上的

那所学校的高度决定的。想要赢在终点线，就需要保持一定节奏，要拥有足够的体力和坚持不懈的意志力。哪个阶段的过度用力，都有可能对自己造成损伤，毕竟就算"鸡"得了一时，也"鸡"不了一世。

### 三、家庭教育重回核心地位

国家意识到家庭教育是所有教育的起源和基础，同时贯穿一个人的一生，"双减"政策出台既是为了提醒家长及时调整思路转换赛道，也是为了将教育拉回本位——家庭。"双减政策"出台后，家长们喜忧参半，既有缓解压力之感，又有莫名的不安。家长们的担忧聚焦于几个问题：减少学科类校外培训，会不会造成阶层固化？市场需求仍在，会不会造成"私教"盛行？"双减"后，什么样的孩子会脱颖而出？

取消校外培训会进一步增加孩子回家后的空余时间，家长要怎么做才能把时间还给孩子呢？

（一）相信教师的专业精神，密切家校联系

积极参加家长会、家长学校，主动与教师沟通，熟悉孩子不同阶段的情况，了解学生的学习和身心状况，制定有针对性的家校联动教育方案，构建和谐家校关系。

（二）分析孩子的学习风格，更新育儿观念

孩子的学习风格其实是他们认知方式的体现，从孩子的"坏习惯"入手，往往能发现孩子潜意识里习惯的体验和学习方式。家长要主动选择适合孩子的方式跟其沟通，了解孩子的身心成长规律，提升自身育人素质和能力，理性规划孩子未来发展方向。

（三）融洽家庭氛围，细心关注孩子思想情绪变化

倾听孩子心声，做孩子的朋友，形成良好沟通互动模式。

（四）要指导学生合理用好在家时间，培养孩子的自律行为

督促孩子按时就寝，确保充足睡眠。加强体育锻炼，开展亲子阅读等。加强孩子网络行为监管，及时发现，及时制止。

（五）将重心转移到培养孩子习惯上来

兴趣爱好和习惯有助于塑造培养健全人格，促进孩子全面发展、建立自信、积极乐观。好习惯成就好未来，孩子就更容易获得成就感和幸福感，内驱力也会更足。

事实上，没有任何一种教育方法适用于所有孩子，真正的教育是因材施教。

"双减"政策对学校教育和家庭教育都提出了更高的要求，我们要树立正确的教育观，培养有内驱力的孩子，创建融洽有爱的家庭氛围，唤醒孩子内心的种子，为国家培养终身运动者、问题解决者、责任担当者、优雅生活者。

作　者　岳孝萌　连云港市东港小学
　　　　　　　连云港市家庭教育指导员基本功大赛一等奖

# 走进家庭　携手育人

当今社会，很多家庭忽略了儿童在成长中的身心教育，缺乏对儿童的监督与管理。在实际的生活中，一些家长认为，能考出好成绩的孩子就是"好孩子"，而教育是学校的事情，把孩子交给教师就可以了，疏忽了家庭教育的重要性，甚至对亲子关系造成影响。

## 一、案例

学生赵浩（化名）是3年级下学期新转来的插班生，通过询问我了解到：赵浩的父母是做拉水泥生意的，平时特别忙，经常早上6点多甚至更早就出门了。赵浩一般自行前往学校，路上顺便买点早饭；中午自己到外面的托管班；晚上父母要很晚才能回来。虽然孩子和家长生活在一起，但是有时候一天加起来见不到两次面，能说上话的时间更是少之又少。

孩子平时在学校也是沉默寡言的，10岁本应是孩子最天真烂漫的时候，可是他总是坐在位置上，很少和同学互动；同学找他说话他总是低着头有些胆怯和害羞的样子，课堂上不经意就走神，对于老师的提问，他也总是站起来后默不作声。

作为班主任，我及时与赵浩进行了沟通。我从"来班级里也有段时间了，和谁是好朋友啊？"聊到"平时你最喜欢吃什么呢？"从学校生活聊到平时爱好，他都是低着头，偶尔会回答两句。当我说道"这周老师去你们家做客吧，爸爸妈妈平时什么时候有空呢？"时，他抬起了头，看了我好一会然后回答："老师，我爸爸妈妈平时都很忙，你可能没法去我家里做客了。"在他的眼神里我看到了无助和无奈，当我不自主地拥抱了一下他后，他赶忙推开我就跑走了，没一会又跑回来红着耳朵和我说了句"谢谢老师！"我突然感觉这个孩子很可爱，只是有点腼腆，只是缺少了一点家庭和伙伴的关注。于是，我决定做一次家访，与他的父母深入聊一聊。

然而，当我联系他的父母时，他父母的电话不是不在服务区就是没人接，班级的QQ群里也总是灰色的头像，单独留言从没有人答复。就在我继续尝试联系他的父母期间，一天夜里9点多，我突然接到了他父亲的电话："老师，你知道我们家赵浩在哪里吗？"我连忙回复："怎么了，孩子放学没回家吗？现在很晚了。"我的话还没有说完，他的父亲就直接问我："学校是几点放学的？"听到这里，当时我就有点生气，作为家长，连孩子放学时间都不知道。但是我知道此时不是我和他沟通这些问题的时候，找到孩子才是最重要的。我赶快让他别着急，并告知他学校是4点40放学，是我亲自组织孩子放学，并且送他们出了校门，我让他再问问托管班，孩子有没有去托管班。同时，立刻在班级QQ群里让家长问问自家的孩子有没有放学过后和赵浩一起玩的。没过多久就有家长回复："赵浩在他们家玩了，孩子说家里没人不想回去，并且给赵浩家长打电话没人接。9点的时候他也提醒过赵浩很晚了，可是孩子根本不想回家。"得知赵浩在同学家中，我的心终于放了下来，赶快告知其父母，尽快接孩子回家，与孩子好好沟通一下。我抓住这次机会，向其父母提出需要开展一次家访，希望可以引导他们正确面对亲子关系问题和对于家庭教育的重视。

## 二、发现问题

在这次家访中我了解到，赵浩的父母都是外乡进城务工人员，没有时间照顾孩子。赵浩的父亲还告诉我，赵浩小时候是很可爱很活泼的，上幼儿园时也特别聪明，从上小学后才开始沉默寡言的，并且不听话，学习成绩也不理想，他们也经常教育他，希望可以改变他，考试考不好的时候，甚至还会实行"武力"教育，但是感觉效果都不大，反而孩子越来越不爱和他们说话，成绩也没有提高。父母以为是孩子慢慢长大了，不喜欢和爸爸妈妈沟通了，也就没多想。他们一直努力工作，认为孩子吃饱穿好了，他还求什么。直到这件事情发生，他们才意识到自己是多么疏忽孩子，晚上9点多孩子没到家，他们才开始寻找，事后他们也感觉自己太失责，如果发生了不好的事情，他们不敢想象以后的生活。

也是因为这次家访，让赵浩感受到了来自老师的关心。他和我说了很多，他告诉我，其实他很不喜欢和父母聊天，虽然在一起聊天的时间不多，但是每次父母都是指责他，听得他都烦死了。"你真笨""揍死你"这些话是爸爸经常对他说的，让他感觉父母根本不爱他，也越来越不想和他们说话。

## 三、分析问题

赵浩家庭存在的亲子关系问题属于忽视型，导致孩子心理上产生不健康情绪，家长感觉自己那么忙，让孩子吃饱，孩子还求什么呢？自己以前连饭都吃不上，认为养孩子是自己的事情，教育孩子是学校、老师的事情。赵浩的父母忽视了孩子的心理健康成长，忽视了与孩子的情感交流，在仅存的交流中也只有责备，导致亲子关系的冷漠和疏离，促使赵浩慢慢地沉默寡言，不愿意和别人沟通交流，存在着抑郁、自闭、孤僻等心理倾向问题，严重地影响了孩子的身心健康和学习成绩。

沟通是亲子关系的要素，沟通可以是事先设计的也可以是随机的，沟通主要是让孩子表达自己的思想情感，哪怕每天只用一刻钟，陪着孩子说说话、聊聊天的都可以。父母在和孩子沟通时，应该多一些倾听，少一些唠叨，多一些尊重，少一些专制。孩子愿意沟通，建立在良性亲子关系下的家庭教育就成功一半了。

## 四、改善关系

孩子身上出现问题往往隐含着家庭教育方面的问题，有些家长对于孩子在生理和心理上发生的变化没有专业的知识去支撑。他们觉得孩子长大了越来越不听话了，往往用了错误的方法来压制孩子，让孩子出现了生理或心理上问题。

通过我和赵浩家长的多次沟通，引导并告知他们：良好家庭教育中的亲子关系，应该是父母在孩子面前有一定的权威性，同时孩子也能有较充分的民主。应该是父母对孩子指导而不支配，自由而不放纵，鼓励但不怂恿，尊重但不溺爱。

在学校我经常会和赵浩聊天，活动课中，组织活泼的孩子和他做游戏，在教师和家长的共同努力下，赵浩的性格逐渐开朗起来，也愿意和父母聊天、和同学玩耍，上课时也愿意主动举手发言，学习成绩也渐渐提高。

作　者　掌岩岩　连云港市东港小学
　　　　　　　江苏省少先队"红领巾寻访党的百年足迹"教育案例优秀奖
　　　　　　　连云港市基础教育教学论文一等奖
　　　　　　　连云港市基础教育教师优秀课一等奖

# "双减"政策下促小学阶段家校联系变化

家校联系指家庭和学校为了实现共同的教育目标，彼此了解、相互合作，通过语言等多种媒介而进行的信息传递、思想交流的行为。通过互相交流与沟通，共同讨论与研究，并以此实现促进学生健康全面发展的目的。家校联系是现代青少年教育中非常重要的一环，是家庭、学校、社会三位一体的教育环境中，对受教育者影响最紧密、最深远的维次。

2021年7月，中共中央办公厅、国务院办公厅印发了《关于进一步减轻义务教育阶段学生作业负担和校外培训负担的意见》（以下简称《意见》），并发出通知，要求各地区各部门结合实际认真贯彻落实。《意见》从总体要求、全面压减作业总量和时长，减轻学生过重作业负担、提升学校课后服务水平，满足学生多样化需求、坚持从严治理，全面规范校外培训行为、大力提升教育教学质量，确保学生在校内学足学好、强化配套治理，提升支撑保障能力、扎实做好试点探索，确保治理工作稳妥推进、精心组织实施，务求取得实效等八大项30小项具体规定了义务教育阶段学校和校外辅导机构的相关教学行为……此项改革可谓是迄今为止，国内"减负"文件规格最高、力度最大的一次，也是多年来中国教育前所未有的一项重要改革举措。它势必要将学校和家长之间更加紧密地联系在一起。那么在新政策下，小学阶段家校联系的变化有哪些呢？通过哪些策略可以更好地提高新时期家校联系的效率？本文试图就以上两点谈谈浅论。

## 一、家校联系的现状

### 1. 主动型少，被动型多

家长或老师主动联系对方，沟通孩子现状，解决问题。一方几乎从不主动联系对方，只有当对方主动联系沟通时，才会被动地参与。一般来说，主动型的老师和家长偏少，被动型偏多。双方往往都忙于工作，只有在学生发生较为严重的问题时才会与对方联系，双方缺乏沟通和了解，特别容易引起不必要的家校矛盾。

### 2. 家校联系的方式以传统型与社交软件辅助为主

传统的家校联系方式大多以电话、短信、单独谈话、家长会、家访等形式为主。近年来，随着网络技术的日新月异，家校联系的方式中又加入了 QQ 和微信。有许多老师成立 QQ 群、微信群，在群内布置班级事务、作业、发布提醒等内容，也一定程度上扩大了家校联系面，提高了家校联系的效率。

### 3. 家校矛盾突出

近年来，无论是媒体报道和现实生活中，家校矛盾已作为一个较为突出的社会矛盾：家长投诉教师、打老师、将学校告上法庭等一系列事件层出不穷；而教师们也在"哭诉"：从早到晚，被各种教学任务、活动、考核、评比压得喘不过气来，学生不好教，家长不"讲理"……网上对于老师的各种不信任和讨伐也愈演愈烈，使得家校矛盾暗影重重，愈演愈烈。

## 二、"双减"政策下，家校联系现状的改变

"双减"政策出台后，有些地区提出"5+2"模式，即每周五天都有课后服务，每次时长不得少于 2 小时，鼓励学校周六和寒暑假提供托管服务。

### 1. 师生在校时间增加决定了家校联系时间很有可能占用到教师休息时间

学生在校时长大大增加，教师的工作时间和工作量也大幅增长，教师不仅要准备日常课程，课后服务的教学内容也要经过精心设计和备课，批改作业、开展活动、撰写论文、参加培训等等，在校期间与家长沟通的时间势必将会减少。学校提倡教师开展家访活动，这就大概率地将家校联系时间转移到教师下班后的晚上休息时间，联系的频次也不可避免地减少。

### 2. 亟待拓展新的家校联系方式，提高家校联系效率

以上阐述的一些特殊原因，导致家校联系的时间和频次可能会收缩，那么开辟出更高效的家校沟通方式就变得尤其重要。新政变革期间，家长、教师、学生都需要一个慢慢适应和慢慢摸索的过程，在此期间，更需要双方高质量的沟通和联系，共同来解决在实际生活中所遇到的问题。

### 3. 家长更应尊重、配合学校和老师的工作，树立对学校的信心

《意见》实施后，对学校的教育教学工作提出了更高的要求，也将孩子的学习主场明确规定在了校内。在给孩子们减负的同时，深层意义是学校要提供高质保量的教育，提高学生的综合素养。在此背景下，家长更应尊重、配合学校和老师的工

作，树立对学校的信心，协助学校一起做好孩子的教育工作。

### 三、"双减"政策下，提高家校联系效率的策略

1. 利用现代化通信手段，提高沟通效率

家长会一直以来都是家校沟通的重要载体。但在疫情常态化背景下，家长会往往不能按时召开。对留守儿童而言，家长会也形同虚设。而召开线上家长会，可以弥补以上不足。

线上家长会不受疫情和地点限制，用一部可以上网的手机即可参加。会议内容也可由学校先发统一脚本，各班级再结合本班具体情况做个性化修改。孩子和家长同时参加，有一定的仪式感，对孩子的家庭教育也是一种督导和鞭策。

还可以利用"问卷星"等工具，在班级家长中开展问卷调查，就班级所存在的问题和家长关注度高的事项进行问卷调查，并借助于工具的统计功能，轻松地掌握家长动态，即时调整工作思路的方法，有效避免家校矛盾。

2. 邀请家长参与课后服务，体验教师工作

家长中藏龙卧虎，许多在各自的工作岗位都是专业人才。课后服务不仅仅局限于写作业，更要开展丰富多彩的社团活动，来提高孩子的综合素养。学校可邀请有专业知识且愿意参与的家长担任辅导员，亲身参与教学活动，既体验了教师工作的辛劳，也让孩子们获得了更多从学校课本中学不到的知识。

3. 加强教师培训，采用有效的沟通技巧

在繁忙的工作中，特别是当孩子在校发生摩擦和问题时，教师与家长的有效沟通就更为重要。沟通一定需要技巧，学校要经常对教师开展此类有针对性的培训活动，通过真实案例评析、案例模仿展示、专题讲座等形式引导教师与家长产生共情，本着尊重、共情、理解的基础，设身处地站在对方所处的立场思考问题，通过一定的语言技巧，安抚家长情绪，解决问题，并得到对方的认可。

4. 发挥家委会作用，搭建家校联系的桥梁

有一些家长工作繁忙，不能时刻关注学校的各种动态，这时，有愿意为家长、学生服务，能代表全班绝大部分家长意愿的家委会就显得特别重要。"双减"政策出台后，学校各项举措的解读、要求如果有家长还是不太了解，可以通过家委会进行多次讲解；家长对学校教育教学工作的意见也可以通过家委会提炼、总结后转达，从而大大提高了家校联系的效率。

在"双减"政策出台之后，家校联系工作依然要坚持家校同心、家校合力，教育效果才可能是加法。让我们携手同心，加强家校联系，共同为孩子健康成长保驾护航！

作　者　张志红　连云港市苍梧小学云山校区
　　　　　　　　江苏省优秀辅导员

江苏省基础教育小学音乐教师基本功大赛二等奖

江苏省"教海探航"征文竞赛一等奖

连云港市十佳辅导员

连云港市连云区优秀德育工作者

# 做家庭教育的倾听者和参与者

家庭启蒙教育是国民教育的基础，是下一代德育发展的起点。师生和亲子在不同的教育环境中扮演着各自的角色，遵循孩子的认知规律，尊重孩子的性格差异，了解孩子的内心所需，学校和家庭彼此联系，相辅相成。充分利用有益的社会教育环境，让教师角色完善、父亲角色回归、母亲角色转型，取长补短，实现教育结合。

## 一、学校教育的重要性

学校教育具有丰富的社会意义，具有计划性的同时存在着偶发性。通过学校教育的定义，我们可以知道学校教育区别于家庭教育，这体现在诸多方面：学校教育的社会性功能，学校教育的客体性功能及学校教育在经济、政治等方面的重要意义。狭义的教育是指学校教育，学校教育的重要核心是德育，而学生的德育培养直接来自学校的德育课程和德育活动。

"学校招考新生时，必须注意体格检查，并要求学校方面与家长取得联系，协助家长注意子女的营养。"国务院关于提高学生身体健康的文件中，清晰明确地阐述了学生的健康成长与家庭休戚相关，同时与学校密不可分。

### 1. 教师教育的专业化

学校教育中占据主导地位的是教师，教师的专业性指导可以帮助孩子形成科学的人生观和价值观。学校教育更强调教师教育，因为教育的本质是育人。在学校教育中，教育功能往往可以更好地实现。教育工作者根据一定的教育规律和教学标准，制定切实可行的教育方针和教学计划，使得他们现有的发展水平能顺利提升，而在此过程当中，教师会更多地注重对孩子的创新精神、实践能力、开放思维和崇高理想的培育。皮亚杰的认知发展阶段理论指出，小学阶段孩子要经历具体运算阶段到形式运算阶段的过渡，在这两个阶段中孩子的思维发展从可逆守恒，到更为复杂的反思维和可逆与补偿。在现实的学习生活中，孩子大多数的时间在校园中，那么孩子的认知水平和智力开发在很大程度上要借助于学校的教育教学。

### 2. 学生为本的主体性

在学校教育中，学生为本的教育理念是实现教育蓝图的基石。孩子在教育活动中，有目的地接受影响，作为被教育者，被组织者的孩子并不是学习的机器，学生是自我教育和发展的主体，孩子是有主观能动性的人。处于发展中的孩子具有差异性，往往表现为内心的脆弱，外表的强大，这需要更多学校老师的支持和帮助。教师在激发孩子学习潜能时，要保持孩子自身的"完整性"和主体性。因为每个孩子都独立于成年人的头脑之外，是不以教师的意志为转移的客观存在。随着年龄的增长、认知的成熟，他们的主体意志和责权意识也更具明显。在客观的联系中，师生关系的构建，亲子关系的转变也在不断地改变和发展。孩子是学校教育和家庭教育的纽带，与此同时，孩子的发展依托于学校和家庭，二者不可分割，缺一不可。

## 二、家庭教育的必要性

父母是孩子的第一任老师，父母在给予孩子生命的同时，也给予了他们作为社会公民可以享有权利即受教育权的机会。父母或监护人配合国家、地方、学校的三级管理，让孩子在校园中成长成才，在家庭中生活学习，家庭教育的复杂性和持续性需要父母的努力和配合，在不断的尝试中找到适合孩子的教育方式。父母扮演各自不同的角色，承担着不同的家庭责任和教育义务。

### 1. 父亲角色的巩固与重塑

谈及父亲在家庭教育中的角色，可以用《三字经》中的"子不教父之过"来形容。从历史文化角度来看，父亲作为家庭教育者所发挥的作用至关重要，如果说家庭教育是国民教育的基础，那么起到教育支柱作用的家庭成员大多为父亲。对于父亲在家庭教育中角色和形象的塑造，和我国重视传统家风的传承也有着必然的联系。无论是《傅雷家书》还是《背影》中，无不体现父亲对子女的教诲是必不可少的。

父亲在家庭教育中给予的力量和榜样作用使得孩子更有成长的驱动力。父亲在培养子女的性格特征，如自信勇敢、坚韧果断、良好的心理承受能力、受挫能力等方面发挥了重要作用，让下一代从幼年到成年，在细节处感知，慢慢模仿，逐渐塑造孩子的个体认知和人格。子女的道德启蒙教育是一个复杂而漫长的过程，父亲对于子女而言是力量威严的象征，无论是语言还是肢体动作都给予子女适当的疼痛感。中国式家庭父亲的威严渗透着道德品质中的实事求是与责任担当。

### 2. 母亲角色的回归与转型

在家庭教育中，母亲是子女内心想法的倾听者，亦是教育者，母亲应当给予子女更多的抚慰与关爱，更少的指责和怒吼。子女可以在母亲面前表露出脆弱的心理状态，可以哭诉、撒娇，有适当的脾气，合理的辩解。母亲作为家庭中的女性成员，理性中更多的是感性，母亲应当以柔克刚，然而在现实的家庭教育中，母亲扮演着"虎妈"的角色，在很大程度上使孩子失去了可以分享和分担的桥梁，缺少了心灵深处最需要的港湾。在家庭教育中母亲的角色扮演应当尽可能地回到说服教育中。母亲的形象应当转变，转变为温柔言语的循循善诱，包容心态的步步引导，才可以让孩子在更为轻松的环境下茁壮成长。母亲不能充当孩子教育中的控制者，也不能变成"盲人"。让母亲充分发挥自身作为女性的优势，在培养孩子外在行为和内在心理上起到更好的协调作用。

### 三、家校结合的联动性

随着信息化的发展，科技网络提供更为便捷的平台，使得学校和家庭摆脱空间布局的束缚，实现家校结合的快速发展。学校与家庭借助网络平台，如微信、校园公众号、网站、信箱、微博论坛、钉钉App等，实现家长直接性的参与学校管理和服务。良好的媒介使得家庭教育不再成为学校教育的附属，学校教育也不再孤立无援，从真正意义上实现家校结合的共同发展。学校教育和家庭教育都有着自身的结构框架。在正确的组成结构下，需要教育工作者和家长的配合，不断融入新的构想，适应孩子的发展。父母和老师不能"孤军奋战"，而要联合行动，针对学生出现的问题采取措施，而不是单独的"穷追猛打"。可以说，充分发挥好教师的专业指导、父亲的严格要求、母亲的悉心鼓励，教育工作将会达到事半功倍的效果。

当然，随着经验缺少的年轻父母的加入，他们带来教育质疑的同时，也带来了教育的新思潮。取其精华，去其糟粕，学校专业教育理念也会因此不断丰富，年轻一代的家长们也会在探索中积累自己的教育经验。与此同时，以学校为中介的社会性教育活动，将教育理念传播给每个家庭，那么每位孩子所享有的不仅仅是一定社会背景下社会化的教育，更是个性化的教育活动。

作　者　范　青　连云港师范高等专科学校第二附属小学

# 新媒体沟通　畅通家校共育的桥梁

教育不仅仅是学校和老师的事，也是社会和家庭的责任。家校沟通是家校合作的桥梁，在教育中有效地沟通才能使教育发挥最佳的效果。在互联网时代家校沟通的形式发生了很大的变化，利用信息化的手段进行沟通既方便快捷又能客观再现。良好的沟通关系到学生是否能健康成长，直接影响到学校教育的成败。只有家校通力合作，才能发挥教育的最佳效果。为进一步发挥家校群的功能，厘清边界，回归家校沟通的本质，新媒体沟通有效实现了家校沟通的平等、尊重、合作、共赢。

### 一、新媒体沟通的内涵

"沟通"，指人与人之间、人与群体之间思想与感情的传递和反馈的过程，以求思想达成一致和感情的通畅。新媒体沟通，主要指在"互联网＋"教育时代的大背景下，家校沟通采取信息化手段，提高沟通的效率，是传统沟通的有益补充。新媒体沟通主要有"社交软件沟通""电子邮件沟通""网络互动平台沟通"等几种形式。因新媒体沟通的互动性更强，所受时间、空间的约束更少，可在单线联系和群体沟通间自由切换，所以得到教师和家长的广泛运用。

## 二、新媒体沟通的现状

信息化时代家校沟通最便捷的渠道是各种交流群。家校群随时随地都可以把音频、视频、图片、文字发布保存，家长可以在方便的时候阅读，更直观地了解学生学习生活的现状。群里可以分享公众号里的教育资源，让家长学到更多的教育理论。家长都很忙碌，想要使其集体参与活动非常困难，而班级群可以实现家长的群体参与，更能集思广益。

任何事情都有双面性，我们不仅要看到班级群给家校沟通带来的快捷便利、内容形式多样的特点，也要看到因为这些特点家长群有时会成为家长的负担。

1. 班级家长群里，老师每次发布信息，就有家长们不约而同地接龙"收到"或"老师辛苦了""谢谢老师"等无关紧要的语句，家长们生怕比别人落后，导致一天交流下来班级群有上百条信息，给来不及看信息的家长带来困扰。

2. 一些家长把班级群当成自己的广告平台，每天聊天信息满天飞，求投票等链接刷屏不休，而将老师在群内布置的作业或重要通知早就淹没得不知去向。这样一来，有些可能因为工作或网络的原因没及时看到老师通知的家长，就不得不"爬楼"找信息。

3. 老师会将学生的表现发在班级群让家长及时看到督促教育，本意是好的，但这无疑对有些家长造成了心理压力，孩子表现好让家长感到自豪，然而调皮捣蛋的现象让家长觉得被其他家长瞧不起，心理压力就会陡增。有时老师将 word 文档直接传到微信群让家长打印、检查。这种布置作业的方式对于每天忙于打工的家长来说无疑成了负担。本该作为家庭与学校沟通桥梁的家长群，却不知从何时起悄然异化为家长不待见的"压力群""作业批改群"。

## 三、新媒体沟通的有效策略

### （一）厘清边界，回归家校沟通的本质

班级群是为了更好地家校沟通，在这里老师和家长应该做什么，必须厘清权责边界。齐抓共管提升成绩，这是老师和家长的共同意愿，但利用班级群布置家长作业、排班值日、发布广告、请求投票等已"超纲"的任务，使得班级群失去了它成立的初衷。极少数老师更不能仗着身为教师的"威严""强势"，毫无顾忌地对家长进行批评教育。这样往往使家校沟通出现障碍。

信息化时代背景下，建让家长群回归沟通本质，立微信群的本意都是为了搭建沟通桥梁，关键就是要明晰学校教育和家庭教育的分工，落实好中小学生减负工作

的实施意见，杜绝要求家长批改作业、打扫教室卫生、点赞转发各类信息的现象出现，按照"双减"和"延迟服务"的要求让老师安心地教学、家长安心地托付。

（二）方法引领，建立有效沟通的平台

1. 筛选内容，提升效能

（1）家长要及时了解学校的政策、要求。老师可以在家校群里直接发布，这样，简便快捷，而且留存记录，学生和家长无论何时打开微信，都能直接发现信息。为了防止没必要的刷屏，建议"收到"二字都无须回复。

（2）表扬可以激励孩子的上进心，要努力发现学生身上的闪光点，哪怕有一点进步，都可以在群内公开发布，使学生和家长都感到光荣和自信。这样还会在班级树立榜样的作用，形成积极上进的动力，形成比学赶帮的良好的班级风气。

（3）家长对于孩子在校学习生活状况是非常关心的，我们可以利用家校群展现学生在活动中的表现，用手机记录精彩瞬间上传到群里，让更多的家长可以领略孩子在活动中的风采，增进家校的联谊，获得家长对学校活动的支持。

（4）在与家长交流的过程中，很多家长都想配合学校共同教育，但面对孩子的表现却不知如何入手，这种心有余而力不足的情况使家长很无奈。因此我们可以利用家校群，定期发布一些优秀的公众号文章，指导家长进行家庭教育。

2. 遵照要求，理性沟通

（1）《中共中央 国务院关于深化教育教学改革全面提高义务教育质量的意见》中特别强调，严禁以任何方式公布学生成绩和排名。因此对于学生的学业检测成绩，不能在班级群里公开排名和公布，对于个别学习、生活和纪律方面存在问题的学生，我们应从尊重家长的角度出发，保护他们的隐私，最大限度地爱护每一个学生的心灵。采用私聊的方式与家长沟通，这样才能更好地解决问题。对于共性的问题可以在群里发布，征询家长的意见，但不出现具体的人名。

（2）突发事件和重大问题不宜在微信群中发布，因为不是每一位家长都能在第一时间查看群消息。当遇到紧急问题时，我们需要第一时间直接和家长进行沟通，以免贻误时机。

3. 尊重为先，促进沟通

（1）尊重是沟通的前提。对于家长发过来的邮件，教师要及时回复，耐心解答家长提出的问题，这是对家长的尊重，也是沟通顺畅进行的基础。即使教师不能马上解决问题，也要在回复中表明自己会时刻关注并尽快回复的。相信这样会让以后的沟通更有成效。

（2）因个别家长对教育的认知而对教师产生不理解，在家校群里会无端指责教师。对于家长的负面情绪，我们不能置之不理，更不能情绪化地在群里质疑，我们可以在群里回复私聊，再与家长进行单独联系，这是对自身的自我保护，要避免将个人事件升级为网络群体事件。

总之，"互联网＋"时代的家校联系浪潮已经成为主流，让我们在新媒体沟通中共同分享孩子的喜怒哀乐，让家长在这种沟通交流方式中参与探讨经验与困惑，让家校共育更有效、更有价值、更富有生机，共创家校共育的美好局面。

作　者　夏正华　连云港市云山小学
　　　　　　　连云港市中小学高层次人才"新333工程"管理能手培养对象
　　　　　　　连云港市课改先进个人
　　　　　　　连云区巾帼建功活动先进个人

# 家校共育　质量提升的源头

多年以来，我们所有的老师都在做着相同的生产工作——用相同的教本培育人才，但是不管怎样努力，我们都教不出相同的人才，这在很大程度上与家庭教育有关。家庭是孩子成长不可或缺的场所，没有家庭教育，尤其没有好的家庭教育，学校教育百般艰难；有了好的家庭教育，学校教育才会事半功倍。"双减"政策中明确规定了小学生要减少家庭书面作业的压力，因此更需要家校合作，携手共育才能实现"双减"目标，将减负增效落到实处，在家校共育的基础上提高小学生的综合素养和能力。

## 一、当下家校合作的现状

### （一）家庭教育缺乏指导能力

当下很多家庭教育指导能力不足，缺乏科学的方法，不利于小学生学习能力的培养和提升。家庭是对小学生学习能力影响最大的外部环境，如果家长不能根据小学生的学习、生活状态给予指导和鼓励，就会导致部分小学生出现犹豫、自卑等负面学习状态。小学生学习能力较低，如果不能充分发挥家庭教育的指导功能，就会影响小学生在课堂上的学习能力和学习效果。

### （二）学校教育无法深入家庭

在小学的日常学习生活中，小学生对老师和家长具有较强的依赖性，同时也呈现出学校教育无法深入家庭的教育问题，使得家庭教育和学校教育常常出现冲突。如：学校教育在教学活动中重视对小学生自我管理能力的培养，但是部分家长认为孩子年纪太小，因此对小学生学习和生活中的一切进行管理，这就剥夺了小学生在学习和生活中的自我管理和自我实践机会，同时还会导致小学生养成缺乏主见、过度依赖等不良习惯。由于学校教育无法深入家庭，这些问题会阻碍小学生习惯、能力的培养，从而给教育增负。

### （三）家校共育沟通联系少

当下家校沟通的方式主要有电话、QQ、微信、面谈。这些方式都不是常常发生的，只有当孩子出现问题时才会联系，班级40多个孩子平均一学期能有一次联系就很不错了，听话的孩子可能一学期一次联系都没有。从老师的角度分析，每天繁重的工作压力使其没有时间和心情有计划地与家长联系沟通，而家长们也很难主动沟通，除非孩子出现问题了才会主动联系。家校共育沟通太少是阻碍育人质量的关键因素之一。

## 二、开展家校共育的策略

### （一）加强群沟通

笔者带班多年，每年的开学初都会把本学期的培养重点、班级管理方法发给家长，在班级群里经常对本班的班级现状总结反馈，下一阶段的管理改进措施均会提前公布，家长委员会也会及时把家长们的意见及时反馈给我，针对家庭教育问题及时调整改进措施。在教育孩子方面老师也会经常利用群聊等方式向家长传授方式方法，要求家长配合学校，统一教育方法才会对孩子的教育事半功倍。

### （二）重视家长会沟通

家长会是家校沟通的重要方式。好的家长会不是老师单纯的说教，而是应该给家长传递一种信心、上进心，让家长积极参与到孩子的教育管理中来。笔者担任班主任工作多年，深知家长会的召开形式多样：可以是展览室的家长会，将班级同学们的作业、手工、作文展出来让家长参观；也可以是表演式的家长会，让同学们将自己的才艺展示给各位家长；还有辅导式的家长会、恳谈式的家长会，会诊式的家长会。老师可以根据每一次的实际情况，选择合适的家长会形式。总之，要重视家长会，让家长会起到沟通、教育的功效。

### （三）建立家校联系本

加强家校联系的最好方法就是建立家校联系本。家校联系本是家长和老师共同记录孩子在家、在校情况的记录本。它的建立改变了以往家长和老师联系少的现象，让家庭教育和学校教育联系得更加密切。家校联系本是各个家庭根据孩子的情况制定的合理的教育计划、有目的的记录，它在很大程度上反映孩子在家的状况，让老师及时了解、及时干预，帮助家长一起培养孩子的自我管理能力。它也是老师把孩子在校情况及时反馈给家长的好方法，这样便于家长及时跟孩子沟通交流，让孩子的学习习惯得到很好发展。

### （四）开设班级小课题

孩子的天性都是好奇、爱发现的，他们对于未知的物体天生充满着探究欲，引导他们学会研究、学习，培养他们的兴趣是学校和家庭共同的责任。班级小课题是加强家校沟通、培养学生学习能力的好方法。为了提高同学们的阅读兴趣，我们可以专门布置关于花、树、鱼等的课题研究，研究后不仅让孩子们展示自己的研究成果，还让孩子们每天课前或课间讲出自己的研究成果。大家互相学习，学会了知识，同时也提高了自己的兴趣和能力。这样的家校配合不仅提高了孩子、家长的积极性，更重要的是提高了孩子的综合素养。

（五）课间小喇叭

课间生活是小学常规管理的难点，孩子们好动的特点让他们课间最喜欢做的就是追打嬉闹。怎样改善有限的楼道生活，让同学们课间生活有意义有活力？我们家校合作，在课间开设了小喇叭活动。每到课间时同学们上完厕所就会回教室，因为教室课间每天都有小主持人，每天都安排了精彩的节目，有美读，有笑话，还有讲故事、唱歌、跳舞等，班级摄影师会把班级的课间节目转发到家长群，让家长们及时了解班级的情况，这样他们会积极参与到孩子们的这项活动中，让家校联系更紧密，这不仅提高了孩子们的自我管理能力，更重要的是孩子们的素养会得到很大提升。

"双减"政策下，我们在减负的同时要增效，身为班级管理者要有长远的眼光，用爱心、耐心和细心营造良好的班级氛围，用科学、合适的方法将家庭教育和学校教育紧密结合，以培养小学生的综合素养和能力为己任，让小学生活更精彩。

作　者　周海燕　连云港市云山小学
　　　　　　　　连云港市中小学高层次人才"新333工程"管理能手培养对象
　　　　　　　　连云港市连云区优秀班主任
　　　　　　　　连云港市连云区德育先进工作者
　　　　　　　　连云港市连云区基础教育先进个人

# 反思不足　更新理念

家庭是人生的第一所学校，家庭教育对人一生的发展具有重要的影响。家庭教育的质量关系到孩子的终身发展，关系到整个国家和民族的未来，更关系到人民的切身利益。虽然家长在孩子身上花了大把的时间、精力和财力，但效果往往令他们十分头疼和无奈，甚至让他们感到茫然。

本文试图着眼于反思不足，更新理念，为家长们提供一把打开家庭教育成功之门的密钥。

德国教育家福禄贝尔说："国家的命运与其说是掌握在当权者的手中，倒不如说是掌握在母亲的手中。"这句话深刻地表明了家庭教育在一个人成长过程中所起到的重要作用。2015 年，教育部发布了《关于加强家庭教育工作的指导意见》（教基一〔2015〕10 号），强调家庭是孩子的第一个课堂，父母是孩子的第一任老师。《促进法》也明确规定，父母或者其他监护人应当树立家庭是第一个课堂、家长是第一任老师的责任意识，承担对未成年人实施家庭教育的主体责任，用正确思想、方法和行为教育未成年人养成良好思想、品行和习惯。当前，我国教育任务虽然主要由学校来承担，但家庭教育是教育的重要组成部分，是学校教育的基础、补充和延伸。只有家庭与学校密切配合，才能使青少年在德智体等方面获得良好发展。

## 一、家庭教育问题的突出表现

家庭教育不仅关系到一个家庭的幸福，还影响到一代人在民族发展中的作用。当前，由于传统观念的束缚、家长素质不均衡等各种因素的影响，我国家庭教育还是相对薄弱的，主要有以下几个方面的表现。

### （一）家庭教育观念落后

一是错误的育儿观。家长不懂得尊重儿童及其成长规律，不能根据儿童成长所发生的变化调节教育方式。

二是错误的教育观。其体现在重智、轻德、轻情感的教育思想；看重孩子的学业，忽略孩子做人、处事、心理等方面的教育。

三是错误的养育观。过分溺爱孩子，忽视孩子自强能力和精神的培养。

四是错误的期待观。对教育的目标和期望值普遍偏高。"望子成龙""望女成凤"的家长不在少数。

### （二）家庭教育主体不清

当前家庭生活中，特别是独生子女家庭中，父母、祖（外祖）父母等长辈都承担着家庭教育的主体角色。长辈由于个人经历、生活年代、成长环境、所受教育、思想观念等方面的差异，经常在对家庭教育方式、内容等方面出现分歧，在这种情况下，家庭教育的效果会大打折扣，孩子会不知所措，甚至会产生逆反心理。

### （三）家庭教育环境功利

家庭教育环境功利是指追求短期效应、急功近利，主要体现在以下几方面。

一是重成才，轻成人。只关注孩子能否成名成才，忽视孩子走向社会后如何做人。

二是重物质，轻精神。花重金上贵族学校、提高班等，忽视孩子内心世界和精神世界。

三是重结果，轻过程。拔苗助长，布置超出孩子年龄阶段的学习任务。

（四）家庭教育方法欠缺

教育方法简单、粗暴、传统，信奉"棍棒之下出孝子"；注重给孩子定目标、提要求，却不会教给孩子正确的道理和方法；喜欢将自己的孩子与别人的孩子对比。家长不了解科学的家庭教育知识，也不了解幼儿、儿童、少年的生理和心理特征；只关心孩子的智力，而不关心孩子行为习惯的培养；只关心孩子的身体健康，而不关心孩子的心理健康。家长在家庭教育方法方面呈现明显的盲目性、随机性和主观性。

## 二、家庭教育问题的解决之道

家庭教育中的问题给儿童发展产生了消极和负面影响，严重影响教育的质量。针对此问题，主要有以下几种解决方法。

（一）转变家庭教育观念

观念是一切行为的先导。提升家庭教育的质量必须先从转变家庭教育的观念、树立正确的育儿观入手。一是改变专制观念。家长不要把自己的思想和行为蛮横地强加在孩子身上，要切实增加孩子的独立性、主动性。二是切忌过分溺爱。不要把孩子当成"小皇帝"，要什么给什么。三是切勿放任自流。管得过严固然不对，但"散养"观念也不可取，会让孩子养成不遵守秩序的习惯。四是倡导平等合作。树立平等、互尊的家庭成员关系。对于孩子的不良行为，要心平气和地进行矫正，摆事实，讲道理。

（二）落实家庭教育主体责任

我国民法典规定，父母是孩子的监护人，有教育、监督和保护未成年人的法定职责。《促进法》规定"父母或者其他监护人应当树立家庭是第一个课堂、家长是第一任老师的责任意识，承担对未成年人实施家庭教育的主体责任"。父母要切实承担起家庭教育的主体责任，用正确思想、正确方法、正确行动教育引导孩子，避免缺教少护、教而不当。

（三）净化家庭教育环境

家庭教育环境的好坏，直接影响孩子能否健康成长。如何优化家庭教育环境，笔者认为，一是家长要提高自身综合素养。通过"言传身教"发挥教育作用。二是要营造良好家庭文化环境。主要是指营造家庭读书学习气氛。父母要以身作则，喜读书看报，不要沉迷于麻将、手机、电视等。三是要打造良好家庭行为环境。"近朱者赤，近墨者黑"，若家长语言文明，子女也会文明；家长说话爆粗口的，孩子通常也会这样。

（四）优化家庭教育方法

当前最大的问题是绝大多数家长缺乏科学有效的家庭教育方法。针对这一问题，可以从以下几个方面入手：一是多与孩子交谈。交谈能够加深家长和孩子的了解，有益于与孩子的思想交流。二是多与孩子互动。比如外出郊游、参观博物馆等，跟孩子在一起活动，能够融洽亲子关系，增进家庭亲和力。三是多表扬、鼓励孩子。表扬、鼓励孩子可以激发孩子的上进心，有利于培养孩子的自尊心和荣誉感。四是对孩子的错误适度宽容。孩子做错事之后，家长要以宽阔的胸怀接纳孩子的过失，通过宽容和晓之以理，促使孩子在父母的宽容大度中改正错误。

家庭是人生的第一所学校，也是每个人永久的学校。家庭教育对人一生的发展都具有重要的影响，具有其他类型教育不能替代的作用。如果没有家庭教育所传授的那些基本知识、本领作为基础，人是很难顺利接受学校教育和社会教育的。只有家庭教育做好了，才能培养出优秀的人才，从而促进社会的文明发展。

作　者　孙　丽　连云港市云山小学
　　　　　　　　连云港市家庭教育指导员基本功大赛一等奖
　　　　　　　　连云港市连云区优秀少先队辅导员

# 为 爱 发 声

家庭是社会的最基本组成单位，每一个小家的进步，会促进社会文明的进步。随着社会的发展，孩子的超前教育凸显，家长担心孩子落后在起跑线上，给孩子安排各类辅导班，孩子的童年也因此缺少了该有的欢声笑语。家庭成员间的关系也因教育而出现各种矛盾。

## 一、从自身成长，谈家庭教育对孩子的影响

本人出生在一个农民家庭，父母平时忙于农事，很少关注我和哥哥的心理成长和知识增长，这也是八十年代中国农村家庭的普遍现象。我的父母相处方式简单粗暴，彼此冷漠，一言不合就争吵，也常常为一些生活琐事由小吵小闹逐步演变为动手打骂。

我年幼的心中充满了恐惧、害怕和担心。日常生活中因为缺乏父母的关注和倾听而自卑胆小，没有自信，没有和谐温馨的亲子关系和爱的表达。家庭关系的温度变得像冰水一样令人窒息，内心感受不到家的温暖，没有对家的眷恋。

父母只是满足我们吃饱穿暖简单的物质条件。父母的教育方式很多时候令自己对他们的行为心生怨言。可是通过幸福双翼家庭大学的学习，自己很多固有的观念发生了转变，我知道自己要用资源的眼光去看待父母，而不是用问题的眼光看待父母。父母在曾经温饱都得不到满足的生活环境下，不曾受过什么教育的背景下，给

了我们他们所能提供的最好的教育！

"父母不能把自己没有的东西给予孩子"。说到父母的学习，让我想起母亲曾经跟我说过，她就上过两年学，然后就下学堂帮助外公外婆割草干活挣工分。

记得有一次母亲在整理自己物品的时候，我看到了当时母亲获得的三八红旗手的奖状，这让我对母亲肃然起敬，从心里接纳母亲是一个被别人尊敬和认可的光荣的劳动人民。偶然也看到了母亲年轻时候的照片，也感叹母亲年轻时候的美貌，同时感恩母亲为了家庭，为了教育孩子，任凭岁月在脸上留下的痕迹。我从心里接纳了我有这样一个平凡而伟大的母亲。

我的父亲在家里男孩中排行老二，从母亲的口中知道父亲在当时不被关爱，经常被爷爷大声指责和批评。父亲的内心中应该积压了很多不良的情绪，也学会了爷爷对待家人和孩子苛刻指责的育儿态度。生活的哲学告诉我，孩子才是我们生命的延续，我们有责任和义务培养我们的下一代更健康、更积极、更阳光地面对生活。

在我的脑海中有一个画面：父亲是一个爱玩的人，没事就会打牌，母亲时常牵着我的手去各家各户找父亲，担心父亲在外面打牌输钱。父亲对母亲找他回来这件事情心有不满，会把母亲关在门外。自己年幼也很无助，不知道怎么办才好，因此对父亲也产生了不满和怨恨。

记得当年正值青春期的哥哥对父亲打牌这种行为非常气愤，在家里面摔打东西，把父亲打牌的桌子推翻。母亲因为跟父亲闹意见，一个人哭着去外婆家。遇到这些事情年幼的我感觉特别难过害怕，到现在还能感觉和父亲有距离，我们彼此之间就好像是熟悉的陌生人，我无法自然地表达对父亲的爱。

通过学习生命铁三角，我知道父亲和母亲在我生命中的重要性，我也认识到他们赐予了我最重要就是生命，他们又给了我他们当时所能给的最好的教育。我最为感激的就是在当时家庭并不富裕的情况下，父母凑足了17000元钱，帮我交了上师范大学的学费，我开启了另一段与众不同的生命之旅，有机会成为一名光荣的人民教师。

一个小家庭一般由爸爸，妈妈和孩子组成，在孩子的心中，父母就是孩子的天地。由此可见，父母之间和谐友爱的关系是多么重要。孩子需要来自父母的温暖和接纳，身体的抚触也会帮助孩子脱敏而增加安全感；父母的陪伴、理解、安抚，跟不同年龄层次的人交流，孩子才能够健康成长。

生活五味杂谈，家家有本难念的经，我们生活的环境，琐碎的育儿细节，来自金钱的压力、工作的压力，等等，有时候让我们很无奈，感叹何时才能让孩子最终形成幸福能力呢？

## 二、父母教养方式对孩子人格的塑造

身为父母，我们的亲子教养方式会受上一辈的影响，你是否有这样的经历？一张嘴说出来的话，竟然跟妈妈如出一辙。当我们对生活中的各种育儿问题束手无策的时候，我们又如何去提升自己，突破瓶颈呢？作为家长，我们要与时俱进，通过不断学习来提升自己，避免给孩子在成长的道路上带来不良的后果。而这些后果包括缺乏信心、悲观、过度保护、时时刻刻担心与害怕。当父母有这些心态的时候，都会直接影响到亲子关系的质量。我们要用科学的理论武装自己的头脑，将所学家庭教育的理念运用于亲子教育实践中，才是真正地获得知识的精髓，而不是只做知识的储存者。

在孩子成长的过程中，家人能够把孩子当成独特的、有价值的个体看待，给孩子有界限、无条件的爱，能及时给孩子足够的正面关注。只有这样，家庭关系才会融洽和谐，孩子才会获得一份培养正面关系的蓝图，长大成人的孩子才会有信心为家庭与社会做出自己的一份贡献。秉持"亲情第一，人格第二，知识第三，按次序进行，一个也不能少"的理论引领自己的育儿之路，让自己在教育孩子的道路上更有信心和勇气。

### 三、自信心的培养 为孩子的健康快乐成长启航

自信心就像孩子成长路上的发动机，既然自信心如此重要，那么如何才能更好地提升孩子的自信呢？那就要从孩子的良好感觉开始建立，放心大胆地让孩子多尝试，鼓励孩子动手去做，在做的过程中积累经验，在做事时犯错误很正常，我们要允许孩子犯错误，同时给予他们正向的鼓励与引导。看见孩子为了做好某件事情的决心和毅力，要多肯定孩子，让孩子感觉做某件事情是积极正向的，这样孩子才会乐于做这件事情，在不断做事情的过程中积累经验，然后形成能力。当孩子有能力的时候，他的自信心才会慢慢地形成。

能力形成四步法：一是拥有正向的感觉；二是尝试去做；三是积累经验；四是形成能力。

孩子如何建立正向的感觉呢？要学会运用"341"肯定法：

"3"指的是任何时间，任何地点，任何事件。我们可以找到孩子做事情的好的动机，记住不管是什么行为，我们都能够从这个行为背后找到他的好的动机。

"4"指的是肯定他的情绪，肯定他的动机，肯定他做得好的地方，引导他还可以做得更好的地方。

"1"指的是有一个检验的标准，就是它有没有形成正向的感觉。只有当孩子有正向感觉的时候，他才会想着继续去做某一件事情，所以我们一定要帮助孩子保持住做好某件事情的感觉。

鼓励让孩子内心充满力量，给孩子的成长指名方向。"至善教子"翁亦奇老师的一句话深深地影响了我："优秀是练出来的！"他倡导的思想是通过不同的活动锻炼来激发孩子的各方面的能力。通过不同的活动达到对身体各个方面的锻炼。如卧地推球帮助孩子锻炼大脑的前庭发育，走独木桥，玩平衡车或者脚跟顶着脚尖沿着直线走可以锻炼孩子的平衡感，记忆图卡可以提升孩子的记忆力等。

感恩自己学习前进的道路上遇到如此优秀的前辈，我将努力学习，继续提升，愿做星星之火，传播科学的家庭教育！

作　者　伏利华　连云港市东海县白塔中心小学
　　　　　　　　连云港市家庭教育指导员基本功大赛二等奖

# 教育化春雨　润爱于无声

家庭教育是一种在家庭中对孩子进行的有意识、无意识的综合性家庭亲子活动，它具有其他教育不同的特点，如强烈的示范性、内容的丰富性等。由于家长的知识涵养、生活经验、生活技能，以及家庭成员的精神面貌、文化储备和教育水平的参差不齐，家庭教育情况复杂多样，存在一定的差距，更存在许多的问题。

## 一、当前家庭教育存在的问题

### （一）缺乏良好的家庭环境

家庭环境是家庭教育的场景，它对孩子有着渗透性的影响。不良的家庭环境可能会导致许多家庭教育问题的产生。

1. 留守儿童的现实问题

在农村，高达25%的留守儿童由于父母不在身旁，严重缺乏家庭教育的良好环境，家校之间沟通受阻，孩子缺乏管束，亲子间缺乏情感交流，使其形成以自我为中心、孤僻的性格，厌学、不写作业、与同伴不能和谐相处成为留守儿童中的常见问题。

2. 家庭成员关系不健康

如果家庭成员间矛盾激化，家中整天鸡飞狗跳，甚至夫妻离婚，家庭不再是温馨的港湾，儿童也就失去了健康成长的条件。缺少关怀，得不到照顾，孩子会变得孤僻、自卑、暴躁，在这样的环境下成长的孩子更容易违法犯罪。

### （二）家庭教育方式不科学

1. 重视智力开发，轻视品德培养

家长只关注孩子是否成才，却忽略了孩子是否成人，以至于许多高学历、高智商的人因违法乱纪不得善终。

2. 外在物质丰足，内在心理空乏

很多家长在为孩子创造优越的物质环境的同时，却往往忽视了对子女的精神教育。这样的家庭教育出的孩子满足于丰盈的物质享受，但他们内心空空，不知为何活着。

3. 期望过高，强行塑造

许多家长无视自家孩子与别人的差异，只一味地追求望子成龙，造成孩子身心的伤害。

4. 家长管教方式粗暴

有些家长秉持"不打不成才"的教育思想，对孩子的一切行为很专制，以至于家庭气氛紧张，长此以往，教育出的孩子容易出现暴力、自卑、自闭行为。

5. 家长与子女"双标"

辛苦一天的父母刷手机，却要求孩子认真读书；父母熬夜、晚起，却要求孩子准时作息；父母有很多不足，却要求孩子优秀……作为长辈不能以身作则，孩子受其教育时，当然不会心服口服。

6. 隔代抚养存在很多隐患

（1）延长儿童"童稚"心理。一生坎坷的祖辈，对孙辈往往极度溺爱，以至于影响孩子正常心理发育。

（2）导致教育的"脱代"。年龄差距导致长辈与小辈观念产生巨大差异。

## 二、提高家长的素养及教育能力

### （一）提高自我教育素养

没有人可以选择自己的父母。因此，为人父母，爱孩子就得努力提高自身修养，提高家庭教育质量。

### （二）营造和谐整洁的成长环境

1. 创造家庭环境整洁

良好的家庭环境有利于陶冶孩子的情操，让孩子养成温和的性情，培养健康的生活态度和行为习惯。

2. 形成健康家风

家庭成员关系要和谐，教育观念要一致，形成家庭教育的合力，这样更利于达成家庭教育目标。民主、友好的相处方式，有利于促进孩子平和、健康心境的形成。

### （三）改善教养观念

1. 健康的亲子关系

父母要多和孩子谈心，多聆听孩子的愁与乐，与他们共同分享成功的喜悦。遇到困难，要和孩子一起面对，共同商探解决办法。如何积极有效地引导孩子乐观面对问题、积极解决问题，这是家长们家庭教育的必修课。

2. 关爱有度

父母疼爱子女是家长的本能。适度疼爱是家庭教育中必须遵循的原则。严爱有度，才能让孩子身心健康地成长。如今社会家庭中过度包办、溺爱现象普遍存在，如对于玩具孩子想要就买，结果家中到处是各种玩具。这不但没达到理想的教育目的，反尔孩子容易养成不爱惜物品、奢侈浪费的不良习惯。

## 三、家庭教育中的疑惑

### （一）逆商教育，对于孩子的成长是否必需？

所谓逆商，即面对挫折、摆脱困境和超越困难的能力。挫折教育是孩子成长的必需品。我国早有"溺子如杀子"之说法。无原则的宠溺会让孩子失去抗挫折的能力。社会是有其运行法则的，没有谁会一生平稳顺利，每个人都会遇到挫折失败，唯有坚忍不拔才能走出来困境。如何拥有坚韧的品质，这就需要逆商的培养。

但现实中却有很多家庭溺爱孩子。一方面因为现在生活条件优越，另一方面因为一个家庭也就有一两个孩子。父母小时候家庭生活条件一般不好，如今舍不得让孩子吃一点苦，对孩子宠爱有加，以弥补自己年幼缺东少西的遗憾，只要孩子吃得好、穿得好，除了学习，其他事情一律不用他们做。

### （二）为了成就美德，是不是必须谦让？

自古以来，谦让在中国就是一种美德。"孔融让梨"教导孩子学会谦让。身为家长，在孩子小时便教导孩子学会谦让分享，以便他们长大后能很好地融入社会，与人合作，实现共赢。但实际生活中的谦让往往不是孩子的一种自愿分享行为。不谦让、不分享，让家长很没面子，感觉会让别人觉得自家孩子没教养。家长不考虑孩子的想法和感受，极力劝说孩子谦让，导致不但没有成就美德，反而扭曲了孩子的心理。

在教导孩子谦让分享前，父母一定要问问孩子的感受，尊重他们的选择。我们要学会让孩子明白谦让的道理，表面是少吃一块蛋糕，让出了玩具，但会得到他人的陪伴，得到感谢，获得精神上的愉悦。要保证谦让的结果是孩子能接受的，如分享给别人玩的玩具会还回来，明确谦让共享方法，明晰谦让规则等。

谦让虽是美德，也不是非得人人拥有。父母要告诉孩子的是：你谦让别人是美德的表现；你不谦让我也能理解，但记得不要损害别人。谦让，是美德但不是必须！

众多教育中，家庭教育是学校教育或其他教育不可替代的。家庭教育是家长把理智、情感、智慧、能力融合而成的复杂劳动。家庭教育成败的关键在于家长。家长只有秉持正确的教育观念，注意教育方式方法，不断提升教育能力，才有可能让孩子成为有用之才！

作　者　刘洪华　连云港市东海县白塔埠中心小学
　　　　　　　连云港市家庭教育指导员基本功大赛二等奖

# 时代变迁对家校沟通的挑战

随着经济的不断发展，社会生活的快速变迁，小学生所处的成长环境越来越复杂，对于家校沟通这项教育策略的开展，也提出了更多更高的要求。在新时代，教师和家长要通过家校沟通模式，及时发现、解决学生的问题；要注重从学生的学习、心理以及生活习惯等方面入手，让学生在家长和教师的带动和培育下进行广泛的学习，锻炼多方面的技能，形成完善的人格。因此，教师要拓展家校沟通的理念，创新家校沟通的形式，让学生在家校沟通模式下获得全面成长。

随着以人为本的教育理念的不断落实，小学班主任的工作职能越来越全面化。教师必须要精准地发现学生在学习、成长等方面存在的各种问题，并根据各个学生的表现分析其产生问题的原因，针对性地提出解决问题的方法，让学生获得广阔的发展空间。因此，只有大力发挥家校沟通的教育模式，让教师与家长进行及时的信息交流，探究先进的教育方法，形成完善的教育模式，才能够及时、精准地对学生产生良好的教育。

## 一、新时期小学生的成长现状

### （一）心理素质脆弱

在近年来家长普遍拥有着强烈的望子成龙的心态，过度看重学生的学习成绩，而忽略了对学生进行心理健康教育，造成学生的意志品质普遍比较薄弱、人际交往能力普遍不足、缺乏充分的集体主义精神。学生在遇到困难和挫折时，经常会产生消极闭塞的不良心理，容易诱发多种不安全事件，严重阻碍了学生的身心健康成长。

### （二）生活技能低下

随着我国经济水平的飞速发展，小学生从小普遍享受着优越的物质条件，缺乏充分的劳动锻炼，难以具备良好的独立生活能力。同时容易受到物质的诱惑，形成好逸恶劳、虚荣攀比等不良心理。另外，很多学生会沉迷于电子游戏的网络产品，造成学习不够专注、责任感丧失，难以独立处理生活中遇到的各种问题。

### （三）学业压力繁重

目前小学生普遍面临着繁重的学业压力。同时，由于教师经常采用灌输式的教学方式，造成学生的学习过程十分枯燥，独立思维能力普遍不足，难以独立解决各种学习难题，容易因为学业压力而产生消极悲观的心理，可能与家长和教师发生严重的隔阂。

对于新时期小学生的成长现状，每一位教师都要对此有一个全面、透彻地把握，在认真分析这些成长现状的基础上，积极地把握新时期家校沟通现状以及存在的问题，进一步探索和研究新时代下有效推进家校沟通的对策和方法，以更好地在沟通和交流中强化家校合作，开展高质量和有效化的合力教育，促进学生更好地发展和提升。

## 二、新时期家校沟通现状以及存在的问题

### （一）沟通频率过少

目前很多的教师对于家校沟通这种教育方式的作用缺乏足够的重视，教师和家长不能够经常进行互动，造成家校沟通开展的频率过少，不能够及时发现学生存在的问题，对于学生缺乏及时的跟进作用。例如，由于沟通频率较少，导致家长不理解学校的政策、教学方针、教学安排、活动情况、学生的基本情况等，而教师则感觉家长不能很好地配合自己的工作，久而久之，教学效果最终会受到影响。

### （二）沟通目的模糊

很多教师和家长进行家校沟通时，缺乏明确的目的，不能够在沟通中深入交流学生存在的问题，不能够相互探讨有益于学生的教育方法，也不能够很好地表达自己的诉求，造成家校沟通流于形式，难以对学生产生实质性的辅助作用，自然不利于后续有效开展家校合作。

### （三）沟通方式固化

家校沟通主要是指教师和家长在沟通中了解学生的情况，探讨解决学生问题的方法。而更重要的还在于通过一些具体的活动让学生进行知识的学习、心理状态的调整，以及多种技能的提升。教师和家长只是以谈话的方式对学生的一些问题进行交流，而不能够在生活中采取具体的措施对学生进行针对性的辅导，造成家校沟通的方式十分固化，不能够对学生发挥实质性的作用。

## 三、新时期家校沟通的有效开展策略

### （一）了解家庭状况，精准解决学生心理问题

从目前来看，小学生普遍存在多种心理问题，而绝大多数的心理问题都是由学生的家庭状况而导致的。在家校沟通的过程中，教师要深入了解各个学生的家庭状况，对留守子女、随迁子女、单亲子女的家庭进行深入的分析，帮助家长寻找造成学生心理问题的根源，并找出相应的解决方法，促进学生心理健康发展。

### （二）培训生活技能，全面增强学生独立能力

小学生从小享受着优越的生活条件，在家庭中很少参与家务劳动，缺乏一定的生活技能。幼儿在校园集体生活中也经常会对班级中的各项活动缺乏足够的参与能力，造成学生自身产生一定的自卑、怯懦心理。因此，在进行家校沟通时，教师要与家长共同开展生活技能的培训活动，引导学生掌握各种生活技巧，增强学生的独

立意识。

### （三）展开亲子共读，有效提高学生学习能力

家长对于学生的学业要求普遍过高，造成学生经常在家长的催促下进行学习，容易使学生产生严重的心理问题，对学习丧失兴趣。因此，在家校沟通的过程中，教师还可以组织家长与学生一同开展亲子共读活动，让家长向学生传授一定的知识，辅助学生进行一些问题的解答，从而激发学生的学习动力，活跃学生的思维能力，促进学生的不断发展。

家校沟通是一种非常重要的教育方式。在新时期，小学生在学习、心理以及生活技能等方面普遍存在着多样的不足的问题。只有充分发挥家校沟通的作用，才能够深入考查学生各方面的状况，精准分析学生产生问题的原因，针对性地提出解决的方法，帮助学生从各个方面提升自我，获得健康成长。

作　者　孙碧碧　连云港市东海县白塔埠中心小学

# 家庭教育中母亲的重要作用

家庭是孩子人生的第一站，家长是孩子的首任老师，而母亲实质上是中国传统社会的家庭的中心。一个人长大后会成为什么样的人，往往和母亲有很大的关系。德国教育家福禄贝尔曾说："国家的命运与其说是掌握在掌权者手中，不如说是掌握在母亲的手中。"

这不禁让我想起了班上的一位学生。

## 一、事件回顾

两年前，我担任二年级某班的语文教师兼班主任。班上有位女生叫萍萍，她从来不和同学说话，久而久之同学们也不愿和她一起玩。看到这种情况，我觉得有必要找她的家长谈谈。

后来因为萍萍没交书本费，她的妈妈在校门口当着众人的面将她狠狠地训斥一番，其中夹杂着无奈。我趁机和她妈妈聊起来，从她妈妈寥寥数语中，我感觉萍萍心理有问题，初步断定她有"选择性缄默症"。一次，我把萍萍上体育课的状态拍给她的妈妈，她的妈妈立马打电话过来，说看到照片她的眼泪立马掉下来了，说只知道女儿在学校不说话，但是从来不知道是这种状态，瞬间觉得心很疼。

后来有一天在课间活动时，一位同事来找我。她和萍萍是亲戚，萍萍有好几次在学校尿裤子，家长担心孩子会冻感冒，想让我在课间时提醒她上厕所。同事说萍萍的母亲本来是一个性格很好的人，但是这几年性情大变，大家都说她受刺激了，

主要是她儿子去世后就开始性情大变了。我想，萍萍这种状态和她妈妈有直接关系。

晚上萍萍的妈妈打电话来，起初很平静，后来越说越艰难，越说越泣不成声，直到最后号啕大哭，说出儿子出事的详细经过，并且毫不掩饰地表明：自己三个女儿加在一起的分量也没有儿子重，但是被全家人宠到8岁的儿子却意外身亡了。她的妈妈说到这立马又号啕大哭。我对她说儿子的身亡对她来说是一次创伤事件，且依旧在她心里，她一直处于压抑的状态，她的情绪很容易爆发。这种没有处理的哀伤全部背负在哥哥出事后才怀上的妹妹身上。我说到这，萍萍的妈妈更是泣不成声。她说："我爱我的每个孩子啊，可是我控制不住自己啊。"在孕期处于压抑情绪下的萍萍出生了，她没有讨得母亲的欢心，她也渴望得到母亲的关注，于是她就用惹事、不按常理出牌这些事情来吸引妈妈的关注。她的妈妈说是的，有时候萍萍就是故意惹事，然后任她打骂，打骂完萍萍一脸轻松，这样她更抓狂。我说："你就当她是一个天使，她是上天派来帮你发泄心中的负面情绪，你每次释放，都是让自己心中背负的哀伤减少一些。孩子是家庭里最敏感的人。她捕捉到你的情绪，她爱你，她在帮你释放。"听到我说完这些，萍萍的妈妈半天不说话，只是听到手机里传来难以抑制的哽咽和哀号。我安静地等待着她的宣泄，电话这头的我都能感受到萍萍的妈妈那种锥心的痛苦。过了一会儿，萍萍的妈妈问我："老师，我怎么做我的女儿才能好？"我说："关注她！她是一个需要被关注、被呵护的存在，她需要爱的滋养！"

这次聊天后，我不知萍萍的妈妈领悟了多少，但是我一直在默默地关注萍萍：课间示意她上厕所；多组织一些团体活动让她慢慢融入班群体；遇到简单的问题我会向她提问……慢慢地，我们之间有了一种默契，我们的眼神接触时，她就点头或者摇头表达需不需要去厕所；每次放学送队，无论我在队伍后面多远，她都会等着我，看着我的脸和我说再见；我每次都拍拍她的肩膀，说着她的名字和她再见；慢慢地她开始和周围的同学有了交流，还会偶尔露出一丝难掩的笑意。

有一天深夜，萍萍的妈妈给我发了一条短信，说这段时间她发现了这些年自己对女儿的伤害，也知道儿子的事情过去就过去了。她不只有一个儿子，她还有三个女儿。她不能眼睁睁看着女儿们活在她哀伤的情绪里。她也体会到萍萍有多渴望妈妈平和地对待她。这段时间她尽量保持平和情绪，她发现自己越平和，萍萍就越贴心，她也尝试表扬、鼓励女儿，发现比斥责管用多了。萍萍回家主动写作业，不再无缘无故惹怒妈妈，不再尿裤子了。听说这些时我感动了。萍萍的妈妈说谢谢我改变了她和女儿，谢谢我让她们重生。我说："是你们自己的努力改变了你们自己。萍萍看见了你的哀伤，你也看见了萍萍的可爱，你们看见了彼此，还爱着彼此，应该谢谢你们自己！"如今萍萍还在我的班级，她现在是一个身心放松的女孩，没有那么压抑，也没有那么落寞孤单了。

## 二、引发思考

我相信以上这样的家庭情况只是班级中的一个个例，但它反映出的是孩子早期的家庭环境对孩子产生的巨大影响，尤其是妈妈对孩子的影响。

### （一）母婴关系决定人际关系

从心理学角度来说，母婴关系会直接影响到孩子以后的人际关系。在孩子的成长过程中，如果母亲能够给予孩子足够的亲密感和安全感，孩子才会与身边人建立健康的人际关系模式。

### （二）母亲的态度影响孩子的感受

如果母亲爱孩子，孩子感受到后就会去爱别人。反之，如果孩子在"恨"中长大，必然滋生"恨"的情绪，这种消极情绪发展下去就有可能成为一种反社会的情绪，成为一种破坏的力量，后果不堪设想。

### （三）母爱能增强教育效果

母爱可以拉近自己和孩子之间的距离，这种感情能增强教育效果，正所谓"亲其师，信其道"。如果母亲对孩子没有爱，那么她对孩子的教育不会取得很好的效果。母爱的伟大之处在于，她和子女之间情感融洽，足以弥补母亲教育的不足和失误。

## 三、几点建议

"推动摇篮的手也就是推动世界的手"，母亲的责任从中可见一斑。所以母亲这个角色的重要意义不容小觑。在这里仅给大家分享以下几点建议。

### （一）情感滋养

情感滋养是奠定孩子人生情感生活的基础。孩子一出生，母亲就给予孩子充分的爱、安全感和情感滋养，这是培养二者之间亲密感和安全感的基石。

### （二）自身修养

母亲不光给予孩子爱，还要用自己美好的思想和行为去影响孩子。我们每个人都不是十全十美的，所以我们要不断学习，不断提高自身素养，完善自己。

### （三）合理期望

"望子成龙，望女成凤"是每一个家长对孩子的希望，但是并不是每个孩子都是人中龙凤，家长要接受孩子的平凡，母亲不能因为自己有期待就强迫孩子一定要优秀。对孩子的期待一定要适中，要是那种"伸手摸不到，跳起来能摘到"的期望，这样的期望才会成为鞭策孩子进步的力量。

### （四）家庭和谐

俗话说："好女旺三代，悍妇毁一族。"在一个家庭中母亲的重要性可见一斑。所以母亲要为孩子营造良好的家庭氛围，而良好和谐的家庭氛围是孩子一生的底气。

在母亲承担更多教育责任的今天，每个孩子成绩的好坏，从其一言一行中就能看出其背后母亲的作用。但愿每位母亲都能"看见"孩子的存在，愿每个孩子都被珍爱，都被温柔相待。

作　者　张　娜　连云港市东海县白塔埠中心小学

# 可视化教学背景下家校沟通的路径

家校沟通是指家庭和学校为了实现共同的教育目标，彼此了解、相互合作，通过语言、图片、网络等多种媒介进行的信息传递、思想交流的行为。《国家中长期教育改革和发展规划纲要（2010—2020年）》明确指出家庭教育对学生成长的重要性，强调学校教育应与家庭教育密切沟通。

2020年春，受新冠疫情的影响，全国范围内的中小学开展了一段时期的线上教学。随着信息技术与教育日益深入的融合，学校在日常教学、管理、公告信息发布、素质教育实施、疫情管控等方面，通过微信公众号、快手、钉钉等媒介告知家长，教育可视化发展趋势更加明显。

"可视化"概念源于计算机领域。随着科技的快速发展、学科间的相互融合，可视化理念逐渐被应用到教育领域。如果说疫情期间兴起的线上教学热潮是教学可视化的催化剂，那么信息技术与教育的融合则是当今社会学校教育发展的必然趋势。

## 一、可视化教学背景下家校沟通的特点

2021年4月初，在新冠疫情得到有效控制的情况下，各中小学着手准备开学事宜。班主任采用钉钉直播、QQ直播、快手直播等多种方式，通过QQ班级群、微信班级群、钉钉班级群、学校微信公众号平台、教职员工微信朋友圈等途径，广泛告知家长，宣传疫情期间开学注意事项，为教学工作创设稳固可靠的安全环境。

在本校所在地区，家校通系统已然成为过去时，但后来涌现出的微信班级群、QQ班级群、钉钉班级群等形式，无疑延续着可视化教学背景下家校沟通的高效性、便捷性、经济性、及时性、互动性、生动性，当然也突出体现出了时代性。

## 二、可视化教学背景下家校沟通的路径

由于教育教学需要和政府的重视，无论是学校还是家长，都认识到了家校沟通、家校合作、形成家校合力的重要性。

### （一）教学可视化下的家校沟通

1. 全科课程线上教学

2020年2月，云海在线平台提供的市、区县骨干教师录制的微课，教育电视台播出的课程，以压缩包形式层层下发的资料包（包括微课、预习单、练习），连同

作业平台全科课程线上教学全面展开。教师可以通过学生是否进入直播间、是否上交作业、作业质量等了解学生的学习情况，从而与家长沟通反馈。

2. 社团活动双向选择

素质教育是学校教育的一部分。近年来，学校组织科技、体育、艺术、传统文化等主题社团。本校社团分为校级社团和年级社团，均采取师生双向选择的方法组织报名成立。

3. 切实开展教学开放周

每个学期，本县小学轮流开展"教学开放月"，每个学校设定"教学开放周"，其间不仅邀请教学同人观摩课堂，也对家长敞开大门。家长走进课堂，置身于孩子日常学习的教室，观察同学的学习状态，分析教师的教学风格，对于家校沟通的有效性更多了一层铺垫。

（二）管理可视化下的家校沟通

1. 公告信息多渠道及时发布

在全球疫情防控大背景下，学校配合政府，携手社区，通过班级群、教职工微信朋友圈等途径向家长传达疫情防控政策，借助钉钉平台实现学生每日健康打卡，从而把控人员流动情况。

2. 招生政策公开透明

一年级、七年级招生是每年绕不开的话题，而招生政策往往是家长最为关心的问题。在正式招生前，本校会将招生政策通过微信官方公众号发布，再由教职工转发至朋友圈或班级群，供需要的家长阅读了解。此外，学校将招生政策公示于校门口，并附相关负责人电话，以供有疑问的家长咨询。

家校沟通是家校间合作的基础，有了好的沟通，才能有默契的合作，根据具体的沟通任务选择合适的沟通方式，其重要性不言而喻。

## 三、可视化教学背景下家校沟通的问题

受国家政策、学校经验、教师职业情感、家长认知水平等多重因素影响，当前可视化教学背景下家校沟通还存在一些问题。

（一）家校沟通主动性不足

无论是以表扬鼓励为主，还是以批评劝诫为主，当下的家校沟通基本都以事件为导引，缺少以"生"为本的主动沟通。

1. 教师——家长指向

教师发起的沟通主动性不足。因考试前复习状态、考试后成绩、召开家长会前后、早恋、被孤立、体育节、阅读竞赛等情况才会联系家长。

2. 家长——教师指向

家长发起的沟通主动性更为欠缺。本校班额一般为 50～60 人，据部分班主任反

映，一学期中能够主动向老师询问孩子学习情况的家长，每班只占约四分之一；能够主动询问三次及以上者，每班只占约二十分之一。

## （二）家校沟通不够具化

家长联系老师的一句经典开场白是："孩子在学校怎么样？我感觉他最近状态不太好？"这就是家校沟通泛化的一个体现。造成这个问题的因素很多，如学生在家在校表现的两面性，家校信息的不对等，青春期的敏感烦躁，普遍存在的母式焦虑，隔代溺爱……

## 四、可视化教学背景下家校沟通的愿景

想要让家庭教育和学校教育对孩子的影响具有一致性，在可视化教学背景下，家校双方除了以平等、友好的态度沟通，还必须要建立起科学的沟通机制。

下面以香港的家校合作机制为例，为我们开展家校沟通提供几点建议。

## （一）建立教育征询体制

香港的家校合作开展离不开教育征询体制的帮助。以"教育征询体制""征询体制""教育征询"为关键词，在中国知网搜索发现，相关文献数量均为0。这说明，在内地，"教育征询体制"尚未得到研究，至于有没有在现实中实施不得而知，因为文献空白也就无从查证。

## （二）重视行政推动的作用

从香港家校合作的历史进程和实践运行可以看出，香港政府重视家校合作，政府的支持极大地推动了家校合作的发展。香港政府、教育统筹委员会、教育局、专责小组对家校沟通均起到推动作用。

## （三）相对稳定的家校合作经费保障

香港家校合作除了有专项经费保障外，还允许接受家长会员费，并且有校友和家长的捐赠，这使得家校合作活动具有稳定的支出渠道。同时，家长教师会的支出报表，除由司库计算整理外，每年的会计年报亦由独立家长义务核数师做出审核，证明数据无误后，派发给所有家长，保障经费的使用透明。这样，家校合力才有了基本的物质基础。

国内很多学校也有一些卓有成效的创新举措和典型经验，如辽宁省鞍山市制定的《"空中家长课堂"实施方案》，面向家长播出家庭教育课程，家长可以通过线上音频或视频形式观看社区公益课堂和空中家长课堂，有效推动了家校共育工作。大连市金普新区通过"搭好普惠性成长提升链、筑好特殊性成长加密链、搭好全域性成长生态链、建好自主性成长驱动链"四链结合打通家长培训最后一公里。还有的学校建立家庭教育教师梯级发展机制，深入推进家长教育系统化培训，举办父母大讲堂等有效的举措。

随着《促进法》的颁布，"双减"政策的出台，家庭教育从过去的不够重视，

一跃而成为"国事"。在推动家校共育这项工作中，学校应当发挥主导作用，借鉴其他国家的典型做法并结合日常工作的经验，努力构建学校教育、社会教育、家庭教育三位一体的新型教育网络，采取多种措施、多种途径推动家校共育工作有效提升。

作　者　朱同帅　连云港市东海县白塔埠中心小学
　　　　　　　　连云港市东海县优秀教育工作者、教学管理先进工作者
　　　　　　　　连云港市家庭教育指导员基本功大赛二等奖
　　　　　　刘　洁　连云港市东海县实验小学西双湖校区
　　　　　　　　江苏省"师陶杯"论文竞赛二等奖
　　　　　　　　连云港市教学工作先进个人

# 教育是一场爱与被爱的修行

在这个日新月异的教育信息化时代，教育犹如一个系统工程，如果学校、家庭、社会能形成教育合力将对青少年的健康成长至关重要。作为一名教师，必须定期与学生家长沟通，从而提高自己的教育教学水平。一个有爱心的教师就要以学生为本，关注每个学生，关注每个学生的发展。一个真诚的教育者同时应当是一位真诚的人道主义者。一个受孩子衷心爱戴的老师，一定是一位最富有人情味的人，离开了情感，一切教育都无从谈起。

我选取了班上一个孩子作为个案对象，诠释我的家校共育的理念，希望能为同行提供一些借鉴与参考。

## 一、研究对象的基本状况

### （一）情况分析

#### 1. 自然情况

李某，男，2011年10月13日出生于灌南县新安镇镇西村的一个普通农民家庭。父亲常年在外省的建筑工地打工，平时很少有时间回来看孩子，更谈不上父子之间的情感交流。孩子的母亲在他三岁时患肝癌撒手人寰。从那时起，这个三岁的男孩就由年迈的爷爷和奶奶含辛茹苦地抚养。可天有不测风云，在李某十岁那一年，他的爷爷也因病去世，只剩下奶奶和他相依为命。由于其奶奶是文盲，除了做饭洗衣，对于其他的事情也无能为力。孩子缺少管教，在成长的关键时期未能得到充分的关爱与引导，从而养成了不少恶习。

#### 2. 行为习惯养成比较差

由于在行为习惯上缺少家长的正确引导，孩子自由散漫惯了，上课不遵守纪律，

做小动作，还打扰周围的人，使坐在他周围的学生不得安宁，有时候甚至不带课本。学习成绩特别差，语数英三科基本上都是二十几分的成绩，家庭作业天天不能按时完成。

## （二）原因分析

造成这个孩子的现状部分原因是初入学时没有激发出其兴趣，因而成绩越来越差，不遵守课堂纪律，以至于到最后坚决不做作业；另一个原因是这个孩子是留守儿童，由年迈的爷爷奶奶照顾。由于老人精力有限，观念较落后，这使孩子在思想认知方面存在一些问题，从而影响他的健康成长。但是孩子还小，可塑性很强，只要对他的行为习惯及时进行正确的引导，相信孩子会慢慢步入正轨。

## 二、教育干预措施

### （一）将家庭教育与学校教育相结合

全面深入地了解学生，与家长联系沟通，是将学校教育与家庭教育相结合的有效途径。其中较有效的途径是及时保持电话联系或者微信沟通。

#### 1. 教育是一场爱与被爱的修行

"一个带着积极情感学习课程的学生，应该比那些缺乏热情、乐趣或兴趣的学生学习得更轻松、更加迅速。"这说的是激励和兴趣在教学中的重要性。未成年人需要得到表扬和鼓励的欲望更加强烈，同时他们的自尊心更加脆弱。作为教育者，就应该更好地保护他们的自尊心、自信心，让他们激情高涨地去学习，从而提高学习效率，只有这样，学生才更容易获得学习的成就感，从而转化为积极主动学习的内在动力。很多留守儿童的父母，大多数都外出务工，但他们还是很想了解自己孩子的各方面情况的。将孩子的情况及时反馈给父母，不光要反映孩子做得不好的地方，希望父母能协助教师共同教育孩子，也要反映孩子进步的地方、取得成绩的地方，让父母及时了解孩子的情况，进而达到家庭教育与学校教育的密切结合。

#### 2. 知己知彼，方能心有灵犀一点通

教师应该主动与家长建立有效的联系，及时与家长沟通，告知孩子在学校的实际表现，并与家长探讨有效的教育方法，使学校教育与家庭教育有机地结合起来，帮助孩子进步。在行为习惯上，多加表扬鼓励，肯定他们的聪明和特长，尊重理解他们，并动之以情，晓之于理，多给予一份爱心，加强情感教育，耐心指导。施爱心于学生，师生关系必然亲近，从而激发学生爱师的感情，赢得他们的信任。感情不能代替教育过程，但教育过程必须充满感情，这种感情不是为了评先进教师而对学生的虚情假意，装模作样的平易近人，而是师生间的真诚交流和互信，发自肺腑的无微不至的关心和爱护。老师要了解每一个学生的生活需要和情感需求，把学生当作自己的孩子去关爱，努力帮他们实现正当企盼；学生要实实在在地感受老师的爱，把老师当作自己最亲的亲人去依恋，努力去实现老师提出的学习目标，做到了这一点，我们的教育便会迎来胜利的曙光。

童心可以唤醒爱心，爱心可以滋润童心。老师要充分感受到孩子们的童心，然后用爱心去呵护孩子们的童心，用爱照亮孩子们前行的人生道路，或许我们的爱心可以改变孩子们的一生。当孩子们把真挚的童心呈现在我们面前时，我们应该把爱的丰碑树在孩子们的心中，这是老师的责任，也是老师的义务。

（二）对学生的教育：共享精神，创造自我

1. 与"他"共享精神生活：用爱、耐心和尊重赢得信任

小学生的自控能力还比较弱，学习往往只凭兴趣。造成该学生成绩落后的部分原因是学生初学时就失去学习兴趣，他放纵自己，也早已放弃对他而言枯燥无味的学习。对于此种现象，我在课堂上特意设计几个很简单的问题让他回答，并多加表扬鼓励，肯定他的聪明和特长，尊重、理解他，用爱、耐心和尊重赢得他的信任。

2. 春风化雨，润物无声：持续关注学生的心理健康，重塑其价值观

为了改变该学生，我持续关注他的心理健康，潜移默化地重塑他的价值观。我试着慢慢接近他，但是他态度木然，眼神透露出敌意和排斥。我曾感到苦恼和害怕。因为这种不屑一顾的眼神不应该是从本该天真烂漫的孩子眼中流出的，每想起这就心如刀割。治标还得治本，于是我常找他谈心，故意"偏爱"他，在全班同学前表扬他，让他做我的小助手。慢慢地我发觉孩子眼中的敌意不见了，取而代之的是温和求知的眼神。

### 三、教育干预效果

"路漫漫其修远兮，吾将上下而求索。"在两个月时间里，我几乎每个星期都要和李某的父亲打电话沟通交流，他的父亲也为此专门配个手机给他儿子。在艰难的两个月里，李某的父亲几乎每晚都按时打电话和孩子交流学习和行为习惯方面的情况。后来隔一段时间，李某的父亲就会回来一趟，到学校看望孩子，和学科老师就子女教育问题进行交流。两个月后该生成绩进步不小，上课能认真听讲，按时完成作业，下课乐于和同学一起玩耍。但是要完全改变他，需要长时间的努力才能取得预期的效果。

儿童的教育问题是社会、学校、家庭三位一体的，在对儿童实施教育的整个过程中，学校教育始终处于主导地位，然而家庭教育却起着关键性的作用。作为对儿童进行教育的主要执行者——老师，特别是班主任，是连接家庭教育和学校教育的纽带，教师必须有效地开发学生家长这一教育资源，充分利用家长教育子女的优势，从德、智、体、美、劳诸方面对学生进行全面的关心和教育，以使家庭教育与学校教育有机结合，达到和谐统一，力争做到不抛弃、不放弃，让爱的雨露滋润每个孩子的心田。老师应该把爱洒在孩子们心里，把教育成果展示给教育同行，把智慧年华奉献给学校，注意呵护孩子们的童心。古今中外，不管是什么性质的教育，有一条是共同的特点，那就是：所有成功的教育都是充满情感的教育。"一个真诚的教

育者必定是一位真诚的人道主义者；一个受孩子衷心爱戴的老师，必定是一位富有人情味的人。

作　者　陈丽华　连云港市灌南县新安镇中心小学
　　　　　　　　连云港市五一巾帼标兵
　　　　　　　　连云港市基础教育教学工作先进个人
　　　　　　　　连云港市少先队优秀辅导员

# 家校共育　以人为本

要做好小学的班级管理工作，班主任仅依靠硬性的管理命令和纪律手段对学生进行约束是不够的，教师只有秉持一颗爱心，采用以人为本的教育思想，尊重学生，爱护学生，真正把学生当作具有独立人格的个体去对待，才能让学生信服班主任，让管理工作取得理想的收效。而何为以人为本的教育思想？班主任又应当如何以这一思想指导班级管理工作？

## 一、坚持以学生为本，注重引导

以人为本的教育思想主张在教育教学活动中，教师要把学生当作跟自己对等的主体，要充分尊重学生的人格与自由，充分考虑学生的身心健康，注重引导，尽量避免以硬性约束手段对待学生，避免以体罚和口头批评等有可能导致学生身心健康受损的手段去实施管理，这样才可以让班级管理工作更符合小学阶段少年儿童的心理。

1. 秉持一颗爱心，合理使用语言艺术

以人为本的教育思想要求教师面对学生时，充分尊重学生的人格，把学生当作具有完全人格的个体，在语言沟通上讲究策略，让学生在接受教师管理时，能够感受到教师对自己的尊重，从而使学生自然地对教师产生信任和好感。

如学生出现上课玩手机的情况，教师可以先制止其行为，但是不当众对其进行批评，也不没收手机，而是在课后找学生进行单独的谈话沟通，让学生思考一个问题：玩手机不学习会对谁造成危害，是对老师造成危害还是对学生本人造成危害？通过设问，让学生自己得出结论，认识到上课玩手机的行为是错误的，而遵守班级纪律是维护班级秩序的必然选择，也是保护每一个学生利益的必然要求。然后教师给予学生首次犯错免于处罚的机会，告知学生如果下次再出现同样违反纪律的行为，需要接受处罚。这样教师合理使用语言艺术跟学生沟通，让学生认识到了问题的严重性，但是又获得了教师的宽容，自然会约束自己的行为，注意下次不再违反班级纪律，即便再违反，也会心甘情愿地接受处罚，而不会对教师的班级管理工作持叛逆不服从的心理。

2. 秉持一颗恒心，巧借榜样的力量

我国古代的教育思想有"身教重于言教"的说法，孔子在《论语》中也明确提出"其身正，不令而行；其身不正，虽命不从"。这对小学的教育管理工作同样适用。由于小学阶段的孩子尚处在心智尚不成熟的发展阶段，因而教师的一言一行都很容易对学生造成影响，教师自身的行为就可能会形成榜样的力量，而教师无意间的一些行为表现、处事方法，都有可能被学生模仿学习，所以教师一定要以优良的品德要求自己，以规范的言行约束自己，这样学生才会不知不觉地以教师为榜样，养成道德自律与行为自律的良好习惯。

3. 秉持一颗真心，构建和谐的班级氛围

如果学生主动维护班级秩序，积极配合教师的管理工作，则会使得班主任很轻松地实现班级管理。教师要注意采用人性化的理念，做好师生关系的维护，在能给予学生支持帮助的情况下，尽量赋予学生充分的自由，不以批评监督的干预手段随便介入学生的个人生活，注重维护学生的自主性。只有做好师生关系的维护，在班级中形成融洽的师生关系，才能营造出和谐的班级氛围，并使得班主任在学生心中树立威信，获得学生的尊敬。

## 二、坚持以学生为本，做好服务

在小学的班级管理工作中，班主任要注意对学生倾注爱心，把自己带入到学生的位置，像对待自己的孩子一样对待学生，这样才能让以人为本的教育理念真正贯彻到小学班级管理工作中。

1. 耐心倾听，暖心陪伴

我教一年级语文兼任班主任，班里有个小男孩很特别，他只能说一些简单的单个字，我也听不大懂。后来开始学写字，他连笔都不拿，更别提正确地握笔了。经过沟通得知：原来孩子刚出生，妈妈就离家出走了，他由奶奶一手带大。奶奶还有二十多亩农田要管理，每天只保证他吃饱穿暖。孩子是一天天长大了，却错过了最佳的语言发展期，他的语言、智力都没能跟他的年龄一起长大。

我感觉这孩子太可怜了，不能以班里其他孩子的标准来要求他，所以每天打扫卫生我都带着他，没话找话跟他聊。虽然他说什么我听不太懂，但是我能感觉到他的话比以前多了。课间我就带着他跳"十字跳"，开始的时候他不会就坚决不动，我就硬拉着他，把他推到中间的"0"上，再拉到"1"……一遍一遍地重复，他也能记住步骤了；只要我闲下来就教他握笔，练习画"圆"，写"横、竖、撇、捺"；我把他的座位放在讲台桌旁，有好吃的就分他一点，他可能也感觉到我对他的好，每天看到我进教室就开心地笑。他还经常指着书上的图片，小声地说：老师，这是猴子、花、西瓜……我就在思考：这孩子智力是不是还在看图识字那个阶段呢？我还能帮他做点什么呢？出于想帮他快速进步，我每天都和他一起看图片，他对什么感兴趣我就在什么地方多聊一点，有一次他指着"禾"张口就来了一句："奶奶，这个是什么？"从他这句话中我能感觉到他和奶奶的感情有多深，奶奶为他付出了多少心血，我想我也一定要尽可能地多帮助这个孩子。

2. 兢兢业业，懂得奉献

一年级的孩子刚入学，很多地方需要大人的帮助，所以经常有家长给我打电话或发信息："老师，唐果同学洗头了，上学时头发还没干，等会干了请帮忙扎一下""李东东忘记带作业本了"……几个月下来，我的两个抽屉里装得满满当当的转笔刀、碘伏、棉签、湿巾、抽纸……有一次，我刚进教室，朱子豪捂着肚子喊疼，一般这种情况我会叫他先去解个大便，如果还疼再打电话找家长，于是我就叫他快去上个厕所。大概几分钟的工夫，朱子豪又哭着回来了，我赶忙问他："怎么样，还疼吗？"他回答："老师，擦不干净。"我想：不好，他拉裤子里了。我刚弯下腰，还没问出来，他就随手把裤子脱下来，把屁股撅给我了。我这才反应过来，他是纸拿少了，没擦干净。我便笑着对他说："多拿点纸，再去擦一下吧。"这一天我都在想：这些孩子真的太可爱了，跟他们在一起虽然有时候很累，但更多的时候是快乐的！

作　者　刘红娟　连云港市灌南县镇中小学
　　　　　　　　连云港市灌南县优秀班主任
　　　　　　　　连云港市灌南县先进教师

# 润物细无声　用爱助成长

浇花要浇根，育人要育心。老师不仅是学生成长路上的引路人，更是学生健康心灵的缔造者。捷克教育家夸美纽斯曾经说过："教师是太阳底下最光辉的事业。"这份光辉的事业让我看到了绮丽的季节里盛开出的灿烂与光华，感受到了祖国未来花朵的生机勃勃。但与此同时，教师这份工作也让我肩上的使命和责任更重。尤其当班上的孩子出现问题的时候，我自然责无旁贷地要为他们的身心健康保驾护航。

以下是我在教育工作实践中经历的故事。

萱萱是一名性格外向、成绩优异的女孩，平时活泼开朗，做事积极，是典型的好学生。然而，在这学期开学一段时间后，我发现萱萱的性格变得很古怪，常常趴在桌上发呆，不爱说话，课间也不去和同学玩儿，别的同学和她说话时她要么不理睬，要么三言两语就争吵起来，上课也是经常走神，学习成绩更是一落千丈。这个情况可愁坏了我，到底是什么事让她发生了如此大的改变？我把萱萱叫到办公室询问，没想到她什么也不说，只是一个劲地哭。没有办法，我只好求助家长。

　　跟萱萱家长联系后才知道，原来父母为了给萱萱创造更好的物质条件去外地打工了，把萱萱独自留在家和年迈的奶奶一起生活。从未离开过父母的萱萱一时之间难以接受父母离家的生活，在心理上产生了焦虑和压抑。

　　了解到这个情况，我想萱萱的问题并不是简单的担心和焦虑，父母的离开让她产生被抛弃的心理，所以导致她的性格变得敏感和脆弱。要想彻底解决这个问题，必须从根源上入手，多个方面同时发力才能让萱萱恢复往日的阳光与自信。解铃还须系铃人，我再次和萱萱的母亲联系，希望父母能尽量多抽点时间和孩子互动，一个电话，一次视频，一声"宝贝我爱你"，都可以让萱萱感受到父母虽然离开了家，但是对她的爱和关心永远不会变。

　　一方面，我和萱萱的家长保持紧密联系，另一方面，我自己也在努力想办法。周末，我带着萱萱喜欢的零食和课外书到她家里家访，正在看动画片的萱萱看到我的到来显得有点紧张和不知所措。跟奶奶进行深入交流沟通后，奶奶也认同我的观点，并且表示会在生活中更加用心地照顾她，让她感受到家人的温暖和爱。和奶奶聊完之后，我又对萱萱展开了一些心理疏导，告诉她父母只是短暂地离开，过一段时间就会回来看她，而且即使父母不能陪伴她成长，也会关心她、爱护她，并且希望她能健康茁壮地成长。听了我的话，萱萱不停地点头。趁此机会我又告诉她，老师和同学都很喜欢她，大家都想看到开心快乐的萱萱，也会在学习上和生活上帮助她。听到这里，萱萱终于笑了，她说："那我也会帮助他们的。"

　　在后面的学习和生活中，我时刻都在观察萱萱的状态，也主动询问她的学习情况，引导班上的同学多带着她一起玩，帮助她收拾书本和文具。时间就这样一天天过去，萱萱的状态也变得越来越好。有一天，我看到萱萱特别开心，课堂上主动举手回答问题了，我想那个往日活泼开朗的萱萱终于要回来了。课间休息的时候，我问萱萱今天心情怎么样，萱萱开心地告诉我，妈妈给她邮寄了很多玩具和课外书，过一段时间还会回来看她，并且她也适应了和奶奶一起生活。看到萱萱脸上洋溢着纯真的笑容，我心里的石头终于落地了。

　　德国哲学家雅斯贝尔斯曾经说过："教育的本质意味着一朵云推动另一朵云，一棵树摇动另一棵树，一个灵魂唤醒另一个灵魂。"在对萱萱进行心理疏导的过程中，我发现对于学生的教育重点还在于感化和启蒙，杜甫的"随风潜入夜，润物细无声"描绘的大概就是这样的情景吧。对于萱萱出现的心理问题，如果不讲究方式方法，不了解来龙去脉，只是简单地"头痛医头脚痛医脚"，那这朵含苞待放的花朵可能就在长期的心理阴霾之下失去了本该属于她的鲜艳色彩。

　　小学阶段的孩子，正处于身心高速发展的重要时期，世界观、人生观和价值观还没有完全形成，他们每天都在接收着来自这个世界的各种或正面或负面的信息，也有来自社会或家庭的压力。受到环境因素的影响而出现心理问题已经是当前小学生面临的一个较为普遍的问题了。对于学生的心理问题，我们作为老师，首先要保持理性的认识：学生在成长的过程中思想上跑偏，出现心理问题并不是一件多么可怕的事情，只要我们及时准确地找到问题出现的根源和突破口，并对症下药尽早解决，孩子仍然是原来的孩子。每一块美玉的诞生都必须经过能工巧匠的雕琢，作为教师，我们在化解学生心理问题的过程中最重要的就是找准方法，做好心理教育的"能工巧匠"。

那么，怎样才能找到合适的化解方法呢？

在解决萱萱的心理问题的过程中我发现"柔性教育"比"刚性教育"更能起到疏导的作用。出现心理问题的孩子，他们的内心大多是脆弱和敏感的，这个时候老师千万不要再以强硬的姿态对其进行逼迫或者错误引导，要设身处地地从他们的角度进行思考，去把握和感受他们内心的情绪状态，从而给他们积极正向的鼓励和引导，帮助他们走出心理暗区。但需要注意的是，要在对学生情况有充分了解之后再进行心理上的疏导，避免不恰当的疏导会让学生产生排斥的心理，而产生事与愿违的效果。

除此之外，老师要多管齐下，各个击破，从多个方面着手全面地解决问题。在对萱萱进行心理疏导的过程中，我除了自身的努力之外，也借助了家庭的力量，得到了孩子家长的支持和配合，他们是导致孩子出现心理问题的直接诱因，因此也要重点从他们身上突破。另外，我还引导同学们在学习和生活中照顾和帮助萱萱，让她感受到这个世界的善意。这也是从侧面进行引导和感化的途径，通过同学们与她的相处让她处在一种正向愉悦的环境氛围中，以此吸引她的目光，让她忽略和忘掉自己的心理上滋生出来的负面情绪。总而言之，有问题就会有与之对应的解决策略和方法，只要我们善于观察、发现和总结，总能找到适用于每一个孩子的方法的。

教书是教师的天职，育人是教师的使命，而育人的本质和关键则在于育心。随着时代的快速发展，学生学习和成长的环境也日益复杂，关注学生的心理健康成长已经成为新时代教师的重点工作。教师是人类灵魂的工程师，承载着传播知识、传播思想、传播真理的时代重任；担负着塑造灵魂、塑造生命、塑造新人的时代使命。作为一名新时代的教育工作者，我们要关心学生的身心健康，用爱去呵护学生、感化学生，让他们在温馨和谐与充满爱的环境中茁壮成长。

作　者　王　平　连云港市灌南县实验小学

# 我的"一米阳光"

"因为爱着你的爱，因为梦着你的梦，所以快乐着你的快乐……"伴着这首歌，我已在教育战线上走过了约30个春秋。

众所皆知，"班主任"是天底下最小的主任，但我却认为它是世界上最伟大的"主任"。

如何才能胜任班主任一职呢？

## 一、建立成长档案，助力成长

要教育学生，就要了解学生。全面了解学生是有效管理班级工作的前提和基础。一个班的学生，性格差异很大，有的活泼好动，有的安静乖巧，有的好强，有的软弱……作为和他们朝夕相处的班主任，应善于分析每个学生的性格特点，针对所长引其发展，若依据不足，弥补难以持续。

建立学生个人成长档案，能有效帮助他们了解自己，清楚地看到自己的长处和不足。同时，我们也可以通过寄语的形式与学生交流，鼓励他们发扬优点，改正缺点，想方设法地弥补不足，使其更加健康发展。如我班有个男孩很聪明，但学习态度不够端正，考试时经常因粗心而出错。于是我在他的成长档案上写：聪明是你最大的优点，你平时回答问题总是那么精彩，让人佩服，如果你能细心一点儿，你一定是我们班里最棒的那一个！老师期待你的改变和进步。相信你一定能行！再如：我们班的小雅，平时学习认真刻苦，可每次考试都很怯场，成绩总是不合她的心意。也正是因为成绩没有体现出自己的真实水平，所以她常常因为此事而苦恼和灰心。于是我在他的成长档案中写道：你努力了就会得到收获。老师一直认为过程比结果更重要。你要多多体会自己在努力过程中获得的快乐。你今天已经为之奋斗了，相信明天一定会有回报。难道你没听说过"天道酬勤"的故事吗？

事实证明，通过建立个人成长档案，学生的精神面貌发生了翻天覆地的变化。个个你追我赶，积极阳光向上的班风悄然形成，团结进取班级风貌蒸蒸日上。真可谓"士别三日，刮目相看"呀！

## 二、关爱有情，润物无声

我崇尚爱的教育。记得上海特级教师于漪曾说："热爱学生是教师的天职，是做好教育工作的基础。没有这个基础，师生就缺乏共同语言，感情就不能融洽，教育就难有成效。"

班级对于学生来说，就是他们的第二个家。在这个特殊的家里，不能让他们只感到来自各方面的压力——永远做不完的作业，老师没完没了的命令，同学之间的竞争及各种矛盾等，感觉不到集体的温暖和老师的关爱。相反，要与他们建立融洽的师生关系，与他们成为无话不谈的知心朋友。为他们创造一个和谐宽松的环境，给他们一个平和的心态，让他们感受到老师在关心他们，集体在关注他们。

## 三、助手得力，事半功倍

班主任应注意培养一批能力和责任心强的学生做班干部。由他们组成班级的核心，让他们主动参与班级的日常管理。班主任要做的事情很多，如果一切都有他一人包办，并且要做好，那是不可能的。因为他除了要管好班级的各项事务，还要有自己的教育教学工作、参加校内外的各种学习等，所以班主任一定要培养属于自己的得力助手，平时尽量放手让他们去做。如：早自习的纪律维持、班级卫生、黑板报、订阅图书、分发图书等工作，都可以让学生自己去解决。每年开学初，我都会让班长把班委会成员分成若干组，分别负责纪律和卫生监督工作，而且责任到人，分工明确，以后每周各有两名班干部分别负责班级一周的卫生、纪律等工作。这样，在班干部的带动下，同学们积极努力，大大增强了同学们的责任感、使命感和集体荣誉感，同时也能减轻我们班主任的工作负担。真可谓"事半功倍、一举两得"！

## 四、榜样作用，魅力无穷

国家特级教师魏书生曾说过："播下行为，收获习惯；播下习惯，收获性格；播下性格，收获命运。"

我说："榜样的力量是无穷的！"

一名合格的班主任一定是学生效仿的榜样。在学生心中，班主任的形象是高大、倍受尊敬的和崇拜的。班主任平时除了注重自己的服装整洁、大方、得体，还注重自己的言行。如果教室桌椅歪斜，班主任走进教室时顺手把它摆放整齐，那么学生就会知道今后该怎样做；如果教室地面有纸屑，班主任看见时应俯身主动把它捡起丢入垃圾桶，那么学生也许就不再乱丢废纸。反之，如果班主任看见桌椅歪斜而视而不见，那么学生也会觉得一切很正常；如果班主任看见地上的废纸而视而不见，或不经意把手中的废纸随手扔在地上，那么这个班的教室里也会脏乱不堪。这就是人们常说的"其身正，不令而行；其身不正，虽令不从"的道理。所以在日常生活中，我特别注重言传身教，从身边小事做起，对学生进行无声地教育。不论是课堂上还是活动中，凡是答应学生的事，教师一定要兑现承诺。

## 五、平等相待，赢得尊重

作为班级的管理者，班主任一定要平等待人。发现学生的优点，哪怕是一点点也应及时表扬和鼓励，让他们从温暖中增强改正不良行为的信心，提高努力学习的决心，树立"我能成功"的自信心。因为只有将全班学生一视同仁，学生才会从心底佩服你、尊重你！

尊重、呵护学生是我的风格。在我的眼里没有坏学生，他们就像一张张纯洁的白纸，我坚信，只要用心描绘，他们就会五彩斑斓；只要用心呵护，他们这些含苞待放的花蕾，才能开出美丽的花。

针对学生年龄的增长，人生阅历的不断丰富，个性心理的逐渐成熟，在班级管理方面，我采用班干部轮换制，充分调动全班同学的参与意识。在班级的各项管理事务中，赋予学生更多的自主权、主动权和参与权，强化他们的主体地位，可以锻炼他们的管理能力。实践证明，这种教育方法也能使班主任的工作变得事半功倍。

总之，班主任工作是一门艺术，更是一门技术。今天的我虽然对班级管理工作做得还有不尽如人意的地方，但为了心中的梦想，我愿为之努力！

作　者　王春平　连云港市猴嘴中心小学
江苏省优秀教育工作者
江苏省优秀少先队辅导员
江苏省教科研先进个人
连云港市中小学高层次人才"新333工程"教学标兵培养对象

# 春风化雨润心田

夏丏尊说过："教育没有情感，没有爱，如同池塘没有水一样。没有水，就不能称其为池塘；没有情感，没有爱，也就没有教育。"时光荏苒，转眼间，我已在这三尺讲台前度过了十多个春秋。与孩子们在一起的日子，有欢乐，也有烦恼，就像是海潮卷起的一朵朵浪花，不断地涌起，又不断地退去……

然而，有一件事让我感触颇深。那件事发生在我第一次带毕业班的时候。那天正好是周一，最后一节是班会课。课间时，我班李小飞突然跑来办公室报告，说自己准备要交的三十元订报刊的钱不翼而飞了。记得当时的我是又气又急："班上从未发生过这类事情，如果真出了这种事，那'文明班级'的称号岂不是名不符实了？更何况，这种事情不好处理，如果冤枉了好人，可就糟了……"

我从男生口中得知，第二节课时他的钱还在，可课间活动结束后，口袋里的钱就不见了。我跟着那位男生走进教室，突然想起这已经是下午的最后一节课了，所有学生都还没有离开学校，很明显，丢失的钱应该还在教室里。我的眼睛在一个个学生的脸上扫来扫去——有些"消息灵通"的孩子已经知道发生了什么，他们在短暂的窃窃私语之后，也把目光投向了其他同学。一时间，教室里的空气仿佛凝固了，大家都小心翼翼地，生怕别人的目光在自己身上停留太久。

"同桌互相检查书包？""互查口袋？""让同学检举？"……一个个念头在我的脑中闪现。时间一分一秒地过去，但我依旧不知所措。"不行！没有天生的坏孩子"——突然，我被自己的这个念头惊醒："千万不可以给孩子定'坏性'，这将影响孩子的一生。"

于是，我先向全班学生作了"检讨"："老师刚才进来时对同学们抱以不信任的态度是错误的，我应该相信同学们都是诚实的，我们这个集体不会出现'小偷'的。"我让每个学生准备一张小纸条，上面写上是否知道三十元钱在哪里。我一再地向学生承诺，保证严守秘密。

学生们停笔了。厚厚一叠的纸条堆在我面前："不知道""不知道""不知道"……几十个"不知道"让我怀疑自己是否太"仁慈"了……可是，在我打开最后几张纸条时，事情却发生了转机，有一张纸条上写着："老师，钱是我捡到的，我会还的，您放心。"凭着字迹，我已经知道是谁了，是个家境不太好的女孩周丽。我朝着她坐的位置望去，她正低着头……我决定给这个"诚实"的孩子一个机会。我便宣布事情已经解决了，让学生们放学回家。

第二天，我问那位男生钱的事怎样了，他告诉我今天课间时他发现钱在他的文具盒里，不知道是谁放的。

班里有几个淘气的孩子硬是要问我谁是那个"小偷"，我说："没有这事，我相信自己的学生。"

过了一个月，当我快把这件事忘记的时候，突然收到了一封没贴邮票的信，信笺上写着："谢谢你老师……"署名正是那个女孩子。原来那天她在课间活动时捡到三十元钱后，曾一度想占为己有，后来想把钱还给男孩时，不料他已经报告老师。她不想被同学看成"小偷"……幸好后来我改变做法，使她有了一个机会可以保全自己的"诚实品格"。

因为我的诚信，让一个差点误入歧途的女孩得以保全自己的诚实品格——我心里有种说不出的开心，这让我体会到一种很特别的成就感。

有人说过这样的一句话："老师不经意的一个举动，可能会创造一个奇迹；老师不经意的一个眼神，也许会扼杀一个人才。"老师习以为常的行为，可能会对学生的发展产生不可估量的影响。做一名老师应该经常回顾自己的教育历程，反思一下：我造成了多少个遗憾，刺伤了多少颗童心，遗忘了多少个不该遗忘的角落！这也许就是我们为人师者的师德所在。

学生可能经常无法克制自己的言行，也不一定都会有辉煌的未来，作为老师，能在学生犯错时及时捕捉教育机会，协助学生有意识地改正错误，那么为人师表的你，才是学生生命中真正的引路人！

作　者　胡　艳　连云港市灌南县新安镇中心小学

# "家唪校啄"　多元合力　走向共生

"家唪校啄"源于"子唪母啄"，讲了一个母鸡孵小鸡的故事。大意是在蛋壳里长成的小鸡只依靠自己的力量还不足以唪破蛋壳，当母鸡发觉小鸡唪蛋壳的时候，就需要在相同的位置从外面啄开一个口子，小鸡和母鸡一里一外共同用力，才能使小鸡顺利地破壳而出。小鸡和母鸡的一唪一啄就如同孩子教育过程教育中的内因和外因。

下面与大家分享一个案例。今年刚刚接手一个新班级，每天当我走进教室时都有同学报告谁欺负谁了，每次都有小 A。了解一番后知道班级中的小 A 父母离异，学习成绩较差，经常遭受小伙伴的欺凌，班级中孩子们都不太喜欢他。看着他哭泣，孩子们觉得有趣，甚至有小伙伴模仿他的动作。经老师教育后，欺负人的学生有所收敛，但小 A 却时常打扰别的小伙伴。如此反复让老师很头疼。

这是个经常被同伴欺凌，但自身又不断打扰同伴的孩子。他本身是弱者，被同伴认为是可以欺凌的对象，所以时常被欺凌。但他本身又是一个欺凌者，被同伴欺凌后，喜欢做些小动作引起同伴的注意，因此再次被同伴欺凌。

## 一、诠释："同伴欺凌"内涵

### （一）同伴欺凌的定义

同伴欺凌是指一个儿童遭受另一个或者多个儿童之间权力不平等的欺凌与压迫，它长期存在于社会中，是一种反复发生的、以多欺少或以大欺小的恶意侵犯行为，是一种故意造成他人身体或心理伤害的行为。

### （二）同伴欺凌的类型

根据同伴欺凌的表现形式和实施方式，可以将其分为直接欺凌和间接欺凌。

1. 直接欺凌，如踢打、抓咬、抢夺物品、训斥、威胁、谩骂等行为。
2. 间接欺凌，如孤立排斥、背地里诋毁、网络欺凌等。

## 二、追本求源：同伴欺凌产生的原因

### （一）内因：儿童个人品行不良

1. 认知存在偏离
2. 情感扭曲压抑

### （二）外因：家庭教育氛围

1. 家庭失和，引发交往危机
2. 家长失度干预，异化交往性质

### （三）诱因：学校和社会氛围

1. 冷落教育，潜移默化引导

教师对学生采取民主的态度，学生易形成情绪稳定、主动积极、态度友好的性格特征。教师对学生采取消极的态度，学生易形成紧张、冷淡的性格特征。

2. 错位表达，滋养不良心境

在平时的班级管理中，教师经常感慨一下自己的消极心境，学生听得多了，也会在与同伴交往中产生怀疑、多心的心理，揣测同伴的心态，冷漠同伴，甚至造成同伴欺凌。

3. 社会案例，扭曲孩子的心灵

社会是一所大学校，孩子能直接和间接地学到一些知识，有的是好的、积极的，也有的是负面的、消极的。如果孩子长期缺乏管教，有可能造成严重的心理扭曲，更甚者会形成团伙，欺凌同学。

## 三、合力：同伴交往问题的消解策略

（一）培育儿童良好的人际交往品行

1. 引导阅读，以知性体悟完善心智模式

阅读能够进化心灵，陶冶性情。以儿童纯美系列为主要阅读内容，从主题导读和个性赏读两个方面开展阅读活动，并结合学生的年级段的必读科目和选读科目进行阅读实践。在班会中开展读书交流会，引导学生摘录语段、谈感受、创意阅读等。这样的活动能够积淀学生的底蕴，使他们能够受到美的熏陶，进而发挥创意，健全心智。

2. 创造交往机会，积累交往经验

给儿童创造各种交往的机会，不仅可以让他们在同伴交往中学会磨合，习得交往能力，还能培养他们宽容、通达的性格，促进心理良性发展。

3. 实施交互评价，生成交往情感

交互式的评价方式不仅是流动的、接力式的，还是开放的、可往返的。在评价过程中，儿童接触更多的是教师和同伴的鼓励和建议。儿童在评价的过程中能够客观地认识自己和同伴，增强自身的认识和对同伴的理解，一旦交往中的误解、隔阂消融了，同伴关系也就拉近了。他们在这样的情景交融中互动，更会增强同伴间的凝聚力和乐群性。

（二）帮助儿童学会化解交往危机

1. 学会"移情"，体验心境

开展班会课专题，让学生站在旁观者的角度，理性地思考同伴交往中的冲突、矛盾，并且在交流、讨论中上升为交往危机化解意识；帮助他们学会"移情"，站在他们的角度思考问题，大家互相谅解，学会宽容，就能容易化解同伴交往危机，和谐相处。

2. 运用契机，化解矛盾

儿童生活学习在班集体中，他们在交往的过程中，不可避免地会产生一些冲突、矛盾。处理这些冲突、矛盾的方法将会给儿童化解同伴交往中的危机做出示范。教师抓住同伴交往的契机，让有同伴欺凌倾向的儿童能感受到其言语、行为会给别人带来怎样的伤害，要学会冷静、宽容地处理同伴交往过程中的危机。

3. 抓住核心，引领示范

群体中核心人物的行为具有很强的引导性，儿童一般会比较尊重、崇拜核心人物。化解班集体中的交往危机，核心人物会起到非常重要的作用，有时甚至会超过教师对儿童的影响。因此，教师应当首先做好班集体中核心人物的心理工作，让其在全班儿童中起到引领示范作用。

## 四、感悟：在多元合力中走向共生

儿童同伴欺凌行为的产生有其特定的儿童心理产生机制。无论是欺凌者和受欺凌者的身心都会受到伤害，这种伤害不仅会给他们的身体留下伤痛，还会给他们的心灵蒙上阴影。同伴欺凌开始时是一个人或几个人的行为，但伴随着对周围同伴的影响，渐渐会变成一个群体的行为。这就要求学校、家庭、社会多方面关注儿童的同伴交往方式，培养他们良好的同伴交往品质，从而让他们远离同伴的欺凌，让每个孩子都能拥有一个愉快的童年，有一个美好的童年回忆。

作　者　王兴艳　连云港市精勤中心小学
　　　　　　第三届长三角家庭教育论坛征文二等奖

# 爱需要信任与宽容

某位教师曾说："一个班级就是一个世界，一个学生也是一个世界。教育的艺术就是老师善意的宽容、期待的目光、信任的微笑、真诚的赞许；翘起的大拇指，遭遇挫折时抚慰的语言……在充满期待的眼眸里，花朵是色彩斑斓的，学生是五彩缤纷的。"要想教学中有爱，就要先有信任宽容。

刚接手这个班时，我对全班每个孩子都充满了一样的信任、一样的期待，对于我和他们而言，都将是全新的开始。

我们班级的杜名同学，是个名副其实的虎头虎脑的学生。开学时，他的家长特意找我交谈了他儿子的情况：他从来不做作业，他也没有能力做作业，我们家长也不要求你们老师能让我的儿子学到多少知识，只是不嫌弃他就行了，真的不好意思，我的儿子给您添麻烦了……

有了杜名家长的介绍，再加上我的懒惰抑或有依赖的思想，我对杜名确实是"宽容大度"，他做作业也行，不做作业也和我没有关系。在教室里，只要他不影响我的教学，不影响其他学生学习就万事大吉了。当然他若是交了作业我还是比较负责任，细心帮他批改，但大部分时候他是完不成作业的。但说实话，杜名要么不写，要么写的字很好看。

又是一年春来到，新的学期开学了。杜名和其他同学一样来到教室报到。第一天写习字册，杜名在认真地写着，下课了，别的孩子都出去玩了，但我看到杜名还在认真地写着，终于在下一节课上课之前他完成了习字册作业。他高兴地把习字册交到我手中。我接过来，笑着对他说："不错呀，杜名，能按时完成作业了，看，'植树的植'写得多漂亮呀！"听了我的话，他不好意思地跑回座位。

我在想：杜名为什么听了我的表扬后会那样手足无措，难道是他听到这样的话语太少了？

第二天，我在检查作业时，杜名把作业高高地举到我面前，我接过他的日记本，他竟然写了半页纸，而且每个字都写得那样认真。

看到这种情况后，我进行了自我反思。

孩子都会有不足或者犯错的时候，作为教师，我们不能随便地给孩子贴上标签，孩子都有可塑性，更有进取与改正错误的权利，过去的不足或犯的错误就代表以后会犯错吗？这不公平！"反思我们教育者的行为，一味地打击学生，他们会因为老师的态度反而犯更大的错误。如果你是一位教师，一定要相信孩子的能力，多给他们一些自由，少用一些齐一手段，给他们进取、改正错误的机会。除此之外，要相信你的学生，认真倾听学生的话，多些尊重，多些理解，多些宽容。

苏霍姆林斯基曾说："对一个学生来说，'五分'是成就的标志，而对另一个学生来说，'三分'就是了不起的成就。"我们做老师的不可能把所有学生都培养成科学家，但我们要通过自己的教育教学，使学生的能力或知识在原有的基础上有所提高。

真教育是心心相印的活动，唯独从心里发出来，才能进入心的深处。是啊，要想赢得学生的喜爱，我们要懂得学生们的心理活动及思想感情，我们要怀着一颗童心走进学生的心灵世界，开启学生的心灵之门。只有亲其师，才能信其道。

当学生有了过失时，教师要以博大的胸怀给学生以宽容和谅解，冷静、理智地处理问题。把学生当作我们的好朋友，真诚地与学生进行心灵交流，不是居高临下地交谈，而是发自肺腑的爱。当气候突变时，我们要自然地提醒学生"多穿一件衣服"，注意御寒；儿童节到了，对学生说一句"祝你们节日快乐！"周末时对学生道声谢谢："周末愉快！希望大家学习娱乐两不误！"并时常告诉学生，他们有困难时尽管来找自己……只要做到以心交心，以诚对诚，师生的深情便会油然而生。

爱学生更要学会宽容。然而，宽容不是纵容。作为教师，要积极倡导尊重、平等、以人为本的理念，"放下管理者的架子""蹲下来看学生""时刻拿起放大镜寻找学生的闪点"，尊重学生的人格，理解信任学生。

注重对学生个体的理解，关注学生健康成长，学会尊重和关爱，这是素质教育的核心，也是新的课程体系的目标。师爱不是一句空话，而是在尊重和理解中去体现，在关怀和宽容中去渗透。这爱不能吝啬、不能倾斜、不能泛滥，它应是真诚的心与心的交流，是无微不至的关怀，也是一个手势、一句话、一分钟的等待。只有付出爱，才会有学生的亲近与热爱。爱学生先需要信任他们，孩子的本质是单纯的，我们不能仅从大人的角度来考虑孩子的感受，我们需要的是冷静思考后与孩子真诚地交流，先让孩子放轻松，认真倾听是我们必须学会的一个技巧，只有了解真相，才会有助于我们做出正确的判断，"教育是慢的艺术"，而要掌握这种艺术，绝非一蹴而就，我们需要更多的耐心和不断积累经验。

有智慧、有真情、有爱心的教师，如阳光洒向每一个学生心灵的角落；如春风，拂去学生心灵的每一粒尘埃；如细雨，滋润学生的每一寸心田。走进学生心灵，在和谐的师生关系中发展自己，这不仅是教育的一门科学，也是教育的一门艺术。我想说：我们作为教师没有能力点燃火种，但决不能熄灭火种，对待学生要有一颗宽容之心，要努力让每一个学生的心中充满阳光，让每一个学生在爱的抚慰下快乐成长。

爱，有了信任宽容，我们的教育才会洒满阳光，我们的教育之花才会越开越艳。

作　者　孙睿思　连云港市灌南县李集小学

# 让良好习惯成为孩子腾飞的翅膀

俗话说"习惯成自然"。教育家叶圣陶说："教育是什么？一句话，就是培养良好的学习习惯。"学习习惯是由非智力因素和智力因素相结合而产生的学习品质，它全面稳定地表现一个人学习的个性特征。学生良好的学习习惯的培养，光靠学校里老师的教育是不行的，因为家庭是孩子人生旅程中的第一所学校，而父母则是孩子的第一任老师，对孩子的成长起到举足轻重的作用。

我国著名心理学家林崇德教授认为，良好的习惯是创新性人才的重要特点和表现。因此，我们应该通过家校合作，培养学生拥有一个良好的学习生活习惯。要想培养学生拥有一个良好的学习习惯，就必须要做到学校和家庭保持密切的联系和相互合作，这是学生养成良好习惯的重要条件。

## 一、家校合作，培养学生思考和质疑的习惯

思考，就是动脑筋，只有多思考问题，才能发展思维能力。无论是教师还是家长，要多留出一些时间来让学生充分思考问题，不能只是一味地公布答案或者给出太多的提示，这样会禁锢了学生的想象力，也养成了学生的惰性。到最后，学生就会对家长或老师产生依赖，进而导致学习成绩不断下降。应该充分地相信学生，让他们自己思考解决遇到的难题，长此以往，他们就能够学会独立思考，解决问题，也能够体验到解决问题的乐趣。

学校和家庭应该统一教育思想，多给学生一些个人的思考空间，培养学生良好的思考习惯。爱因斯坦说过："提出一个问题比解决一个问题更重要。"无论是在家中还是在课堂中学习，都应该为学生提供互相质疑、互相提问、互相补充、互相解决的机会。切莫让学生不懂装懂，而要引导他们学会大胆质疑，调动其主动、积极参与学习，培养学生的创新能力和意识。

## 二、家校合作，培养学生善于总结的习惯

总结是能够使知识系统化、结构化的重要方法，它能够使学生从整体上掌握知

识要领，形成学习能力。学生在课堂中获取的知识往往是零散的，如果在课后没有对所学知识进行归纳与总结，很快就会忘记，对于各知识点之间的联系也无法及时内化。

因此，每当学生学完一章节的内容之后，老师和家长都应该在学生学习的时候教会他们及时地总结本章节中的重难点及知识要点，使得学生能够明确本章节的学习目标，进而更好地掌握所学的知识。

### 三、家校合作，培养学生勤劳和珍惜时间的习惯

在家庭中，父母应该从生活中改变学生懒惰、拖拉的不良习惯。不良习惯例如每天早上不能按时起床，爱睡懒觉，导致上学总是迟到；做家庭作业总是依赖家长，拖拖拉拉，或者边做边看电视边玩，导致作业不能按时完成。其实，家长不应该放纵孩子，不仅不利于孩子养成独立自主的学习习惯，而且不利于培养学生的时间观念，更加助长了学生过分依赖家长的坏习惯。无论是在课堂上还是在家中，我们都应该教育孩子树立时间观念，增强孩子时间意识；让孩子集中精力做事情，培养孩子的勤奋精神。只有孩子品尝耽误时间的苦果，才能养成珍惜时间的好习惯。

有一位家长的教育方法很值得我们借鉴。她的孩子每次做作业都喜欢拖拖拉拉，每次半个小时的作业量，她的孩子总要拖到两三个小时，甚至是到睡觉前还没有写完，只好在第二天早晨早点起来再接着补作业。为解决这个问题，这位母亲没少操心。后来她想出了一个办法，只用了一次，孩子再也没有不按时完成作业了。那天，孩子回到家，这位家长看了一下孩子的作业量，并且规定孩子在半小时之内写完，否则就不许再写了。孩子并没有当真，还是边写边玩，半小时过去了，孩子连一门科目的作业都没有写完。家长走过来不由分说地没收了孩子的作业，无论孩子怎么解释和哀求，她都没有让孩子继续写下去。可想而知，到了第二天，孩子因为没有完成作业，受到了老师严厉的批评，下次再也不敢拖拖拉拉做作业了。

这个例子告诉我们，适当让孩子品尝耽误时间的苦果，从而让他们养成珍惜时间的好习惯。每个人都是在时间的长河中开始人生的旅途，每个人的生命都是在时间中发展的。谁能够把握时间，谁就会利用时间，谁就是最接近成功的人。从小让孩子学会珍惜时间，能更有效地促使其他习惯的养成。

### 四、家校合作，培养学生创新思维的习惯

我国著名心理学家林崇德教授曾经指出："思维的独创性、创造性、创造性思维和创造力可以看成是同义语，只不过从不同角度分析罢了。"据此可以认为，当思维有了创造性的时候，这个思维就属于创新思维。

小学生创新心理活动的引发经历了一个由无意创新向有意创新发展的过程。而我们教育的对象，仍是以无意创新为主。而好奇心和认识性兴趣是引发小学生无意创新的内驱力。因此在小学阶段，无论是处在学校还是家庭，让孩子对事物充满好奇心，激发孩子的探索欲，自然是培养孩子创新思维最切实有效的方法。并且，对

待学生都不应该过分强调"好孩子要听话"，或者是限制与学习任务不一致的兴趣的发展，这样会阻碍学生创新人格的形成和发展。

教育家乌申斯基说过："良好的习惯是人在某种神经系统中存放的道德资本，这资本不断增值，而人在其整个一生中享受着它的利息。"这句话道出了良好的习惯对于人的极其重要性。拥有一个良好的学习习惯，是学生学习成长、成功的重要条件。因此，孩子的习惯教育需要学校和家庭的共同合作、共同努力，携手为孩子的美好未来奠基。

在教育孩子方面，家长和老师都占有同样重要的地位，两者都是教育者，只是处于不同的场合而已。没有家庭教育的学校教育和没有学校教育的家庭教育都不可能很好地完成培养孩子这一极其细微而重要的工作。因此，作为家长要更积极地参与到学校教育中去，为孩子的健康成长尽到自己应尽的责任。与老师通力合作，培养孩子良好的学习习惯，让良好的学习习惯成为孩子腾飞的翅膀，在知识的天空中尽情翱翔。

作　者　王　潇　连云港市灌南县实验小学新民路校区
　　　　　　　　　连云港市综合实践先进个人
　　　　　　　　　连云港市中小学高层次人才"新 333 工程"管理能手培养对象

# 在家校合力中追寻课外阅读的成长力量

课外阅读是每位学生的必修课，培养课堂以外的阅读能力是每位学生发展的基础。在学生课外阅读时，家长、教师与学校同时通过"家校结合"为学生打造一个全方位的阅读氛围和环境，学生能够在读书中体验到快乐，能够爱上阅读，并长期保持良好的课外阅读习惯。

小学时期是课外阅读的起始阶段。学生的课外阅读对其学习习惯、性格养成、未来发展等方面会产生深远的影响。北宋文学家欧阳修曾言："立身以立学为先，立学以读书为本。"良好的阅读能力是一个人终身学习的基础，也是个人长期可持续发展的重要因素。在这个提倡全民阅读的新时代，我们的课外阅读显得尤为重要，那么学生的课外阅读之路不能仅仅靠学生自己摸索，其中家长、教师和学校都应当起到积极的帮助和引导作用。

在我们小学部编版语文教材中，一年级的"和大人一起读"板块、二年级的"我爱阅读"及各个年级每单元的"快乐读书吧"，都营造了这样一个亲子共读、课外阅读的空间。父母应该学会慢下来，花时间与孩子共同阅读。在孩子课外阅读的过程中，常常存在一个误区，孩子们在阅读的逐渐积累过程中，往往需要在现实生活中产生不断的正反馈，以此获得更多的动力和阅读兴趣。而要达到较好的效果，就需要学校、老师提出更高的要求。

## （一）课外阅读校园引导

对于学生的课外阅读问题，不仅需要家长与学生共读，营造良好氛围，培养优秀习惯，更需要教师的积极引导，同时在家长与教师之间形成交流联动。教师对阅读的积极引导主要根据学生的不同性格定制不同的书目、在日常阅读中多加鼓励支持学生、与家长保持密切沟通等方式。

### 1. 有时间展示

教师需要敏锐地察觉到学生在阅读过程中的情感流露，并根据积极或者消极的情绪给予他们正确的情感反馈，其中主要是鼓励学生并给予其信心，与学生在阅读中建立师生情谊。例如我们在阅读时，鼓励全班统一阅读版本：（1）每日分享：每日课前安排固定分享时间，让小组内每人分享一句阅读心得；（2）每周一会：阅读分享会，让学生交流这一周阅读的收获，小组内推选 1~2 名代表上台分享；（3）每学期一展：阅读摘抄笔记展示，让全班学生参观，并让学生根据自己的展示成果介绍自己的阅读成果。让学生们在回望阅读收获的过程中，培养他们的成就感。

### 2. 有活动引领

鼓励学生积极参与区、校内的一些阅读活动，鼓励学生和家长积极参与故事阅读、小视频拍摄，通过一系列的相关活动，促进学生家庭阅读，并每隔一段时间，老师及家长要反馈这种学生阅读模式所产生的成果。

### 3. 有课程构建

部编语文教材三年级上册第四单元的主题是"猜测与推想，使我们的阅读之旅充满了乐趣"。围绕猜测主题，教材安排了《总也倒不了的老屋》《胡萝卜先生的长胡子》《不会叫的狗》等课文；四年级上册第二单元的主题是"为学患无疑，疑则有进"。围绕提出问题这一主题，教材安排了《一个豆荚里的五粒豆》《蝙蝠和雷达》《蝴蝶的家》等课文。三年级的预测单元中，根据课文内容让学生猜测后面将要发生什么，让学生大胆想象；四年级的提问单元，让学生在阅读《蝴蝶的家》时，试着提出问题，学生从三年级的预测到四年级的提问，可以将"课外阅读课程系列化建构"，通过有效活动开展、学科体系建构等，使得课外阅读活动形成以思考为内涵、评价为形式、思维品质优化为价值取向的常态化格局，引领学生课外积极、主动和快乐地合作阅读、自主阅读、探究阅读。

## （二）课外阅读家校合力

在学生开展课外阅读的道路上，家庭与学校的结合尤为重要，学生在家时需要家长为其营造阅读氛围，在学校时需要教师的积极引导，二者应密切配合。学生身处不同的阅读环境和不同阅读阶段，要做到有效的信息交互，家校结合是一个动态的模式，二者相结合，不可偏废，家长与教师共同作用，打造最优质的阅读环境与氛围。

1. 线上交流，点滴分享

随着网络时代的迅猛发展，家校结合的方式变得更加多样便捷，家校结合模式也变得越可实现，学生与家庭、学校之间完全可以通过现代社交软件实现无障碍沟通。在疫情期间我们利用 QQ、微信等方式，借助现代通信工具解决长期以来存在的一系列阅读的"家校结合"化的难题：过去学生的阅读一般在家庭和学校中开展，而缺少有效交流手段，使得家校之间完全没有即时的信息沟通。家长和教师可以采取建立公众号记录学生的阅读情况与经验分享，借助手机相机、当下较流行的短视频分享等现代化手段，知晓学生最新阅读进度阅读表现，分享他们日常阅读的点滴，同时达到相互交流、分享经验、促进共同进步的目的。

2. 线下沟通，共同成长

孩子们在家进行课外阅读时，家长要及时与教师形成有效交流与反馈。开展家庭阅读活动，营造一种亲子共读的阅读氛围，形成趣味共读。家庭阅读活动形式多种多样，比如家庭读书心得分享、家庭阅读互动游戏、创建家庭图书角，在阅读时间与孩子共同读书，培养孩子阅读兴趣。当学生在学校进行课外阅读时，教师应充分发挥其专业优势，及时与家长沟通孩子们的阅读情况，多开展班级课外阅读活动，同时注意与家长形成互动。比如班级组织学生在规定的课外阅读时间共同阅读，开展课外阅读交流会，举办亲子校园阅读活动，并邀请家长共同参与、创办班级图书角，让孩子们自由阅读、独立阅读。

父母、教师和学校应当抓住小学课外阅读的关键阶段，格外注重对孩子阅读能力的培养。家长应当积极参与学生的课外阅读，包括给予孩子一定的阅读空间、与孩子进行情感交流、规范孩子阅读行为习惯、培养孩子自主阅读；教师应当在此过程中起到积极引导作用，通过"家校结合"的方式，在线上线下为学生打造一个全方位的阅读环境。希望通过家校合作，让学生爱上阅读，让课外阅读为孩子健康快乐成长积聚力量。

作　者　周　俭　连云港市海宁小学

# 言传身教树榜样　和风细雨沁人心
## ——由孩子说谎引发的思考

在家庭教育做得比较到位的家庭环境中长大的孩子，各方面的发展都不错，但在家庭教育比较薄弱的环境中长大的孩子，在某方面或多或少存在缺陷。目前加强家庭教育已普遍引起了人们的重视，然而社会、学校、家庭三位一体的教育还未能达成统一，存在着较为严重的脱节现象，特别是家庭教育和学校教育在手段、态度等方面不能很好地结合。

以下是我对家庭教育其中因纠正说谎案例引发的分析与反思。作为教师或家长，面对孩子的说谎，我们应持正确的态度、运用科学的方法实施教育引导，帮助孩子健康发展。

## 一、案例回放

小新，女，五年级的学生，非常聪明，学习成绩也不错，但有一个坏习惯，就是爱说谎。没完成作业时经常说已经完成了，去了网吧就说去同学家学习。他的家长向我抱怨，说孩子怎么打怎么骂都不听，老爱说谎，要求老师管严格点，说孩子只听老师的话。

父亲长年在外面打工，偶尔回来会用暴力解决孩子的说谎问题；母亲是家庭主妇，负责孩子的饮食起居，对孩子的教育问题很少发言。

## 二、案例分析

没有哪个孩子一出生就会说谎，如果他说谎了，一定是他的成长环境出了什么问题。虽然没有家长会故意去教孩子说谎，但如果家长与孩子在相处的过程中，为了哄孩子听话，经常用一些假话来骗他，又或者经常对别人说谎，甚至用拳头来教训孩子，这会给孩子留下很深的印象，久而久之孩子就学会了说假话。仔细分析案例还可以发现，当孩子表现出错误倾向时，家长没有去寻找孩子出现问题的原因，而是将孩子痛打一顿以解决问题，这样的办法并不有效。重要的是寻找问题产生的根源，从源头上给予疏导和正确的引导，使孩子心悦诚服地接受我们的指导，改正自己的错误。小学生说谎行为有以下几点原因。

### （一）心理压力

小学生说谎行为也是一种自我保护行为。在学生遇到困难时，以说谎行为来保护自己，并非有意想说谎。例如：学生在学校受到教师批评、同学欺凌时，会采取装病或者其他方法不去上学。从心理视角分析，学生这种说谎行为是一种无奈之举，学生本意不想说谎，但受到一定的压力，不得不采取说谎来掩盖事实、逃避责罚。

### （二）心理暗示

年龄决定了小学生接受心理暗示的程度。例如，学生在成长过程中，常常会遇到这样的问题："小朋友，这么久没见，想我吗？"学生本意是"不想"，但被家长否认了，这给学生形成一种暗示，在遇到同类问题时，他只会迎合家长说一样的答案。学生由于受到年龄、经验的限制，不能够理解其中的意思，无形之中为学生说谎埋下了伏笔。

### （三）渴望被关爱

每一个人都渴望被爱护、关心。父母将多数精力花费在工作中，难免忽视孩子。因此，有的学生会采取装病的说谎行为，获得父母的重视与关注。经过实践发现，这种方法较为有效，多数父母会放下工作，百般呵护学生。

### （四）想象力丰富

学生想象力丰富，也会形成说谎行为。小学教育阶段的学生，正处于快速发展时期，能吸收与加工多样信息。这一时期的学生，喜欢说一些见过或者没有做过的事情，愿意吹牛、编故事，学生这种说谎行为属于健康的，对发展学生思维、培养学生创新能力是十分重要的。

## 三、案例指导

### （一）设立规矩，培养规则意识

"没有规矩，不成方圆"。孩子因为认知特点局限，需要师长从小就给他们的行为举止方面设定规矩或界限，通过重复训练和反馈让他们形成规则意识。不少家长在日常生活中忽视了对孩子的规矩教育，结果当孩子犯了错或者做出不守规矩的事情后，家长总是严厉地惩罚孩子，以便让孩子改掉坏习惯。家长与其在出现问题后惩罚孩子，不如事先给孩子立一些规矩，让孩子从小学会懂规矩。孩子学会懂规矩，对其发展有着举足轻重的意义。孩子学会了懂规矩，就能适当地约束自己的行为，在正确的轨道上发展，这对孩子适应竞争激烈的社会环境是非常有帮助的。

### （二）以身示范，发挥榜样作用

父母要以身作则，树立良好榜样。儿童身心健康的发展，家庭教育是关键；防止儿童养成说谎的习惯，父母是关键。父母应该理解儿童内心的想法，站在儿童的角度去思考所发生的问题。父母是孩子的第一任老师，因此家长教育孩子，仅仅言传是远远不够的。我们知道，孩子善于模仿，尤其在儿童时期，因此家长在教育孩子的时候，身教应当重于言传。试想，如果家长总是要求孩子多读书，可是自己却整天泡在电脑桌前或者麻将桌前，正所谓"上梁不正下梁歪"，这样是不可能达到预期的教育效果的。家长要充分利用身教的力量，提高自身修养，为孩子做一个好榜样，更要利用自身榜样的作用教育孩子，这样才能达到预期的教育效果。

### （三）学会倾听，减少孩子逆反

在家庭生活中，很多家长认为训斥孩子是一件非常正常的事情，并不觉得这有什么不妥。家长训斥孩子，很容易给孩子造成严重的心理负担，甚至还会加重孩子的叛逆心理，让孩子不服家长的管教，这对家长和孩子都没有好处。家长不如倾听孩子的心声，这样会让孩子变得乖巧。面对孩子的问题，家长要给孩子倾诉的机会，耐心倾听，了解孩子的真实想法。孩子能感受到家长的尊重，他也会尊重家长，变得更加懂事。孩子的成长需要每一个家长的指引与教育，愿每个孩子都能受到良好的家庭教育。

### 四、案例反思

经过一段时间的共同努力，如今的小新说谎次数越来越少，犯了小错误也能主动向家长承认，真是一个可喜的进步。更值得高兴的是，小新的父亲觉得现在他们家的家庭氛围更融洽了，孩子有什么想法都会主动来与父母交流。

通过这个案例，我强烈地意识到家长应当掌握一些心理学知识，注意了解儿童的心理发展特点。只要孩子说真话，家长要对其诚实的行为加以肯定，予以表扬。告诉他们做了错事要敢于承认，为人要诚实正直。对孩子的过错不要粗暴批评，要和孩子一起分析所犯错误的原因，共同制定克服缺点错误的方案，帮助孩子解决问题。如果遇到孩子说谎，家长不能急躁，要耐心了解孩子说谎的原因，然后对症下药，因势利导，这样才能使孩子的心理越来越健康。

作　者　房以娟　连云港市灌南县苏州路实验学校
　　　　　　　　连云港市灌南县骨干青年教师
　　　　　　　　连云港市灌南县优秀女职工工作者
　　　　　　　　连云港市灌南县未成年人指导工作先进个人

中学篇

# 放下手机 陪伴是给孩子最适合的爱

　　家庭是孩子健康成长的摇篮，家长是孩子的第一任老师。培养出优秀的孩子是每一位家长的心愿。在对孩子进行教育过程中，家长高质量的陪伴是孩子健康成长并取得理想成绩的关键因素。然而随着科技突飞猛进地发展，智能手机成为人们交流的主要工具。在家庭生活中，越来越多的家长对孩子除了满足其吃穿等物质需求外，忽视了对孩子的情感需求和学习情况。

## 一、事件回放

　　1. 学生作文片段

　　"爸爸，事实上我一直想对您说'和我玩一会儿'，但现在您就只会玩手机，你快变成手机的爸爸了。"

　　"很多人都说自己是爸妈的掌上明珠，而我觉得手机才是他们的掌上明珠。别人家里都有了二胎计划，我爸妈却不是，因为他们的'二胎'是手机。"

　　"爸爸每天在吃早餐、起床、午睡的时候把玩他的宝贝——手机，仿佛没有了手机就活不下去了一样。爸爸，只要您能放下手机，我乐意用东西交换，哪怕是自己的生命。"

　　"以前一直以为爸妈最爱的是我，但是现在我知道他们最爱的是手机。爸爸爱网游看新闻，妈妈爱网购聊微信，现在就连爷爷奶奶都开始手机抢红包了，小姑姑每天看帅哥直播，放学我都不爱回家了。"

　　2. 电视节目片段

　　一个小女孩唱了一首《父亲》，她演绎得淋漓尽致，博得了大家的好感，主持人问她为什么选择这首歌的时候，她说是唱给爸爸听的，希望爸爸有时间能多陪陪她。因为爸爸是手机控，每次让爸爸陪她玩时爸爸都说等一会儿，孩子等得太久了，渐渐地知道等一会儿就是没时间。这首歌本来是歌颂父亲的，却被他用来唤醒父亲的爱，这首歌变得如此沉重。

## 二、引发反思

　　1. 家长要丢下手机

　　"儿童成长中的很多问题来源于家长对儿童的漠视。"父母是儿童获取安全感、归属性和价值感的源泉。在陪伴中，儿童可以体会到父母无条件的关爱，从而建构起亲子牢固的依赖关系。父母是孩子最好的老师，而父母的言行举止也是孩子学习模仿的对象。如果家长在陪伴孩子的日常生活中总是看电视玩手机，很容易给孩子一个错误的信号：他们会以为爸爸妈妈爱手机胜过爱他们，同时，他们会对电视和手机里的世界产生强烈的好奇心。

2. 家长要给予陪伴

陪伴并非陪同，也并非亦步亦趋地跟随，而是要与孩子做同一件事，如一起阅读、看电影、游玩、吃饭、闲聊，一起解决问题。有这样一则公益广告：孩子在做作业，母亲坐在孩子旁边玩手机，孩子喊"妈妈，你看看我"，妈妈不耐烦地说："哎呀！妈妈不是在你旁边坐着吗？"孩子说："我不要你玩手机，我要你陪陪我。"

陪伴在于品质，给儿童优质的陪伴对他们的心智发育十分关键，它能树立起良好的亲子关系，使儿童觉得自己是被关注的，因为父亲和母亲很关爱他、赏识他。感觉到爱的孩子才有更多的勇气去探索未知的世界，也才能以更积极的心态去应对挫折。

### 三、学会陪伴

"随风潜入夜，润物细无声。"人们将孩子们幼小的灵魂喻为荷叶上的露珠，晶莹透亮却又格外值得谨慎呵护，稍不谨慎，露珠就会滚落、碎裂。儿童的茁壮生长离不开陪伴和关怀，而关怀又是培养儿童的生命情感基础，没有了关怀，就没有了教育。爱护儿童，把爱心洒向所有儿童的心田，让孩子切实体会到父母的关爱。

1. 陪伴是要真正了解孩子

"让儿童在尊敬和关爱中长大"，就要以儿童为中心，关爱儿童，从儿童的生长需求入手，充分尊重儿童的发展规律性。"花开有季，人达有时"，父母的工作便是创造最优质适合的土壤，静待花开。

2. 陪伴是勇于放低姿态

蹲下来不仅是一个形体动作，更是一个感情的姿态。用孩子的眼睛看世界，蹲下身子，凝望着孩子的眼睛，这是平等，是对孩子们的尊敬。蹲下身来，摒弃成人的趾高气扬，你才能看到孩子的世界，理解孩子的世界，才能变成孩子的好朋友，孩子也会把你当成好朋友。

3. 陪伴是学会等待

让孩子以自己的方式完成工作。龙应台先生的《孩子，你慢慢来》中有一句话让我难以忘怀："……我宁愿等上一生的时光，让这个孩子把蝴蝶结扎好，用他五岁的手。"这个宁愿等上一辈子时光的人，让我肃然起敬。为了孩子，我们真的需要有如此的勇气和耐心。

在如今快节奏的生活中，能够有时间陪孩子是一件非常幸福的事情。父母在家的表现直接影响孩子的习惯养成。如果父母喜欢看手机、玩游戏，那么孩子也会喜欢看手机和玩游戏；如果父母在家的时候喜欢看看书、写写字、下下棋，那么孩子长期沉浸在这种家庭氛围当中，也同样会爱上学习，养成好习惯。

童年只有一次，让我们每一位家长放下手机，用心观察孩子、感受孩子，学会高质量地陪伴，让孩子童年的记忆，不再是冷冰冰的手机屏幕，而是充满温度和色彩的亲子画面吧！

作　者　成　婧　连云港市灌南逸夫特殊教育学校
　　　　　　　　连云港市家庭教育指导员基本功大赛一等奖
　　　　　　　　连云港市教学基本功大赛二等奖
　　　　　　　　连云港市家庭教育优秀指导教师
　　　　　　　　连云港市灌南县师德先进个人

# 叛逆不是孩子的错

**【引言】**

许多青春期的孩子会表现出严重的敌对倾向。他们经常会把家长和老师的教育、帮助理解为与自己过不去，认为伤害了自己。

**【案例】**

小可是七年级的一名男同学，学习成绩在班上名列前茅，对理科比较感兴趣。但是他桀骜不驯，行为偏执，经常和父母、老师发生冲突。在家里，一旦父母不能顺从他的意愿，他就和父母顶嘴，甚至离家出走。某天早晨，母亲看到小可头发太长，让他去理发，他不但没去，中午还与同伴抽烟。在学校，他对抗老师的种种行为也很激烈。每当老师批评教育他时，他要么一副满不在乎的表情，要么瞪着老师，显示出很不服气的样子，更有采用过激的行为展示自己的成长和独立。

**【反思】**

小可的表现是进入青春期的典型现象。进入青春期的孩子，性格会变得孤僻，不愿与长辈沟通，脾气暴躁，做事常常以自我为中心。其实这是孩子进入了叛逆期。叛逆期是指由于青春期生理、心理的原因，孩子时常出现逆反心理和行为的现象。叛逆青少年其言语过于偏激，常常出现急躁、烦闷、易怒等心理问题；其行为过于极端，常常出现厌学逃课、顶嘴离家、斗殴抢劫等行为问题。

**（一）叛逆期现象出现的原因**

为何会出现叛逆期现象？笔者认为叛逆期现象是学生青春期身心发展与家长和教师教育方法的主、客观因素的共同产物。因此把叛逆期现象都归于学生主观上的身心变化是不公平的，实际上还有家庭和学校教育的外部原因。

1. 叛逆期心理的内因

青春期是青少年成长的过渡期，由于生理、心理发生变化，其世界观、人生观、价值观开始形成。因认知范围的限制，缺乏对陌生环境进行准确判断的能力，主观上又强烈需要被认可的心理需求。分析起来主要是以下两种原因。

（1）生理发育与心理成长不同步。处于青春期的青少年虽然在生理上逐渐发育成熟，但心理上发育迟缓，对事物判断缺乏全面的认知，容易和父母等长辈产生不同的观点，造成抵触情绪，特别需要父母和老师的正确引导。

（2）独立意识和自立能力不同步。青春期青少年独立意识逐渐增强，急于摆脱父母的束缚，在心理上既渴望别人把自己当作成人来看；但是由于他们欠缺社会经验、生活常识，又不得不向父母寻求意见，但是还想把自己的想法作为判断事物的标准，以示自我成长，获得成长的满足感。

2. 叛逆期心理的外因

（1）家庭教育者自身存在人格缺陷

首先，许多家长疏于学习，不注重自身学习成长，不了解青少年的身心发展特点，用传统的观念和眼光来看待其言行表现；其次，家长自身的性格缺陷也会造成孩子的叛逆。例如有的家长言行不一，孩子就会觉得大人虚伪而不可信，从心底抵触父母的管束。家庭教育者教育观念落后和自身的性格缺陷是造成青少年叛逆的主要原因。

（2）家庭、学校的教育方法失当

首先，教育者平时对青少年漠不关心，放任自流，而一旦出现叛逆现象，又对其束手无策、胡乱下药；其次，教育方式简单粗暴，利用家长和教师的权威，居高临下地指责他们，常常出现情绪碰撞、矛盾激化，造成教育后果背道而驰。因此，不恰当的教育方法是叛逆现象产生的重要原因。

## （二）学校和家庭的教育对策

1. 改进学校德育课程设置和教法

学校德育要进行适当调整。其一，学校要根据叛逆期青少年的身心特点，调整德育课的教学内容。突出陶冶情操，养心修性的主题活动，对于道德规范、政治性较强的内容，避免简单说教，设计小剧场，寓教于乐，以弱化学生的逆反心理；其二，加强教育者的综合素质培训，转变教育理念，要以疏导渗透、润物无声的方式进行沟通教育，以防抵触心理；其三，学校开展家长学校，及时与家长沟通，做好叛逆期的预防工作。同时要注重开展个别指导，以防"破窗效应"。

2. 加强心理卫生和心理健康教育

首先，学校要开设心理健康课，引导学生全面了解和正确认识青春期身心变化和叛逆期的行为表现特征，充分认识到叛逆心理和行为产生的原因和后果的危害性；其次，设立专门的心理咨询室和心理咨询老师，帮助学生学会自我调节情绪和自我控制行为，调适和化解叛逆心理，帮助叛逆青少年顺利度过叛逆期。

3. 引导家长发挥父母的榜样力量

父母作为孩子人生的第一任老师，其榜样的力量是无穷。首先，家长要注意加强自身的修养，用父母的人格魅力取得孩子的信赖和尊敬。其次，孩子的身心随着年龄的增长而逐渐发育成熟。孩子成长了，如果家长却仍原地踏步，必然遭到孩子的自卫反击，因此家长要不断学习做学习型父母，以身作则，善待他人，处处做孩子的榜样，让孩子耳濡目染努力营造出一个生机蓬勃的成长型家庭。

4. 接纳青少年的叛逆心理和行为

平等尊重是教育理论中的首要原则。如果家长过多干涉和保护，甚至表现出不信任，比如偷窥孩子的日记等，就会让孩子感到不受尊重，必然产生抵触心理。因此，蹲下来平视孩子，真正将孩子视为平等独立个体，不仅要做孩子的父母，还要做他们的大朋友。平等和尊重，是和谐亲子关系的前提，没有和谐的亲子关系，良好的家庭教育效果也就无从谈起。

对于叛逆期青少年，家长和学校需要根据青少年的心理特点，分析他们产生叛逆行为背后的原因，家庭教育和学校教育形成合力，利用专业的方法和模式进行辅导，帮助青少年逐步确立正确的人生观、世界观、价值观。通过家校通力合作，使每一个孩子都能平稳度过青少年叛逆期，从而健康快乐地成长，成为对社会和国家的有用人才。

作　者　徐同霞　连云港市厉庄初级中学

连云港市首届家庭教育指导员基本功大赛二等奖

连云港市第二届家庭教育指导员基本功大赛一等奖

陆继强　连云港市厉庄中心小学

# 家校并举　让教育向阳而行

2021 年，"双减"政策落地，《促进法》出台，"依法带娃"家事变国事，全国职教大会在京召开，多省出台体育中考改革具体政策……一系列教育新政策的出台，足以见得国家对教育的重视程度，也意味着对肩负教育使命的家长与老师提出了更高的要求，我国家校共育实践进入了新时期，将面临更大的挑战。

"双减"政策出台后，家庭和学校的教育现状如何？是否实现了真正意义上的减负？家长的焦虑是否得到缓解？教师的压力如何？……笔者借助问卷星，对某小学 416 名家长和 120 名教师进行调查，结果显示：仅不到 50% 的家长能利用"双减"政策后的"空余时间"选择亲子陪伴，对课余时间安排缺乏科学思考，对"双减"政策缺乏全面了解；近半家长对孩子学业方面的焦虑并未下降；对于课后延时服务，90% 以上的教师觉得工作压力增大，缺少和家长沟通，无法及时解决孩子出现的问题，部分家长（老师）对于家校合作共育方面意识淡薄，家校双方权责边界不明，与国家教育政策的初衷相背离。

那么，"双减"政策下，作为新时代的家长、教师应该如何最优化地发挥家校合力，让教育回归本质，真正让孩子负担变轻，家长的焦虑得到缓解。减负不减质，成为目前亟待解决的问题。

## 一、家长："双减"政策下，做好孩子的第一责任人

### （一）明确责任，依法带娃

"家庭是人生的第一所学校，家长是孩子的第一任老师，要给孩子讲好'人生第一课'，帮助扣好人生第一粒扣子。"《促进法》的出台，进一步明确家长是家庭教育的责任主体，立德树人是他们的根本任务。家长有义务为孩子营造良好的家庭环境，促进孩子健康、快乐地成长。

### （二）改变观念，全面育人

在新时代背景下，我们需要培育的是身心健康、人格健全、全面发展的社会主义建设者和接班人。

首先，家长需要从根本上转变教育观念，坚持"成人比成才重要，幸福比成功重要"的思想，破除"唯分数"论，彻底改变重智轻德的观念，树立全面发展的"多元智能理念"。其次，家长还需增强家校合作意识，不能做"甩手掌柜"或"全权包办"式家长，应积极主动地与学校合作，与学校形成最强大的教育合力，帮助孩子更好地成长。最后，家长还需加强学习，切实提高自身教育水平。在遵循孩子身心发展规律和个体差异的基础上，进行科学有效的育儿指导，给予孩子高质量的亲子陪伴，做新时代成长型、智慧型的家长，让家庭教育不缺位。

## 二、教师："双减"政策下，做好减负提质的践行者

"双减"政策落地，对教师的专业能力和素养也提出了更高的要求。"双减"政策是优化教育服务、减轻家长负担、营造良好教育生态的重要举措。学校是教育的主阵地，课堂是育人的主战场。教师作为减负提质的践行者，其重要性不言而喻，需具体做好以下几个方面。

第一，教师应立足观念转变，提高思想认识。做到人人掌握"双减"政策和"五项管理"政策的主要内容和重大意义。通过自主学习和集体研讨，进一步改进教育教学的策略及方式。第二，立足课堂教学，提升教育质量。教师应加强学科教研，强化教学基本功训练，精选例题，精讲精练，提高课堂知识达成率，实现课堂提质增效。在坚持"以人为本、全面发展"的教学理念下，全面提升学生核心素养，真正让课堂"效"起来。第三，立足作业管理，提升知识巩固。教师应实施全过程作业管理，密切关注作业的设计、批改、反馈、评价等环节，实行小组监督，全程加强作业管理。第四，立足延时课程，提升课后服务效果。完善综合实践、科

普、文体、艺术、心理健康等延时课程内容，为孩子的全面发展奠定基础，进一步发挥学校的主阵地作用。第五，建设教师工作坊，搭建成长平台。利用教师论坛进行专业引领，以赛促研，带动全体教师综合素养的全面提升。

### 三、学校："双减"政策下，做好家庭教育指导服务者

#### （一）提升家庭教育指导水平，增强合作共育意识

首先，学校作为儿童青少年生活和学习的主要场所，是家长最希望接受家庭教育指导的渠道。目前，学校家庭教育指导服务体系虽已初步建立，但仍存在家庭教育指导"形式化"的特点。这就需要学校提高站位，改变观念，把家长看成合伙人，真正从"家本化"视角开展指导工作。

其次，家庭教育指导模式应灵活多样。一方面，可利用线下活动如家长会、家访、举办专家讲座等传统家庭教育指导服务活动，尽量选择在非工作时间，确保人人参与；另一方面，还可以利用线上平台，采取互联网＋家庭教育的方式，如利用公众号发布家庭教育科普文章、开辟网络专栏、建设网上家长学校等多种模式，让家长更加灵活自由地接受家庭教育指导。

此外，在家庭教育指导形式上也可多样化，对于家长的普遍要求，可采用集体常规化指导；对于有特殊需求的家长，则可提供个性化指导。

最后，学校还需加强对开展家庭教育指导工作的教师进行长期培训，尤其是对学校领导干部、班主任、心理健康教师等，重点提升他们指导家长开展心理健康教育的能力及对特殊家庭教育指导服务能力和专业水平，优化教育服务，缓解教育焦虑，立足家校共育，提升育人合力，营造良好的共育生态。

#### （二）搭建家校交流平台，构建高效沟通机制

在教师家庭教育指导能力提升的基础上，学校还应为家长搭建"两个平台"，即家庭教育指导服务平台和家庭教育实践活动平台。

在服务方面，学校做好有利于社会资源的整合和挖掘，聘请家庭教育研究方面的专家、学者，给家长提供与家庭教育理念、方法指导类的讲座；还可以利用交流平台，让有家庭教育经验的家长进行分享，相互学习，搭建家庭教育经验学习交流平台。

在实践方面，学校应将家庭教育纳入学校教育体系当中，家校并举，形成教育合力。真正促进"双减"政策落地，把周末时间还给学生，并指导家长利用周末时间开展亲子阅读、亲子游戏、户外拓展等活动，通过活动进一步增进亲子关系、培养兴趣习惯、提升综合素质。

苏霍姆林斯基曾说过："教育的效果取决于学校与家庭教育的一致性，如果没有这种一致性，那么学校的教学和教育过程就会像纸做的房子一样塌下来。"由此

可见，"双减"政策背景之下，教育不能仅凭家长、学校单一的力量，而应各自承担起教育的责任，形成家校合力，共同构建教育良好生态，促进孩子身心健康、全面发展，让教育向阳而行。

作　者　赵　艳　江苏省灌云中等专业学校

江苏省"两课"比赛二等奖

连云港市优质课大赛一等奖

连云港市优秀教育工作者

# 家校协同促成长　生涯实践绘蓝图

高中学生正处于青春期，自我认知比较模糊，家校协同的模式可以帮助学生明确自我定位，进而思考人生，明白生活与工作的意义。本文通过提升家校沟通、开展生涯讲座、模拟社会实践等途径探究，推动高中生涯教育发展新高度。

## 一、家校协同在高中生涯教育中实践的背景

高中阶段的学生处于即将成年的阶段，对许多事物的认识不够深入，亟须开展生涯教育课程来帮助他们明确自我定位，进而思考人生，明白生活与工作的意义。不可否认的是，在学校进行生涯教育由于受到种种条件的制约，很多时候都有其局限性。每一个学生的成长都需要家长的辅导与支持，高中生也不例外。已经成年的家庭成员社会历练比较深，又有自己的职业，对社会的认识也比较深刻，这对高中生来说是一种非常好的生涯教育资源，将其利用在高中生涯教育上，必将能够展现出奇效，协助他们开展生涯规划，寻找职业发展的新高度。因此引导家长从家庭角度和学校共同探寻高中学生的生涯教育，是大势所趋。

## 二、家校协同在高中生涯教育中实践的意义

现阶段每个家庭对孩子都非常重视，孩子们成长过程中的物质条件都比较良好。但是，有些家长只能看到孩子对物质上的需求，这导致许多高中生出现物质至上的现象；某些家长极其在意学生成绩，只寻求名次，不考虑未来发展；还有些家长则会将自己未能实现的愿望强加在孩子身上，希望孩子完成自己的梦想，这些都是不正确的生涯教育现象。家长的一言一行都能够影响学生对未来的思考方向，家长能否有效地干预孩子的生涯观念，给孩子积极有效的意见，在孩子生涯规划中发挥应有的效用，对孩子高中生涯教育影响非常重大。学校与家庭双方优势的相互利用和相互补正，共谋孩子生涯教育的方法，有助于实现高中生涯教育的最优化。

### 三、家校协同在高中生涯教育中实践的方法

**（一）加强联系，让生涯教育在家校协同的土壤里发芽**

家校联系是在高中开展生涯教育的重要前提，每个人对于同一事件或许有不同的看法和认知，沟通交流可以让家长和学校了解彼此关于学生生涯发展的不同想法，进而交流意见，共同探索学生在生涯教育道路上遇到的困难，让高中生涯教育在家校联系中破土发芽。

1. 丰富手段，筑建家校联系的桥梁

鉴于电子信息技术的不断飞跃，家校联系的形式不再依赖于传统模式，而呈现出多种多样的形式。线上模式以打破时空的限制，主要有电话、微信、QQ、云海在线、关注公众号等方式。如果遇到家长、学生、老师对于学生的生涯规划持不同看法，争议较大或个别学生处于生涯困扰时，我们就可以采取现场交流形式，如面谈、家访、家长会、生涯家校联系簿等。另外针对系列主题活动，也可以采取现场指导和线上交流相结合。总之，只要能够促进家校协同、推动高中生涯教育发展的手段或途径，都可以采用。

2. 提升能力，增强家校联系的效用

学校要充分发挥专家作用，通过多种方式指导家长提升家庭教育能力。比如推介阅读，树立科学先进的理念，借鉴成功的教育案例，反思自己的教育实践。

班主任更要精心挑选优质、适合本班家长阅读的公众号，避免家长盲目浏览网络信息，给自己造成思维混乱。班主任还可以设立班级教育交流平台，鼓励家长积极参与发帖和跟帖，介绍自己的实践经验或教训，进而提高思维水平和反思意识，促进家庭教育的效果，紧密家校合作的程度。

**（二）开展讲座，让生涯教育在知识交流的灌输下塑型**

生涯讲座包含两个方面的内容：面向家长的由生涯老师主讲的生涯知识讲座，以及面向学生由家长主讲的职业讲座。其中职业讲座就是在学校邀请家长对学生开展关于家长本职业相关知识的讲座，同时也向学生介绍关于他们职业的相关内容，使学生对各个职业加深了解。学校通过问卷调查等手段收集学生感兴趣的职业方向，通过家庭委员会等方式了解在校学生家长的职业类型。学生可以选取感兴趣的讲座，提出自己的一些见解和想法。在校园内开展家长职业讲座，解答疑问，可以丰富学生的职业知识，给他们呈现出一个具体而形象的职业世界。通过职业调查，学生能够更了解父母工作的内容，更理解父母的辛苦与付出，这也让学生和家长之间的关系更和谐、更融洽。

**（三）模拟招聘，让生涯教育在家校协同的舞台上开花**

通过举行模拟招聘会，让学生在学校模拟社会经历，搭建学生展示自我的舞台。活动主要由学生挑起大梁，老师从旁协助，各环节选取不同特长的学生担任工作人

员，再由学校出面让学生邀请不同职业的家长直接担任面试官，学生根据自己的生涯兴趣选择职业，积极准备，进行面试。模拟招聘会的活动能够使学生提前了解未来找工作需要经历的很多程序以及注意事项，帮助高中生找到自身短板，有针对性地自我提升，激发高中生的创新活力。

（四）提供实践，让生涯教育在学生岗位的实践中开花结果

在家校协同的模式下开展高中生涯教育，学校不能闭门造车，还要与外界接轨。学校可以根据模拟招聘会的面试成绩，请家长或者其他社会人士帮忙为合格的学生提供岗位和锻炼磨砺的机会。

当然，在学校生涯教育过程中想要加大力度推进家长的作用，使其真正发挥效果还面临着诸多需要克服的难题。如家校协同制度不够完善，老师和家长缺乏相应能力和技巧，以及缺乏场地和资金保障等。但是，随着时代的发展，教育理念的不断更新，我们一定能越做越好。今天，家校同力带领学生在生涯规划上迈出一小步，未来，将推动学生在人生的道路上迈出一大步。"不积跬步，无以至千里"，我们将继续前进，不断拼搏，推动高中生涯教育发展新高度！

作　者　唐江尧　南京师范大学灌云附属中学
江苏省"教海探航"论文二等奖
连云港市长三角论文一等奖
连云港市家校合作优秀教师

# 学生捡了手机之后……
## ——家校教育观念冲突引发的思考

家庭是人生的第一个课堂，父母是孩子的第一任老师。家庭教育功能不是学校教育体系的附庸，而是优先于学校教育存在的教育形态。一定程度、范围内的家校教育观念的冲突，对于家长和教师素质的提高、学生能力的发展是有利的，关键是家长和教师都要树立服务于学生健康成长的观念。教师具备一定的家庭教育指导能力，当发现学生的家庭教育亮红灯时，能及时干预，发挥积极作用。

## 一、案例描述

一天早上，我刚走进教室，就看到李小华和张小轩在研究一部手机。刘小明迫不及待地告诉我，李小华捡到了一部手机。李小华得意地说："我捡了一部手机，这部手机还挺好的！"听到这种语气我心头一紧！李小华是这学期才转到我校的，因为他是智力障碍儿童，所以对他的教育不能急于求成。我试着引导他把手机还给

失主，可是李小华却告诉我他妈妈说："捡到这么好的手机我真是太幸运了！"

这样的结果出乎我的意料，理智告诉我不能发火。李小华是转学生，还没有对我这个老师产生信任。他正处于叛逆期，性格偏强，因为身体原因，家人对他甚是骄纵，如果我直接批评，他未必能听得进去，还有可能弄巧成拙，导致他对我这个老师的反感。该怎么办呢？

## 二、案例解析

李小华捡到智能手机看似一时的"得"，但不愿归还却失了"德"，他的家庭教育亮起了红灯。

### （一）原因分析

影响儿童核心品德的形成主要有以下几个方面。

1. 家庭教育

家庭教育是唯一能够始终在人的成长过程中起决定性作用的教育形式。家庭的影响通常以家庭成员为主体，以特殊的关系为纽带，潜移默化地促进儿童道德认识的形成。家庭成员处理问题的方法、方式、标准等对儿童的影响特别大，李小华母亲的行为直接影响到他的道德品质的形成。

2. 学校教育

学生和老师共同遵守的行为准则和价值标准影响学生的行为。李小华转校已经有一个多月了，在这一个多月里，我们对李小华的行为规范教育和价值观教育非常不到位。

3. 自身因素

李小华没有理解"捡到东西要归还失主"这个道理，在他的认知结构中，坚信"捡到东西就该归自己所有"。另外，虽然他已经是八年级的学生了，但是在核心素养方面还有待提升，在利益面前不能够做出正确的选择。

### （二）应对措施

1. 从改变孩子的认知入手

作为教师，有责任解决问题，但是如果我强行要求他把手机还回去，他在认知上并不能从根本上得到改变。当学生的道德品质出现偏差的时候，学校有责任对学生的偏差进行指正，先破后立，建立新的正确的道德品质。

（1）改变错误认知

下课后我找李小华单独聊天，先让李小华想象一下，如果自己的手机丢了，会不会着急？可是得到的回答是："我会保管好自己的手机，不会丢！"这个时候我意识到，智力障碍儿童对假想的事情不能有深刻的理解。我突然想到他的好朋友刘小明上个礼拜丢了耳机，找遍了整个校园都没找到的事情。于是，我让他回想一下刘小明丢耳机的事件，并回想当时刘小明是怎样焦急的，如果自己捡了刘小明的耳机，会怎样做？令人欣慰的是，李小华表示如果自己捡到了耳机一定会还给他。趁热打铁，我连忙再次引导他手机的主人现在非常着急，李小华最终表示他会把手机还给失主。听到这个回答，我连忙夸奖李小华是个好孩子。

（2）构建正确认知

我在班级开了一堂主题班会课——"拾金不昧，助人为乐"。班会课上，我首先特别表扬了李小华主动要求归还手机的行为，李小华非常高兴。可以看出，被老师特别表扬比捡到手机更让他快乐。班会课上，同学们表现得都非常积极，有的同学讲述了自己身边拾金不昧的事例，还有的同学分享了自己拾金不昧的感受。班会课最后，我对全班同学进行普法教育——捡到东西不还可能会犯法。

（3）加深正确认知

我布置同学们制作一期手抄报，主题为"拾金不昧小标兵"，并让李小华参与手抄报的设计。设计手抄报的过程能够帮助李小华理解"拾金不昧"。手抄报也能够在很长一段时间里提醒他"拾金不昧"的意义。

2. 让孩子用正确认知去影响家长

苏霍姆林斯基说过，教育的效果取决于家庭教育和学校教育影响的一致性。家庭的影响是巨大的，说不定李小华回到家以后又会改变想法。于是，我给李小华布置一个特殊的任务：回家以后，说服妈妈，把手机还给失主。

3. 家校沟通促进家庭教育健康发展

（1）家访

在手机事件没有那么敏感的时候，我专门找机会家访，与李妈妈聊了一番，并就孩子教育问题成功达成共识。家长对孩子的引领作用是无可比拟的，家长只有以身作则，用自己良好的素养，走在孩子前面，才会事半功倍。学校和家庭共同努力，帮助李小华养成良好的道德品质，帮助孩子更好地成长！

（2）家长学校

"家庭是人生的第一个课堂，父母是孩子的第一任老师。家庭教育涉及很多方面，但最重要的是品德教育，是如何做人的教育。"

从这件事上我深刻地认识到家校合力教育的重要性。我建议家长学校负责人召开一期品德教育方面的家长培训，并让李妈妈在培训上发言，得到了学校的认可。

### 三、自我反思

李小华事件让我欣喜，也让我惶恐。在这件事上，我是被动地处理问题，如果我早点对他进行这方面的教育，也许不会发生这样的事情，我深深地体会到家庭教育指导的必要性。家庭教育作为一种非制度化的、非模式化的、非专业化的自然生活教育，与学校教育在教育规律、教育方法、教育手段等方面千差万别。家庭教育功能不是学校教育体系的附庸，而是优先于学校教育存在的教育形态。一定程度、范围内的家校教育观念的冲突，对于家长和教师素质的提高、学生能力的发展是有利的。当家庭教育和学校教育两方面影响因素发生冲突时，教师要做好协调工作，帮助学生形成正确道德认识。

作　者　徐　杰　连云港市灌云县特殊教育学校
　　　　　　　　连云港市家庭教育指导员基本功大赛二等奖

# 抓住教育契机　引领孩子成长

孩子的言行举止渗透着家庭教育的影子。帮助特殊家庭的孩子形成良好的心理素质和走向正确的人生道路，既是学校实施素质教育的需要，也是作为教育第一线教师们义不容辞的责任。现今家校工作中常出现的问题有：相互挑剔，缺乏合作。原因在于，家校双方沟通渠道过于单调，家校合作往往会忽视孩子的作用。

在和学生们沟通中我发现许多高中生的心理问题可以追溯到童年时期，无一例外。他们当时的家庭教育出现了问题，尤其是单亲、离异、重组、寄宿、暴力、溺爱、经济特困等家庭。这类家庭的中小学生心理健康问题主要集中在情绪、学习、人际交往等各方面。怎样寻找合理措施，帮助这些孩子建立良好的心理素质，走上合理的人生道路，既是学校全方位推进素质培养的基本要求，又是老师们义不容辞的责任。

## 一、案例叙述

我们班级的妞妞同学内向孤僻，注意力不集中，成绩不好。经过了解，她的家庭比较特殊：单亲家庭，主要由奶奶照顾生活，爸爸打工赚钱，教育方式简单粗暴。那天上午我正在上课，妞妞爸爸打来电话，责问我昨天的事情为什么还没处理。

事情的起因是这样的：前一天妞妞干净的校服后面不知道被谁涂满了凌乱的红笔圈，爸爸很确定地认为是坐在后面的峰峰同学画的，让我调查这件事，并且表示我若不及时处理这件事情，他一定要教训那个不懂规矩的同学。

我只好暂时让学生自习，耐心地跟妞妞爸爸解释："昨天我已经调查了周围的同学，大家都不知情。今天上午我有四节课，现在实在不方便再次询问，要不你跟妞妞问问，是不是自己画的，毕竟各种可能性我们都要想一想……"我的话还没说完，换来的是电话那端的愤怒："孩子怎么可能自己乱涂校服！"

结束了和他的通话，我继续上课。课后我立即打电话给峰峰妈妈，得知妞妞爸爸已经打电话责问过她了，还把照片发到班级 QQ 群里，认定弄脏他女儿衣服的就是峰峰。峰峰妈妈表示，如果真是峰峰所画，一定赔偿衣服，并赔礼道歉，但是孩子坚持说不是他画的。

于是我继续深入学生了解情况，峰峰那几天根本没带红笔，妞妞校服后面画的这个痕迹，是在后背腰的地方，并且是一大片，需要涂画很长时间。对于一个三年级的小学生来说，是几乎不可能画到那个位置的。所以我觉得，非常有可能是妞妞上课的时候不认真听讲，拿着笔把手伸到背后，自己画出来的。我拨通了妞妞爸爸的电话，把这种想法心平气和地告诉了他，但是他仍然不能认可。

我再一次温和地询问妞妞到底是怎么回事，妞妞低下了头，终于向我承认：这是她上课的时候自己画的，但是她不敢向爸爸承认这个错误，怕爸爸打她。

## 二、总结反思

在教育过程中，我们常常发现，一些具有共同问题行为的儿童，其背后的家庭环境惊人的相似，孩子的言行举止中渗透着家庭教育的影子。如果在解决这种问题的时候，就事论事，而较少去关注家庭环境中的原因，将会导致孩子的问题行为不断重复出现，教育成效甚微。

古语谓"入门须正"，我认为在小学阶段，教师和家长应把握教学契机，帮助学生"扣好人生第一颗扣子"。孩子的老师要做到有耐心、有效率地与家长进行双向沟通，而不是其中任意一方的单向灌输。

### （一）家校存在明显沟通误区

#### 1. 家校双方代表沟通渠道过于单调

家校双方坦诚而经常性的沟通是形成良性家校协作关系的基石。如果校方只利用成绩单等来传递信息，则家校合作效果不佳；如果通过双向交流方式，学校提倡父母对校方发送的消息做出快速反应，并将他们所知道的状况，关心的问题和心中所想反馈给该校，双方互动，这样家校合作的成效就更好。同时校方应当适宜地设立一些缓冲机构，例如家长委员会。

#### 2. 家校合作往往会忽视孩子的作用

老师与家长可能会认为家校合作就是为了解决孩子的问题，从而不让孩子过多地牵扯到家校工作中。但从当前我国义务教育的情况来看，老师显然无法照顾到全班每一位学生，因此孩子作为家校沟通的对象，信息传递与缓冲就格外重要。

### （二）和孩子沟通需要优化策略

#### 1. 尊重孩子，用关爱呵护孩子的自尊

一些父母对孩子过度期待，也没有把握恰当的家教方法，对孩子极不尊重、打骂惩罚，从而导致孩子胆小怯懦。妞妞同学开始的说谎行为，就是与爸爸教育方式的简单粗暴有关。这件事以后，妞妞爸爸在亲子沟通中多了一分关爱和信任，少了一分简单粗暴。

2. 信任孩子，用信任强大孩子的内心

孩子做错了事情不要紧，只要承认错误就是好孩子，父母和老师永远都是孩子坚强的后盾。在调查的过程中，老师把周围的几个同学都叫到办公室，告诉他们教室里装有摄像头，大家的一举一动都被录下来了，但是老师没有调监控录像查看，因为老师相信大家都是诚实的孩子。

峰峰同学调皮好动，小错误不断。事后他告诉我，其实他压力很大，因为他作为最大嫌疑人，却不能证明不是他画的，是老师和父母的信任给了他强大的支持。

3. 引领孩子，用鼓励引领孩子的成长

在调查过程中，我可以确定自己的推理是正确的，但是我还是把妞妞的哥哥请来，现场模拟整个过程，请妞妞和全班同学作证，然后让妞妞哥哥放学回家把情况告诉他的爸爸。我在引导孩子凡事要用事实说话。

妞妞终于承认了错误。老师借机开设了班会"诚实的孩子最可爱"，小朋友们经历了整个过程，畅所欲言。我说："这件事老师和家长都非常恼火，但妞妞最终却能够承认错误，我们要向她学习，做一名诚信的小朋友。"课堂里顿时响起了热情的掌声。最后妞妞的爸爸放下面子，在班级 QQ 群里公开道歉，说错怪了孩子。我们在引导孩子的家长和孩子是平等的，知错就改，善莫大焉。

（三）学校要担任指导家庭教育的责任

甄选出同类型父母，开展主要为怎样预防子女的心理健康问题，怎样的家庭气氛最有利于子女发展，营造家庭气氛的方法经验等专题讲座。让家长明白家庭教育的科学性和艺术性，营造和谐的家庭氛围，家校合作，共同维护学生的心理健康。

作　者　吴　娟　江苏省赣榆高级中学

连云港市"521 高层次人才培养工程"培养对象

连云港市家庭教育指导员基本功大赛一等奖

# 退后"一分"　幸福"十分"

家庭教育在个体的发展过程中起着非常重要的作用，它影响着一个人的性格、思维方式、处事方法等。随着社会的发展和来自各方面的影响，现阶段很多家庭都是独生子女，父母几乎把全部的精力和时间都用在了孩子身上，他们关注家庭教育的理念和方法，积极学习他们认为先进的家庭教育理念，他们对理论知识懂的很多，然而亲子关系却越来越糟糕，究其原因，是不少家长的家庭教育存在"喝鸡汤、吃补品"而脱离自己孩子实际的误区。本文分析了家庭教育的现状，分类进行归纳、阐述、总结，并提出了一些具体的方法、技巧和有效的实践措施，让家长在家庭教育中能够做到松弛有度。希望家长朋友们通过"家庭教育"的学习，能够达到"十分幸福"的效果。

## 一、家庭教育误读的理念

### 1．"一切都是为了你好"

"一切都是为了你好"型家庭教育，家长的家庭教育理念是：孩子是一张白纸、是一棵小树，需要成人的管理和指引，他们认为如果不管理孩子就是对孩子的不负责任。他们会说："你们认为孩子快乐的童年重要还是成功的青年重要？"

他们严格制定家规和密集型的作息时间。有的家长给 3 岁的孩子制定了 20 条家规，比如孩子看电视不能超过 30 分钟；小朋友看到父母做家务时必须帮忙；孩子吃饭的时候不可以发出声音；孩子放学后第一件事情必须做作业；别人和孩子分享食物的时候不可以说不好吃；等等。

### 2．"一切遵循孩子天性"

在一个学校公众号上看到一篇内容很好的文章，叫《退后一步，是无限可能》。这是学校为启动 2021 年度学前教育宣传月做的一个视频，视频开始时，是一个小男孩自己洗脸，老师问他："你在家没有洗脸吗？"小男孩说："在家都是妈妈帮我洗脸，在学校我都自己洗。"老师发现了这一情况后就开始询问班级其他小朋友，在家里是否也有这种情况？为什么呢？小朋友们打开了话匣子，一个小女孩说："妈妈怕我手小了，做不好。"视频里孩子们说："妈妈，我想自己试一试，我可以的！"老师拍摄了很多孩子们在学校自主脱衣、穿衣、整理内务，自己盛饭、清理残渣，自己打扫班级卫生等情况，我们看到了成人退后一步后孩子的潜能和力量。某位校长曾说："最好的家庭教育是对孩子放手而不是撒手。"很多家庭错误地把遵循天性当成了撒手不管。

## 二、家庭教育反思

宋庆龄说："孩子们的性格和才能，归根到底是受家庭、父母，特别是母亲的影响最深。孩子长大成人以后，社会成了锻炼他们的环境。学校对年轻人的发展也起着重要作用。但是，在一个人的身上留下不可磨灭的印记的确是家庭。"作为父母，我们该如何影响我们的孩子呢？

### 1．懂你的"无理取闹"

孩子的身心发展自有其规律和特点，有时候我们成人看不懂孩子的一些行为方式，比如孩子不愿意去上学；孩子一去超市就哭喊着要玩具，不给买就躺在地上打滚，孩子正在进行搭建活动，妈妈喊了多少遍准备开饭了，孩子都不听。很多家长说："我家孩子一点不听话，我也没办法。""不去上学怎么办？揍一顿就行了。""一去超市就买玩具怎么办？告诉他再买玩具警察就把他抓走。"

其实每一个孩子都是独立自主的，有自己的事情要做，有自己的思想，他正沉浸在自己的世界里专注地进行知识、技能的练习，不想被打扰，结果成人用自己的思维去控制孩子的行为方式，不去尊重和理解孩子，导致孩子出现一些哭闹的行为，这些都是因成人不理解、不懂儿童心理而造成的。

2. 看你的"袖手旁观"

我们在现实生活中，看到孩子在一起玩耍会产生很多矛盾，在外面孩子难免会出现矛盾和冲突，这正好是锻炼孩子解决问题与同伴相处的最佳方式。然而有的家长却不这么认为，他认为自己的孩子不能受任何人的欺负，不能让自己的孩子吃亏。

孩子需要社会性交往，但是在社会中，许多关系需要进行实践探索才能够发展。儿童在与同伴相处的过程中，父母可以先观察，学会"袖手旁边"，给儿童和同伴一个相处、分享、合作、冲突解决的机会，如果发现有安全隐患，家长要根据形势及时判断，并做出适当干预，在没有安全隐患的情况下，家长要学会放手。

3. 做你的"合作伙伴"

有一次我看到一个孩子乱扔图书，母亲把扔书的孩子拉到身边揍了一顿。此时，我带着孩子去帮忙整理图书，我喊那个小朋友："你看图书这样就可以整理整齐了，我们一起来整理好不好？"他高兴地从他妈妈那里走到我这里，他突然变得特别开心，从地上把图书一本一本递给我，我们用了1分钟的时间把图书整理到书架上。

同样的行为，教育方式的不同带给孩子的体验也是不同的。如何激发孩子去保护公物，不是简单的言语批评和教育就能让孩子愉快地接受，不妨换一种方式，父母参与式的陪伴和引导能让孩子愉快地接受并付诸行动。家长不用刻意去追究孩子的对与错，用参与式的方法帮助他们解决问题。

总之，家庭教育其实并不难，当孩子需要我们帮助的时候，我们可以以孩子希望的方式进行协助，帮助他们向前努力迈进。更多的时候，孩子需要的是尝试自己独立地完成自己感兴趣的事，我们家长就需要充分信任孩子，耐心等待孩子，大胆适当地放手，相信他们的潜能。孩子感受到家长的信任，反而会激发自己的动力，让家长有意想不到的收获。这就是退后"一分"，幸福"十分"。

作　者　于守超　连云港市门河中学
　　　　　　江苏省体育道德风尚奖
　　　　　　连云港市家庭教育指导员基本功大赛三等奖
　　　　　　连云港市赣榆区优秀教育工作者

# 奖状拿回家后……
## ——家庭教育对我的影响

家庭是社会的基本细胞，家庭教育关系到未成年人的终生发展，也关系到国家和民族的未来。本文记叙了我将一次期末考试奖状拿回家后，妈妈对我的教育态度以及产生的影响。通过此文，我想告诉天下所有的父母们，你们的态度影响孩子以后的生活态度，父母一定要终身学习，才能对子女进行有效的家庭教育。

## 一、忆儿时的奖状风波——横竖都被打

宋朝思想家张载说："勿谓小儿无记性，所历事皆能不忘。"在人的一生中经历了成千上万的事情，成万上亿的信息很多是过眼烟云，而小时候家长对自己的教育却牢记心间。那年我小学五年级，期末数学考试考了84分，我瞟了一眼我同桌洋的家庭报告书，上面写着97分。我们一直以来都是竞争对手，成绩相当，但这次他的分数竟然比我高了那么多！我趴在桌子上不动。后来老师发奖状，居然点到我的名字，让我不知所措。奖状发完了，没有我同桌的。他哭说没有奖状回家会被打死的，而我拿着这张烫手且心虚的奖状，还是很开心的。

当我又蹦又跳地把奖状递给了妈妈时，妈妈看到后脸色一黑，一把拽过去撕了个粉碎，砸到我笑容满面的脸上，并狠狠地来了句："就这样的数学成绩还发奖状？还不够恶心我的，我有空去问问你的班主任，奖状是不是不值钱？每人都有？"我已经吓得惊慌失措，眼泪一颗一颗像个黄球似的滚下来，空气都凝固了，我不敢出声，小心翼翼地跪着捡起地上已经被撕碎的奖状纸片……那一夜我没有睡，竟然想到还不如死了算了……

我的同桌洋回家后，被他爸爸扒了衣服，只穿了一条小裤衩吊在院子门前的一棵树上。那时正值寒冬腊月，他爸爸边打边骂："我辛辛苦苦供你上学，你连个奖状都没有拿回来！"后背上留下的被皮鞭抽打的一道道红色印子，整个村庄都听见洋的一声声撕心裂肺的号叫……后来洋小学毕业后就跟爸爸打工了，因为爸爸认为洋不是读书的那块料……

后来，妈妈去问了我的班主任梅老师："为什么考84分还有奖状？是不是奖状不要钱，谁都有？"而让人不可思议的是班主任梅老师的回答："因为自己忙，学校要报三好学生的名单，她一时想不起是哪个孩子，当时就想到了我。"如果这个梅老师能认真点、耐心点、细心点，是不是就不会出现这样的事情了？我同桌是不是就不会挨打了？

我忍不住想，到底是谁做错了？是孩子，是父母，还是老师？难道不是我们的

家长教育出了问题吗？为什么不听听孩子的想法？考试后哪一个孩子不想证明自己，不想看到父母因为看到自己的成绩而高兴呢？这么粗鲁的认定都是孩子的错吗？为什么非要把孩子往绝路上逼呢？对孩子的内心难道不会造成一定的影响吗？

那时我就很痛恨梅老师，我也默默发誓：我以后要是当老师，我决不会让这样的事情发生在我的学生身上，决不误发一张奖状，也不会放弃任何一个努力进步、积极向上的孩子，我会想方设法地给他鼓励，无论是精神上的还是物质上的。

### 二、我当了家长后的教育故事——好坏都鼓励

我深知家庭教育对孩子一生的成长起着奠基作用。父母是孩子的第一任教师，既有启蒙作用，又有终生影响作用。家庭教育，是指父母或其他监护人以及有监护能力的家庭成员通过言传身教和生活实践，对未成年人进行的正面引导和积极影响。因为有了我儿时的残酷的教育方式，所以我不断总结经验教训。

后来我做了母亲，一个没有参加任何考试就成了一名家长。当我的孩子拿回来奖状时，我都很开心地告诉他，自己最开心的事情就是贴奖状了。我家的墙纸就是奖状。并且我还会告诉他："宝贝，你辛苦了，妈妈要做顿好饭奖励你，因为复习阶段的你最辛苦了！"当他的分数考得不理想的时候，我会告诉他："相信你！宝贝，找出自己失分的地方，自己多总结也算是一条经验吧，你一定行的。"孩子的成绩果然越来越好，分数考得越来越高。如果我的妈妈当时不那么粗暴地对我，或许我会做得比现在更好。

美国作家马克·吐温说："自己因为人家一句赞美的话会开心两个月。"他这句话道出了人类共同的心理。需要理解肯定赞美和鼓励。这是一束照耀人们心灵的和煦的春光。成年人如此，孩子们更需要鼓励。恰当的夸赞，不仅能使孩子受到鼓舞，激发孩子自尊、自主、自立和奋发努力的上进心，也可以使孩子明确前进的方向。好孩子是夸出来的。根据学习和实践，我总结出表扬孩子的一些心得。

1. 表扬要有分寸且有真实性

在充分了解事实的基础上进行，不但要了解孩子的表现，还要了解孩子的思想。表扬要注意动机与效果的统一。一般来说，小进步用赞许，中等的用表扬，突出成绩用奖赏。

2. 表扬要及时且有针对性

孩子经过努力取得成功或是经过努力有好的行为，家长就应马上给予表扬，不要延缓。

3. 表扬要客观且有真实性

不要盲目表扬过度夸张，否则会使赞赏显得虚假，不实在。家长要措辞得当，不过分拔高，要将表扬深入孩子的心坎上。

有人说孩子是家长的镜子，又有人说孩子是家长的复印件，其实家长对待孩子的态度真的会影响孩子的一生。期末考试拿奖状的这件事，它永远地烙在我的心上，

时刻提醒我自己,当孩子拿着奖状回家,我一定要记住:肯定他们的努力,也要肯定我自己的付出,我是个会夸孩子的妈妈,我是点燃他们信心的火把,做个合格的家长,才是我一生最要紧的事业。

作　者　杨　静　连云港市东海县城头中学
　　　　　　　连云港市家庭教育指导员基本功大赛一等奖

# 远方的爱与牵挂

远方,产生的不仅是距离美,更多的是清冷夜里无法拥抱的温暖,是满腹委屈与惆怅无法答疑的堵塞,是万千不能直面诉说的思念和牵挂。不论是为了生活主动奔赴远方的城市打工人,还是被留在远方的人,他们心里无时无刻不怀揣着对远方的人的思念。即使不能在身边叮咛,不能在一旁扶持,不能亲自做一顿早饭、倒一杯热茶,但他们的心一直在远方为你跳动,从来没有一刻停歇。他们的爱一直在远方为你流转,以你看得见或者看不见的形式。因为他们是世界上最爱你的人,也是你此时此刻最想见到的人。这些感悟源于我的一个学生,下面我们一起来看看她的故事。

## 一、咨询缘由

该生觉得自己与父母沟通出现问题,电话交流总是矛盾重重,说不了几句就会吵起来,总是不欢而散。认为父母不爱自己,觉得他们赚钱比陪伴自己更重要,觉得父母的眼里只有金钱。所以他特别暴躁,也觉得很失落,不能静下心来学习,晚上睡觉也总是在想这个问题,又找不到答案,觉得很苦恼,故前来咨询。

## 二、学生自述

父母一直在外地打工,很少回家,一年只回来两三次,每次通话,父母只关心我的成绩,也不关心其他方面。这让我严重怀疑他们是否真的在意我。

## 三、初步分析

一方面由于父母常年在外地务工,与孩子直面接触沟通少而出现感情交流障碍;另一方面,来访者作为初中生,自我意识方面的快速发展,让他对于父母的依赖和情感的需求表现得强烈。可是父母不在身边,不能及时地给予情感的反馈,让该生开始思考与父母的沟通和情感的关系。同时,思维的狭隘和不成熟性使得其思考无果,进而产生埋怨父母因为在外务工,不陪伴和关心自己,认为金钱在父母的心中比自己重要的错误观念。

#### 四、咨询过程

生：老师，你知道的，我爸妈不是一直在外地上班嘛，每次有什么事情都是通过电话联系的，一个学期他们也不见得能回来一次。最近，我越来越觉得我爸妈根本不爱我，他们只爱钱，宁愿在外地也不愿意回来陪我。（神情失落，语气抱怨）

师：你为什么会这样认为呢？难道父母曾表达过他们更喜欢赚钱或者和你讨论过这个问题？

生：（思考）也没有很直接地说，但是每次我打电话让他们回来看我时，他们总说很忙，但我问他们在忙什么的时候，他们又说在休息，没忙什么，你说这不就是不想回来看我嘛？（有些生气）

师：这样啊，那你父母是做什么的？是不是真的走不开？

生：他们在南京开了一个小饭馆，每天人流量挺多的，我假期去过，有时确实很忙，要忙到很晚。

师：你去过而且亲眼看到的，他们忙起来的时候确实是很忙的对不对？从你的话语里我能感觉到你是理解他们的，只是觉得他们对你的关心不够是不是？

生：嗯，就是觉得他们长时间都不回来陪我，一年也回不来几次。每次都是电话联系，说不了几句就挂了，也没感觉他们怎么关心和爱我。（沉默）

师：那你假期去爸妈那里的时候看到他们工作的状态，有没有觉得他们其实也挺辛苦的？

生：怎么说呢，感觉爸爸忙一些，因为他负责厨房烧菜什么的，妈妈就收收账，每天也没什么事情的样子，所以我觉得妈妈其实可以在家陪我的。（眼神坚定）

师：那你有没有想过，如果妈妈回来陪你，爸爸一人在店里忙碌，店里又没有可以信任的人来招呼客人和管理账目，爸爸一边忙厨房再忙收账，是不是有些太累了？

生：（若有所思）可是，我还是觉得他们爱钱比爱我多。

师：如果你只学习语数外，是不是比学习语数外政史地生要稍微轻松一些？如果你遇到一个好同桌或者好朋友能一起解决学习上的难题，是不是觉得学习也没那么困难？

生：（思考着点点头）

师：你爸爸妈妈之所以一起在外面工作，是因为在遇到困难的时候可以一起承担，一起努力，两个人的力量总比一个人要大很多是不是？至于你觉得他们更爱钱，那我们一起来分析一下，他们到底是更爱钱，还是更爱你？

生：（认真地看着我）

师：你家几个孩子？

生：就我一个，以前爸爸说再生一个，妈妈说要把最好的给我，所以就没有再生。

师：所以你看看，爸爸妈妈是不是把所有对子女的爱都给你一人了？

生：嗯。（点头）

师：他们之所以去外地打工而没有在家陪你，是因为家里附近没有合适他们的工作而不得不出去上班，他们要赚到钱才能给你提供更好的物质条件。你的衣食住行、学习等方面的开销是不是都要花钱呢？

生：嗯，他们说还要为我以后攒钱，说现在念初中，以后还有读高中、大学等等，花钱的地方有很多。说如果我即使高中不走学科，也可以走艺术的，因为我比较喜欢唱歌。

师：对吧，父母是不是为你考虑得很长远，虽然他们暂时不能陪在你身边，但是他们的心其实是时刻牵挂你的，对不对？

生：老师你这样说，好像也对，他们每周要打两三次电话给我，问问我的情况。

师：因为没法在身边陪你，所以他们只能通过电话表达对你的牵挂，你如果想他们也可以打电话给他们是不是？

生：嗯，每次我主动打给他们，他们都会问我是不是出什么事情了，很着急的样子。

师：那今天我们一起来探讨这个问题。你是不是也开始能理解父母的不容易了，他们爱钱是真的，不论我们的生活还是学习，物质基础是必要的。但他们在生活中的这些表现，比起金钱，他们还是更爱你的是不是？

生：嗯，老师，今天你跟我说了这么多，帮我解决了最近一直在苦恼的这个疑惑。我好像是想太多，有点错怪我爸妈了。我学习虽然很累，有时候想要得到他们安慰，但其实他们赚钱也不轻松。谢谢您今天和我说了那么多，我觉得说出来轻松多了。

师：很高兴你能这么说，我觉得你在心里还是明白这些的，只是内心也很希望当你在学习或是生活上遇到什么事情时爸妈也能陪在你身边，对吧？一时着急就胡思乱想了。这些老师都能理解的，也都是正常需求。

生：嗯，是的。老师你说得很对。（笑了）

师：好的，如果有什么其他问题可以随时来找我。（把她送出心理咨询室）

## 五、咨询效果

经过两次咨询后，该生由于留守、缺乏父母关爱和陪伴的问题都有所缓解，和爸妈的沟通也更和谐。通过班主任和父母取得联系，他妈妈选择回来陪读两个月。该生的情绪状态良好，成绩也有很大提高。

## 六、咨询感悟

该生的问题是因为留守导致的缺乏父母关爱和陪伴，无法享受到父母在思想认识及价值观念上的指导和帮助，出现了认知偏差和思想上的波动。留守儿童的特殊性使得他们表现出一系列心理和行为问题，这些都是我们作为老师或是研究者应该去关注和帮助的。家长们可以做的就是想办法多一些陪伴，不仅仅是提供物质条件，心理上的关心和爱护同样重要，不论何时何地，父母的陪伴是其他任何力量都难以替代的。即使陪伴不了，情感上的关怀也不能缺失，父母要学会表达自己对孩子的关爱。同时，社会各界也要发挥各自的力量，减少留守儿童的数量，从而从根本上解决问题。

作　者　胡　伟　连云港市灌南县初级中学
　　　　　　　　江苏省优秀少先队心理健康教育论文二等奖
　　　　　　　　连云港市灌南县未成年人成长指导工作先进个人

# 孩子青春期，你准备好了吗

家庭是学生的第一课堂，父母是孩子的第一任老师；学校是学生的第二课堂，要帮助青少年"扣好人生第一颗扣子"。青春期教育是每个家庭都要面对的，是孩子一生中关键而又有特点的时期，是他们告别幼稚走向成熟的过渡时期。

青春期孩子的身心会发生快速而显著的变化，随之会产生很多的生理、心理甚至行为问题。青春期教育就是针对这些方面而进行的综合性教育。

近年来，大量的案例与研究表明，青春期教育仅有学校的关注是不够的，它该引起社会、学校和家庭各方的重视，各方形成合力，系统地开展才能取得成效。有关部门调查显示，家庭中开展青春期教育的情况并不理想，家长普遍缺乏相应的知识与方法。而学校的教师又不能越过家长直接对孩子进行家庭教育，只能对家长进行指导与引领。

## 一、家长不够重视青春期教育

在家校沟通中我们发现，大多数家长最关心的是孩子的学习成绩、身体健康，往往忽视了孩子的心理发展和品德修养。特别是一些特殊家庭的孩子在进入青春期以后，家长们根本不注意孩子的言行举止，即使孩子有一些不良行为，也并不重视，只把这些当作青春期阶段的正常行为，忽略孩子的心理需要。

我校七年级有个女同学小梅，正值青春期，经常化妆，还会用刀在自己胳膊上划出口子，甚至割腕。班主任立刻就小梅出现的问题和家长沟通，得知小梅五岁时父母离异，跟爷爷奶奶生活，父亲再婚，偶尔来看她。奶奶话多、唠叨、事事干涉、爱管事；父亲脾气暴躁，不认为小梅有心理疾病，只是青春期的叛逆行为。

班主任主动给小梅的家人分析她的无助、委屈、无人理解，经常感觉生活没有意义。所以，她有时会自残，甚至试图割腕，心里只是希望引起家人的重视与关注，渴望得到父母的爱。之后，在老师和家长的努力后，小梅也慢慢地变得愿意与其他同学交流，不化妆，不再自残了。

事实上，青春期孩子的需求很大程度上取决于外界的态度，如果他们的行为得不到预期结果，就会觉得更孤单，这种感觉会让他们怀疑自己的重要性。这时就要我们的父母给予孩子更多的关注和爱。

## 二、家长对青春期知识储备不足

我们的大多数孩子，除了在学校接受了青春期的知识外，基本没有其他途径获能得更多的关于这方面的教育。而我们的大多数家长也没有接受过系统的青春期教育，他们对青春期的了解往往局限于自己成长中的经验，缺乏足够的知识储备。曾经有一项对家长开展青春期教育情况的调查，有很多家长认为青春期要到13岁以后才会到来，有近1/5的家长虽已意识到青春期教育的必要性，可自己却不知道该怎样进行青春期教育。

我曾经教过一个八年级的男生磊磊，他的学习还不错，父母都在外打工，每年回家一两次，但会跟孩子经常通电话，平时沟通挺顺畅的，亲子关系也还不错。上学的时候，孩子和外婆生活在一起。暑假，父母将孩子接到自己身边，妈妈无意间看到孩子手机聊天记录，发现孩子恋爱了。当时他妈妈非常吃惊而且慌张，但是她没有立刻找孩子询问这件事情，而是打电话给我，说出了她的担忧，怕孩子这样下去会影响学习……

我耐心地和磊磊妈妈进行了交流，青春期的孩子开始对异性产生好感，谈起了恋爱是正常现象，也不要过分担心。磊磊是个优秀且懂事的孩子，我们家长要做的就是信任他，教他如何正确处理异性之间的情感。在适当的时候和他聊聊青少年异性之间的关系以及早恋的不利之处，给他讲一些名人如何处理早恋的。但不能让他知道你们已经知道他恋爱的事，否则，会适得其反。后来，在要开学的时候，磊磊妈妈很高兴地告诉我，磊磊主动告诉他们谈恋爱的事，说自己会处理好与这位女生的关系，结束这场恋爱。

从上述案例我们可以看出，家长平时缺乏对孩子青春期进行科学的两性之间的教育。其实，教师和家长要以一种客观的眼光对待孩子与异性的交往，对孩子进行两性教育，树立正确爱情观，通过家校合作帮助孩子顺利地度过这个"多事之春"。

## 三、家长与孩子沟通不畅

青春期的大多数孩子自我封闭且叛逆，在沟通中常因一些问题而与父母大吵大闹，没等家长说完几句就摔门而出；有时家长语气也不对，似乎在命令孩子，故也达不到好的沟通效果，造成矛盾重重。当然，也不排除有些家长比较专制，孩子没有话语权与空间，导致孩子与家长无法沟通。

九年级的一名学生小文，她的成绩在班级一直名列前茅，可期末考试前的一个月里，我经常发现小文上课时注意力不集中，会走神，有时候还打嗑睡，在几次的小练习中成绩下降得比较厉害。于是，我决定找小文谈谈。

在谈话过程中，小文告诉我："她每天回家根本就没有自己的时间，无论学校作业是否做完，回家后总是有一堆家庭作业等着她，无论她考得好与不好，妈妈总有新的要求，一会楼上的某某成绩多好，一会同事家的某某晚上要学到很晚……在妈妈的眼里，自己就是一台机器。每天晚上差不多11点，甚至12点才能睡，所以最近一段时间经常感觉头晕，上课走神犯困。

我接着追问："为什么不把问题和妈妈说清楚呢？"

小文却说："和她说了也没有用，她总是一大堆道理。我不听，她就发脾气，还不如不说呢？"

听其言后，我乘这个机会迅速与小文妈妈进行沟通。过程中，给了小文妈妈一些建议：家长都有"望子成龙，望女成凤"的心理，但要思考自己的教育方式有没有不妥之处，是不是在孩子的承受能力之内，不能过分地把自己的想法强加在孩子身上。像小文这样晚上熬夜，白天却不在状态，还犯困，反而得不偿失；而且不能经常拿她和别的孩子攀比成绩，要多肯定她做得好的地方，要及时给予鼓励，让她有信心。

自从与小文妈妈交流以后，她的成绩稳步上升，学习状态也在恢复。

不少家长和小文妈妈一样，只是一味地将自己的想法强加给孩子，没有走近孩子，没有倾听孩子的心声，没有尊重孩子的想法。所以，在遇到类似的问题时，我们家长应多和老师、孩子进行交流沟通，读懂孩子的心，真正给予孩子所需要的爱。

青春期教育不再仅限于学校，更多的是在于我们的家庭教育。家长要正确地定位自己在孩子青春期中的作用，学习更多的青春期的知识，和学校充分合作，形成合力，共同开展青春期教育。

作　者　于建平　连云港市灌南县百禄中学
　　　　　　　　连云港市基础教育先进个人
　　　　　　　　连云港市灌南县教育教学先进个人、师德标兵
　　　　　　　　连云港市家庭教育指导员基本功大赛二等奖

# 初中阶段学生亲子沟通技巧

亲子沟通是父母与子女之间交流信息、情感，以实现相互了解、信任，促进感情发展的过程，也是实现家庭教育功能的重要方法之一。初中学生正处于"心理断乳期"之称的青春期，其身心发生了剧烈变化。很多初中生甚至开始变得更加内敛

和沉默寡言，不太想与父母沟通，对父母简单粗暴的沟通方式和不合理的要求很容易反感，甚至激烈对抗，从而导致亲子沟通的效果不好。对此，本文浅析了初中阶段中学生亲子沟通存在的问题，提出相应的改善对策，希望能够帮助读者提高亲子之间的沟通质量。

## 一、初中阶段学生亲子沟通存在的问题

初中阶段，很多孩子在缺乏与父母沟通的情况下，双方的关系会更加紧张。总的来说，现初中阶段学生亲子沟通存在如下问题。

### （一）沟通中主体感受不良

在实际的沟通中，不少中学生表示自己主动与父母沟通时，父母总是无法理解自己，还会对自己进行批评教育，不停地唠叨，从而让自己的心理产生了更多的不满，久而久之，也就更不愿意与父母沟通了。不仅如此，不少家长也从与孩子的沟通中产生了一些消极感受。有家长表示，自己劝孩子好好学习但总是得不到有效回应。父母和孩子双方互相不理解，导致沟通中产生了很多的消极感受。

### （二）沟通话题单一乏味

沟通话题单一乏味也是导致学生亲子沟通问题出现的一大原因。在应试教育的背景下，不少父母与孩子沟通的话题全部停留在学习成绩层面。父母望子成龙、望女成凤心切，常常将话题局限于学习与考试成绩，忽视了与孩子的情感沟通，对青春期孩子心理出现的变化不管不顾，导致很多孩子在叛逆期与父母的关系变得很僵。长期单一乏味的亲子沟通，让很多孩子不愿意与父母交流。

### （三）家长式沟通作风严重

通过对不少初中生的访谈发现，父母的沟通态度太过家长式也是导致亲子沟通出现问题的一大原因。很多父母在孩子的心理并非是父亲、母亲而是以教育管理者的身份居高临下，他们平时总是不苟言笑、过分严肃，对孩子不是打就是骂，缺乏耐心，从而让孩子敬而远之。

## 二、初中阶段学生亲子沟通的技巧

### （一）家长应树立尊重孩子的科学教育观念

家长的教育观念会影响他们的教育态度和教育方式，进而影响其教育行为，从而直接对亲子沟通产生影响。但现阶段家长的教育观念主要受应试教育的影响，在沟通的过程中过于注重孩子的成绩，导致沟通的话题单一乏味，孩子的情感却处于被忽视的状态。对此，需要在更新家长教育观的基础上转变家长的沟通态度。总之，家长应更加重视孩子的心理健康和意志品德的培养，及时更新、审视自己的教育观念，与孩子沟通的内容和话题要多样化，以便更加深入地了解彼此，促进亲子沟通朝着良好的方向进展。

当孩子没有达到自己的要求时，不应以教育者的身份对孩子打骂斥责，对孩子进行居高临下地批评教育，尤其是当着众人的面，要知道孩子是有自尊心的。因此，家长应及时转变沟通态度，要将孩子作为一个独立的个体来对待，而不是家长个人理想的实现者。我们应该尊重孩子，学会放手，善于与孩子商量讨论同其有关的事情。另外，认识到孩子是正在生长发育的人，犯错误是正常的，应给予更多的理解和关怀，家长应该管理好自己的情绪，不在孩子面前做出情绪失控的行为，这样得不偿失，害人害己，最终给孩子造成无法磨灭的心理阴影。

（二）家长应采用孩子乐于接受的沟通方式

当今社会，生活节奏如此之快，父母除了要养育孩子外，还承担很多其他的社会角色。很多父母工作较为繁忙，导致平时的负面情绪较多，甚至缺少发泄的出口。在与孩子沟通前，我们应该花费一定时间和精力用心学习，更新家庭教育知识，掌握科学有效的教育方式方法和沟通技巧，了解青春期孩子的身心特点，然后根据孩子心理发展的阶段性特征，及时调整与孩子的沟通方式。

首先，家长应学会倾听。在家庭成员的各种沟通能力中，倾听是最重要的，父母的倾听能力，直接对亲子沟通质量有着显著的影响。有的父母根本不听孩子解释，上来就是一顿打骂，久而久之，孩子将不再愿意交流，性格开始内向孤僻，此时在去修复和孩子的关系就会很困难。因此在与孩子沟通时需要站在孩子的角度，不要曲解孩子的本意。在具体沟通方面，根据每个孩子的具体情况、性格特点等选择合适的沟通内容和表达方式，先满足孩子的需求，如果遇到棘手的事件需要沟通时，家长要深呼吸让自己静下心来，耐心思考，选择委婉的方式进行表达。

其次，家长要善于采用多样化的沟通形式，不能一味地说教，可以给孩子发短信、传纸条、留言、写信等等，以增加和孩子的沟通机会。

（三）家长要学会换位思考，以提高沟通效果

构建良好的亲子沟通不仅需要家长的努力，同时也需要孩子的积极配合。某教育者曾说："跨越亲子沟通的障碍需要两代人共同努力。"一些研究结果表明，善于理解他人、换位思考的孩子与父母的沟通更为顺畅，对父母的理解是孩子对父母进行换位思考的关键，换位思考可以解决很多沟通问题。在与孩子的沟通中，家长应适当扩大沟通的话题范围，多加强对孩子情感的关注。此外，家长还可以加强对孩子兴趣爱好的关注，谈论孩子喜欢的东西，逐渐打开孩子的心门，让彼此成为无话不说的朋友，此时沟通便会顺畅很多，孩子也愿意听。亲子沟通本身就是一个双向互动的过程，如果仅一方的沟通能力强，另一方倾听能力弱也不能保证顺畅的沟通，所以青少年也需要提高自己的表达能力和倾听能力，以此改善亲子沟通质量。

**三、感想**

当前很多家庭面临孩子与父母沟通不畅的问题，导致亲子关系较为紧张。但亲

子沟通不畅与父母和孩子都脱不了干系，在改善初中生亲子关系方面，就需要从家长和孩子两方面入手，二者共同努力，相信和谐美好的亲子关系一定会实现。

作　者　王　翠　连云港市灌南县实验中学
　　　　　　　　江苏省基础教育论文一等奖
　　　　　　　　连云港市中小学团队干部（班主任）基本功特等奖

# 家校沟通　助力学生全面发展

美国著名心理学家加德纳在《心智的结构》一书中提出了多元智力理论，指出每个人都应至少具备语言智力、数理逻辑智力、音乐智力、空间智力、身体智力、人际交往智力和自我认知智力，现代是社会考量人的综合素养的时代，这就要求教育必须促进每个人各方面的全面发展。那么什么是全面发展？怎样促进学生的全面发展？我想结合自己的教育实践谈一谈个人的一些看法。

## 一、认识全面发展的内涵和意义

全面发展即人的德、智、体、美、劳各方面和谐的发展。只有树立学生全面发展的意识，才能为其将来的可持续发展创造条件，真正实现将个人前途与国家、民族的命运相连，培养社会主义事业的接班人。

## 二、利用家校沟通助力全面发展

个体在成长过程中德、智、体、美、劳等方面的发展并不是和谐的，教育的本质是促进人的全面发展。作为一名教育工作者，在日常的教育管理中我们会遇到各种各样的问题，如何解决呢？积极推进家校沟通，对于学生的全面发展是一个很好的思路。

### （一）家校沟通：学生全面发展的信念支持

作为一名教育工作者，在教育的过程中要协助家长引导孩子树立人生梦想的意识，并结合实际和家长及时沟通并不断地帮助学生向梦想努力。比如可以利用家长会的机会和孩子一起制定目标，帮助孩子树立梦想。有了梦想就相当于有了人生的目标一样。有目标才会有努力的方向和动力。好梦想引导好人生。作为教育者的我们要引导学生树立自己的梦想、目标，我们可以利用班会课给同学们分享毛泽东、周恩来等伟人的事迹，从而启发他们如何确立目标、实现梦想。有人说一本好书引导一个好梦想，我们可以给学生推荐一本书，帮助他们确定目标，比如《全球100位名人与中学生谈梦想》，让家长和孩子一起阅读，并让孩子写出自己的梦想。

伟大的梦想是学生前进的动力，至今我依然记得我的一位学生讲自己的梦想时说过的话："从小我就是姑姑一手带大的，但是她生病去世了，我的梦想是当一名医生，去治病救人。"

## （二）家校沟通：学生全面发展的推手

学生各方面的发展不是同步的，作为教育者要在管理中找到合适的方法挖掘学生的潜能，推动其各方面的平衡发展。学校的教育活动在挖掘学生潜能，鼓励、肯定学生的价值方面起到了助推的作用，为学生提供了一个提高做事能力、学习做人之道、促进自我发展的平台，让有才华的学生尽情展示自我、发展自我，同时也为不了解自己的学生提供认识自我、发现自我的机会，从而为促进学生自我意识的发展和健康个性品质的形成打下基础。如：通过学校的运动会比赛，可以选出班级的"体育明星"；通过班级大扫除活动，可以选出班级"劳模"；通过考试，可以选出班级"学神""学霸"；等等。

作为一名教育者，一定要及时和家长沟通，告诉他们在关注孩子成绩的同时鼓励孩子多参加社区、公益活动等等，培养孩子与人交流沟通的能力和责任意识，这些活动都能为学生在各方面发展起到巨大的推动作用。

## （三）家校沟通：学生全面发展的加油站

教育的艺术不应该仅仅局限于传授知识，更多的关注点应该放在激励和鼓舞上。互联网的普及为教育插上了腾飞的翅膀。互联网为家校沟通提供了便捷，如今微信、QQ等沟通方式已经成为家校沟通的主要方式，它们有极强的互动性。QQ空间为教育者提供了一个非常便捷的教育方式，可以随时记录班级成员成长的点点滴滴。班级的活动、学生的先进事迹与荣誉等等都可以在空间里发布。家长可以随时进空间，了解自己孩子在学校的动态发展；家长也可把一些意见想法通过微信、QQ和老师及时沟通，这就拉近了教师与学生、家长之间的距离。

此外，我还积极和家长沟通，让家长帮助孩子养成写成长日记的习惯，让孩子及时反思自己的言行，以树立自信心，积极助力孩子的成长。

在学生成长的道路上，只有家庭和学校共同关注，形成教育合力，才能推动学生的全面发展，最终为学生未来的可持续发展打下坚实的基础。

作　者　曹　双　连云港市猴嘴中学
连云港市家庭教育指导员基本功大赛三等奖

# 建立亲子关系的几点思考

随着《促进法》的正式实施，带娃已经由"家事"上升到了"国事"。带娃已不仅仅是保证孩子的衣食住行，而是要遵循规律，科学带娃。家庭教育是人生整个教育的基础和起点，其重要性不言而喻。然而，没有良好的亲子关系作为前提，教育的效果近乎为零。任何行为问题的背后，都是关系的问题。父母想要教育好孩子，首先得把亲子关系建立好。本文由一个案例，谈几点关于建立亲子关系的几点思考。

案例：暑假里接到一位42岁妈妈的诉苦电话，称实在受不了女儿的折磨，说女儿时而"冷暴力"，时而"疾风骤雨"，自己很痛苦，实在不知道该怎么办了。

妈妈主诉：在女儿小敏5个月的时候我们就到外地的煤矿工作，因为当时没有条件带孩子，或者说当时也没有想到要带孩子。因为周围很多人也都是把孩子放在家里由老人照管，所以女儿小敏自小跟奶奶和姑姑生活。女儿跟我一点都不亲，虽然也喊我妈妈，是母女又不太像母女，从来不在我面前撒娇，也不要我搂睡觉。大概在她10岁的时候，我就开始意识到这个问题，内心也想着去弥补孩子。可是我们回家的次数太少了，后来又给她生了个弟弟。我就想着一定要带在自己身边照顾，所以儿子一直都是带在身边的，这也让女儿小敏抓住"小辫子"。日子好像也挺顺利地往前过着，跟女儿之间很客气，回家给她带礼物，她也很高兴，可是总觉得怪怪的。本以为生活就这样平平淡淡，小敏也顺利地升入了还不错的高中。谁知道一场疫情打乱了生活的节奏，我们在家待了半年多，通过这半年的朝夕相处，把隐藏着的问题一下子暴露出来。我们之间不再是客气的关系，而是随时随地地爆发战争，猛烈而持久。她内心的怨恨和愤怒突然之间无处不在。现在的我不敢多说一句话，不敢提一点建议，更不敢要求她不玩手机，好好学习。"怎么现在想起来管我了""你管好你的宝贝儿子就行了""我有姑姑就行了"（她跟姑姑的关系特别亲密）……每一句都令我无法反驳，或者直接给我个面无表情。现在的学习状态很差，奶奶也很纳闷，说以前这孩子从来都没有这样不听话。

孩子的妈妈问我，我是不是觉得她没事找事，心思太重了，孩子不听话、叛逆是常有的事，大多数家庭都会遇到。可是她就是太难受了，跟孩子他爸说起这件事，他总是说等孩子长大就好了，不能明白她的感受，说完就哭了。我赶紧安慰她，我能理解她此刻的心情，对孩子有愧疚，丈夫又不能理解，想着跟女儿能亲密一点，又找不到合适的方法，心理既着急又难过。

这位妈妈是一个亟须向别人倾诉的来访者，我相信她在一吐为快后，心理会轻松许多，会在我的建议和指导下理性地面对跟女儿的问题。另外，女儿的问题也是一直都存在的，相比较妈妈而言，女儿更需要做一个咨询，她看似反常的行为实则是再正常不过的了，她在发泄自己积郁已久的情绪，有委屈、有恨，但更多的其实是渴望，有冲突就有契机。姑姑和奶奶是小敏最信任的人，也将是解决问题的切入点，开学后我想先找小敏聊聊（她是我其中一个班的学生）。她们之间的问题不是短时间就能解决的，也不是仅仅需要具体的科学方法指导就可以快速恢复的，而更多的是需要母亲用情感去滋润她。我相信假以时日，她们彼此会慢慢和解。具体的指导建议在此就不再赘述了，在这里想通过这样一个案例谈谈我对家庭教育中的亲子关系培养问题的一些想法。

习近平总书记曾多次发出"重视家庭，重视家风，重视家教"的号召，家庭教育也越来越被大家重视。目前，亲子关系甚至已经成为引发孩子心理健康问题的一个最主要的原因。

## 一、父母要做孩子的第一抚养人

如果条件允许的话，3岁前最好把孩子留在自己的身边。白天家长工作繁忙，将孩子托给幼儿园或者家里老人照顾也是无奈之举，但是父母下班后和休息日时一定要多多跟孩子一起互动。没有足够的时间作为前提，谈何陪伴。现在经常会听到"高质量的陪伴可以抵消陪伴时间少"这个说法，我是不太赞同的。如果一周里没有过多的时间陪伴孩子，怎么与孩子的日常琐碎去交融？父母只有生活在这个琐碎当中，才是真正陪伴孩子。

## 二、父母要不断地重新认识孩子

家长要意识到孩子在成长的过程中，对其在生活上的照料是不够的，他们在不同年龄有不同的心理特征，需要针对性地教育。很多家长和老师在教育的过程中，忽略了孩子的阶段性发展。因此，父母要用发展的眼光去看待孩子，孩子在成长，我们家长也要跟得上节奏。"我的孩子不可能是这样的""他不可能会做那样的事"，特别是恶性事件发生时，家长的第一反应就是这样。想一想你是否真的了解你的孩子。当你的孩子背上小书包，他就开始逐渐远离你的视线了，特别从初高中阶段以后，父母与孩子相处的时间就更少了，而这个阶段恰恰是孩子发生变化的关键期。如果没有良好的沟通关系作为基础，你心目中的孩子跟事实中的孩子有可能是完全不同的。简单地说就是在家里一个样子，在外面是另外一个样子。所以，要让孩子养成跟你定期聊天、说知心话的习惯，用心聆听，真切感受，只有沟通才是了解的前提。要让孩子知道，父母是世界上最愿意和他一起分享心事的人。

## 三、父母要主动学习情绪管理

成年人的世界谈何容易。工作、经济、孩子……压力无处不在，这些都容易让我们的情绪处于不稳定状态，带着情绪教育孩子，似乎成为众多家长的通病，明明深爱着孩子，却又不自觉地让孩子幼小的心理承载着我们的负面情绪。因此，在家庭教育这门课上，需要学习和成长的更多的是父母。亲子冲突，很多时候不再是简单的对与错的冲突，更多的是情绪上的较量。作为父母，我们有责任也必须用平和的、稳定的情绪去和孩子沟通，并积极关注孩子的感受。

孩子的性格和发展就是在家庭教育中和父母的一点一滴的互动中构成的，家长的情绪状态更是对孩子行为有着直接的影响。和谐的家庭并不是不出现问题，而是每次出现问题时，都能积极地面对和集中精力地去解决问题。世界上没有完美的父母，但是有不断成长、不断去修正关系的父母。亲子之间的彼此成就能让对方成为更好的人，希望所有的家庭都能拥有双向奔赴的亲子关系。

作　者　苏妮妮　江苏省海头高级中学
　　　　　　　　江苏省校园心理剧编写特等奖及最佳剧目奖
　　　　　　　　连云港市家校结合优秀教师
　　　　　　　　连云港市赣榆区先进教育工作者
　　　　　　　　连云港市赣榆区青年岗位能手

# 请停下您的语言暴力

"若有来生，我们不要再见面了……"

这是网络上传出的一封14岁女孩的部分遗书内容。看到这里，我们很难设想这是位豆蔻少女留给父母的遗书。是什么样的生活环境毁掉她对生命的期望，我们无法得知，但遗书中的话，可能帮助我们了解部分孩子的心里路程。

支持正面管教孩子，运用和善而坚定的语言指出孩子的欠佳行为。但家长应该改进自己的沟通技巧，不能用控制、羞辱的语言伤害孩子的尊严。每一句伤害孩子的话，如伤疤一样会伴随孩子的一生。

语言是有能量的，积极、温暖的语言能让孩子变得自信、乐观，攻击性的、伤害性的语言可能毁掉孩子的一生。父母经常因为有心无心的语言刺激，给孩子造成了无法挽回的伤害。父母要警醒，用积极的教育方法引导孩子阳光、向上、健康地成长。

## 一、解析语言暴力及其对孩子造成的危害

### （一）语言暴力的形成

语言暴力可以致使别人的精神和心理受到侵害和损伤，属精神伤害的领域，这种语言包括咒骂、轻视、讥笑、诽谤等羞辱歧视性的语言。父母在教育孩子的过程中常常出现焦虑，情绪会失控。批评孩子更是一种情绪的宣泄，很容易口不择言。

久了，孩子会对父母的话非常反感，甚至会发生仇视现象。"话语是有磁场的，阳光的孩子一定成长在暖心温和的话语环境中，难听、攻击性的话语环境或许会毁掉孩子一辈子！在青少年罪犯调查中，40%以上的孩子遭受过父母的咒骂、轻视、羞辱。

### （二）语言暴力造成对孩子伤害的后果

**1. 情绪伤痛和身体伤痛脑回路相同**

依据伊森·克罗斯博士的一项试验论断：遭到被迫言语侵犯的人，他的心境疼痛在大脑反馈和肉体疼痛类似，简直是相同程度的疼痛。可以说，孩子遭受恶劣语言环境时，孩子心理上的疼痛和肉体受到伤害的疼痛水平相当！

**2. 语言暴力能改变大脑结构**

美国马丁泰彻博士研究发现：假如孩子总生活在苛责的语言环境中，大脑的发育为了顺应环境，会无限可能得成为"求存形式"，从而造成性格懦弱、胆小怕事、自卑等。这是因为言语伤害容易影响的孩子大脑的胼胝体、海马回和前额叶。它们分别管理两个大脑半球之间感觉、认知信息、传递动机、管理情绪、思考和决策，所以很多儿童甚至是成人，即使生存环境很好地得到改善也还很难改变之前的性格。

**3. 暴力语言也许会酿成悲剧**

充满语言暴力的环境很容易把孩子的性格转化为暴力性，这是另一个极端。谢勇导演的《语言暴力》（2014年获得戛纳国际创意节银奖）讲述的少年犯的故事，就是一部关于语言暴力的悲剧。

## 二、家庭教育中非暴力沟通的应对策略

为人父母都期望孩子拥有自信、幸福的人生。因此，与孩子正确有效的交流方式是所有家长都应该学习的。

### （一）和谐的亲子沟通方式

**1. 观察——识别孩子的情绪**

观察是沟通的第一步，多对孩子们的行为进行观察剖析，总结剖析观察。不要对孩子的行为下定义，多问孩子几个为什么，而不是父母主观的"你怎么又……"不带评价的观察，知道孩子为什么这么做之后，进行下一步的教育引导。

**2. 感受——对孩子的情绪表达同理心**

感受自己和孩子的心情，遇到事情，说出各自的感受。多数情况下，孩子不是在成心搞破坏，是他们心里情绪的天然表露，因而爸妈接纳孩子情绪很重要。而同理心是接纳孩子情绪的最好办法，比方孩子吵闹，很多家长对孩子吵闹有恶感情绪，想方设法让孩子中止吵闹。大声呵斥孩子，后果是吓得孩子都不敢哭泣或发脾气了，孩子心里就会产生各种不好的情绪，如焦虑、无奈、愤怒和压抑都会积累起来，同时内心的情绪得不到发泄，这种情绪积聚得多了，早晚会以某种更严重和更糟糕的方式表现出来。

3. 讨论——帮助孩子找到解决问题的方法

静下心来和孩子分享彼此的真正感受。当父母和孩子呈现出抵触的状态，不要把精力用在彼此的对立上，而应该把精力放在处理问题上，一起寻觅一个可行的计划，让我们相互的需求得到尽可能地满足，教会孩子如何参与解决问题，能让孩子终身受用。

### （二）无条件地认同接纳孩子

老舍在思念母亲时说过一段话："从私塾到小学、到中学……。但我的真正的老师，把性格传给我的，是我的母亲。"从中可以看出，一个具有良好品格的父母对孩子的影响有多么重要。

1. 认同会创造奇迹

斯宾塞先生曾说："当孩子感到被爱、被信赖，奇迹不久就会呈现在你眼前。"X 是一个重度的游戏成瘾者，为了玩游戏，经常逃课。他的母亲告诉他："喜欢玩游戏，那么就去做职业游戏人，尝试一下！"在随后的比赛中一次次被高水平选手碾压，他终于认清了现实。他倍感内疚，但父母对他的信任，对他的爱和包容使 X 没有了包袱，轻装上阵。X 开始发愤图强，即使成绩是最后一名，妈妈也鼓励他。就这样，曾经的"学渣"在不断努力下，考入了名牌大学。这一路逆袭，不是家长的指责，更多的是家长的信任、认同。

2. 无条件接纳和爱孩子

无条件接纳是针对孩子本身而不是针对他的所作所为。孩子天生各不相同，不管孩子是什么样的，都要接纳孩子本来的样子，而不是父母所期待的样子。

无条件接纳孩子和给孩子立规矩并不矛盾，父母在教育孩子的过程中，会让孩子疑心爸爸妈妈讨厌他，所以一定要在对孩子的行为进行批评指正后再次告诉他：爸爸妈妈永远爱他！也相信他会越做越好！这份鼓励和爱意对孩子是特别受用的，不仅能够激励孩子改正缺点，还能密切亲子关系。

3. 给予选择和决定权，相互尊重

父母和孩子的意见不能达成一致时，尽可能地给孩子几个选择，能够防止交流陷入中断，达不到沟通目的；就事论事，尽量停止运用损伤孩子自尊心的言语。我们更应该走进孩子的内心，多倾听一下孩子的想法，在彼此尊重的基础上对话、交流、探讨。

"全世界的人不爱你，我都只爱你；全世界的人不信你，我都只信你；我爱你爱到心肝里。"这是《麦兜的故事》里的一段台词，暖心的言语环境能让孩子变得自信、豁达，父母的接纳与认同，是孩子前行的底气。在接纳与认同中成长的孩子，会带着满满的安全感，探索属于自己的未来世界！

作　者　董秀萍　连云港市青口镇中心小学
　　　　张　波　江苏省金山中等专业学校

# 亲子关系——家庭教育绕不过的话题

关系大于教育。凡是教育，无论学校教育还是家庭教育，关系都是绕不开的话题。然而，大量家庭教育指导工作的实践经验表明，很多家长所谓的孩子的各种"问题"背后，都折射关系问题，比如亲子关系、师生关系、生生关系，甚至是夫妻关系等等，在这些关系里，亲子关系往往是问题的源头。

## 一、女儿谈的不是恋爱，是"寂寞"

那是八年级上学期的一个上午，我突然接到了英语老师的电话，让我尽快去教室，一种不祥的预感顿时笼罩心头。

走廊尽头，站着英语老师和我班的一个男生，还有一个光头男人和一个女生。

那个女生是九年级的学生，光头男人是女生的爸爸。男生与女生谈恋爱后男生提出分手，女生痛苦到不想上学，被爸爸带来直接到班上找男生理论。见到我就让我通知男生家长到校，他想讨个说法。

我邀请光头爸爸到办公室坐下，倒了一杯水给他，听他诉说情况。

他很生气，说男生没有家教，不好好学习，整天纠缠自己的女儿，弄得女儿荒废了学业，还害得被老师叫家长……

我问他："您是怎么知道女儿早恋的？"

他说："昨天晚上，女儿的班主任打电话让我今天过来的，说女儿跟八年级的男生谈恋爱。"

我问："在班主任叫你之前，你平时有没有发现女儿有什么异常的行为表现？"

他有些惭愧地说："唉，别提了，儿大不由爸，她越来越不听大人的话，更不愿意跟我们讲他的事。"

我追问："孩子跟她妈也不说吗？"

他叹了口气，说："她妈呀，暴躁脾气，我都受不了她。今天，就是因为怕她再跟女儿闹翻，我才拦着没让她来。"

我趁机给她爸爸"补了一刀"："你听过人家说'女儿是妈妈的小棉袄，是爸爸的前世小情人'这句话吗？"

爸爸低下头，双手使劲儿地搓着脸与额头，半天挤出了一句话："唉，那不都是人家的女儿嘛……"

正如大家常听说的一句话：世界上最远的距离不是天涯海角，而是孩子就在你身边，却再也不愿多说一句话。随着亲子之间言语交流的日渐减少，亲子之间情感联结也逐渐弱化。这样的情况下，亲子关系很难满足孩子成长所需的心理营养——

价值感、归属感，孩子们就会向外在世界（包括虚拟世界）寻求与发展依恋关系，这是孩子们迷恋手机、早恋、厌学的根本原因。

## 二、修复关系，从父母给孩子道歉开始

亲子关系作为心理"脐带"，联结着孩子与父母之间的情感。为孩子提供心理营养，是孩子安全感的关键来源，而安全感是孩子自尊自信等个性心理品质形成的基石。

孩子在成长的不同阶段，对父母的精神需求是不同的，亲子关系也必然是变化发展的。但无论怎样发展，有滋养的亲子关系都缺少不了父母对孩子无条件的爱与尊重、欣赏与鼓励、信任与支持、包容与指导等基本要素。

案例中光头爸爸的问题很突出，单凭他直接带女儿去找男生，甚至想找对方的家长理论这些鲁莽的行为，我们就能感受到他完全不顾女儿的尊严和感受，再加上一个极其强势的妈妈，女儿的安全感丧失也是必然的。

曾经有个女孩在咨询时哭诉："如果让我与他（男朋友）分开，那我活着还有什么意义？爸爸妈妈都不爱我，只有他对我好。"然而，她的父母也很委屈："我们就一个女儿，不爱她爱谁！"

在亲子关系中，父母处于主导地位。修复亲子关系，父母需要学会从给孩子道歉开始。

父母错了，及时给孩子道歉，这是家庭教育的重要内容之一，这可以给孩子做出正确的示范——错了就要道歉，道歉不丢人，丢人的是"背着牛头不认脏"。当然，道歉更大的意义在于与孩子及时建立情感联结，纾解亲子双方的情绪郁结、重新唤起孩子的生命能量。所谓放不下"大人的架子"的观念是有害的，也是站不住脚的。很多案例表明，有些家长在孩子面前摆出来的"架子"，硬生生地被"叛逆"的孩子砸成了"一地鸡毛"。

父母道歉的态度至关重要。真诚的道歉是无条件的，比如说："妈妈做得不好，忽略了你的感受，请你原谅妈妈。""宝贝对不起，爸爸不该不顾你的感受，那么鲁莽地去找老师……""妈妈不该吼你（不尊重你、打你、看你的日记、撕你写的小说……），妈妈错了，你能原谅妈妈吗？""爸爸这样讽刺挖苦你，让你很受伤，对不起，爸爸错了。"类似这样的道歉都是有效的。

如果对孩子这样说："爸爸讽刺挖苦你是不对的，但你知道，爸爸没文化，一直就是这样的……""对不起儿子，我不该摔你手机。我当时要不是气急了……"那么，在孩子看来，家长的道歉就是一种自我辩护，从心底里孩子是难以接受的。很多家长抱怨说："我也给他道歉了，可他还是不理我……"主要原因就是给孩子道歉的态度不诚恳。

家长道歉要就事论事，不避实就虚。很多家长面对自己的错误时，给孩子的道歉大多云淡风轻，比如"好了好了，妈妈不怪你了""如果是爸爸错了，那我跟你道歉""行了，这事就这样了，吃饭吧"等等，这样的道歉，不仅效果打了折扣，

还有可能在孩子的"伤口上撒盐"。

家长道歉要避免功利思想。父母道歉是因为可以抚平孩子的创伤，唤起孩子生命能量，而不是为了让孩子能达到父母的某个愿望。类似"妈妈错了，跟你道歉，希望你以后要尊重大人的意见（或要对学习负责，不要打游戏）"的道歉，只能让孩子更反感。

家长道歉，不必苛求孩子及时回应或谅解。听到家长道歉，心大的孩子会说"我都忘了"，伤害深的孩子可能会轻描淡写地说"知道了"，听到触及心灵的道歉时孩子可能会哭诉，会愤怒，甚至会情绪崩溃。无论哪种情况，家长都无须为自己辩解，只要陪伴其左右，用心聆听就好。除了继续表达歉意之外，适时的爱抚、拥抱也具有良好的疗愈功能。

作　者　柏　永　连云港市塔山中学

# "三宽家长学校"为家校沟通托起明天的太阳

进入初中以后，很多学生的性格缺陷日益凸显：要么缺乏独立性，事事依赖家长；要么缺乏自主学习能力，成绩一落千丈；要么性格叛逆，经常顶撞家长……很多家长陷入苦恼，不知如何与孩子沟通，如何正确引导孩子。"三宽家长学校"学习平台的开创，不仅为家长学习科学的育儿理论打开了一扇知识之窗，也为家校沟通与合作共育开辟了崭新的天地。

现在，很多初中生的家长面对进入青春期的孩子束手无策，不知如何管教，也不知该如何与孩子正常交流。

【故事1】有一位家长曾向我诉苦：儿子仿佛是自己前世的"冤家"，对自己一点也不尊重，自己说一句他就有十句顶回来。放学回家了就抱着手机玩，如果催他去写作业，要么装没听见，要么顶撞一句继续玩。考试成绩不好时让他多用心学习，他就回呛一句："你自己不也学习不好，没考上大学？"

【故事2】有一位家长曾经对我讲述：有一次，她要出差，临行前叮嘱儿子在家要按时起床、自己上下学、认真完成作业……没想到她话音刚落，儿子立即打电话给爷爷奶奶，告诉他们接下来几天怎样照顾自己的生活、怎样接送自己上下学，怎样准备自己喜欢吃的零食……

【反思】像上面列举的初中生对家长不尊重，绝非个别家庭出现的问题，而是一种普遍现象。初中生这种骄纵性格的形成与家庭环境有直接关系，是家长长期的溺爱与教育方法不当所致。这些事例让我认识到：家长如何与孩子沟通、如何培养孩子的良好品格，是当今社会普遍的家庭教育难题，也是摆在所有教师与家长面前的一道重要课题。为此，我决定利用"三宽家长学校"平台开展家校合作，与家长共同纠正学生的意识偏差，共同培养学生的良好品格。

## 一、组织家长登录"三宽家长学校"平台，学习相关课程

为了便于家长及时学习课程，也为了让后续的家校沟通与合作顺利开展，我先在家长微信群引导家长们如何注册"三宽家长学校"微信公众号、如何学习"三宽"教育课程，并上传了"三宽教育家长学习流程及须知"，让家长自主下载学习。为了让家长按时学习并提高学习成效，我把周末的三宽教育课程预告提前告知家长，以提醒家长在周末及时收看与学习。

## 二、组织家长观后交流讨论，撰写分享观后感

为了提高三宽课程的教育效果，在家长学习完三宽课程后，我在微信群里组织家长展开热烈地讨论，鼓励家长各抒己见、畅所欲言，共商培养孩子成人、成才的良策。

另外，教师还可以根据三宽课程内容拟定议题，在引导家长围绕议题交流讨论。例如，组织家长观看了三宽课程"如何培养孩子的独立性"后，我引导家长围绕三个议题展开讨论：（1）让孩子学会独立的重要性；（2）父母应从哪些方面培养孩子的独立性；（3）怎样为孩子的独立创造条件。

在每个大议题下面，我还与家长就一些细节与做法展开了深入探讨，交流讨论后，我再利用微信群通知家长及时撰写观后感，并让文笔比较好、电脑操作比较熟练的家长撰写观后感美篇，上传到家长微信群，让所有家长共同学习、分享。

## 三、形成共育良策并付诸行动，家校达成共识

经过学习课程、讨论交流等活动后，接下来就是家校之间达成共识，形成共育良策并付诸行动。例如，学习了"如何培养孩子的独立性"课程后，我与家长达成了以下教育共识。

1. 培养孩子自我服务意识

现在，很多家长在生活上对孩子过度关心，什么事都包办代替，孩子也习惯了享受父母的生活"服务"，有的孩子甚至连系鞋带、整理床铺都不会。因此，要培养孩子的独立人格，家长首先要学会放手，让孩子学会自我服务，如自己收拾房间、自己清洗衣物、自己整理学习用品等等。这样，孩子就会慢慢从生活中独立起来。

2. 培养孩子学会关心他人

现在很多孩子由于被家长过度溺爱，养成了自私、冷漠的性格，遇事缺乏同理心，从不会主动关心与帮助他人。因此，家长还应培养孩子性格的独立性。家长要教育孩子，在外要主动帮助、关心他人。如在公交车上主动给老人、孕妇让座；在校要关心班级，与同学和睦相处、团结互助……这样，孩子的性格就会慢慢变得宽容、温暖，易于融入集体生活，将来才能独立于社会。

3. 培养孩子具有自控能力

现在的孩子较任性，什么事都由着自己的性子来，因此，家长还应从管控孩子的自控力入手，培养其独立性。首先，家长要在生活上立规矩，告诉孩子什么事可以做，什么事不可以做。其次，家长要引导孩子学会管理自己的情绪。最后，从学习上引导孩子学会自律。因此，家长要教育、引导孩子学会管理、合理分配学习时间，让孩子养成"今日事今日毕"的好习惯，主动完成老师布置的各种学习任务。这样，孩子才能养成高效、自律的良好学习习惯。

4. 让孩子自己去解决问题

让孩子学会独立思考，学会自己解决问题，是引领孩子走向独立的关键。因此，家长要敢于放手，让孩子遇到问题时自己动脑筋想办法，自己尝试解决问题。只有让孩子经受磨炼，他们才能不断积累宝贵的人生经验。

5. 让孩子经受耐挫折教育

现在的孩子都特别脆弱，经不起任何挫折与失败。因此，家长还应注意培养孩子的耐挫折能力，引导孩子正确对待失败与挫折，学会分析失败的原因（如考试失利），并自我纠正错误，勇敢迎接挑战。孩子只有正确对待失败与挫折，才能真正坚强起来，将来才有信心与能力去迎接人生路上的各种考验。

### 四、注重日常随访反馈，加强家校共育策略指导

教师应通过微信、家访、家长会等渠道，向家长了解孩子的教育情况，并对家长做好日常咨询服务与策略指导。因此，家长应有足够的耐心，从日常生活的细微处关心、引导孩子，并由易到难、持之以恒，把孩子培养成为独立、自信、勤奋、坚强的温润少年！

总之，把孩子培养成才、让孩子健康成长，是学校与家庭的共同责任，更是家校共育的智慧体现。孩子的成长过程不是一蹴而就的，需要家校通力合作、密切配合，扶助孩子"鲲鹏展翅，直上万里"，让孩子在人生的道路上行稳致远，成长为家庭的脊柱、社会的栋梁！让我们共同托起明天的太阳。

作　者　张　松　连云港市赣榆城西中学
连云港市赣榆区"411"骨干教师
连云港市赣榆区德育先进个人

# 民办寄宿制学校家校沟通存在的问题及应对策略

教育越来越受到国家和人民的重视，民办寄宿制学校作为教育界的一员逐渐受

到家长们的青睐。为了帮助民办寄宿制学校解决家校沟通存在的特殊问题，本文以连云港华杰实验学校为例，着重对时代变迁下民办寄宿制学校家校沟通存在的问题进行总结分析并提出相应的应对策略，以便更好地教育孩子。

## 一、问题的提出

很多家庭选择放弃传统的公办教学模式，把孩子送去民办寄宿制学校学习，其中原因为做生意没时间照料的，离异重组家庭的，单亲家庭的，隔代抚养的，买不起学区房的，等等，民办寄宿制学校的出现恰好满足了他们的需求。寄宿制学校是各类问题最容易发生的地方，家长的积极参与，教师的及时反馈对孩子的成长极其重要，只有家校携手同行，才能培育出更优秀、更健康的社会人才。

## 二、国内和国外对教育的重视

教育无国界，成功的教育推动着人类向前发展。在我国，"教育"一词最早见于《孟子·尽心上》。我国著名教育家孔子，陶行知，蔡元培等人对教育做出不同的阐释。党的十八大以来，国家高度重视教育问题，为教育强国的建设指明了方向。国外著名学者约翰·杜威、柏拉图、卢梭等人也为教育事业做出了很大贡献。

## 三、民办寄宿制学校的性质及特点

民办寄宿制学校，即集中住宿和管理，集中教学，提供教职工宿舍，鼓励教职工和学生同吃同学同成长。连云港华杰实验学校是一所民办寄宿制学校，建立于2015年9月，坐落在城市郊区，该校面向全国各地招生，属于一所半军事化的民办寄宿制学校。本文是笔者结合在连云港华杰实验学校5年的教学经验，分析民办寄宿制学校家校沟通存在的问题及应对策略，希望为学校沟通的顺利开展尽到自己的绵薄之力。

寄宿制学校有其优势：学生的自理能力更强，在校和同学交流时间更长，班级荣誉感强，班级凝聚力强，合作意识强。也存在缺点：在校时间长，和家人培养亲子情感的机会少，需要家长帮助解决的情感问题机会也变少。

## 四、民办寄宿制学校存在的家校沟通问题

### （一）新型环境下家长教育方式对抗学校教育管理

新生入学时家长内心都会有所担忧，担心孩子有没有按时喝水，睡得好不好，集体宿舍适不适应，伙食怎么样，课堂学习表现如何……

连云港华杰实验学校为了锻炼孩子的自我管理能力与自我服务意识制定了一系列校园规则：高年级孩子小件衣服自己洗，大件衣服用洗衣机洗。然而仍然有部分家长爱子心切，每到周六周日家长开放日时便积极跑进宿舍为孩子洗衣叠被，殊不知这些行为不仅破坏了学校制度管理而且容易养成孩子们衣来伸手饭来张口的坏习惯，剥夺了孩子锻炼的机会，孩子在这种溺爱环境中成长很难形成独立自主的人格。针对以上诸多问题，校方和教师最好的做法就是及时平等地与家长沟通。

## （二）家长对孩子期望值过高

连云港华杰实验学校的费用相比公办学校要昂贵得多，即便如此仍有很多家长愿意花高额学费送孩子们进入该校，可见家长们望子成龙望女成凤的心。在这种甄选人才的社会中，有部分家长会错误地认为成绩好的孩子就是优秀的孩子，这种不正的思想给教师带来很大的教学压力和沟通障碍。

## （三）原生家庭没有对孩子悉心教导

连云港华杰实验学校有一部分孩子来自离异家庭，是留守儿童，他们的父母文化水平有限，在这样家庭成长的孩子多少会有一些习惯问题，比如爱说谎，生活脏乱差，学习习惯不好，等等。面对此类孩子，教师、家长、学校更应该站在统一战线，及时有效沟通。

## （四）亲子关系建设机会少

公办学校放学后交由家长教育，而民办寄宿制学校里的孩子的心理健康形成，学习习惯形成几乎都在学校范围内进行，这难免会有诸多问题出现，依靠教师个人力量是无法逐个解决。有些孩子本就存在心理上的缺陷，原生家庭带给孩子的心理问题会在学校里表现出来，想要全面了解孩子并且教育好孩子必须有家长的支持和配合。

# 五、应对策略

## （一）学校层面

学校要与时俱进，通过各种时下流行的网络平台推送本校举办的各类活动：创建学校自己的公众号，定期推送学校动态到当地头条、微信朋友圈，设立公开信箱，举办家校沟通汇报会议、家长委员会，开通家校热心专线，创办家校合作的校报，举办家长进课堂，等等。

## （二）班主任层面

学校与家长的沟通不能仅靠网络平台，在校期间，班主任与孩子们同吃同学同成长，掌握着孩子方方面面的事情，因此班主任在家校沟通中扮演着重要角色。

案例：某位七年级新生第一次住校，家长不放心，于是偷偷让孩子带手机，约定每天晚上睡前打一通电话报平安。手机是学校明令禁止携带的，家长明知故犯，这种行为能体谅，但是给学校的管理带来了不便。该生挂完电话后自己不睡觉还和同宿舍人聊天吃东西，不仅自己的睡眠得不到保证，也影响到其他孩子。班主任与家长和孩子沟通并约定每天用公用电话与家长联系。

班主任在开学初会组建班级 QQ 群、微信群，利用软件平台与家长沟通交流。班主任会在班级群里上传孩子的学习生活照片和视频，让家长了解孩子的点滴成长。

## （三）家长层面

教育不是靠单方面的努力而是要靠教师、家长、学校、社会多方面的合力。有效的交流沟通对家长、教师、学校、学生而言是有益而无一害的，要想形成合力，必须提升教育链中的每一位成员。

家长是孩子的第一任老师，家庭教育影响孩子的一生。连云港华杰实验学校布置给孩子的假期作业都是以德育形式呈现：与家长共同踏春，给长辈洗脚，与家长共同完成树叶画，与家长观看视频……抓住仅有的假期时光，培养孩子和家长的良好亲子关系。

总之，教育是一项浩大工程，需要家长、教师、学校、社会多方面的共同参与，无论哪一方遇到问题都要采取正确的、平等的沟通方式，为孩子的健康成长铺梁架桥，为孩子的快乐学习保驾护航。

作　者　滕　进　连云港华杰实验学校

　　　　　　　　　长三角征文大赛三等奖

　　　　　　　　　连云港市家庭教育指导员基本功大赛三等奖

# 问卷调查后的思考

随着"双减"政策的实施，如何快速地提升家校沟通效率，及时解决家校沟通中存在的问题已被迅速提上日程。鉴于家校沟通体系还未趋于完美，家校沟通在实践过程中仍然会涌现出一系列问题。笔者以本校八年级学生为例，开展问卷调查，剖析问题，探讨策略。

## 一、本年级目前家校沟通的情况

调查问卷设计了三个问题："你参与的家校沟通有用吗？""作为家长/教师，你对于家校沟通的态度积极吗？""作为家长/教师，你在沟通中感到困难吗？"结合以上三个问题的反馈情况可见双方对家校沟通的态度。家校沟通重视度统计表见表1。

表1　家校沟通重视度统计表

| 项目 | 教师问卷（N = 25） | | 家长问卷（N = 180） | |
|---|---|---|---|---|
| | 人数 | 百分比/% | 人数 | 百分比/% |
| 明确家校沟通重要性 | 25 | 100 | 174 | 97 |
| 积极参与家校沟通 | 20 | 80 | 165 | 92 |
| 家校沟通存在困难 | 2 | 8 | 12 | 7 |

从表1可以看出，家校沟通已逐渐被主流教师和家长所接受，他们能够认可家校沟通的重要性和必要性，并且在实践过程中表现出浓厚的兴趣。从另一个角度说

明，双方在家校沟通中的意识和行动向良性化发展。

## 二、本年级家校沟通存在的问题

目前家校沟通的方式多种多样，且得到了学校与家长的高度关注。但是在取得一定成绩的同时，即使进行了线上与线下等多种方式的融合，但在实际的操作中仍然存在许多困难，这也充分体现出家校沟通研究的迫切性。

### （一）沟通内容缺失全面性

相比于知识的授受，学生的全面、多领域成长更需要教师和家长共同参与。如表2所示，学生的实际教育在这些方向存在偏差。

表2  家校沟通内容统计表（多选）

| 项目 | 教师问卷（N＝25） | | 家长问卷（N＝180） | |
|---|---|---|---|---|
| | 人数 | 百分比/% | 人数 | 百分比/% |
| 学习状况 | 25 | 100 | 180 | 100 |
| 思想状况 | 20 | 80 | 118 | 66 |
| 身体状况 | 18 | 72 | 124 | 69 |
| 心理状况 | 21 | 84 | 76 | 42 |

如表2所示，家校沟通过程中老师和家长对于学生的思想、身体、心理状况的关注相对缺乏，这反映出现代教育的焦虑感、功利化，很容易在无形中给学生造成巨大压力，阻碍学生身心健康的全面发展。

### （二）家长沟通缺乏主动性

从问题"你采用什么方式进行沟通"的统计结果中（表3）可见，本校沟通渠道呈现多样化，其中微信的快捷性、实用性使之更受大家的青睐。

表3  家校沟通渠道（多选）

| 项目 | 教师问卷（N＝25） | | 家长问卷（N＝180） | |
|---|---|---|---|---|
| | 人数 | 百分比/% | 人数 | 百分比/% |
| 电话 | 7 | 28 | 75 | 42 |
| 微信 | 24 | 96 | 125 | 69 |
| 钉钉 | 6 | 24 | 25 | 14 |
| QQ | 7 | 28 | 45 | 25 |
| 家访 | 8 | 32 | 134 | 74 |
| 家长会 | 21 | 84 | 156 | 87 |
| 请家长到校 | 7 | 28 | 24 | 13 |

如上表所示，家长交流沟通存在明显的主观性不足现象，这很容易造成教师与家长之间的信息交流不对等。如对于教师发的通知，一些家长未及时回复；相反，

对于家长的诉求，教师的回应更加积极。

## （三）学校沟通缺乏实用性

家校沟通满意度如表4所示。

表4　家长沟通满意度

| 项目 | 教师问卷（N=25） | | 家长问卷（N=180） | |
|---|---|---|---|---|
| | 人数 | 百分比/% | 人数 | 百分比/% |
| 非常满意 | 4 | 16 | 12 | 7 |
| 基本满意 | 4 | 16 | 56 | 31 |
| 一般 | 14 | 56 | 105 | 58 |
| 不满意 | 3 | 12 | 7 | 38 |

从上表中很容易看出，教师和家长对家校沟通结果不是很满意，究其原因，家长表现为对家校沟通的重视程度不足，教师对家校沟通更多的是流于形式，造成微信等家校沟通平台只是用于各种打卡和通知，缺乏系统性、实用性的沟通交流。

## 三、初探本年级家校沟通策略

### （一）开通线上线下多样化学习渠道，培养学习型家长

现代社会大多数家长重视教育，但是由于缺乏科学的教育理念和方法，在孩子的教育问题上又显得捉襟见肘。因此学校有义务，也有能力帮助家长学习教育知识，在此背景下家长学校应运而生。在家长学校中，以有经验者为代表开办教育论坛，家长可以将优秀教育经验进行交流分享，也可以相互推荐优秀教育类文章，让最新的教育理念获得最大程度地落地，让家长在不增加负担的同时为学生营造最好的学习氛围。

### （二）完善评价机制，引导家长和教师对学生进行多元化评价

针对家校沟通中过于强调学习成绩、忽视学生心理生理变化的问题，学校应该完善考核教师的机制，不以成绩作为考核教师的唯一标准。教师应该更加关注学生的全面发展，尤其是健康人格的养成，为学生建立成长档案袋，设计多个层次，包括智力、体能、心理、人格等方面，关注学生的成长。并基于此进行统计分析，为学生走好每一步助力，这样既能减少孩子们在成长过程中的焦虑感，还能进一步推进家校共育。家长应该注重对学生积极心理的建设，为培养其积极的人生态度而努力，从而提升学生的内驱动力，这样既能够使得家长感到满意，又能帮助孩子赢得健康的未来。

### （三）建立监督机制，提升效率，增加可操作性

针对反映出的家校沟通容易流于形式的问题，学校应建立监督机制，在教师的日常工作中融入对家校沟通精神的学习、对优秀教师先进经验的借鉴、对可能存在

的偏差的弥补，并进行校内结对、同事间的相互督促等工作的落实。在实际工作中，教师可在沟通时进行书面记录，这样在总结得失的同时，也能杜绝家校沟通中可能存在的懈怠行为。

除以上沟通策略外，还可以完善家校沟通方式，进一步强调线上线下相结合，提升效率。线下交流体现在学校的家长开放日活动，在开放日不能只局限于教师介绍学生的在校情况，应该是教师、家长、学生三方互动的过程，为进一步帮助学生全面提升素养、帮助家长全面了解孩子、帮助学校完善学生成长档案提供帮助，并为缺乏经验家长提供学习平台。在"双减"政策的背景下，线上交流日益成为家校沟通的主要趋势，家长和教师可以组建交流群，也可以针对个别学生进行一对一的交流，既有利于解决问题，又能够保障学生的隐私。

作　者　陶　陶　连云港市朝阳中学
连云港市家庭教育指导员基本功大赛二等奖

# 学会情绪管理　让家涂上"爱"的底色

家庭教育是由家长经营的一个适宜于孩子成长的家庭教育活动，是家长用言传身教对孩子进行的持续性教育。孩子降生后，家庭是他的第一所学校，父母是他的第一任教师。父母对孩子既有启蒙作用，又有终身影响作用，所以，孩子教育当从家庭教育起步。

孩子就像家庭的一面镜子，会真实地反映出家庭中的情况，其中，最能直接反映出的是父母的"身教"。我的女儿今年上五年级了，在校、在家各方面都挺好，属于不用家长操心的好孩子。但最近发生的一件事让我进行了深深的反思。那天，我妹妹家的儿子在我家里写作业，他有一道题目不会做，就向我请教，我还没来得及教他，我的女儿就开始批评他："这么简单的题目都不会，你平时是怎么学的，你不会自己动头脑想吗？"虽然平时在学习方面我没有那样对待她，但那一刻我从她身上看到了我自己在生活中的样子——强势，说话略带刻薄，容易产生负面情绪，连表情都是让人不喜欢的。我瞬间慌了，做了深刻的反思，反思了我的原生家庭，反思了我自己，反思了我对她的教育和影响，以便于以后我能做得更好。

在生活中，我们往往会被一些无形的东西困扰，有时会悲伤、激动、苦闷、愤怒，有时会开心、豁达、平和、释怀，这就是情绪。也许，我们会认为是性格和外界的干扰导致我们无法控制自己，其实不然。当我们理性地去面对、去感知、去管理，学会合理表达，其实情绪是可控的。

## 一、这些情绪从哪里来?

### 1. 原生家庭对一个人的影响

原生家庭对一个人的影响是很深的。原生家庭的影响也叫童年经验或早期经验,意思是一个人在童年生活经验中形成看待世界、看待家人、看待事物的观念和方式。

家长在童年期缺乏爱,尤其是母爱,很容易形成一系列消极心理——冷漠、孤僻、苦闷、冲动、脆弱,而且会一直持续到成年。

家长在童年期由于父母专制、暴力,家庭缺少民主气氛,精神长期受到压抑,极有可能成为成年后情绪容易失控的祸根。家长的父母为他们树立了随意发泄情绪的"表率"。动不动就被父母作为出气筒的孩子,成年后很有可能向孩子发泄怒气。

### 2. 家长缺乏科学的教育观

根据某城乡家庭教育调查的主要情况,家长感到教育孩子的最大困难是没有时间和缺乏知识,因而感到教子无方。这种情况属于社会性问题在家长身上的反应,家长不是单方面努力就能解决的,但是家长科学的教育观念是可以通过学习来提高的。

### 3. 家长对孩子的期望过高

当家长的期望过高时,对于孩子来说容易产生挫败感,而这种求而不得的焦虑很容易变成负面情绪,而最终的宣泄对象就是孩子。

### 4. 家长的生活压力

现代生活的快节奏、工作和生活的压力,导致家长心理和生理疲劳、情绪不佳的现象很常见。当家长觉得力不从心的时候,对情绪的控制能力就会下降,孩子的一个小小的错误极有可能成为父母情绪失控的导火索。

### 5. 家长缺乏调节情绪的方法

很多时候,家长不是不能控制自己的情绪,而是不会控制。这就需要家长自己寻找一些最适合自己的调整情绪的方法,避免情绪失控,减少给孩子们带来心灵上的伤害。

## 二、家长如何管理自己的情绪?

### 1. 家长要学会表达,合理宣泄情绪

有了不良情绪,需要合理地表达出来,既不能伤害孩子,还要有利于问题的解决。家长要合理表达自己的不满,避免讲出攻击性和威胁性的语言,还要引发孩子对自身行为的反省,这样,才能起到事半功倍的效果。

### 2. 家长要学会冷静思考,寻找真正原因

遇到问题时,家长要冷静下来,认真思考、分析问题的根本原因是什么,错误在谁。

### 3. 家长要管理好自己的情绪,做情绪的主人

在一节心理咨询师的培训课堂上,老师教给了我们一种有趣的管理情绪的方法:

当遇到孩子让你愤怒、暴躁的时候，家长要停顿或远离十秒钟，深呼吸，默念"这是我亲生的，这是我亲生的"，这样，就可以把即将爆发的情绪暂时压下去。这个过程就是情绪管理。另外，阅读、听音乐、运动、自我暗示等方法，也可以运用到日常生活中。

我身边的一位同事，经常通过打扫卫生来缓解情绪，干净整洁的家居环境会让她的心情愉悦起来。心理学研究表明，人的不良情绪会直接或间接影响人的健康和寿命，还会影响人际关系。因此，对于成长中的孩子来说，学会管理情绪相当重要。

### 三、要学会管理好自己的情绪

1. 家长要发挥榜样作用，营造良好家庭氛围

很多人的良好习惯和品德都是从父母那里学来的。家长的情绪及情绪管理方法，会在潜移默化中传给孩子，不管是好的还是坏的，孩子都是最直接的被影响者。良好积极的家庭氛围，与孩子的情绪管理能力也是息息相关的。家庭越和睦、温馨，成员之间越能相互宽容、欣赏，能以积极乐观的态度处理压力和冲突，孩子的情绪管理能力也就越强。

2. 家长要帮助孩子表达情绪

孩子在成长过程中，情绪会随年龄的增长而逐渐丰富和成熟，孩子会慢慢地学会控制自己的情绪。每个人都是有情绪的，正面的、负面的、积极的、消极的，我们都要去面对，而不是逃避。当孩子正经历这些时，父母的重视和引导是很重要的。其实，喜怒哀乐是人的正常情绪表现，家长应该教孩子认识自己的情绪并且合理地表达出来，倾听孩子的诉说，帮助孩子分析，教会孩子处理情绪的方法，才能从根本上解决问题。其实有时候，只要能说出来，表达出来，问题就很好解决。因此，家长要让孩子知道，我们自己才是情绪的主人。

3. 家长要教给孩子排解情绪的方法

作为成年人，我们有许多缓解、发泄情绪的方法，例如旅游、购物、运动等等，而孩子们通常不可以，他们是未成年人，他们要上学，没有太多的自由时间，没有经济独立，没有成年人的生活经验，等等，因此，不良情绪会造成很多不良的后果。那么，在孩子的成长过程中，家长可以教给孩子们一些简单的方法来处理不良情绪。如找父母帮忙、向亲朋好友倾诉、向学校的心理咨询师求助、急走或跑步、放声大哭、大喊或高声歌唱、转移注意力、自我激励、绘画等等方法。

家庭教育真正的困难，并不在于孩子身上的问题有多大，而在于家长自身的家庭教育素养不足。因此，家长要陪伴孩子一起努力，学会管理好自己的情绪。


作　者　耿　进　连云港市朝阳中学

# 基于微信群的家校沟通与实践研究

家校沟通在协同发挥家庭、学校两个主体的育人作用中扮演着重要的角色，而信息技术的发展则为家校沟通的深入开展提供了条件。基于此，推动家校沟通的常态化、提高家校沟通的效率、丰富家校沟通的内容，发挥微信群在家校沟通中的作用，有效提升了家校沟通的合力。

对初中学校，特别是郊区初中学校而言，家校合作是保障教育教学事业深入开展的重要条件。截至 2021 年底，微信日活用户已将近 11 亿。微信群多元化的功能使其在当前用户办公中发挥着重要的作用，而教师利用微信群办公是家校沟通的一种方式。

## 一、基于微信群的家校沟通的作用

### （一）推动家校沟通的常态化

家校沟通的重要形式之一家长会，一般一学期召开一到两次，频率不高。而郊区学生家长多数在外工作，很多时候根本难以参加家长会。基于微信群的家校沟通依托于网络信息技术以及微信平台，属于线上沟通，只要有网络便可以沟通，这极大地便捷了沟通方式，推动了家校沟通的常态化。

### （二）提高家校沟通的效率

传统的家校沟通以家长个体为沟通对象，初中班级学生少则 30 余人，多则 50 余人，与家长沟通，费时费力，也容易出现遗漏现象，严重影响了家校沟通的效果。但在学生管理中，很多时候需要家长配合，比如监督检查学生在家学习情况。特别是后疫情时代，居家线上自学成为课程教学的重要形式，更需要家长扮演好监督者的角色。微信群为教师向全体家长发布消息提供了便利条件，达到了沟通的目的，提高了效率。

### （三）丰富家校沟通的内容

基于微信群的家校沟通是一种线上沟通，在丰富沟通内容上有着显著的优势。比如在向家长介绍学校的班级管理制度时，教师可以拍摄相应的短视频并发送到微信群中，让家长在直观、形象的视频中了解情况。

## 二、基于微信群的家校沟通的实践对策

### （一）创设临时微信群

临时微信群是为了更好地实现家校沟通而临时创设的微信群。在家校沟通中，

有些情况并非所有学生共有的。采用固定微信群沟通，不仅会占用其他家长的时间，也容易导致学生隐私泄露的问题。对此，教师可以从工作需要出发，将相关家长拉入临时微信群中。初中生之间难免会有特殊情况，比如打架斗殴、组团游戏等。此时，教师可以将事件相关方家长拉入微信群中，为他们的沟通交流创造条件，并做好协作工作。临时微信群并没有数量限制，教师可以根据工作需要随时创设临时微信群。一旦工作完成后，教师就可以解散临时微信群。临时微信群的创设可以突破仅有一个微信群的不足，使基于微信群的家校沟通更好地开展，提升家校沟通的效果。

（二）注重及时反馈

基于微信群的家校沟通是一种常态性的家校沟通，为家长与教师的实时交流提供了良好的条件，而注重及时反馈则是微信群在家校沟通中应用的基本条件。教师白天不仅要负责课堂教学，还要负责学生的课业辅导，能够用于群交流的时间非常有限。教师在利用碎片化时间回复家长的同时，也可以在放学后，设置一个固定的时间点，统一回复家长。

（三）把握沟通内容界限

初中生正处于成长发展的重要阶段，已经有了一定的隐私意识。对一些学生存在的私密性问题，教师应该单独与家长沟通，而不是在微信群中沟通，做好学生的隐私保护工作。一些学生由于种种原因，受到了学校的批评，这类信息同样不宜在群中向家长传达。基于此，微信群的沟通内容主要有三点。一是针对家长们普遍关心的问题的反馈。举例来说，随着疫情防控的不断深入与疫苗研发水平的提升，12～18周岁的未成年人也需要打疫苗。不少家长对此问题非常关心，并在群中提问。教师可以利用微信群告知家长打疫苗的时间、地点及注意事项。二是向家长群体发布信息。比如，节假日到来时，教师可以利用微信群开展家长安全教育，让家长做好安全风险防范工作。三是学生表彰。学生表彰的目的是奖励优秀学生，并对其他学生起到示范、引导作用。

（四）加强微信群管理

在实践中，我们发现，微信群既为家校沟通带来了便利，也引起了一些不必要的问题，比如家长间的言语纠纷等。对此，必须加强微信群管理，着力克服基于微信群的家校沟通的乱象。首先，加强微信群名管理。群名是微信群的标识。微信允许群成员更改群名，一些家长经常擅自改群名，甚至因为群名而发生争吵。对此，要统一微信群名管理，以最简洁的方式来呈现群名，并要求家长不得改动，如XX中学七（2）班微信群。其次，做好微信名片管理。为便于家校沟通，减少教师与家长间沟通的时间成本，家长要更改微信名片，统一采用"学生+关系+姓名"的名片，如张勇妈妈陈红等。再次，注重家长发布内容管理。一些家长从事销售类业务，容易将微信群内的其他家长视作潜在客户，发布一些和家校沟通无关的广告。

对此类行为要严厉禁止，保证微信群的良好氛围。最后，邀请家长充当微信群管理者。教师教学、教研工作繁忙，管理微信群的时间有限，不可能一一纠正违反群管理规则的行为；教师还可以邀请家长在其自愿的基础上充当群管理者，发挥好家长的协同管理作用。

总之，作为信息时代用户基数最为庞大的软件，微信不仅有着即时通信的功能，更有着多元化的应用价值，在创新家校沟通形式，提高家校沟通效能中发挥着重要的作用。对此，要深刻认识到微信在家校沟通中的价值，并从根据情况创设临时微信群、注重及时反馈、把握沟通内容界限、加强微信群管理四个角度采取好措施。

作　者　刘海伟　连云港市朝阳中学
连云港市市级"优秀班主任"
连云港市市级"最美教师"
连云港经济技术开发区教学名师
连云港经济技术开发区先进教学工作者

# 家校合作的现实与突破

目前，在学生的成长教育中，家庭教育的缺失导致学校教育出现了不少问题，如果仅依靠某一方面的改进，恐怕很难有好的效果。鉴于学校、教师和家长各自存在的优势和不足，开展新时代的家校合作，实现家校共育势在必行。笔者认为开展有效的家校合作是化解当前存在问题的必由之路。它可以从改变观念、创新方法和突破机制三个方面，让家校合作向更好的方向发展。

鉴于此，加强家校合作是促进当前教育发展的一项重要任务。

## 一、家校合作的必然性

随着科技的发展和社会分工的日益细化，教育开始脱离家庭的主导，成为社会的一个公共服务行业，教师也成为越来越富专业技能的教育岗位从事者。于是，教育学生成了学校和老师的专门职责，家长基本被边缘化。目前，家庭教育和学校教育之间基本上是脱节的，仅通过一些简单的形式维系着，导致家校教育失衡和偏差。而教师作为教育教学的从事者，在学识、能力、性格、思维方式等方面还存在一定缺陷或不足。因此，教育学生不能光依靠教师单方面为之，特别是学生在习惯养成、任务完成等方面，仍需要家长的支持和配合。开展新时代的家校合作，实现家校共育势在必行。

### 二、家校合作的可行性

#### （一）理论上有支撑

从后现代课程观点来看，学校是变化的而非稳定的系统，它强调每一个实践者都是课程创造者和开发者，而不仅仅是实施者。因此，作为教育生态系统中的家庭、学校、社区，教育者、受教育者有必要参与其中，并开展积极的互动合作，才能推动教育事业的大发展。

爱普斯坦教授曾提出建立学校、家庭、社区新型伙伴关系的交叠影响域理论。他认为这三者单独或共同影响孩子的学习和发展。另外，他还在总结前人经验的基础上，提出了家校合作的六种实践模式：当好家长、相互交流、志愿服务、在家学习、决策、社区协作。它要求家长和教师在孩子的教育问题上负起共同的责任，重视双向沟通，保持密切联系。这种新型的伙伴关系促进了家校间的联系与交流，改善了家校关系，提高了学校的教育教学质量。

从分工协作观点来看，如果教师的专业职责是对家庭教育的补充，那么教师就必须深入了解家庭及其功能，使教育效果最大化，让教育者更好地和家长合作；使家校关系由"分工不合作"的关系，改变为"分工合作"的关系。因此，从理论和现实来看，家校合作是当前教育的需要，更是未来教育发展的一个大趋势。

#### （二）实践上有支点

美国最先开展家校合作的探索与研究。1897年，美国"家长教师联合会"成立，标志家长开始介入孩子的教育。随后制定的一系列法案，保证了家长对教育的参与权、知情权、监督权等。罗恩·克拉克学校采用"家长夜校""第二家长"等活动形式，加强家校合作，激发学生学习动机和兴趣，效果十分显著。

英国学校会向家长提供《学校手册》，介绍学校整体情况；与家长签订《家校合同》，明确双方的权利和义务；向学生发放《家校联系本》，记录学生的学习和成长过程，以此保持学校、老师与家长的密切联系。在法国，教师除了利用家长会这一形式外，还可以通过组织不同形式的俱乐部、沙龙、圆桌会议等活动，改善家校关系。目前，我国家校合作也取得了一些成就，但还存在一些薄弱的地方。

总之，国内外的实践经验为我们进一步探索家校合作提供了非常好的示范作用。

### 三、家校合作的前瞻性

#### （一）观念上要改变

目前，对于教育孩子，家长在认识上存在严重偏差。很多人认为教育孩子是学校和老师的事，家长只负责照顾其日常生活以及基本的人格教育。老师只强调自身的教育权利和义务，而忽略了家长对孩子和学校享有的权利，导致家庭和学校关系的对立，不利于孩子的健康成长。

其实，家庭是孩子教育的第一场所，家长又是孩子的监护人，对孩子负有管教的责任和权利。因此，我们家长责无旁贷，务必要树立正确的教育观念，明确教育孩子不仅是家长的义务，而且还享有参与、监督学校教育的权利，唯有家校共育，才能更好地促进孩子的成长和发展。

因此，要实现家校合作的良性互动，家长和教师的观念首先要改变，唯有观念的转变，才有正确的合作态度，家校合作才能取得实质性的进展。

（二）方法上要创新

家校合作的主动权在于学校和教师。所以，学校和教师在原有家校沟通方式上要有所创新，重在吸引、接纳、激励家长主动参与学校教学与管理工作，让家长明确自身是孩子成长不可或缺的重要资源。比如：接手新班级时，教师可制作问卷调查表，通过网络发给家长，了解家长的教育理念、态度、目标，孩子的家庭情况、兴趣爱好、学习素养等情况，在此基础上，采取有针对性的合作办法。

开学初，特别是起始年级，学校可对家长进行家校合作理论知识的简单普及，强调家校合作的重要性，引导家长更新观念。然后在条件成熟的基础上，采用自愿的方式与家长签订家校合同，明确各自权利和义务。老师要引导家长积极参与学校教育，最重要的是赋予家长委员会更多的职责。如置办班级公共物品、开展志愿服务、亲子阅读、远足等活动，借此调动家长参与班级活动和孩子教育的热情。

以学生为中心，以活动为载体，进一步密切亲师关系、亲子关系，营造和谐的家庭氛围和学习环境，必将改变目前"貌合神离"的家校关系，减少问题的发生概率，共同促进孩子的健康成长，这是家校合作的目的所在。

（三）机制上要突破

有效的家校合作离不开有效的运作机制。目前，我国家校合作机制建设尚不健全。基层家校合作的开展主要依据上级政策文件的规定，且大多局限于家长委员会等初级形式，但这些组织怎么运行和管理，享有哪些权利，文件并没有详细规定。所以，我们可通过整合妇联、关工委、教育局和学校资源，将其置于某一特定机构下运作，定期对其开展必要的工作指导和业务考核。通过划拨一定的活动经费和自筹会费，这些单位有能力自主开展活动，赋予家委会参加学校人事与组织管理方面的权限，让其有底气行使建议权和监督权。这样做，一方面可以规范办学，另一方面可以促进学校教育教学质量的提升。这样家校合作才会形成强大合力。

当然，家校合作受到众多因素的制约，它不可能有一个统一的模式，因而需要各地各校因地制宜，有序有效开展，鼓励创新，注重推广，让家校合作在每一个家庭、每一个孩子身上得到体现和落实，这也是我们家校合作工作下一步的努力方向。

作　者　耿九芹　连云港市东港中学
　　　　陈宝利　连云港市东港中学

# 每个孩子都需要赏识

赏识教育指的是赏识孩子的行为结果，以强化孩子的行为；是赏识孩子的行为过程，以激发孩子的兴趣和动机。

"你从来对我没有满意过！"一位学生家长苦笑着说，这是她儿子小赵的原话。进入九年级后，小赵的成绩还是处于中等水平，她非常着急，和小赵谈话后，小赵吼出了这句话。"怎么办？老师，他每次的考试成绩都没有达到我的要求，还怪我对他不满意！"小赵妈妈也挺委屈。

"上课不认真听讲，随意插嘴扰乱课堂纪律，动来动去影响周围同学，放学在家不完成作业，也不预习新课……"教师讲得口干舌燥。犯错误的小宋同学一言不发，没有丝毫忏悔之心。对于这样的学生，到底该如何教育，很多教师都束手无策。

笔者在教育教学过程中遇到过好多类似的例子：家长用成绩高低来评判孩子，孩子找不到自己的优点，缺少自信；教师对学生恨铁不成钢，批评多表扬少，好心办坏事；等等。每个人都希望自己的学习、人品等受到赏识。

## 一、家校合作中发现学生身上的闪光点

初中生正处于自我意识急剧发展的时期，具有非常强的自尊心，他们需要家长、老师的赏识，若要利用好赏识教育，首先就应发现学生身上的闪光点。例如笔者刚刚提到的小赵同学，其实他在学校是一位热心肠的同学，热爱劳动、团结同学、乐于助人。可是小赵的妈妈只关注他的学习成绩。每次测试完，小赵的妈妈就会对他说：为什么这么简单的题目都不会做；为什么这道题做过，考试时还做错了；等等。小赵讲："从小学一直如此，我早就没有学习的兴趣了，反正怎么学习，妈妈都不满意。"

针对他的这种情况，笔者和小赵妈妈约法三章：（1）将小赵的在校表现反馈给家长，让家长认同小赵的优点，并加以表扬；（2）在家时，多发现他的其他闪光点，比如不会做的题目，从不抄写答案，不沉迷于手机游戏，能按时完成作业，等等；（3）设置奖励，比如"成绩进步奖""作业认真奖""笔记完整奖""错题整理奖"等，不要一直盯在孩子的成绩上。

一个学期过去，小赵妈妈惊喜地发现，小赵的成绩有了大幅度提升。赏识是学生建立自信心的快捷方式，自信心是学生进步的动力源泉，它将会帮助学生克服前路的阻碍，进而实现自己的人生目标。因此，赏识教育的基础是发现孩子的"闪光点"，当孩子受到周围人的赏识时，便会朝着积极的方向发展，往往会有超常的发挥。

## 二、以赏识的眼光看待每一位学生

俗话说"金无足赤，人无完人"，作为教师，我们应该坚信每个犯错的学生都有优点，无论他们做什么事，做得如何，我们都要看到他们值得肯定的地方，并给予肯定的评价，哪怕是他们做错了什么，教师也需要委婉地帮他们找到不足，保护他们的自尊心，激起他们的进取心。如果学生一犯错误，我们就训斥、批评，这样只会让学生更加叛逆，不利于教学。例如笔者刚刚提到的小宋同学，在老师的眼中就是一个问题学生。和小宋家长沟通后，家长这样评价他：除了不爱学习、不写作业，其他方面表现挺好的，放学后主动帮家长做家务，还能照顾2岁的妹妹。

笔者意识到对于小宋的教育应该换一种方式。在一次上课时小宋又随意插嘴，笔者没有直接批评他，而是对全班同学讲，小宋同学提出的问题也值得探究，只是他的问题和老师这节课讲的内容不太一致，问题先保留，等下一节课我们专门来讨论。第二节课，笔者把小宋的问题写在了黑板上，大家一起讨论，小宋这节课几乎没有扰乱纪律。再和小宋谈话时，笔者先夸奖他这节课注意力很集中，也能跟着大家的节奏一起讨论，没有随意插嘴；又表扬他在家非常孝顺，能帮妈妈做家务，美中不足的是作业完成得不是很理想，相信他今天的作业肯定能完成得比较好！第二天，小宋果真按时交了作业。在后面的教学中，笔者继续强化小宋的优点，慢慢引导他改掉缺点。一个学期后，小宋变得热爱学习了，不再是老师眼中的问题学生了。

赏识和批评并不矛盾，赏识教育不是不批评，而是掌握方式方法，在赏识的前提下批评。这样，学生才能从教师的态度中敏锐地感受到教师对他们的热爱与信任，才能激起他们的进取心。

## 三、家校合作中发挥赏识的桥梁作用

孩子的教育不仅仅是学校的教育，而且包括社会、家庭、学校三方面的齐心协力。然而在实际教学中，家校合作的共育功能并没有得到完全体现。常常表现为家庭教育过于依赖学校教育，造成"教育是学校的事，管教学生是老师的责任"等偏执思想。

例如，笔者曾经遇到一位小吕同学，教过他的老师都说有事不要找他的家长，完全无法沟通。小吕因为多次没完成作业，我决定与他的家长打电话沟通。"怎么你们老师一有事情就找家长，孩子在校的事情你们老师自己解决，我们也很忙，先挂了！"我一句话没讲，家长把电话就挂断了。小吕讲："我妈妈说学习应该是学校老师负责的事情，她只负责我的生活。"经过调查，小吕违反纪律时妈妈被老师找过几次，他的妈妈觉得太丢人了，她认为只要学校老师找准没有好事情。了解情况后我决定去家访。见到小吕妈妈，一看她就是勤劳人，孩子也养得好，身体强壮有礼貌，校服每天也都很干净。小吕妈妈自豪地说"天天晚上帮孩子洗好校服烘干，让他第二天穿。"顺着这个话题笔者又讲了小吕在校的优秀表现，给小吕颁发了"校服全勤奖"，丝毫没提小吕违反纪律的事情。最后提到班级每月的"作业全勤奖"，小吕这个月差点就能得奖了，他妈妈保证每天看着他认真完成作业，下个月肯定能得"作业全勤奖"。后来班级又开展了几次评奖活动，我暗示了小吕妈妈：正是由于她的关注，小吕获得了"作业认真奖"和"最佳手抄报奖"，让小吕妈妈感受到通过家校合作，孩子会变得更加优秀。

赏识教育是爱的教育，家校合作过程中只有利用好赏识教育，及时发现家校教育的缺失问题，并通过沟通、聆听，有针对性地教育引导，形成教育合力，才能为学生的终身发展奠定扎实基础。

作者 孙 丽 连云港市新港中学

# 寄宿制学校中留守儿童的家庭教育问题

近年来随着经济的持续发展，城市劳动力的匮乏，越来越多的青壮年外出务工，他们将子女寄养在亲戚或祖父母、外祖父母身边，使其成为留守儿童。由于这些孩子大多受到长辈的溺爱，导致他们的性格发展不健全，缺点比较多，感情也很脆弱。有些父母直接将孩子送到寄宿学校。因此，寄宿制学校如何加强对这些留守学生的管理，加强对他们的思想教育，关爱他们的健康成长，成为刻不容缓的大问题。

## 一、寄宿制学校学生基本情况

笔者就职的学校属于寄宿制学校，学生基本都是农村留守儿童。父母外出之前都希望尽量把孩子安顿好，但对留守儿童的爷爷奶奶等祖辈管理教育留守儿童的问题，有50%的人认为教育管理有些吃力，有50%的人认为"无所谓，基本不管"，只要孩子有饭吃、有衣穿、有零用钱花就行了。部分父母外出打工极少打电话回家与孩子进行交流沟通，寄点生活费就行。长此以往，父母和孩子就会不自觉地疏远，亲子关系也得不到增强。

## 二、隔代教育、代养教育力不从心

随着我国经济的发展，农村将会有越来越多的剩余劳动力涌向城市，为了发家致富，很多年轻夫妇到外地打工挣钱，他们将子女寄养在亲戚或祖父母、外祖父母身边。可这些人的思想、性格、生活经历、世界观、价值观往往与现实社会有一定的差距，教育子女必然会产生很多问题。

### （一）祖辈过分溺爱孩子

我班有一位学生叫郎军，他的父母离婚后，母亲改嫁，父亲外出打工，他跟着爷爷奶奶一起生活，但独自住，平时爷爷奶奶各忙各的，孩子说什么就依他什么。

我们开始不知道，后经过家访才明白，孩子最缺的就是家庭教育。爷爷奶奶在生活上用物质满足代替对孩子的全面教育。眼下，随着生活条件的改善，爷爷奶奶对孩子们的生活需求总是无条件地满足，甚至明知孩子的要求是无理的，也不加以阻止，因为他们总想给孙辈最甜美的生活，因而加倍地在孩子们身上倾注溺爱之情。就如郎军同学，他学习不用功，以玩为乐，根本无心学习。对老师的教育是充耳不闻，对这样的孩子，需要倾注的心血可想而知。满足他越多，他越不满足，且离长辈的要求相去甚远，而这种物质满足不仅起不到应有的作用，反而会推波助澜，久而久之，会致使孩子缺乏生活的独立能力，缺乏心理的受挫能力，将来走向社会，在生活的急流中可能无法站稳脚跟。

### （二）"望子成龙"，期望过高

在心理上，老一辈对孩子都是望子成龙的，不能实事求是地看待孩子，总认为自己的孩子应该比别人聪明。由于目标过高，不切实际，而孩子根本达不到目标，久而久之，在孩子心中容易形成阴影，使孩子变得郁郁寡欢。既然根本无法达到目标，谁还愿意去追求呢？去年五（1）班有这么一个学生，父母不在身边，他跟着爷爷奶奶生活。这孩子曾在一年级时考过一次双百分，爷爷奶奶总觉得孩子很聪明，就要求孩子每次考试都要在全校取得前三名，可到了五年级后，由于升学期望值过高、学习压力的增大、环境的改变，结果第一次测试就落到二十几名，爷爷急了，就给他加压，后来孩子的成绩每况愈下，可他的爷爷还是一味地埋怨，怨声四起，后来孩子辍学变成社会小混混，吸烟、喝酒样样在行。可见，如果一个人的目标设定过高而从来没有实现过，就容易丧失自我，往往会弄得事与愿违。

### （三）疏于管教，认识极端

在观念上，有少数老人认为骄横泼辣的孩子将来不受人欺负，对孩子过于偏袒、迁就和溺爱，不分是非曲直。五（2）班有一个学生，父母常年在外打工，由于爷爷奶奶管教不力，他经常不洗头、不洗澡、不洗衣服，有偷盗行为。该生在一学期中偷了同学二百多元钱，后来通过学生举报查出是该生所为，结果他的奶奶到学校大吵大闹，不停地谩骂，一是说：学生不该把钱放在书包里，这样他的孙子才有机会去偷的，是学生的责任；二是说：学校老师管教不严，没有尽到责任使他的孩子连偷盗都不知是违法的；三是说：村里的孩子不好，是邻居的孩子给带坏的。她却绝口不提自己孩子的任何问题，把孩子的责任和他们对孩子的教育责任推得一干二净。

现在的孩子缺少劳动，老人全部包揽了家务活，使孩子失去一切锻炼的机会，甚至对学校正常的劳动也进行干涉。说：他们的孩子是来学校学习的不是来参加劳动的。现在的孩子一般为独生子女，都是父母的心肝宝贝，但让孩子参加学校的劳动锻炼也是必要的。有些孩子吃饭要长辈盛，甚至还要长辈喂，可老人们却认为这是义不容辞的事，孰不知对孩子如此娇生惯养，使孩子四体不勤、五谷不分，缺乏吃苦耐劳的精神，只知每天玩得不亦乐乎，没有学习紧迫感，不懂得珍惜时间。"谁知盘中餐，粒粒皆辛苦"这两句诗，如果学生没有亲身体会，单靠老师教授是无法让学生深刻体会的。

### 三、儿童的问题较多，缺乏家庭教育指导

缺乏家庭教育指导的儿童存在的问题有：在校不遵守规章制度，对老师说谎；同学之间拉帮结派，欺负同学，小偷小摸；不按时完成作业；在家里不听代养人的教导，顶撞祖辈，我行我素；跟社会上的闲散人员东游西逛，逃学旷课，上网吧，看影碟，无所不干。调查发现，当问及"你的理想是什么"时，50%的留守儿童选择"当大老板，拥有很多钱"；16%的留守儿童说"做一个对社会有用的人"；5%的留守儿童选择"当科学家，为国家做贡献"，还有10%的留守儿童选择其他，19%的留守儿童回答"不知道"。这表明很大部分留守儿童思想健康出现偏差，具有远大理想、热爱祖国等优良品质的留守儿童越来越少，甚至一部分儿童还没有一种价值取向意识。

### 四、学校对留守儿童缺乏有力管理

学校教育必须与社会和家庭密切配合才能产生有效的教育效果，教师对学生的了解不可能只凭课堂的几节课，还需要通过家长会和家访的形式了解学生的表现。但是，由于留守儿童家庭教育缺位，老师没法向家长了解他们的真实情况。有些调皮的孩子抓住这个空当，在学校欺骗老师，在家里又蒙骗父母委托的监护人，这使学校对留守儿童的管理陷入尴尬局面。因此，对于留守儿童，学校在教育无效时只能采取开除或劝其转学的办法，有的学校干脆对留守儿童放任不管，有的学校严厉管教，迫使其主动提出退学的要求，留守儿童被迫流入社会，更加为所欲为。

作　者　刘丽丽　连云港市灌南县华侨双语学校
　　　　　　　连云港市家庭教育指导员基本功大赛三等奖

# 关注乡村初中学生家庭教育方式

家庭教育对人的成长有重要影响，尤其当教育对象是乡村初中学生时，更应引起重视。父母陪伴的缺失、有效沟通的匮乏，导致乡村初中学生易出现诸多问题，因此有效的家庭教育方式是必要的，能帮助乡村初中学生走出青春期的彷徨，建立昂扬向上的价值观，牢固和谐的亲子关系。在个体成长过程中，用好家庭教育这把"软硬兼施"的尺子，可以帮助个体打破对世界的狭隘认知，走好人生旅途的每一步。

## 一、家庭教育

教育作为有目的、有组织、有计划地系统传授知识和技术规范等的社会活动，具有为国家培养人才的功能。教育包括家庭教育、学校教育、社会教育，而在这三者中，家庭教育对孩子的成长进步具有举足轻重的作用。

"家庭是人生的第一所学校，家长是孩子的第一任老师，要给孩子讲好'人生第一课'，帮助扣好人生第一粒扣子。"家庭教育作为人类诞生以来拥有最长发展历史的教育形式，对培养学生人生观、价值观、世界观，生活习惯、行为习惯、认知习惯，人际交往能力、性格气质、品行道德等具有至关重要的作用。因此，家庭教育是学生成长过程中不可或缺的一部分。

## 二、乡村初中学生的现状

我们尤其需要关注乡村学生，相较于城市家庭教育的推广，乡村家庭教育极度匮乏。家庭教育作为私密性、独特性很强的教育模式，深刻影响着学生的价值观，不同的家长在家庭教育能力上也不同。初中时期处于人生价值观形成的转折点，更需要有效家庭教育方式的介入。

相较于受到重视的城市学生，乡村初中学生在家庭教育中易被忽视，处于野蛮生长状态。由于监护缺失、教育不当等问题，乡村初中学生更易出现心理健康问题、极端行为，甚至引发犯罪。这要求我们要用有效的家庭教育给予指导，帮助该群体建立正确的世界观和人生观，走出青春期的彷徨。

## 三、家庭教育对乡村初中学生的积极影响

家庭教育对孩子的影响分为显性影响和隐性影响，显性影响更加直观，隐性影响则更加潜在。家庭是人类社会活动的主要场所，家庭教育伴随着家庭的演变而演变，伴随着家庭的进步而进步。

乡村初中学生正值快速发育时期，处于身心转折期，对个体的价值观、世界观处于摸索状态，对身心发育处于彷徨状态，对亲子关系处于冲突状态。家庭教育在其显性和隐性影响的交织作用下，能引导学生解决青春期中出现的问题，并给予他们前进的动力。

### （一）塑造昂扬向上的价值观

家庭教育是立德树人的第一环节。"家庭教育涉及很多方面，但最重要的是品德教育，是如何做人的教育。"乡村初中学生在家庭教育中往往处于真空状态，相较于小学和高中，初中时期是处于价值观、两性观形成的核心时期，若稍有疏忽，易引发犯罪。该群体更需要投入精力规范引导，帮助其形成昂扬向上的价值观。

因此，在家庭教育中，着重培育和弘扬社会主义核心价值观，弘扬中华民族传统美德，是家长应该给被忽视的乡村初中学生上的一课。在家庭生活中，帮助孩子树立正确的世界观、人生观，增强道德感，培育家国情怀，培养艰苦奋斗、创新创

造的品质，使其一步步走向人生的辉煌。

### （二）化解身心发育的彷徨感

处于初中的学生，其青春期第二性征发育加快，给个体带来困扰。家庭教育的缺位，个体理解能力的局限、乡村心理健康教育的匮乏，容易引发诸多问题，例如不能正确认识个体生理发育，不能友好与异性正常交往，不能很好约束个体的欲望；等等。

因此，在家庭教育中，需要由父母以平常的态度娓娓道来，告诉孩子生理的发育和心理的发展是成长中的必然阶段，并引导学生产生美好的联想，如成熟后的强壮、婚姻的美好、孕育后代的幸福，对其心理进行扩展，打破学生对身心发育的狭隘认知，使其用坦然态度面对青春期出现的困境。

### （三）凝筑亲子关系的牢固度

家庭教育作为私人领域的教育活动，具有私密性、独特性的特点，家庭教育不仅传递着家庭文化，更凝筑亲子关系的牢固度。如今，由于缺乏陪伴、沟通，部分乡村初中学生的家庭亲子关系紧张，使得家长无法感知到孩子生气、难过等不好的情绪，父母与孩子陷入对立状态，家庭矛盾一触即发。

因此，在家庭教育中，父母要给予孩子喘息的空间，避免越管矛盾越深的情况；要学会发挥示范的作用，让孩子感受来自家庭的爱，用爱融化孩子的桀骜，用爱凝筑亲子关系的牢固度。

## 四、家庭教育的有效方式

家庭教育是学校教育和社会教育的基础，对人的成长有重要影响，尤其当家庭教育的对象是乡村初中学生时，更应引起重视。在乡村环境中，父母陪伴的缺失、有效沟通的匮乏，导致乡村初中学生在身心转折的关键时期易出现诸多问题。因此，有效的家庭教育方式是必不可少的。

### （一）包容接纳的方式

乡村初中学生的个性是多姿多彩的，因为处于束缚相对较少的地区，成长过程中较为自由，因此延伸出不同特点的个体。在家庭教育中，家长应包容接纳孩子与他人的不同，并根据孩子的特点，给予合适的家庭教育方式。结合实际，家长要包容接纳孩子的不足，在孩子成长的轨道上，做一个守望者，而不是包办者或散养者，在和孩子的共识中树立昂扬向上的价值观。

### （二）鼓励关心的方式

对于乡村初中学生的进步，家长都要放在心上，显在行动上。乡村环境中，由于家长大多外出务工，孩子缺乏父母陪伴，对自身取得的进步无法及时分享给父母，难于获得正向的积极反馈。作为家长要与孩子多沟通，及时发现孩子在生活学业上取得的微小成就，用行动与语言表现自己的赞赏，学会与孩子共情，用鼓励与关心塑造和谐美好的家庭氛围。

### （三）启迪疏导的方式

乡村初中学生的成长是观察、模仿的过程，想要孩子学会上进、有责任感，父母需要启迪孩子成为这样的人。当孩子看见优秀的样子，他们便会朝着那个方向迈进。父母启迪一盏灯，孩子便会成长为耀眼的小太阳，用有责任、上进、懂得尊重的家风，疏导孩子可能出现的问题，用言传身教帮助孩子走好人生的旅途。

"不论时代发生多大变化，不论生活格局发生多大变化，我们都要重视家庭建设，注重家庭、注重家教、注重家风。"家庭教育对人才培养具有重要作用，乡村环境中，初中阶段是学生身心转折的关键时期，学生会出现青春期的诸多问题，需要我们格外关注。而有效的家庭教育方式，可以帮助乡村初中学生走出青春期的彷徨，建立昂扬向上的价值观，凝筑和谐的亲子关系。

作　者　徐丙晗　连云港市东海县白塔初级中学

# 班主任的"威"与"爱"

从教近20年来，班主任的工作经历时常让我看到学生在班级里的变化和成长。班主任要具有发展的眼光，营造公正良好的班级氛围，以开放的心态去接纳不同性格的学生，静待他们的成长。

在学校中有这样的教师，他们性格比较温和，和学生之间没有距离感，但有时候学生会出现不尊重教师的情况，学生和老师说话没规矩、说脏话、撒娇等情况时有发生。这时候教师的威信在哪里？我也在反思，对学生过分的爱也是害，教师教育学生如同家长教育孩子，一旦爱的尺度把握不当，将会影响孩子未来的发展。

还有一类教师，他们对学生很严厉，方方面面都严格要求，学生见了他们真的就像耗子见了猫。学生在老师面前只是服从，没有实质性地完成老师交办的任务。学生的学习不是流于表面，更重要的是理解和运用，需要深层次地学习。

## 一、班主任的"威"，培养学生公正之心

教师的严厉，实际上就是教师对学生的另一种爱，不单单是教育、关心、理解、帮助学生。我们教师的身份还是比较复杂的，有时候像家长，有时候像领导，有时候像朋友，有时候像警察……我们该怎样驾驭自己的身份呢？这就需要我们运用教师的艺术，更多地去学习领悟。

教师也要有一些管理手段，譬如，学生打架时罚他们站着反省，指出他们的错误，对他们及时教育。如果教师没有威信，那么教师布置的任务以及制定的规矩，

学生就不会认真地完成和遵守，甚至一些调皮的学生会屡教屡犯。这样对学生的成长是不利的，对教师的教学也是不利的。如果我们在教授他们知识的时候，他们三心二意、不听话，考试的成绩可想而知。所以教师的威信很重要，会影响班级的凝聚力、号召力、学习力等方方面面。

## 二、班主任的"爱"，培养学生仁爱之心

班主任不仅要做一个严格的老师，还要做一个对学生有爱的老师。那么这时候就需要教师对学生不仅要严，还要有爱，严与爱要张弛有度、有松有紧。学生进步了，教师和他们一起开心；他们做错了，教师要及时给予他们教育与关爱，而不是一味地说教批评。这时候，教师说些体己的话语，温暖学生的心田，让学生信服。教师也需要关爱学生，可以从日常生活学习出发，从学生的衣着穿戴出发，教师的一句关心的话语都会温暖着学生，督促学生进步。教师要多多走进学生的生活，多多关心他们，让学生觉得老师是为他们好，老师也是爱他们的。老师的一个小细节、一个动作、一句关心话，都可能会影响学生的一生。

## 三、班主任的专业智慧，引领学生内在生长

班主任可以通过培养学生情商来发展学生的智商，让学生成为人格健全的人。学生情商的提高需要教师用情感来感化和升华。班主任要做有心人，要关注学生的小"在乎"；要投其所好，帮助他们建立信心和心存希望；要努力营造班级氛围，创造条件，让原本满不在乎的学生也在乎起来；要对学生进行适当的引导，做细致的思想工作，用语言、眼神，更用坚持和毅力来感化学生。

教书育人过程是一个复杂的过程，不单单是教书，更重要的是育人。班主任的"威"与"爱"要手拉手，要有丰富的内蕴，要严而有格，要具备伟大的育人情怀，培养班集体的凝聚力，激励学生争先向上。班主任要像父母呵护孩子一样去爱学生，要像朋友尊重知己一样去尊重学生，要时常挂念着学生，这样才能收获学生的尊重和认可。行走在教书育人的道路上，班主任应该践行立德树人的理念，具备热情、执着、坚韧和忠诚等品质。

作　者　张苏芳　连云港市东海县白塔初级中学
江苏省"师陶杯"论文竞赛二等奖
连云港市东海县教学先进个人
连云港市东海县数学基本功大赛一等奖

# 陪着"蜗牛"去散步

中国的教育方式有它独到的一面，但我们不得不承认应试教育还是弊大于利的。通过一些实际的对比我们可以看到教育的多元化，教育的本质在于培养心智自由的人，教育即生活。可是看看我们现在的孩子，都是被家长拉到起跑线上的，更可悲的是，小学一年级的孩子即产生了厌学情绪。

## 一、中国的教育方式

中国自古以来便有《孟母三迁》的故事：为了让孩子有一个良好的成长环境，不惜举家三次迁移，其用心可谓良苦。如今的社会现状，父母为了让孩子接受更好的教育，想尽了办法，操碎了心。每个父母都希望自己的孩子能高人一等，因此让孩子学舞蹈、学表演、学奥数、学英语、学游泳，学绘画……而他们无论学什么，都需要大人陪着，母亲就是这陪读一族的主力。这时无论是城市里的高级知识分子，还是农村"脸朝黄土背朝天"的农妇，都表现出了相当的勇气和毅力，有的放弃高薪做起了专职妈妈；有的在学区附近赁房而居；有的变卖家产，只为凑齐学费；有的学习各种育儿知识……渴望自己的孩子在"不断努力"下结出硕果。而孩子总是疲于奔波在各个兴趣班、补习场所，其实他们也想停下来做一只慢慢前行的蜗牛。

相对于母亲们的殚精竭虑、煞费苦心，孩子们在母亲越来越高的要求下表现出了沉默和反抗。一项调查显示，有超过百分之六十的孩子把自己最爱的人列为父母。但孩子们有事需要交流时，父母只是他们第四位告知伙伴。不堪重负的孩子们选择了许多极端的方式来表达自己的不满，这也是近来很多校园发生悲剧的深层原因。

我相信每一位母亲都爱自己的孩子，她们每个人都希望自己的孩子能成为国家的栋梁，不会有任何一位母亲培养孩子是为了让孩子向毁灭。母亲义无反顾地爱着自己的孩子，她们省吃俭用，把最好的留给孩子，给他们最好的营养，让他们接受最好的教育。为了督促孩子学习，她们想尽一切办法，孩子的成功让她们的心灵得到了莫大的满足，在孩子的成长中她们无私地奉献着自己。但由于某种盲目的爱，让她们无视孩子的生理和心理上的发展，错误地认为孩子只有成名、成才，成为受人瞩目的对象，才不负她们的良苦用心，却忽视了教育的根本。

倘若将人生形容为一场竞赛，学生阶段是"起跑线"的比喻是恰当的，所有人都看着起跑线，都想在起跑线上超越别人，但是如果是马拉松那样的长跑，就不存在输在起跑线上的担忧。相反，马拉松比赛赢在起跑线上的运动员，往往由于没有保存体力，致使"起个大早，赶了晚集"。

## 二、国外的教育方式

很多国外的家长把尊重孩子放在第一位，这一点是值得学习的。孩子做错事时他们不是一个劲地抱怨，而是和孩子在平等关系的基础上进行交流，会倾听孩子的意见。

爱因斯坦说："想象力比知识重要。"有想象力的人才能进行创造性劳动。想象力和知识是天敌。人在获得知识的过程中，想象力会消失。因为知识符合逻辑，而想象力无章可循。在孩子童年时，让其晚接触知识，有利于想象力在孩子的大脑里安营扎寨。

## 三、别让孩子失去快乐的童年

调查显示，中国学生的学习压力主要来自父母的期望、自己的期望和与同学的竞争，学生整天被成堆的作业压得喘不过气来的情况，已成为很多学生真实生活的写照。下面我们来看一个事例。"尊敬的家长，您好，今天上午默写全对的20名学生名单如下……"4月5日，郑州的崔先生接到了儿子班主任发来的一条短信，崔先生看了好几遍，也没看见儿子斌斌的名字。"唉——"崔先生长长地叹了一口气。儿子因为默写没全对压力大，中午，崔先生便接到了儿子斌斌的道歉电话："爸爸，对不起，我上午默写错了一个字，所以表扬名单里没有我。"随后，他保证下次肯定会默写全对。还没等崔先生说话，电话里又传来斌斌的道歉："爸爸，我真的错了，我保证不会有下次了。"为什么会出现这样的情况？到底是谁给小学生施加了压力？"现在的压力都是家长和老师转嫁而来的。"郑州教育学会学习心理研究会咨询师王海勇一针见血地指出。家长们看到大学生找工作难，社会竞争激烈，他们想让孩子通过努力学习改变这种情况，家长在无形中把自己的焦虑转到了孩子身上。在现行的应试教育体制下，要想给孩子减压，得先给家长和老师减压。王海勇建议老师们用丰富的业余生活化解压力；而家长，如果在教育孩子方面找不到更好的方式，不如抽出更多的时间，参与到孩子的生活当中，给孩子更多生活方面的照顾。只有这样，才能还孩子一个轻松的校园生活。

当孩子没有一定的阅历时，给孩子灌输与其年龄不相符的知识，孩子不但没有共鸣感，甚至会产生厌恶。衡量教育是否成功，不是看分数，而是看受教育者对所学知识的兴趣越来越高还是越来越低。受教育者对于所学知识感兴趣的程度，除了取决于老师的教授方法，还取决于孩子对知识的感悟程度。举个例子：一个5岁的孩子对于《静夜思》只是机械背诵，而一位远离家乡的20岁青年如果第一次看到《静夜思》，可能泪如泉涌，百感交集。这些难道还不能引起我们的反思？人生是场马拉松比赛，而不是百米赛跑，我们大可以牵着孩子的手慢慢走，欣赏一下沿途的风景。

作　者　孙苏成　连云港市东海县黄川中学
　　　　　　江苏省"五四杯"中学青年教师教育教学论文竞赛二等奖

417